Forum Umweltrecht
Schriftenreihe der Forschungsstelle Umweltrecht
der Universität Hamburg

Herausgegeben von:
Prof. Dr. Wolfgang Hoffmann-Riem
Prof. Dr. Hans-Joachim Koch
Prof. Dr. Ulrich Ramsauer

Band 36

Matthias Meyer-Abich

Haftungsrechtliche Erfassung ökologischer Schäden

Nomos Verlagsgesellschaft
Baden-Baden

Die Deutsche Bibliothek – CIP-Einheitsaufnahme

Ein Titeldatensatz für diese Publikation ist bei
Der Deutschen Bibliothek erhältlich. (http://www.ddb.de)

Zugl.: Hamburg, Univ., Diss., 1999

ISBN 3-7890-6892-6

1. Auflage 2001
© Nomos Verlagsgesellschaft, Baden-Baden 2001. Printed in Germany. Alle Rechte,
auch die des Nachdrucks von Auszügen, der photomechanischen Wiedergabe und der
Übersetzung, vorbehalten. Gedruckt auf alterungsbeständigem Papier.

Vorwort

Die vorliegende Arbeit wurde im Sommersemester 1999 vom Fachbereich Rechts-wissenschaft II der Universität Hamburg als Dissertation angenommen. Sie wurde stark durch meine Tätigkeit als Wissenschaftlicher Mitarbeiter bei dem Forschungs-projekt „Ausgleichswürdige Summations- und Distanzschäden am Beispiel der neuartigen Waldschäden" mitgeprägt. Ich danke meinem Doktorvater Prof. Dr. Claus Ott für seine Anregungen und seine Unterstützung bei der Erstellung der Arbeit. Des weiteren möchte ich Prof. Dr. Magnus für sein Zweitvotum, Dr. Jann Meyer-Abich und Dirk Gehl für Ihre Hilfe als Korrektoren und Diskussionspartner sowie Heiko Siebel-Huffmann für seine schnelle und umfassende Unterstützung bei der Erstellung der Druckvorlage danken.

Mein besonderer Dank gilt meiner Frau / Lebensgefährtin Christine Loest für ihre unendliche Geduld beim Korrigieren und Diskutieren der Arbeit. Sie hat mir immer wieder die nötige Kraft, den Spaß und das Durchhaltevermögen in den lan-gen Jahren der Entstehung der Arbeit gegeben und mir gezeigt, daß man zwar das, was man macht, mit ganzer Kraft machen sollte, ohne dabei jedoch den Blick für die anderen, oft wichtigeren Dinge im Leben zu verlieren. Schließlich danke ich unserer Tochter Theresa für ihr Ausharren und das Aufschieben ihrer Geburt bis kurz nach der Disputation.

Für die Veröffentlichung in der Schriftenreihe wurde die Arbeit auf den Stand Mai 2000 aktualisiert, d.h. das bis dahin erschienene und relevante neuere Schrift-tum wurde berücksichtigt.

Hamburg, im Juni 2000   Matthias Meyer-Abich

Inhaltsverzeichnis

Einleitung

Wer heute versucht, politische Entwicklungen in den letzten 40 Jahren darzustellen, kommt nicht umhin, eine stark zunehmende Sensibilität für die Erhaltung und den Schutz der Natur in Deutschland, aber auch in vielen anderen Ländern festzustellen. Das zeigt sich nicht nur in den Veränderungen der Parteienlandschaft in Deutschland mit der Etablierung einer „grünen" Partei, sondern auch in der breiten öffentlichen Wahrnehmung von Schädigungen der Natur bzw. der Umwelt. Als Beispiel sei hier auf das Waldsterben, die Reaktorkatastrophe von Tschernobyl im April 1986, den Sandoz-Unfall im November 1986, die globale Erderwärmung, das Ozonloch oder auch auf das immer schneller ansteigende Artensterben hingewiesen. Alle angeführten Beispiele stehen für eine massive anthropogene Schädigung der Natur. Gleichzeitig ist aber ethisch die Verantwortung des Menschen für die nichtmenschliche Natur im Kern unumstritten, ebenso wie die Notwendigkeit einer funktionierenden Natur als Lebensgrundlage des Menschen. Dieser eklatante Widerspruch könnte eine plausible Erklärung für die Popularität des Umweltschutzes sein, die natürlich auch in der juristischen Literatur ihren Niederschlag gefunden hat.

Bisher wurde primär über das öffentliche Recht insbesondere durch Normierung von Schutz- und Vorsorgeanforderungen versucht, einen effektiven Schutz der Natur zu gewährleisten. Für das öffentliche Recht ist dabei kennzeichnend, daß es vielfältige direkte und indirekte Steuerungsmöglichkeiten bietet, etwa durch Ge- und Verbote, Anzeigepflichten, Subventionen, Abgaben u.ä. Beklagt wird in diesem Zusammenhang vielfach ein Vollzugsdefizit des öffentlichen Umweltrechts. Daher wird seit einigen Jahren diskutiert, über das Zivilrecht einen Beitrag zum Schutz der Natur zu leisten. Bereits die wissenschaftlichen Arbeiten[1] in diesem Bereich zeigen, daß Geeignetheit des Zivilrechts insoweit zweifelhaft ist. Die Problematik der Summations- und Distanzschäden im Umweltbereich führt zu kaum mehr nachweisbaren Kausalzusammenhängen und der Erörterung neuer Haftungsmodelle[2] bis hin zu einer Haftung in Höhe der abstrakten Schadensverursachungswahrscheinlichkeit. Ebenso war die Frage der Rechtswidrigkeit von umweltschädigenden Handlungen, die öffentlich-rechtlich genehmigt waren, lange Zeit umstritten.[3] Im Anschluß hieran stellte sich wiederum die Frage, welche Auswirkungen die öffentlich-rechtliche Genehmigung auf den Verschuldensnachweis hat.[4]

Die haftungsrechtliche Erfaßbarkeit ökologischer Schäden ist demgegenüber eine Fragestellung, die sich vor den Erörterungen der Kausalität, der Rechtswidrig-

---

1 Vgl. etwa Lytras, T.; Leonhard, M.; Seibt, C.; Wenk, N.; Endres, An.; Kadner, T.; Quentin, A.; Petitpierre, D.; Schmidt, H.; Möllers, T.; Winter, S.

2 Vgl. Wiese, G. T., S.157 ff.; Ott, C./ Paschke, M., S.541 ff.; Hohloch, G., S.232 ff.; Quentin, A., S.202 ff.; Vogel, R., S.191 ff.

3 Die herrschende Meinung lehnt eine Rechtfertigungsparallelität ab, vgl. Versen, H., S.99; Engelhardt, W., S.179 f.; MünchKomm-Mertens § 823 Rn.177; Marburger, P., „Regeln der Technik", S.485; Balensiefen, G., S.184; Landmann/ Rohmer-Rehbinder, UmweltHG § 1 Rn.18; Landsberg, G./ Lülling, W., UmweltHG § 1 Rn.8; a.A. AG Umwelthaftungsrecht, S.36.

4 Vgl. hierzu die Kupolofenentscheidung BGHZ 92, 143 (151 f.).

keit oder des Verschuldens stellt. Diese sind nur dann von Bedeutung, wenn es einen individuell Geschädigten gibt, der einen zivilrechtlich ersatzfähigen Schaden in seiner Rechtssphäre erlitten hat. Eine solche Einbuße ist jedoch bei Schädigungen der Natur, etwa der Luft oder dem Klima, äußerst fraglich.

In Anbetracht der genannten Probleme verwundert es nicht, daß sich das Zivilrecht bislang keinen relevanten Beitrag zum Schutz des Naturhaushaltes zu leisten vermochte. Dies schlägt sich besonders deutlich in der Rechtsprechung zum Umwelthaftungsgesetz nieder, welches in § 16 Abs.1 UmweltHG eine Sonderregelung für Beeinträchtigungen der Natur und Landschaft enthält, ohne daß dies Norm in der Rechtspraxis in den 10 Jahren seit dem Inkrafttreten des Gesetzes am 01.01.1991 eine auch nur marginale Bedeutung erlangt hätte.[5] Letztlich war das Umwelthaftungsrecht im Hinblick auf den Schutz des Naturhaushaltes bis dato lediglich Gegenstand rechtstheoretischer Arbeiten. Somit bedarf der Klärung, warum ausgerechnet das Privatrecht einen Beitrag zum Schutz der Natur leisten soll. Der Schutz der Natur drängt sich als Aufgabe bei einem Rechtssystem, das Handlungsbefugnisse des einen durch die Handlungsbefugnisse des anderen beschränkt, nicht unbedingt auf, da ihm nicht die Möglichkeit offen steht, staatlicherseits die Freiheitsbereiche aller zu beschränken.

Erklärlich ist die potentielle Bedeutung des Privatrechts für den Schutz der Natur durch die Möglichkeiten einer rationalen Verhaltenssteuerung. Das Privatrecht hat gegenüber dem öffentlichen Recht den Vorteil, daß es auf das Prinzip der Selbstregulierung aufbaut anstatt auf einer staatlichen Fremdregulierung mit den vielfältigen Möglichkeiten politischer Einflußnahme. Insofern steht eine privatrechtliche Regelung für weniger staatlichen Aufwand an Ressourcen sowie größere Objektivität der Steuerungswirkung durch die Begrenzung des Schadensausgleichs auf nachweisbare Schäden. Zugleich liegt in den vielfältigen Interessen an der Bewahrung der Natur als Lebensgrundlage des Menschen ein Potential an Interessen, das möglicherweise in das Privatrecht als Teil individueller Rechtssphären internalisiert werden kann, um so zu einer Vermeidung ökologischer Schäden oder ihrem Ausgleich beizutragen.

Die vorliegende Arbeit unterscheidet sich schon von ihrem Ansatz her von den bisher erschienenen anderen Arbeiten über ökologische Schäden.[6] Letztere arbeiten regelmäßig vermeintliche Lösungsansätze zum Ausgleich ökologischer Schäden heraus, ohne jedoch zuvor Kriterien dafür entwickelt zu haben, wann eine Veränderung der Natur auch eine Schädigung der Natur ist. Eine solche Abgrenzung ist jedoch notwendig, um im Einzelfall feststellen zu können, ob eine Entwicklung/ Veränderung ein ökologischer Schaden ist oder nicht. Zunächst wird daher eine umfassende Definition des ökologischen Schadens vorgenommen, wobei ökologische Wertungskriterien, ihre Tauglichkeit zur Bewertung von Veränderungen sowie ihre Legitimität im Vordergrund stehen. Danach erfolgt eine Auseinandersetzung mit den Möglichkeiten einer rechtlichen Umschreibung des ökologischen Schadens nach Maßgabe der bestehenden schadensrechtlichen Dogmatik. Mithin wird der

---

5 Meyer-Abich, M., ZRP 1999, 428, 431 m.w.N.
6 Vgl. Seibt, C.; Kadner, T.; Leonhard, M., oder auch Godt, C.

Begriff des ökologischen Schadens aus ökologischer und rechtlicher Sicht umfassend untersucht.

An die Begriffsdefinition schließt sich ihre Subsumtion unter die dogmatischen Grundprinzipien des Haftungs- und Schadensersatzrechts an. Dies ist angesichts der Verschiedenartigkeit von Ökologie und Rechtswissenschaft, insbesondere des Privatrechts, notwendig. Weiter erfolgt aufbauend hierauf die Erörterung der haftungsrechtlichen Erfaßbarkeit ökologischer Schäden dem Grunde nach. Herausgearbeitet wird dabei die Schnittmenge zwischen der Menge der ökologischen Schäden und der Menge der privatrechtlich erfaßbaren, individuellen Schäden. Einbezogen werden zudem die Möglichkeiten einer weitergehenden Erfaßbarkeit ökologischer Schäden, insbesondere anhand der Ansätze in der ökonomischen Analyse des Rechts.

Im letzten Teil gehe ich auf die bestehenden Ausgleichsmöglichkeiten ökologischer Schäden der Höhe nach ein. Hierbei stellen sich insbesondere die Fragen nach den Voraussetzungen eines Restitutionsanspruchs, der Bedeutung der Selbstheilungskräfte der Natur im Rahmen der Restitution sowie der monetären Bewertbarkeit ökologischer Schäden. Abschließend wird auf die ethisch-philosophische Kritik an einer ökonomischen Bewertung der Natur durch den Menschen eingegangen. Auch dies ist letztlich eine Auseinandersetzung mit den Grenzen der Leistungsfähigkeit des Privatrechts.

A. Begriffsbestimmung des ökologischen Schadens

I. Vorbemerkung

In der juristischen Literatur wird der Begriff des ökologischen Schadens seit Anfang der 80er Jahre verwendet.[7] Regelmäßig wird der ökologische Schaden als Beeinträchtigung des Naturhaltes definiert.[8] Dies wird damit begründet, daß die Ökologie als Lehre von den Wechselwirkungen zwischen den Organismen und ihrer belebten (biotischen) und unbelebten (abiotischen) Umwelt definiert wird,[9] und somit die Lehre vom Naturhaushalt ist.[10] Unter Organismen sind dabei alle Lebewesen, das heißt sowohl Pflanzen, Tiere und Menschen als auch Mikroorganismen (Bakterien, Pilze), zu verstehen.

Im geltenden Haftungsrecht hat der Begriff des ökologischen Schadens bisher keinen Niederschlag gefunden. Auch im Umweltverwaltungsrecht wird der Begriff außer in § 1 Nr.5 HmbNatSchG nicht verwendet. Dieser Norm ist allerdings nur zu entnehmen, daß auch nicht jagdbare wilde Tiere ökologische Schäden verursachen können.

Außer dem Begriff des ökologischen Schadens und der Bezeichnung als Beeinträchtigung des Naturhaushaltes werden zum Teil ähnliche, andere Formulierungen gebraucht, wie z.B. Beeinträchtigungen des ökologischen Gleichgewichts,[11] Umweltbeeinträchtigungen[12] oder Schäden am Ökosystem.[13] Ganz überwiegend wird in der juristischen Literatur jedoch die zuerst angeführte Terminologie verwendet, nach der es sich bei ökologischen Schäden um eine Beeinträchtigung des Naturhaushaltes handelt. Dem schließt sich die vorliegende Untersuchung aus Gründen der Klarheit an.

Ein ersichtlich anderer Begriffsinhalt wird jedoch mit dem Begriff des Umweltschadens verbunden, so daß es diesbezüglich einer Abgrenzung bedarf. Unter Umweltschäden sind Personen-, Sach- oder Vermögensschäden zu verstehen, die durch nachteilige Beschaffenheitsveränderungen der Naturgüter herbeigeführt wurden, sowie erhebliche und nachhaltige Veränderungen des Naturhaushaltes, auch wenn sie nicht Schäden im vorgenannten Sinne sind.[14] Somit umfaßt der Begriff des Umweltschadens den des ökologischen Schadens, geht aber über diesen hinaus, da auch Schäden erfaßt werden, die zwar über die Umweltmedien vermittelt wurden, jedoch

---

7   Lummert, R./ Thiem, V., S.171 ff.; Nawrath, A., S.69; vgl. zur Rechtsgeschichte des Begriffs Will, M./ Marticke, H.-U., S.5.

8   Feess-Dörr, E./ Prätorius, G./ Steger, U., S.16; Knebel, J., UTR, S.274; Marburger, P., AcP 192, 1 (31); AG Umwelthaftungsrecht, S.38; Deutsch, E., JZ 1991, 1097.

9   Erichsen, S., S.19; Kaule, G., ANL, S.15; Schulte, H., S.22; zum Begriff der Ökologie vgl. auch Bennauer, U., S.9 f. und Bick, H./ Hansmeyer, K.-H./ Olschowy, G./ Schmoock, P., S.16.

10   Schulte, H., S.22.

11   Baumann, P., JuS 1989, 433 (439); Lummert, R./ Thiem, V., S.171; Rest, A., S.93.

12   Knopp, G.-M., ZfW 1988, 261; Nawrath, A., S.69 f.

13   Ladeur, K.-H., NJW 1987, 1236 (1239).

14   Wiebecke, F., S.7 f.; Erichsen, S., S.14; Kadner, T., S.36; Knebel, J., ANL, S.6; Engelhardt, W., S.8 f.; Henseler, P., UTR, S.209; ähnlich Wagner, G., JZ 1991, 175 (175 f.); Feess-Dörr, E./ Prätorius, G./ Steger, U., S.27; mißverständlich Karl, H., ZAU 1993, 35 (38).

nicht am Naturhaushalt entstanden sind, wie etwa Gebäudeschäden durch sauren Regen.[15]

Soweit von ökologischen Schäden als Beeinträchtigungen des Naturhaushaltes die Rede ist, bedarf der näheren Erörterung, wie diese Definition weiter präzisiert werden kann. Einen ersten Ansatz bietet § 2 I 2 Nr.1 UVPG. Danach kann ein ökologischer Schaden bzw. eine Beeinträchtigung des Naturhaushaltes gleichgesetzt werden mit einer Beeinträchtigung der Naturgüter Wasser, Boden, Luft, Klima, der Tier- oder Pflanzenwelt oder ihrer Wechselwirkungen untereinander.[16] Als Beeinträchtigung kommt dabei jede Veränderung der physikalischen, chemischen oder biologischen Beschaffenheit der Umweltmedien in Betracht.[17] Hierzu kann es durch Stoffe, Geräusche, Erschütterungen, Licht, Wärme, Strahlung oder ähnliche Erscheinungen kommen.[18] Auf die visuelle Wahrnehmbarkeit kommt es für die Annahme einer Beeinträchtigung nicht an.

Fraglich ist, ob eine weitere Eingrenzung des ökologischen Schadens auf der begrifflichen Ebene, das heißt im Zuge der Begriffsbestimmung, möglich ist. Hierbei ist zwischen phänomenologisch ausgerichteten Präzisierungsansätzen sowie rechtswissenschaftlichen Präzisierungsansätzen zu unterscheiden.

II. Phänomenologische Präzisierung des Begriffs

1. Vorbemerkung

Die Definition ökologischer Schäden als Beeinträchtigungen der Umweltmedien Luft, Boden, Wasser, Klima, der Tier- und Pflanzenwelt sowie ihrer vielfältigen Wechselwirkungen untereinander ermöglicht eine klare Abgrenzung des Begriffs im Hinblick auf die möglichen Schadensobjekte. Das Schadensobjekt Naturhaushalt unterscheidet sich deutlich von anderen Schadensobjekten, wie etwa Fabriken, Kirchen, Kraftfahrzeugen oder auch Straßen.

Ebenso ist der Mensch vom Naturhaushalt abgrenzbar, auch wenn er strenggenommen ein Teil desselben ist. Allerdings resultiert die Gefährdung der nicht menschlichen Natur im wesentlichen aus Eingriffen des Menschen. Zudem nimmt der Mensch im Recht als Adressat und Schöpfer rechtlicher Regelungen eine kategorische Sonderstellung ein. Aus Gründen der Praktikabilität wird daher in Anlehnung an den Schutzbereich von § 1 I BNatSchG unter dem Begriff Naturhaushalt im Folgenden die nicht menschliche Natur verstanden.[19]

Die wesentliche Schwäche dieser Definition besteht darin, daß unklar bleibt, ob jede Veränderung des Naturhaushaltes ein ökologischer Schaden ist oder ob nur bestimmte Veränderungen ein ökologischer Schaden sind. Letzteres führt wiederum

---

15 Vgl. Umweltbundesamt Jahresbericht 1993, S.104 ff.
16 Salje, P., § 16 Rn.1; Landsberg, G./ Lülling, W., UmweltHG § 16 Rn.2; Landmann/ Rohmer-Rehbinder, UmweltHG § 16 Rn.3; Erichsen, S., S.14; Friehe, H.-J., NuR 1992, 453 (454); Arzt, C./ Jürgens, U., KJ 1993, 146 (153); Kadner, T., S.34; Leonhard, M., S.40; Klass, J., UPR 1997, 134 (140).
17 Salje, P., § 16 Rn.5; vgl. auch § 22 I WHG.
18 Knebel, J., UTR, S.274; vgl. auch § 3 I UmweltHG.
19 v.Lersner, H., „Jahrbuch", S.269 f.

zu der Frage, anhand welcher Kriterien die Abgrenzung zwischen der Obergruppe der Veränderungen des Naturhaushaltes und der Untergruppe der Beeinträchtigungen des Naturhaushaltes erfolgt.[20]

2. Notwendigkeit einer Bewertung von Veränderungen

Bei einem eher naturwissenschaftlich ausgerichteten Begriffsverständnis des ökologischen Schadens wird zum Teil davon ausgegangen, daß es sich lediglich um eine am Schadensobjekt orientierte Beschreibung einer Zustandsveränderung handelt und jegliche Veränderungen der Bestandteile des Naturhaushaltes hiervon erfaßt werden.[21]

Eine andere Ansicht meint demgegenüber, es handelt sich stets um Veränderungen, die negativ zu bewerten seien.[22]

Für diese letztere Ansicht spricht die Verwendung des Begriffs ökologischer Schaden im allgemeinen Sprachgebrauch.[23] Das Wort Schaden impliziert stets einen Verlust, wohingegen eine Veränderung auch ein Gewinn oder ein Vorteil sein kann. Es gibt auch wünschenswerte natürliche oder anthropogene, das heißt durch den Menschen verursachte, Veränderungen. So kann etwa ein natürlicher Waldbrand ökologisch wünschenswert sein, sofern er notwendiger Bestandteil eines ökologischen Kreislaufsystems ist, wie z.B. für die Erneuerung und die weitere Verbreitung des Eukalyptusbestandes in Australien. Ebenso ist eine Abholzung eines Baumbestandes zur Knickpflege ein notwendiger Eingriff, um diesen als Lebensraum für unterschiedlichste Arten zu erhalten.[24] Ähnlicher Eingriffe bedarf es zur Erhaltung von Dünen- oder Heidelandschaften. Die meisten Heidelandschaften würden sich ohne Eingriffe des Menschen zu einem Wald entwickeln und damit als Lebensraum vieler Arten, die zum Teil besonders gefährdet sind (Rote-Liste-Arten), wegfallen.

Nicht jede Veränderung des Naturhaushaltes kann somit ein ökologischer Schaden sein. Es bedarf vielmehr besonderer Kriterien, nach denen Veränderungen als ökologischer Schaden im Sinne eines Nachteils einzuordnen sind. Bisher wurden hierfür zwei Vorschläge gemacht. Zum einen wird vorgeschlagen auf soziale Konsense abzustellen, und zum anderen soll es auf die Beeinflussungsintensität, insbesondere die Möglichkeit einer Abpufferung der Störung, ankommen. Des weiteren könnte eine Abgrenzung zwischen Veränderungen des Naturhaushaltes und der Untergruppe der ökologischen Schäden anhand ökologischer Zielvorstellungen bzw. ökologischer Leitbilder erfolgen.

3. Beeinflussungsintensität

Zu prüfen ist, ob die Intensität der Beeinflussung des Naturhaushaltes ein geeignetes Kriterium für die Definition eines ökologischen Schadens in Abgrenzung zu bloßen

---

20 Meyer-Abich, M., S.24.
21 Seibt, C., S.5 f.
22 Erichsen, S., S.21.
23 Vgl. Schulte, H., S.22.
24 Vgl. Ellenberg, H., S.771 f.

Veränderungen des Naturhaushaltes ist. Dies ist der Fall, wenn das Bestehen eines ökologischen Schadens voraussetzt, daß die Folgen einer Störung als nachhaltig oder auch als erheblich einzustufen sind.[25]

Zur näheren Präzisierung der Erheblichkeit oder Nachhaltigkeit[26] der Folgen wird üblicherweise auf die Möglichkeit einer Abpufferung im Rahmen des normalen Wirkungsgefüges des Naturhaushaltes abgestellt.[27] Dies wird damit begründet, der Naturhaushalt könne Eingriffe bis zu einer gewissen Intensität ausgleichen, ohne die Funktionsfähigkeit des Systems in Frage zu stellen. Insofern müsse es über die bloße Substanzverletzung hinaus zu einer Beeinträchtigung der Pufferungsfähigkeit gekommen sein.[28]

Im Sinne dieser Argumentation wird etwa darauf hingewiesen, daß der Mensch die Selbstreinigungskräfte der Umweltmedien und -systeme immer genutzt habe und es ökonomisch rational sei, sie in sein Nutzenkalkül einzubeziehen.[29] So konnten bis 1950 viele Anliegerstädte des Rheins ihr Trinkwasser direkt und ohne weitere Zwischenbehandlung dem Fluß entnehmen, obwohl gleichzeitig an anderer Stelle Abwässer, insbesondere Fäkalien, ungeklärt eingeleitet wurden.[30] Die mit dem Abwasser eingeleiteten Schadstoffe wurden vom Rhein bis 1950 soweit abgebaut, daß eine Trinkwasserentnahme an anderer Stelle weiterhin möglich war. Der Schadstoffeintrag wurde somit im Rahmen des normalen Wirkungsgefüges des Rheines abgepuffert. Seit 1950 erfolgt infolge der Gesamtschadstoffbelastung keine vollständige Abpufferung mehr.

Fraglich sind die Voraussetzungen einer solchen Abpufferung. Die Abpufferungsfähigkeit steht in Abhängigkeit zur Stabilität, Belastbarkeit und der biologischen Selbstreinigungspotentiale eines Ökosystems.[31] Unter Stabilität ist die Eigenschaft zu verstehen, nach einer Störung wieder zum ursprünglichen Energie- und Stoffhaushalt sowie zum normalen Organismenbesatz zurückzufinden.[32] Von der Stabilität hängt wiederum die Belastbarkeit ab als diejenige Intensität einer Störung, die ein Ökosystem gerade noch ohne bleibende Schadwirkung kompensieren kann, wobei unter einer solchen Kompensation sowohl die Resistenz des Systems gegenüber der Störung als auch die ökologische Regenerationsfähigkeit, das heißt die Fähigkeit unter den gegebenen Bedingungen in einer bestimmten Zeitspanne zum

---

25 Petitpierre, D., S.59; Schulte, H., S.26; Erichsen, S., S.14 f.; Will, M./ Marticke, H.-U., S.69 f.; Kadner, T., S.34 und 208 ff.; Godt, C., S.181 ff.; Beule, D., ANL, S.23; Leonhard, M., S.36 ff.; AG Umwelthaftungsrecht, S.38; ähnlich auch Klingmüller, E., ANL, S.50, der „normale" Umweltverschmutzungen ausklammern möchte.

26 Nachhaltigkeit ist hier zu verstehen im Sinne einer gewissen Intensität, nicht im Sinne des Leitbildes.

27 Kaule, G., ANL, S.15; Erichsen, S., S.22; Schulte, H., S.26; anders jedoch Godt, C., S.183, die die nähere Präzisierung der zukünftigen Entwicklung von Ökonomie, Ökologie sowie dem gesellschaftlich gewollten Umweltniveau überlassen möchte.

28 Erichsen, S., S.22.

29 Bick, H./ Hansmeyer, K.-H./ Olschowy, G./ Schmoock, P., I, S.25.

30 Bick, H./ Hansmeyer, K.-H./ Olschowy, G./ Schmoock, P., I, S.215.

31 Vgl. zur Entwicklung eines systemaren Ökologieverständnisses Jax, K., S.211 ff.

32 Die Begriffsverwendung ist nicht einheitlich. Seibt, C., S.188 und Plachter, H., S.227 verwenden hier den Begriff Elastizität. Letzterer bezeichnet mit Stabilität die Schwankungsbreite des ökologischen Gleichgewichts. Wie hier: Remmert, H., S.296; Bick, H./ Hansmeyer, K.-H./ Olschowy, G./ Schmoock, P., I, S.24; Tischler, W., S.193.

Ausgangszustand zurückzufinden, zu verstehen ist.[33] Für die Kompensationsfähigkeit von Böden und Gewässern nach einer Störung ist die biologische Selbstreinigung ein maßgeblicher Faktor. Hierbei werden bestimmte organische Belastungen abgebaut, indem sie in den natürlichen Stoffkreislauf eines Ökosystems einbezogen werden.[34]

Allerdings haben Ökosysteme im Hinblick auf unterschiedliche Störungen unterschiedliche Empfindlichkeiten, wobei die Belastbarkeit zudem von den jeweiligen klimatischen Bedingungen beeinflußt wird. Insofern hängen die Möglichkeiten und die Dauer von Abpufferungen von den Umständen des Einzelfalls ab. Dies sei an drei Beispielen belegt:

Der Regenwald im Amazonas ist zwar relativ unempfindlich bezüglich Störungen, die von chemischen Substanzen ausgehen, er reagiert aber empfindlich auf die Entfernung der biologisch aktiven Substanz, etwa durch Abholzung.[35] Dementsprechend ist eine natürlichen Regeneration beim Abbrennen und Abholzen der Vegetation im amazonischen Regenwald nicht möglich,[36] da in diesem nur die Pflanzen und Tiere, die mit dem Wald vernichtet werden, und nicht etwa der Boden als Ressourcenspeicher dienen. Ohne Pflanzen und Tiere sind keine Ressourcen mehr verfügbar, die eine Regeneration des Regenwaldes ermöglichen können.

Anders ist dies bei der Abholzung von Regenwäldern in weiten Teilen Südostasiens sowie in einigen anderen Gebieten Südamerikas. Diese wachsen meist auf jungen vulkanischen Böden mit erheblichen natürlichen Ressourcen. Selbst nach einer zwischenzeitlichen intensiven landwirtschaftlichen Nutzung können sich diese Flächen wieder regenerieren und zu ihrem Naturzustand, Regenwald, zurückfinden.[37]

Ein weiteres Beispiel einer gelungenen Selbstregeneration über einen bestimmten Zeitraum hin mit einer zwischenzeitlichen Veränderung des Ökosystems ist die Verunreinigung des Rheins durch den Sandoz-Unfall am 01.11.1986. Bei diesem Unfall gelangten zwischen 10 und 30 Tonnen Agrochemikalien (primär Pestizide) in den Rhein, wodurch dieser auf 250 km Länge schwer geschädigt wurde. Kleinlebewesen und Fische wurden fast vollständig vernichtet.[38] Dennoch fand binnen sechs Jahren eine Regeneration zu einem gleichwertigen Zustand statt,[39] eine fortdauernde Beeinträchtigung des Rheines besteht durch den Unfall nicht.

Letztlich hängt die Belastbarkeit von Ökosystemen nicht nur von der Intensität und Art der Belastung ab, sondern daneben auch vom betroffenen Standort, seiner Ressourcensubstanz sowie den jeweiligen klimatischen Bedingungen. Sie ist daher in den verschiedenen Jahreszeiten unterschiedlich.[40]

---

33 Bick, H./ Hansmeyer, K.-H./ Olschowy, G./ Schmoock, P., I, S.24; ähnlich Tischler, W., S.188.
34 Bick, H./ Hansmeyer, K.-H./ Olschowy, G./ Schmoock, P., I, S.24.
35 Remmert, H., S.296.
36 Remmert, H., S.296; Tischler, W., S.193.
37 Remmert, H., S.296.
38 Erichsen, S., S.9; Seibt, C., S.187 f.;vgl. auch Bundesminister, „Rhein-Bericht", S.1 ff.
39 Seibt, C., S.188; vgl. auch Ganten, R./ Lemke, M., UPR 1989, 1 und Kühl, U., NuL 1989, 212.
40 Bick, H./ Hansmeyer, K.-H./ Olschowy, G./ Schmoock, P., I, S.273.

Jedoch kann nicht jede Störung vom Naturhaushalt abgepuffert bzw. neutralisiert werden. Eine Selbstregeneration findet dann nicht statt, wenn dafür keine ausreichenden abiotischen Ressourcen (z.B. Sauerstoff in einem Gewässer) verfügbar sind,[41] es sich um persistente Schadstoffe wie Schwermetalle oder Chlorkohlenwasserstoffe handelt[42] oder die Schlüsselorganismen eines Ökosystems vernichtet werden.[43] Im Fall der ökologisch nicht abbaubaren Schadstoffablagerung ist allerdings zu berücksichtigen, daß eine Veränderung des Ökosystems erst ab einer gewissen Schadstoffkonzentration eintritt.

Von einer Abpufferung kann mithin sowohl dann gesprochen werden, wenn ein Ökosystem die Folgen einer Störung sofort kompensiert, als auch wenn dies mit zeitlicher Verzögerung erfolgt. Somit reagieren Ökosysteme auf Schadstoffeinträge bzw. Störungen je nach Art und Umfang des Eintrages und in Abhängigkeit von den jeweiligen natürlichen Rahmenbedingungen alternativ auf drei verschiedene Weisen:

Der Eintrag wird sofort abgepuffert. Bei einer sofortigen Abpufferung bleibt das vorhandene ökologische Gleichgewicht eines Ökosystems weiter bestehen. Die Störung lag somit im Rahmen der zum Zeitpunkt des Eintrags vorhandenen Resistenzfähigkeit des Ökosystems, das heißt dem Grad der Widerstandsfähigkeit. Es kommt zu keinen nach dem Stand der Wissenschaft erkennbaren Veränderungen der Wirkungszusammenhänge des Systems.

Es kommt zu einer zwischenzeitlichen Veränderung des Ökosystems. Dieses regeneriert sich im Laufe der Zeit selbst und kehrt aus eigener Kraft zu seinem Ausgangszustand zurück, wobei der Ursprungszustand nicht statisch, sondern dynamisch zu verstehen ist, da das ursprüngliche ökologische Gleichgewicht eine Schwankungsbreite bezüglich des Arten- und Individuenbestandes beinhaltet.[44]

Es kommt zu einer dauerhaften Veränderung innerhalb des Ökosystems. Eine Rückkehr zum Ausgangszustand im Rahmen einer natürlichen Entwicklung ist nicht möglich. Der Eintrag wird nicht abgepuffert.

Für eine Definition ökologischer Schäden anhand der Beeinflussungsintensität ist zu untersuchen, ob für eine oder mehrere dieser Fallgruppen festgestellt werden kann, daß es sich stets um einen ökologischen Schaden handelt oder daß es sich in keinem Fall um einen ökologischen Schaden handelt.

a) Ökologische Schäden bei einer Abpufferung der Störung ohne Regenerationsphase

Bei einer Abpufferung der Störung ohne Regenerationsphase könnte ein ökologischer Schaden allenfalls darin gesehen werden, daß es bei dieser Abpufferung zu einem Ressourcenverbrauch kommen kann und deswegen die Anfälligkeit für

---

41 Remmert, H., S.296 f.
42 Vgl. Bick, H./ Hansmeyer, K.-H./ Olschowy, G./ Schmoock, P., I, S.193 f.: diese sind nicht biologisch abbaubar, können sich somit in Organismen anreichern und so beispielsweise auch in die Nahrungskette gelangen.
43 Seibt, C., S.187; Remmert, H., S.297.
44 So auch Seibt, C., S.187.

Schadstoffeinträge oder andere Störungen zunimmt. Dies ist z.B. der Fall, wenn saurer Regen auf einem neutralen (pH-Wert 7) oder kalkhaltigen Boden niedergeht.[45] Hier kommt es zu einer sofortigen Abpufferung der Störung, wobei die zur Abpufferung eingesetzten Ressourcen für zukünftige Abpufferungen nicht mehr zur Verfügung stehen. Zudem kommt es bei der Abpufferung um so häufiger zu einer Entkoppelung des Ionenkreislaufes, je saurer der Boden ist. Hierbei gehen Aluminium- und Schwermetallionen in die Bodenlösung über, was bei bestimmten Konzentrationen zur Toxizität für Pflanzenwurzeln und Mikroorganismen führt.[46] Bäume können bereits im Zwischenstadium mit Nährstoffmangelerscheinungen sowie einer abnehmenden Vitalität, welche eine erhöhte Anfälligkeit gegenüber biotischen und abiotischen Fremdeinflüssen beinhaltet, reagieren.

Sofern die Schwelle der Toxizität überschritten wird oder es zu Nährstoffmangelerscheinungen gekommen ist, handelt es sich nicht mehr um einen Fall der sofortigen Abpufferung durch Resistenz, sondern um eine dauerhafte oder vorübergehende Veränderung des Systems. Bevor es jedoch zu einer solchen Veränderung kommt, liegt bereits eine Risikoerhöhung durch die Inanspruchnahme natürlicher Ressourcen vor, da die Resistenzschwelle gegenüber späteren Störungen dauerhaft oder vorübergehend gesunken ist. Dies könnte für die Annahme eines ökologischen Schadens sprechen. Allerdings setzt ein Schaden allgemeinsprachlich eine tatsächlich eingetretene Zustandsveränderung voraus. Im Falle einer bloßen Risikoerhöhung kommt es jedoch nicht zu einer Veränderung der ökosystemaren Funktionen oder Wechselwirkungen innerhalb des Systems. Die Bedeutung der Umweltmedien Luft, Boden und Wasser als Lebensraum für Pflanzen, Tiere und Menschen wird nicht verändert.

Hinsichtlich der Frage, ob es sich hierbei dennoch um einen Schaden handelt, gibt es unterschiedliche Bewertungsansätze. Für die ubiquitäre Schadstoffbelastung lehnt das Konzept der Critical Loads bzw. Critical Levels, welches Bestandteil der Genfer Luftreinhaltekonvention ist, eine Negativbewertung ab, solange es zu keinen nach dem Stand der Wissenschaft erkennbaren, signifikanten Veränderungen, insbesondere des Artenspektrums des jeweiligen Untersuchungsgegenstandes gekommen ist.[47] Dabei stellt das Critical-Loads-Konzept auf die Anreicherungsprozesse der Schadstoffe in den Ökosystemen ab[48] und bestimmt für die jeweiligen Ökosysteme einen nach Schadstoffen unterschiedlichen Schwellenwert pro Jahr und Hektar (Critical Level), den diese verkraften können, ohne in Form einer Veränderung der ökosystemaren Funktionen und Wechselwirkungen Schaden zu nehmen. Damit gilt das Critical-Loads-Konzept nicht nur für persistente Stoffe, die sich in den Naturgütern akkumulieren, sondern ebenso für Stoffe, die in natürliche Kreisläufe eingebunden sind oder werden können.[49]

---

45   Bick, H./ Hansmeyer, K.-H./ Olschowy, G./ Schmoock, P., I, S.363.
46   Bick, H./ Hansmeyer, K.-H./ Olschowy, G./ Schmoock, P., I, S.363.
47   Umweltbundesamt Jahresbericht 1994, S.100.
48   Umweltbundesamt Jahresbericht 1991, S.86; Godt, C., S.170.
49   Sachverständigenrat für Umweltfragen ZAU 1994, 170 (176).

Einen ähnlichen Ansatz verfolgt das ökologische Leitbild der Nachhaltigkeit.[50] Negativ bewertet wird jeglicher dauerhafter Ressourcenverbrauch, der nicht an der Aufnahmefähigkeit ökologischer Systeme ausgerichtet ist. Insofern liegt in einer bloßen Erhöhung des Risikos einer Veränderung in jedem Fall dann kein ökologischer Schaden, wenn der Eintrag im Rahmen der Aufnahmefähigkeit des Systems liegt. Anzustreben sind dabei grundsätzlich Ressourcennutzungen statt einem Ressourcenverbrauch.

Ein über die Aufnahmefähigkeit hinausgehender Ressourcenverbrauch stellt nach dem Leitbild der Nachhaltigkeit ebenso einen ökologischen Schaden dar wie beim Critical-Loads-Konzept. Beide Konzepte entsprechen sich insoweit.[51] Somit würde eine Abpufferung einer Störung ohne eine Regenerationsphase nach beiden Bewertungsansätzen nicht zu einem ökologischen Schaden führen, da der Eintrag die Aufnahmefähigkeit des Systems nicht überschreitet. Ein Beispiel hierfür ist ein Nitrateintrag unterhalb des Critical-Levels. Von diesem gehen keine feststellbaren Veränderungen aus, da der Eintrag vollständig in bestehende Kreislaufsysteme eingebunden wird. Solange es zu keinen signifikanten Veränderungen von Ökosystemen kommt, liegt kein ökologischer Schaden vor, auch wenn eine Störung zu einem Verbrauch natürlicher Ressourcen führt. Hierbei wird allerdings die Legitimität einer Bewertung von Veränderungen nach dem Leitbild der Nachhaltigkeit und dem Critical-Loads-Konzept vorausgesetzt.[52]

b) Ökologische Schäden bei einer Rückkehr zum ursprünglichen Zustand nach einer Regenerationsphase

Hierbei geht es um eine Konstellation, bei der es nach einer bestimmten Zeit zu einer Regeneration des Systems kommt und ein adäquater Zustand erneut besteht. Bei der Erörterung der Frage, ob es sich hierbei stets oder zumindest in einigen Fällen um einen ökologischen Schaden handelt, sind ökologische, ökonomische und haftungsrechtliche Aspekten relevant.

Aus ökologischer Sicht ist anzuführen, daß auch zwischenzeitliche Beeinträchtigungen einen ökologisch höchst nachteiligen Zustand beinhalten können. Die schwere Schädigung des Rheins durch den Sandoz-Unfall ist ein solcher Fall. Im übrigen handelt es sich um das meistgenannte Beispiel des Vorliegens eines ökologischen Schadens.[53] Dieser Unfall hat zu einer Intensivierung der rechtswissenschaftliche Diskussion des ökologischen Schadens bis hin zu Gesetzesentwürfen der

---

50 Siehe dazu eingehend Teil A.II.5.c).
51 Dementsprechend befürwortet der Sachverständigenrat für Umweltfragen in ZAU 1994, 170 (175) das Critical-Loads-Konzept zur Umsetzung einer nachhaltigen Entwicklung; im Ergebnis ebenso Cansier, D., S.65; Godt, C., S.170 m.w.N.
52 Vgl. zu diesem Problem Teil A.II.5.h)bb).
53 Vgl. Ladeur, K.-H., NJW 1987, 1236 ff.; Baumann, P., JuS 1989, 433 (439); Erichsen, S., S.9; Ganten, R./ Lemke, M., UPR 1989, 1; Knebel, J., ANL, S.5 f.; Knopp, G.-M., ZfW 1988, 261; Petitpierre, D., S.61 Fußnote 373; Rest, A., UPR 1987, 363; Kadner, T., S.34 f.; Kühl, U., NuL 1989, 212 f.; Ritter, E.-H., NVwZ 1987, 929 (935); Erl, M., S.117.

Länder Hessen und Nordrhein-Westfalen im Bundesrat geführt[54] und war letztlich einer der Gründe, die 1990 zum Erlaß des UmweltHG geführt haben.[55]

Die Erheblichkeit von Eingriffen, die einer Regeneration zugänglich sind, läßt sich an einem Extrembeispiel weiter verdeutlichen. Bei der Beschädigung eines Moores ist eine Regeneration grundsätzlich möglich.[56] Hierzu bedarf es jedoch eines Zeitraumes von bis zu mehreren tausend Jahren und entsprechender Rahmenbedingungen, die bei zahlreichen Mooren derzeit wegen der hohen ubiquitären Stickstoffbelastung der Luft in der Bundesrepublik nicht gegeben sind.[57] Hier das Vorliegen eines ökologischen Schadens wegen der theoretischen Regenerationsmöglichkeit zu verneinen, ist wegen der tatsächlichen dauerhaften Zerstörung des Ökosystems aus ökologischer Sicht abzulehnen. Folglich lassen das ökologische und das allgemeine Verständnis des Begriffs des ökologischen Schadens eine Einbeziehung theoretisch abpufferbarer Veränderungen des Naturhaushaltes zu.

Aus haftungsrechtlicher Sicht ist, sofern eine Erfassung ökologischer Schäden angestrebt wird, eine Einbeziehung zwischenzeitlicher Schäden in eine Ausgleichsverpflichtung aus mehreren Gründen zweckmäßig.[58]

Die Regeneration von Systemen hängt nicht nur von der Störungsintensität ab, sondern ebenso von anderen Bedingungen, wie etwa den Witterungsverhältnissen. Diese sind weder für den Verursacher der Störung zum Zeitpunkt derselben noch für die Allgemeinheit zum Zeitpunkt des Eintritts der ökologischen Veränderung erkennbar oder exakt prognostizierbar. Da der Schädiger die Beeinträchtigung verursacht hat, ist es sachgerecht, ihm auch das Regenerationsrisiko zuzuordnen.[59]

Schließt die Regenerationsfähigkeit eines gestörten Systems jedoch das Vorliegen eines ökologischen Schadens aus, würde eine haftungsrechtliche Erfassung dieser Schäden in erheblichem Maße ihre Steuerungswirkung verlieren. Oft wäre erst Jahre später feststellbar, ob überhaupt ein (endgültiger) Schaden vorliegt, für den der Schädiger das Risiko trägt.

Zudem könnten dem Schädiger im Falle einer Nichterfassung zwischenzeitlicher Schäden keine regenerationsfördernden Maßnahmen auferlegt werden, obwohl diese eine spürbare Entlastung des Naturhaushaltes beinhalten können. Bei solchen Maßnahmen handelt es sich beispielsweise um den Neubesatz mit Fischen nach einer den Fischbestand vernichtenden Gewässerverunreinigung,[60] Düngungsmaßnahmen bei Waldschäden[61] oder um das Ausbaggern von Schlick zur Erleichterung der Neubildung von Flora und Fauna auf dem Gewässerbett. Allerdings können nicht alle zwischenzeitlichen Beeinträchtigungen durch regenerationsfördernde Maßnahmen in ihrer Dauer und Intensität reduziert werden. Soweit diese Maßnah-

---

54 Vgl. Beule, D., ANL, S.20; Rehbinder, E., NuR 1989, 149; Weidner, H., Kriminalsoziologische Bibliografie 1987, Heft 55, S.51 (57).
55 Klass, J., UPR 1997, 134 f.; Taupitz, J., S.25.
56 Vgl. Kaule, G., ANL, S.16.
57 Vgl. Hillmer, A., Hamburger Abendblatt v. 25.01.1996, S.8; Ellenberg, H., S.508.
58 Für das Vorliegen eines ersatzbedürftigen Schadens: Knopp, G.-M., ZfW 1988, 261 (264); Petitpierre, D., S.65 sowie allgemein Roussos, K., S.123.
59 So auch Kadner, T., S.211.
60 Vgl. Petitpierre, D., S.65.
61 Vgl. Schaaf, W., S.5 f. und 141.

men aber möglich sind, wäre es zum Schutze des Naturhaushaltes und damit letztlich auch zum Schutze unserer natürlichen Lebensgrundlagen wünschenswert, diese durchzuführen.

Darüber hinaus ist es aus ökonomischer Sicht sinnvoll, Umweltrisiken ebenso wie Umweltschäden soweit als möglich als Kostenfaktor zu erfassen, und in das unternehmerische Kalkül bzw. in das Kalkül jedes Handelnden zu internalisieren.[62] Anderenfalls würden individualnützige Risiken als Kostenfaktor auf die Gesellschaft verlagert.

Somit schließt eine ökologische Regeneration von Bestandteilen des Naturhaushaltes das Vorliegen eines, wenn auch nur vorübergehenden, ökologischen Schadens nicht a priori aus. Es ist aus rechtlicher, ökonomischer und ökologischer Sicht wünschenswert, diese Veränderungen als Schaden einordnen zu können.

Jedoch ist noch offen, ob jeder Eingriff in den Naturhaushalt, der einer ökologischen Regeneration zugänglich ist, auch automatisch ein ökologischer Schaden ist. Hiergegen spricht insbesondere, daß Naturschutzbehörden regelmäßig störend in natürliche Entwicklungen in Ökosystemen eingreifen, um Lebensräume für Arten zu schaffen oder zu erhalten. So werden etwa in norddeutschen Knicklandschaften Pflegemaßnahmen durchgeführt, die eine Baumbildung verhindern und so den Knick als Lebensraum vielfältiger Arten zu erhalten.[63] Nach diesen Maßnahmen regeneriert sich die Natur im Laufe der Zeit wieder und die Knicke bilden erneut Ansätze, eine Baumreihe zu werden, welche später wieder von den Naturschutzbehörden zerstört werden. Derartige Maßnahmen fallen jedoch nach dem allgemeinen Sprachgebrauch nicht unter den Begriff des ökologischen Schadens, da sie nicht als naturhaushaltsbeeinträchtigend angesehen werden. Diese Wertung spiegelt sich auch in § 1 I BNatSchG wieder, wonach unter anderem die Pflanzen- und Tierwelt sowie die Vielfalt, Eigenart und Schönheit der Natur Schutzgüter des Gesetzes sind. Somit kommt es bei den Zielen des Naturschutzgesetzes nicht darauf an, stets der natürlichen Entwicklung Rechnung zu tragen. Der Gesetzgeber hat vielmehr in § 1 BNatSchG Zielvorstellungen definiert, die gegebenenfalls auch Eingriffe, wie die Knickpflege, zulassen.

Folglich handelt es sich nicht bei jedem einer Regeneration zugänglichen Eingriff um einen ökologischen Schaden. Es bedarf daher bestimmter Abgrenzungskriterien, nach denen innerhalb der Gruppe der regenerationsfähigen Naturhaushaltsveränderungen im Hinblick auf das Vorliegen eines ökologischen Schadens differenziert werden kann. Die Beeinflussungsintensität bietet hier keinen ausreichenden Bewertungsansatz.

---

62 Appel, V., ZfU 1988, 137 (139); Endres, Al./ Staiger, B., WiSt 1994, 218 ff.; Karl, H., ZAU 1993, 35 f.
63 Vgl. Ellenberg, H., S.773.

c) Nicht regenerierbare Veränderungen des Naturhaushaltes als ökologischer Schaden

Bei nicht regenerierbaren Veränderungen des Naturhaushaltes könnte es sich wegen der Endgültigkeit der Veränderung stets um einen ökologischen Schaden handeln.

Allerdings ist auch bei nicht regenerierbaren Veränderungen des Naturhaushaltes nicht a priori ausgeschlossen, daß durch einen Eingriff zwar ein Ökosystem dauerhaft zerstört wird, jedoch andererseits ein neues Ökosystem und damit ein neuer Lebensraum für andere Arten entsteht. Beispielsweise hat die Eindeichung der Alten Süderelbe in Hamburg 1962 zwar die Zerstörung eines Süßwasserwatts zur Folge gehabt, es sind jedoch neue Lebensräume für andere Arten entstanden, so daß das Gebiet später als Naturschutzgebiet ausgewiesen wurde.[64] Die erneute Öffnung der Alten Süderelbe lehnen deshalb sogar einige Naturschutzverbände ab, obwohl ein Süßwasserwatt entstehen würde, das in Europa ein fast einzigartiger Lebensraum vieler Arten wäre.[65] Ähnliche Prozesse sind bei vielen stillgelegten Industrieanlagen zu beobachten.

Ob es sich bei nicht regenerierbaren Veränderungen um einen ökologischen Schaden handelt oder nicht, ist letztlich ebenfalls eine Wertungsfrage, da eine solche Aussage eine Präferenz für einen der beiden Zustände (vorher, nachher) beinhaltet. Hierzu bedarf es regelmäßig der Definition eines Soll-Zustandes bzw. eines Wertungskriteriums.[66]

d) Zwischenergebnis

Ein ökologischer Schaden liegt jedenfalls dann nicht vor, wenn sich eine Störung im Rahmen der natürlichen Aufnahmefähigkeit eines Ökosystems bewegt und es zu keiner anderen nachteiligen Veränderung des Systems kommt. In allen anderen Fällen einer Veränderung des Naturhaushaltes bedarf es einer Bewertung, die sich nicht allein aus der Beeinflussungsintensität ergibt.

Die Frage, ob der Zustand nach der Veränderung dem Zustand vor der Veränderung vorzuziehen ist oder umgekehrt oder es sich um ökologisch gleichwertige Zustände handelt, kann ausschließlich mittels einer Wertung anhand bestimmter Wertungskriterien beantwortet werden und ergibt sich nicht bereits aus dem Zustand der betroffenen Naturbestandteile. Es bedarf folglich bestimmter Wertungskriterien, nach denen sich Veränderungen, gegebenenfalls unter Bestimmung eines Soll-Zustandes, als ökologischer Schaden einordnen lassen.

4. Soziale Konsense als Bewertungskriterium

Als eine Möglichkeit zur Bewertung ökologischer Schäden kommen des weiteren soziale Konsense in Betracht. Dies ist insbesondere der Ansatz des Vorschlags von

---

64 Vgl. HmbGVBl Teil I 1996, 218.
65 Vgl. Harburger Anzeigen und Nachrichten vom 20.09.1996, S.1 und 3 sowie vom 20.07.1996, S.1, 2 und 8.
66 Vgl. Schulte, H., S.15.

Erichsen,[67] die Bewertung von Veränderungen auf der Grundlage sozialer Konsense über die Schutzwürdigkeit eines bestimmten Zustandes der Naturgüter vorzunehmen. Dabei wird vorausgesetzt, daß der Begriff des ökologischen Schadens naturwissenschaftlich nicht korrekt sei, da es sich bei der Ökologie um eine wertfreie Wissenschaft handele.[68] Mithin würde es sich beim Begriff des ökologischen Schadens letztlich um ein Schlagwort des allgemeinen Sprachgebrauchs handeln, nach dem Eingriffe in das Ökosystem als unerwünscht anzusehen sind. Danach wäre unter einem ökologischen Schaden ein Eingriff in die Wechselwirkungen der Organismen mit ihrer belebten und unbelebten Umwelt zu verstehen, der von der Gesellschaft als nachteilig bewertet wird. Dabei sei es Aufgabe des Staates als Kollektivorgan der Gesellschaft, zu bestimmen, welche Beeinträchtigungen des Naturhaushaltes zum Schadensersatz führen.[69]

Zunächst ist bei der Diskussion dieser Herangehensweise zu erörtern, was unter einem sozialen Konsens abstrakt zu verstehen ist. Im Anschluß hieran ist zu untersuchen, worauf sich ein sozialer Konsens beziehen müßte, der zur Bestimmung des Vorliegens eines ökologischen Schadens geeignet ist.

a) Abstrakte Bestimmung sozialer Konsense

Der Erörterung bedarf, was unter sozialen Konsensen zu verstehen ist. Grundlage eines Konsens ist stets das Einvernehmen derjenigen, zwischen denen der Konsens besteht. Bei einem sozialen Konsens bedarf es daher des Einvernehmens innerhalb der Gesellschaft zwischen den Gesellschaftsmitgliedern.

Das Einvernehmen kann sich jedoch auf unterschiedliche Gegenstände beziehen, nämlich zum einen auf Tatsachen oder zum anderen auf Willensäußerungen.[70] Eine Willensäußerung unterscheidet sich von einer Tatsache durch die fehlende Objektivierbarkeit, das heißt es bleibt der oder dem einzelnen überlassen, ob sie oder er der Willensäußerung zustimmt oder nicht. Insofern handelt es sich bei Willensäußerungen stets um Wertungen.

Der Vorschlag von Erichsen geht davon aus, daß das Vorliegen eines ökologischen Schadens mittels einer gesellschaftlichen Bewertung erfolgen soll, es sich daher nicht um eine feststellbare Tatsache, sondern eine Wertung handelt. Bei Konsensen über Wertungen ist der Meinungsbildungsprozeß von wesentlicher Bedeutung. Es kommt bei der Konsensbildung auf die Verbreitung von Standpunkten, Präferenzen und Argumenten an, um eine Basis für eine Meinungs- und Willensbildung in einem Kollektiv zu schaffen.[71] Daneben ist es aber auch denkbar, daß ein sozialer Konsens über eine Wertung bereits besteht, und sich lediglich das Problem der Feststellbarkeit des Konsenses stellt. Ein Konsens kann somit eine Tatsache oder ein Ziel sein.

---

67 Erichsen, S., S.21.
68 Erichsen, S., S.13.
69 Erichsen, S., S.21.
70 Weinberger, O., Rechtstheorie 1981, 147 (148).
71 Weinberger, O., Rechtstheorie 1981, 147 (149 f.).

Ein fiktiver Konsens ist demgegenüber ein Konsens, der vermeintlich besteht. Es handelt sich letztlich um eine Behauptung, die von Argumenten unterstützt wird. Eine Legitimation für Wertungen vergleichbar einer gesellschaftlichen Entscheidung kann ein fiktiver Konsens damit jedoch nicht sein.[72]

b) Soziale Konsense als Mittel zur Bestimmung ökologischer Schäden

Zu erörtern ist, ob über soziale Konsense Veränderungen des Naturhaushaltes als ökologischer Schaden bewertet werden können. Hiergegen könnte zunächst angeführt werden, daß auch erhebliche Eingriffe in den Naturhaushalt gesellschaftlich konsensual erfolgen können. Beispielsweise wird die Versiegelung von Grün- und Freiflächen für den Wohnungsbau bei relativer Angebotsknappheit auf dem Wohnungsmarkt regelmäßig sozial konsensual erfolgen. So entstehen im Südosten Hamburgs mit Zustimmung des Hamburger Senats und der Hamburger Bürgerschaft zwei neue Stadtteile, Allermöhe II und III. Aus der Sicht des Naturschutzes sind die neuen Stadtteile negativ zu bewerten, da Grün- und Freiflächen mit ihren Vegetationsbeständen prinzipiell eine entlastende Wirkung für den Schutz des Bodens und des Grundwassers sowie für die klimatischen und lufthygienischen Bedingungen haben.[73] Die wenigen Proteste aus der Bevölkerung bezogen sich jedoch auf die Enteignung landwirtschaftlicher Flächen. Einen wahrnehmbaren öffentlichen Protest wegen der mit dem Neubau verbundenen Beeinträchtigungen des Naturhaushaltes gab es nicht.

Jedoch ist zu bedenken, daß es in diesen Fällen grundsätzlich zu Ausgleichsmaßnahmen oder -zahlungen für Eingriffe in den Naturhaushalt nach § 8 BNatSchG in Verbindung mit den jeweiligen landesrechtlichen Regelungen kommt.[74] Insofern hat der Staat durch seine zuständigen Gremien und Organe festgelegt, daß derartige Maßnahmen eine Beeinträchtigung des Naturhaushaltes darstellen, sie jedoch aus übergeordneten Gründen, wie etwa Wohnungsmangel, zugelassen werden, wofür der Naturhaushalt einen Ausgleich erhält.

Allerdings werden staatlicherseits nicht alle Handlungen, die den Naturhaushalt nachhaltig verändern, mit einer solchen Ausgleichspflicht belegt. Zu nennen sind hier insbesondere der motorisierte Individualverkehr sowie die Landwirtschaft. In beiden Bereichen werden Aktivitäten entgegen ihrer wissenschaftlich belegbaren erheblichen negativen Auswirkungen auf den Naturhaushalt, wie etwa die Förderung von neuartigen, das heißt emittentenfernen Waldschäden,[75] des Artensterbens[76]

---

72 Vgl. Weinberger, O., Rechtstheorie 1981, 147 (151).
73 Allgemein ebenso Klass, J., UPR 1997, 134 (135).
74 Beachte die Sonderregelung für das Baurecht in § 8a BNatSchG; zur Erfassung ökologischer Schäden durch die Eingriffsregelung vgl. Gassner, E., ANL, S.44 ff.
75 Zum Ursachenzusammenhang zwischen Fahrzeugemissionen und Waldschäden vgl. Schaaf, W., S.3; Mohr, H., BiuZ 1986, 83 (88); Enquete-Kommission, „Schutz", S.587 ff. sowie allgemein Der Spiegel 1/1994, S.38 ff.
76 Enquete-Kommission, „Schutz", S.90; Stoyke, C./ Waibel, H., ZfU 1997, 289 (295).

oder den nicht nur unwesentlichen Beiträgen zur Klimaveränderung,[77] nicht mit einer entsprechenden Abgabe oder Ausgleichsverpflichtung verbunden.

Nun könnte argumentiert werden, daß sowohl die neuartigen Waldschäden als auch die globale Erderwärmung (Treibhauseffekt) in der Gesellschaft allgemein als negativ angesehen werden, es aber lediglich an der staatlichen Sanktionierung bzw. Verantwortlichmachung der Schädiger fehle. Insoweit könnte ein sozialer Konsens darüber bestehen, daß derartige Veränderungen einen ökologischen Schaden darstellen. Für Waldschäden oder Klimaveränderungen etwa infolge der Emissionen des motorisierten Individualverkehrs und der Landwirtschaft kann jedoch tatsächlich kaum festgestellt werden, ob eine Bewertung als ökologischer Schaden einem bloß fiktiven Konsens entspricht, oder ob es sich um einen tatsächlichen, jedoch nicht explizit festgestellten Konsens handelt. Die hierzu notwendige Befragung wäre mit einem erheblichen Aufwand verbunden und setzt zudem einen entsprechenden Meinungs- und Willensbildungsprozeß voraus. Damit zeigt sich, daß ein Abstellen auf soziale Konsense zumindest dann problematisch ist, wenn der Konsens nicht von Repräsentanten der Individuen und gesellschaftlichen Gruppen, das heißt den Abgeordneten der jeweils betroffenen Parlamente, herbeigeführt wird.

Dies kann an einem weiteren Beispiel verdeutlicht werden. In Naturschutzgebieten besteht regelmäßig eine Pflicht, Hunde anzuleinen, was aus der Überlegung resultiert, daß Hunde ein Störfaktor in vielen Ökosystemen sind und die in den Gebieten vorkommende Tierwelt daher vor Hunden geschützt werden sollte. Ob es hierüber einen sozialen Konsens gibt, oder ob nicht zumindest in einigen Regionen oder Bundesländern ein gegenteiliger Konsens besteht, ist unklar und kann mit einem vertretbaren ökonomischen Aufwand nicht ermittelt werden. Aber selbst wenn dieser Aufwand zur Feststellung eines Konsenses in Kauf genommen werden würde, ergebe sich die Schwierigkeit, daß die Auswirkungen von freilaufenden Hunden in verschiedenen Naturschutzgebieten möglicherweise unterschiedlich wären, je nachdem, welche Arten dort vorkommen. Ähnliches gilt auch für andere Fremdeinflüsse. So ist die Menge eines Schadstoffes, welche z.B. ein Hektar Wald aufnehmen und in natürlichen Kreisläufen verarbeiten kann, regional unterschiedlich.[78]

Folglich ist eine generalisierende Bewertung von Handlungen durch gesellschaftliche Konsense, wie etwa Volksentscheide, kaum möglich, da sich die Auswirkungen von Handlungen auf den Naturhaushalt im Regelfall nicht generalisieren lassen. Eine Bewertung in jedem Einzelfall ist jedoch wegen des mit der Meinungsbildung und Abstimmung verbundenen Aufwandes nicht realisierbar, das heißt ein Konsens kann zwar bestehen aber nicht festgestellt werden. Dies können allenfalls Repräsentanten der Bevölkerung, z.B. Parlamentsabgeordnete, leisten.

Sofern diese Volksvertreter und -vertreterinnen bei Veränderungen des Naturhaushaltes darüber befinden sollen, ob ein ökologischer Schaden vorliegt, ergeben sich daraus jedoch andere Schwierigkeiten. Es gibt lokale, regionale, überregionale, nationale und globale Veränderungen des Naturhaushaltes. In vielen Fällen werden

---

77 Zur Bedeutung der Landwirtschaft bei Klimaschäden vgl. Enquete-Kommission, „Schutz", S.92 - 196.
78 Vgl. Umweltbundesamt Jahresbericht 1994, S.103 für den Säureeintrag in Waldböden.

die Veränderungen die Grenzen der jeweiligen Repräsentationsgebiete der Parlamente überschreiten und sich somit mehrere Parlamente für die Bewertung der Veränderung zuständig fühlen. Es ist durchaus vorstellbar, daß es dabei zu unterschiedlichen Bewertungen derselben Veränderung des Naturhaushaltes kommt. Damit würde der Begriff des ökologischen Schadens ad absurdum geführt.

Zudem spricht die allgemeinsprachliche Bedeutung der Bezeichnung ökologischer Schaden gegen eine Wertung anhand sozialer Konsense. Wie sich aus dem Wort „ökologisch" ergibt, handelt es sich um eine unter ökologischen Gesichtspunkten zu betrachtende Veränderung, auch wenn es sich zugleich um subjektive Werturteile handelt und nicht um die Feststellung (objektiver) Tatsachen. Mithin ist eine Bewertung unter dem Blickwinkel der Auswirkungen auf den Naturhaushalt vorzunehmen. Dies ist jedoch bei sozialen Konsensen nicht gewährleistet, wenn andere Interessen, insbesondere Partikularinteressen, die Entscheidung beeinflussen können.[79]

Ein weiterer Kritikpunkt an sozialen Konsensen als Bewertungskriterium ist ihre unzureichende Verläßlichkeit. Kein Konsens ist endgültig, jeder Konsens kann prinzipiell korrigiert werden, da er auf bestimmten Annahmen und Erkenntnissen beruht, die sich als falsch erweisen können oder durch neue Erkenntnisse relativiert werden können.[80] So kann ein Konsens sich durch neue Informationen oder ein Schadensereignis in sein Gegenteil verkehren. Derartiges ist sogar durch gezielte Fehlinformationen möglich. Folglich stellen soziale Konsense nicht von vornherein eine eindeutige und dauerhafte Beurteilung sicher. Sie werden von vielfältigen Zufälligkeiten beeinflußt und sind Manipulationen zugänglich.

Den angeführten Kritikpunkten an einer Bewertung ökologischer Schäden anhand sozialer Konsense kann jedoch abgeholfen werden, wenn über soziale Konsense abstrakte Wertungskriterien festgelegt werden, denen eine ökologische Betrachtung von Veränderungen im Naturhaushalt immanent ist, und die dem Stand der ökologischen Forschung gerecht werden müssen. Derartige Kriterien werden allgemein als ökologische Leitbilder bezeichnet. Anders als eine Bewertung einzelner Veränderungen beinhalten derartige Leitbilder eine Offenlegung der Präferenzen, z.B. die Bewahrung der biologischen Vielfalt, auf denen die Bewertung beruht, so daß außer einem ökologischen Bewertungsansatz auch eine größere Transparenz der Bewertung gegeben ist. Eine Bewertung von Veränderungen des Naturhaushaltes anhand ökologischer Leitbilder führt somit zu transparenteren Wertungskriterien, die eine Berücksichtigung von Partikularinteressen im Einzelfall zumindest wesentlich erschweren und zugleich allein infolge ihrer Abstraktheit eine gewisse Dauerhaftigkeit der Bewertung garantieren.

c) Zwischenergebnis

Eine Bewertung von Veränderungen des Naturhaushaltes anhand sozialer Konsense ist häufig nicht praktikabel und im Ergebnis fragwürdig. Zudem richten sich soziale

---

79 Vgl. allgemein Kübler, F., S.37.
80 Kaufmann/ Hassemer-Kaufmann, S.172.

Konsense nicht notwendig nach den ökologischen Gegebenheiten des Einzelfalls, da soziale Konsense nicht dem Stand der Wissenschaft der ökologischen Forschung gerecht werden müssen. Mithin sind soziale Konsense nur dann zur Feststellung ökologischer Schäden geeignet, wenn der begiffsimmanente ökologische Bezug der Bewertung gewährleistet ist

Dies ist allenfalls bei sozialen Konsensen über ökologische Wertungskriterien, das heißt ökologischen Leitbildern der Fall, anhand derer eine Bewertung im Einzelfall erfolgen kann. Ihre Eignung und Legitimität zur Begriffsbestimmung des ökologischen Schadens wird daher zu diskutieren sein.

Eine Bewertung von Veränderungen ohne solche Kriterien über einen sozialen Konsens im Einzelfall ist zur Begriffsbestimmung des ökologischen Schadens jedoch ungeeignet.

5. Ökologische Leitbilder

a) Vorbemerkung

Einen wertenden Ansatz zur Bestimmung ökologischer Schäden stellen ökologische Leitbilder dar. Durch ökologische Leitbilder werden nicht nur ökologische Wirkungszusammenhänge analysiert, sondern auch Veränderungen bewertet.[81] Leitbilder ermöglichen ebenso die Bewertung des Ist-Zustandes einer Raumeinheit, wie die Bewertung anthropogener Eingriffe in den Naturhaushalt.[82] Zugleich können konkrete Handlungsbedarfe anhand der Qualitätsziele ermittelt werden, die in diesen Leitbildern enthalten sind.

Im wesentlichen gibt es drei ökologische Leitbilder:

- die Nachhaltigkeit
- die Biodiversität
- das Hemerobiekonzept

Bei dem neuerdings diskutierten Ziel Wildnis[83] handelt es sich nicht um ein vergleichbares Leitbild, sondern um ein Instrument der Umweltpädagogik.[84] Der Selbstzweck, Flächen ihrer natürlichen Entwicklung zu überlassen, beinhaltet nur dann die Möglichkeit, Veränderungen zu bewerten, wenn jede anthropogene Einwirkung als negativ bewertet wird. In diesem Fall wäre das Leitbild Wildnis jedoch nur eine undifferenzierte Ausformung des Hemerobiekonzepts und bedarf daher keiner weitergehenden Erörterung.

Neben ökologischen Leitbildern werden verschiedentlich ökologische Handlungsgrundsätze diskutiert, die möglicherweise ebenfalls ein Ansatz zur Bewertung von Veränderungen des Naturhaushaltes als ökologischer Schaden sind. Somit sind die jeweiligen Aussagen ökologischer Leitbilder sowie ökologischer Handlungsgrundsätze darzustellen, um auf dieser Grundlage ihre Eignung zur Bewertung

---

81 Plachter, H., S.181; allgemein zu Bewertungsschwierigkeiten vgl. Seibt, C., S.188 ff. und Plachter, H., S.246 ff.
82 Wiegleb, G., TUC, S.8; Plachter, H., S.250.
83 Vgl. Olbrich, V., NuR 1997, 393 f.; Trommer, G., TUC, S.58.
84 Vgl. Trommer, G., TUC, S.59.

ökologischer Schäden und ihre jeweilige Legitimität als Abgrenzungskriterien zur Obergruppe der Veränderungen des Naturhaushaltes zu erörtern.

b) Nachhaltigkeit

Das ökologische Leitbild der Nachhaltigkeit ist historisch seit dem 16. Jahrhundert in der Forstwirtschaft entwickelt worden[85] und strebt ebenso wie das speziellere Leitbild des ökologischen Wirkungsgrades Stoffkreisläufe an, um einen größtmöglichen Erhalt natürlicher Ressourcen zu erreichen.[86] Danach sollen sich sowohl soziale Ausgleichsprozesse wie auch ökonomische Prozesse an der Tragfähigkeit ökologischer Systeme ausrichten. Es handelt sich dabei jedoch weniger um eine gesellschaftliche oder ökonomische sondern vielmehr um eine Zielvorgabe im Sinne einer Verantwortungsethik gegenüber der Natur sowie gegenüber den zukünftigen Generationen.[87]

Die Ausgangsthese dieses Leitbildes ist, daß natürliche Ressourcen nur in begrenztem Umfang vorhanden sind. Demnach gibt es keinen gleichbleibenden und dauerhaften Ressourcenerhalt durch natürliche Nachlieferung derselben nach einem Verbrauch.[88] Hieraus wird gefolgert, daß jeder Ressourceneinsatz nur eine Ressourcennutzung sein sollte. Bei nicht erneuerbaren Ressourcen, etwa bei den Bodenschätzen, müßte somit ein adäquater Ressourcenersatz durch eine erneuerbare Ressource erfolgen. Bei erneuerbaren Ressourcen, etwa bei Lebewesen, ist ein Nachwachsen bzw. eine Rückführung der Ressource nach Abschluß ihrer Nutzung anzustreben.[89] Folglich entspricht die nachhaltige Nutzungsrate von Ressourcen der Regenerationsrate. Dies ist beispielsweise bei der Wasserversorgung der Fall, wenn jährlich weniger als 10% der erneuerbaren Wasservorräte verbraucht werden, da diese Entnahme durch den natürlichen Zufluß von Niederschlagswasser durch den Boden in das Grundwasser kompensiert wird.[90]

Soweit eventuell vorhandene Reststoffe zugeführt werden, ist ihre Menge an der Aufnahmefähigkeit des Systems auszurichten.[91] Für Stoffeinträge, wie etwa die Düngung im Rahmen einer landwirtschaftlichen Grundstücksnutzung, bedeutet dies, daß sie nicht allein an der Belastbarkeit des Naturhaushaltes auszurichten sind, sondern auch andere Funktionen, wie etwa die Regelungsfunktion ökosystemarer Kreislaufsysteme, berücksichtigt werden müssen.

Von wesentlicher Bedeutung für das ökologische Leitbild Nachhaltigkeit ist der ökologische Wirkungsgrad eines Ökosystems, da natürliche Ressourcen als Potential Bestandteil eines Ökosystems bleiben sollen, um eine dauerhafte und möglichst optimale Nutzung zu gewährleisten. Vom ökologischen Wirkungsgrad hängt ab, in welchem Umfang durch ortszyklische Kreisläufe irreversible Stoffverluste mini-

---

85   Vgl. Radkau, J., S.34 f.
86   Enquete-Kommission, „Zukunft", S.190.
87   Vgl. Küng, H., S.235 ff.
88   Zierl, H., TUC, S.38.
89   Vgl. Müller, M./ Hennicke, P., S.90; Cansier, D., S.65.
90   Mohr, H., S.52; vgl. auch Da Silva Matos, I./ Hofmann, M., ZAU 1997, 230 ff.
91   Zierl, H., TUC, S.41; Müller, M./ Hennicke, P., S.90.

miert werden.[92] Der ökologische Wirkungsgrad eines bestimmten Gebietes ist um so höher, je geringer der Anteil von irreversiblen Stoffverlusten in einem bestimmten Zeitraum im Verhältnis zu den insgesamt auf dieser Fläche im gleichen Zeitraum umgesetzten Stoffen, das heißt der Bruttoproduktionsleistung, ist.[93] Die Stoffeinflüsse werden dabei in Protonen- bzw. Ladungsäquivalenten ausgedrückt. Zur Erhöhung von ökosystemaren Wirkungsgraden bedarf es einer Förderung selbstoptimierender Wirtschaftsweisen, maximaler Energieerhaltung[94] sowie Schaffung weitgehend ortszyklischer Stoffkreisläufe.[95]

Zusammenfassend ist daher festzustellen, daß das ökologische Leitbild der Nachhaltigkeit auf drei unterschiedlichen Maximen aufbaut:[96]

Soweit regenerierbare/ erneuerbare Ressourcen genutzt werden, darf dies nur in einem Umfang erfolgen, in dem diese Ressourcen nachwachsen oder zurückgeführt werden. Insofern entsprechen sich Abbau- und Regenerationsrate.

Bei nicht erneuerbaren Ressourcen, hat ein adäquater Ressourcenersatz durch eine erneuerbare Ressource zu erfolgen, mit dem Ergebnis, daß die Menge natürlicher Ressourcen gleichbleibend ist.[97]

Der Eintrag von Stoffen ist an der natürlichen Aufnahmefähigkeit ökologischer Systeme auszurichten.

Letzteres beruht auf dem Umstand, daß Ökosysteme in einem bestimmten Umfang Stoffeinträge in ihren Wirkungskreislauf einbeziehen und verarbeiten können. Diese Herangehensweise ist vom Critical-Load/ Critical-Level-Konzept aufgenommen worden, wonach Stoffeinträge bis zu dem Critical-Level zulässig sind, an dem sie anfangen den Naturhaushalt durch den Eintrag zu verändern.[98] Dies heißt beispielsweise für den Stickstoffeintrag aus der Luft in Waldökosysteme, daß die Immissionsbelastung von derzeit 20 bis 70 kg pro Hektar und Jahr auf 10 bis 15 kg pro Hektar und Jahr verringert werden muß.[99] Bei der Stickstoffdüngung in der Landwirtschaft besteht sogar ein jährlicher Überschuß von 100 bis 150 kg pro Hektar landwirtschaftlicher Fläche.[100] Insofern ist die konventionelle Landwirtschaft ein extremes Beispiel eines nicht nachhaltigen Umgangs mit der Natur.

Bei dem Konzept der Nachhaltigkeit ist jedoch stets zu bedenken, daß eine absolute Nachhaltigkeit durch die natürliche Dynamik des Naturhaushaltes ausgeschlossen wird.[101] Diese Dynamik kommt im Begriff des ökologischen Gleichgewichts zum Ausdruck. Es handelt sich bei dem ökologischen Gleichgewicht um das Schwanken des Arten- und Individuenbestandes eines Ökosystems um einen Mittelwert.[102] Dieses Gleichgewicht verändert sich auch ohne anthropogene Einflüsse

---

92 Ripl, W., TUC, S.17 und 20.
93 Ripl, W., TUC, S.16.
94 Vgl. Bick, H./ Hansmeyer, K.-H./ Olschowy, G./ Schmoock, P., II, S.126 ff.; Enquete-Kommission, „Zukunft", S.202 ff.
95 Ripl, W., TUC, S.19 f.
96 Vgl. Müller, M./ Hennicke, P., S.90; Cansier, D., S.65 m.w.N.
97 Vgl. kritisch Binswanger, M., ZfU 1995, 1 (3).
98 Vgl. Umweltbundesamt Jahresbericht 1994, S.100 ff.
99 Umweltbundesamt Jahresbericht 1994, S.111.
100 Stoyke, C./ Waibel, H., ZfU 1997, 289 (303).
101 Zierl, H., TUC, S.39.
102 Bick, H./ Hansmeyer, K.-H./ Olschowy, G./ Schmoock, P., I, S.23; Zierl, H., TUC, S.38.

mit der Wandlung von Ökosystemen durch veränderte Umweltfaktoren.[103] Ein stets gleichbleibender Ressourcenerhalt verstanden als feststehende Größe ist demgemäß nicht möglich, sondern nur ein gleichbleibender Ressourcenerhalt im Rahmen der Schwankungsbreite eines dynamischen Status quo.

c) Biodiversität

Das Leitbild der Biodiversität bezweckt die Erhaltung und Förderung einer größtmöglichen natürlichen Vielfalt. Es ist dabei zu beachten, daß für die quantitativen Meßgrößen von Biodiversität unterschiedliche Indices in Abhängigkeit von der jeweiligen Betrachtungsweise gebraucht werden.[104] Diese sind beispielsweise für Artenvielfalt anders als auf der molekularen Ebene für genetische Diversität oder auf der Ebene der Landschaft[105] für Ökotopdiversität. Mit der jeweiligen Betrachtungsweise verändern sich folglich die maßgeblichen Kriterien der Biodiversität.

Der Schutz der biologischen Vielfalt als ökologisches Leitbild läßt sich im wesentlichen unter sechs Gesichtspunkten legitimieren:

Arten haben in aller Regel einen anerkannten oder potentiellen[106] ökonomischen Wert als lebende Ressource, insbesondere im Hinblick auf ihr genetisches Potential.[107] Dies ist unter anderem relevant bei der Entwicklung neuer Nahrungsmittel, bei der Schädlingsbekämpfung oder bei der Entwicklung von Arzneimitteln.[108] So stammen beispielsweise die Hälfte aller verschriebenen Medikamente aus wilden Organismen.[109]

Die biologische Vielfalt stellt einen Eigenwert dar, den es zu schützen und zu bewahren gilt. Dieser besteht unabhängig von ökonomischen Interessen und hat ein Eigenrecht auf Existenz zur Folge.[110]

Der möglichst weitgehende Erhalt der natürlichen Vielfalt ist eine ethische Verpflichtung des Menschen.[111] Zur anthropogenen, durch Tun oder Unterlassen bedingten Vernichtung oder Selektion von Arten hat der Mensch als Teil der Natur keine Legitimation.[112]

---

103 Bick, H./ Hansmeyer, K.-H./ Olschowy, G./ Schmoock, P., I, S.23.
104 Vgl. Haber, W., S.33; Streit, B., „Biodiversität"; Plachter, H., S.217 f.; Tischler, W., S.188 f.; Kosz, M., ZfU 1997, 531 (533).
105 Vgl. zur Diversitätsanalyse von Landschaften Bechmann, A./ Johnson, B., Landschaft + Stadt 1980, 55 (56 ff.).
106 Nur ein minimaler Anteil aller Arten wurde bisher studiert, vgl. Begon, M./ Harper, J./ Townsend, C., S.665 und Streit, B., „Biodiversität".
107 Vgl. zu den ökonomischen Werten: Wissenschaftlicher Beirat der Bundesregierung Globale Umweltveränderungen, S.172.
108 Weltkommission für Umwelt und Entwicklung, S.149 und S.157 ff.; Wissenschaftlicher Beirat der Bundesregierung Globale Umweltveränderungen, S.177; Begon, M./ Harper, J./ Townsend, C., S.664; Heister, J./ Klepper, G./ Stähler, F., ZAU 1992, 455 (458).
109 Weltkommission für Umwelt und Entwicklung, S.157.
110 Vgl. Wissenschaftlicher Beirat der Bundesregierung Globale Umweltveränderungen, S.170 und 172; Präambel der Konvention über die Biologische Vielfalt; Meyer-Abich, K., „Ethik", S.163; Leimbacher, J., S.85; Sitter-Liver, B., S.361; Sening, C., NuR 1989, 325 (327).
111 Steiger, H., NuR 1995, 437 (440); Streit, B., „Biodiversität".
112 Vgl. Begon, M./ Harper, J./ Townsend, C., S.665.

Der Verlust oder die zahlenmäßige Reduktion der Häufigkeit einer Art kann wegen der ökosystemaren Wechselwirkungen erhebliche Auswirkungen auf die vormalige Lebensgemeinschaft haben.[113]

Der ästhetische Wert der Natur, beispielsweise von Schmetterlingen, wird bei regionalen oder globalen Verlusten oder auch nur bei dem zahlenmäßigen Rückgang von Arten gemindert.[114]

Biodiversität beeinflußt die Stabilität von Ökosystemen. Zwar kann die Annahme, daß Artenvielfalt eine Ursache und Folge der Stabilität eines ökologischen Systems sei,[115] inzwischen als widerlegt betrachtet werden,[116] jedoch bestimmt genetische Diversität maßgeblich die Anpassungsfähigkeit von Ökosystemen und ist damit entscheidend für die Stabilität dieser Systeme.[117]

Klassischerweise stellt das Leitbild der Biodiversität auf die Arten-Individuen-Relation ab und bezweckt die Erhaltung und den Ausbau der Artenvielfalt.[118] Die Diversität von Systemen bestimmt sich dabei nach der Artenzahl einer Lebensgemeinschaft und der relativen Häufigkeit von Arten, das heißt der Individuendichte.[119] Ergänzt wird diese Wertung durch das Kriterium der Ökotopdiversität auf der Ebene der Landschaftsplanung. Vielfältige Lebensräume sind die Grundlage eines breiten Artenspektrums und somit für Artenvielfalt.

Bei der Bewertung von Veränderungen der Artenvielfalt[120] sind auf der Basis dieses Leitbildes somit das Vorkommen von Arten und insbesondere Rote-Liste-Arten, das heißt vom Aussterben bedrohte Arten, die Erhaltung der natürlichen Lebensräume sowie eventuelle Besonderheiten des Einzelfalles zu berücksichtigen.[121] Negativ auf die Artenvielfalt wirkt sich etwa der chemische Pflanzenschutz in der Landwirtschaft aus. Durch diesen kommt es zu einer Verengung des Artenspektrums auf wenige herbizidunempfindliche Arten, was eine Gefährdung der Artenvielfalt in Agrarökosystemen zur Folge hat.[122] Weiter wirken sich Düngemittel in der Landwirtschaft negativ aus, da durch sie eine intensivere Bewirtschaftung möglich ist, die Arten, wie etwa der Feldlerche, ihren Lebensraum nimmt.[123] Positiv nach dem Kriterium der Artenvielfalt ist hingegen der ökologische Waldbau zu beurteilen, da dieser einen erheblichen Artenreichtum gewährleistet.[124]

Neben den Indices der Vielfalt der vorhandenen Arten und der Vielfalt der Landschaftsräume besteht mit der Vielfalt der genetischen Information ein weiterer wichtiger Maßstab, dem nicht zuletzt wegen seiner Relevanz für die Stabilität von

---

113 Begon, M./ Harper, J./ Townsend, C., S.665.
114 Begon, M./ Harper, J./ Townsend, C., S.665.
115 So im Ansatz noch Heister, J./ Klepper, G./ Stähler, F., ZAU 1992, 455 (458).
116 Ellenberg, H., S.109 f.; Zwölfer, H./ Völkl, W., BiuZ 1993, 308 (312 f.); Remmert, H., S.293; Plachter, H., S.214 f. und 227.
117 Vgl. Wissenschaftlicher Beirat der Bundesregierung Globale Umweltveränderungen, S.170 f.; Umweltbundesamt Jahresbericht 1989, S.57.
118 Zwölfer, H./ Völkl, W., BiuZ 1993, 308; Streit, B., „Biodiversität".
119 Begon, M./ Harper, J./ Townsend, C., S.943; Tischler, W., S.188.
120 Vgl. Kosz, M., ZfU 1997, 531 (533 f.) m.w.N. zur Entwicklung des Artensterbens.
121 Plachter, H., S.181 und 250.
122 Stoyke, C./ Waibel, H., ZfU 1997, 289 (295).
123 Vgl. Jaquet, R., Süddeutsche Zeitung vom 18./19.10.1997, S.16.
124 Vgl. Weiger, H., S.153.

Ökosystemen eine andere ökologische Bedeutung zukommt. Die Aufrechterhaltung und Erzeugung einer möglichst hohen genetischen Vielfalt bei der Weitergabe genetischer Informationen an die folgende Artengeneration ist von großer Bedeutung. Die genetische Vielfalt unterliegt einer natürlichen Dynamik, welche durch Wechselwirkungen mit den Umweltverhältnissen beeinflußt wird. Schadstoffe wirken sich auf diese Prozesse regelmäßig negativ aus.[125] Mithin geht es bei der genetischen Diversität um den herkunftsunabhängigen Schutz der Variabilität unter lebenden Organismen, was nicht gleichbedeutend ist mit dem Schutz von gefährdeten Arten.[126]

Infolge der dargestellten Beeinträchtigungen der natürlichen Vielfalt empfiehlt der Wissenschaftliche Beirat der Bundesregierung Globale Umweltveränderungen die bestehende Subventionspraxis in der Land- und Forstwirtschaft im Hinblick auf den Schutz der natürlichen Vielfalt zu verändern.[127]

d) Das Hemerobiekonzept

Das Hemerobiekonzept zielt ab auf die Minimierung anthropogener Einflüsse auf den Naturhaushalt.[128] Grundlegend unterscheidet es zwischen von Menschen mittelbar oder unmittelbar herbeigeführten Veränderungen und natürlichen Veränderungen im Rahmen ökosystemarer Veränderungsprozesse. Letztere sind mit diesem Leitbild nicht nur vereinbar, sondern werden darüber hinaus als wünschenswert angesehen.

Hemerobie ist die Gesamtheit der beabsichtigten und unbeabsichtigten Eingriffe des Menschen in Ökosysteme.[129] Grundsätzlich gilt: Die Schutzwürdigkeit eines Ökosystems nimmt mit der Abnahme menschlicher Einflüsse zu. Je intensiver der Mensch auf Ökosysteme einwirkt, um so größer ist die Naturferne dieser Systeme.

Das Hemerobiekonzept ordnet Zustände und Veränderungen des Naturhaushaltes in eine Skala von Hemerobiegraden ein, um sie zu bewerten. Der Hemerobiegrad eines Ökosystems ergibt sich aus den Wirkungen anthropogener Fremdeinflüsse auf die jeweiligen Standorte mit ihren Organismen. Höhere Hemerobiegrade bedeuten zunehmende Einflußnahme des Menschen, was gleichgesetzt wird mit einem zunehmenden Eintrag an Fremdenergie.[130]

Dies beruht auf der Annahme, daß der natürliche Energiefluß zu einer natürlichen Vegetation führen würde, was in Nordeuropa im wesentlichen Wald bedeutet.[131] Für jede Abweichung von diesem natürlichen Zustand bedarf es des Einsatzes von Energie. Dieser Eintrag von Fremdenergie geht einher mit einer abnehmenden Selbstorganisation des Ökosystems, wobei diese um so geringer ist, je höher der Energieeintrag ist. Es kommt zu einer zunehmenden Fremdsteuerung (Naturferne).

---

125 Umweltbundesamt Jahresbericht 1989, S.57 und Jahresbericht 1991, S.84.
126 Vgl. Steiger, H., NuR 1995, 437 (441).
127 Wissenschaftlicher Beirat der Bundesregierung Globale Umweltveränderungen, S.184.
128 Bornkamm, R., TUC, S.34.
129 Bornkamm, R., TUC, S.33; Bornkamm, R., Landschaft+Stadt 1980, 49; Kratochwil, A./ Schwabe, A., Forschung, Straßenbau und Verkehrstechnik Heft 636, S.63 (80).
130 Bornkamm, R., TUC, S.33.
131 Vgl. Ellenberg, H., S.111.

Wird z.B. auf einer Mähwiese ein Haus gebaut, so ist dies als negativ zu bewerten, da ein Haus eine naturfernere Nutzung darstellt. Hingegen wäre eine Umwandlung in ein Gebiet für naturnahe Pflanzungen, das heißt Pflanzen, die an dieser Stelle von Natur aus wachsen würden, weniger naturfern, hätte folglich einen niedrigeren Hemerobiegrad zur Folge und wäre somit als wünschenswert einzustufen.[132] In diesem Fall wäre ein Energieeintrag ausnahmsweise nicht negativ zu bewerten, da er der Erreichung eines niedrigeren Hemerobiegrades dient.

Das Hemerobiekonzept basiert auf der Annahme, daß der Natürlichkeitsgrad vielfach bereits einen Wert an sich darstellt. Ergänzend wird darauf verwiesen, daß Nachhaltigkeit um so einfacher zu erreichen sei, je mehr die tatsächlichen ökosystemaren Prozesse den in diesem System natürlichen Prozessen angenähert sind.[133]

e) Naturwissenschaftliche Kritik ökologischer Leitbilder

An ökologischen Leitbildern ist aus naturwissenschaftlicher Sicht Kritik geübt worden, welche sich sowohl auf ihre Praktikabilität als auch auf ihre Sachgerechtigkeit als ökologische Zielvorstellungen bezieht. Es handelt sich im wesentlichen um drei Kritikpunkte, die eine Bewertung von Zuständen und ihren Veränderungen anhand ökologischer Leitbilder in Frage stellen:[134]

- Ökologische Leitbilder beinhalten subjektive wissenschaftliche Wertentscheidungen.
- Ökologische Leitbilder sind durch einen hohen Abstraktionsgrad gekennzeichnet.
- Ökologische Leitbilder sind nicht verhaltens- sondern zielorientiert.

aa) Wertentscheidungen

Ein zentraler Kritikpunkt an ökologischen Leitbildern ist der Umstand, daß sie implizit bestimmte Wertentscheidungen beinhalten. Dies läßt sich dadurch belegen, daß die verschiedenen Leitbilder unterschiedliche ökologische Ziele verfolgen. Es gibt keinen übergeordneten, anzustrebenden ökologischen Zustand, der definiert werden kann und den es zu erreichen gilt. Das Hemerobiekonzept trägt dem Rechnung, indem es auf die Naturferne abstellt anstatt auf die Naturnähe. Kann jedoch ein übergeordneter ökologischer Zustand nicht definiert werden, so können die aufgestellten Leitbilder zwar ökologisch bedeutsame Fakten im größtmöglichen Umfang berücksichtigen, eine Abwägung verschiedener Zustände kann jedoch nicht ohne subjektive Präferenzen erfolgen.

Das wertende Element in ökologischen Leitbildern spiegelt sich auch darin wider, daß diese zueinander im Widerspruch stehen können. Dementsprechend ist insbesondere die Frage, ob stets der urwüchsige Naturzustand anzustreben ist oder ob die Erhaltung bestimmter Kulturlandschaften und der dort lebenden Arten Eingriffe rechtfertigt, unter Ökologen umstritten.

---

132 Beispiel nach Bornkamm, R., TUC, S.36.
133 Bornkamm, R., Landschaft+Stadt 1980, 49 (52) m.w.N.
134 Vgl. Jax, K./ Bröring, U., TUC, S.65.

Das Hemerobiekonzept befürwortet jegliche Form von natürlichen Entwicklungsprozessen in Ökosystemen. Hochtechnische Rekultivierungslandschaften werden strikt abgelehnt.[135] Eine Naturlandschaft im Sinne des Hemerobiekonzeptes wäre in Deutschland regelmäßig ein Eichen-Buchen-Mischwald. Überhaupt wäre Mitteleuropa von Natur aus ein fast lückenloses Waldland.[136] Dies würde zu einem erheblichen Artenrückgang führen, da durch anthropogene Einflüsse neben einer Zerstörung von Lebensräumen vielfach auch neue Lebensräume für Arten entstanden sind, die in einem solchen Wald nicht existieren könnten. So gibt es in Norddeutschland Heidelandschaften in größerem Umfang überhaupt nur durch Eingriffe des Menschen.[137] Im Mittelalter wurden größere Gebiete abgeholzt um Feuerholz bzw. Holzkohle zu gewinnen, welche für Salzsiedereien benötigt wurden. Einen weiteren Beitrag zugunsten von Heidelandschaften bedeutete die Heidschnuckenwirtschaft in der zweiten Hälfte des 19. Jahrhunderts.[138] Nach dem Leitbild der Hemerobie würden diese Heidelandschaften außer in Moor- und Küstengebieten in eine Waldlandschaft übergehen[139] und als Lebensraum vieler Arten ausscheiden. Damit beinhaltet der ganzheitliche Ansatz der Hemerobie die zumindest vorübergehende Schädigung oder gar Vernichtung einzelner Teile der Natur (Population, Individuen).[140] Gerechtfertigt wird dies durch das langfristige Ziel eines stabilen, belastbaren, nachhaltigen ökologischen Gleichgewichts ohne störende Einflußnahme des Menschen.[141]

Nach dem ökologischen Leitbild der Biodiversität können hingegen Eingriffe zur Bewahrung bestimmter Kulturlandschaften durch die damit verbundene Erhaltung der Artenvielfalt gerechtfertigt werden. Insbesondere der Schutz und die Erweiterung von Lebensräumen für gefährdete Arten wird als vordringlich angesehen. Daher werden Naturschutzgebiete ausgewiesen und entsprechend gepflegt.[142] Ein Beispiel hierfür ist die inzwischen eingestellte Planung einer zweiseitigen Öffnung der Alten Süderelbe in Hamburg. Wegen des Hochwasserschutzes sowie zur Sicherung der Vereinbarkeit mit den wirtschaftlichen Belangen des Hamburger Hafens sollte diese erneute Öffnung über Sielsysteme erfolgen, das heißt es würde sich letztlich um eine technisch gesteuerte Süßwassertide handeln. Begründet wurde das Vorhaben damit, daß ein äußerst seltener Lebensraum für diverse gefährdete Arten geschaffen würde.[143] Mithin würde aus Gründen der Erhaltung der Artenvielfalt eine hochtechnische Rekultivierungslandschaft entstehen.

Folglich können ökologische Leitbilder zueinander im Widerspruch stehen. Dies beruht auf den jeweiligen ökologischen Zielvorstellungen, die auf einer subjektiven wertenden Betrachtung basieren. Die mit Hilfe der Leitbilder erzielten Ergebnisse

---

135 Vgl. Bornkamm, R., TUC, S.34.
136 Ellenberg, H., S.111.
137 Vgl. Lang, G., S.248; Ellenberg, H., S.719 ff.
138 Ellenberg, H., S.721.
139 Ellenberg, H., S.719 und S.744 ff.
140 Vgl. Jax, K./ Bröring, U., TUC, S.66.
141 Bornkamm, R., TUC, S.34 f.; kritisch hierzu Jax, K./ Bröring, U., TUC, S.66 - 69.
142 Begon, M./ Harper, J./ Townsend, C., S.667; ähnlich Plachter, H., S.181.
143 Vgl. Harburger Anzeigen und Nachrichten vom 20.07.1996, S.8.

genügen daher nicht dem Anspruch der Objektivität, sondern sind Wertentscheidungen in Abhängigkeit von den Überzeugungen der bewertenden Instanz.

bb) Abstraktheit

Ein weiterer Kritikpunkt an ökologischen Leitbildern ist ihre Abstraktheit. Es handelt sich bei den Leitbildern um allgemein gültige Vorgaben, deren Anwendung im Einzelfall mit erheblichen Problemen verbunden sein kann.

Die Anwendung ökologischer Leitbilder zur Bewertung von Veränderungen birgt das Problem der Begrenztheit wissenschaftlich-ökologischer Kenntnisse. Es ist oft nicht möglich, den Ist-Zustand eines Ökosystems exakt zu erfassen,[144] so daß eine vergleichende Betrachtung von Soll- und Ist-Zustand bereits auf der rein tatsächlichen Ebene des Ist-Zustandes nur unvollständig erfolgen kann.

Zudem besteht bei der Entwicklung komplexer Systeme ein erhebliches Prognoserisiko, das heißt ihre Entwicklung kann nur begrenzt vorhergesehen werden.[145] Die Unkenntnis der Wirkungszusammenhänge steht in diesen Fällen einer Steuerbarkeit entgegen. So ist es oftmals schwierig nach störenden Eingriffen in den Naturhaushalt die Regenerationsdauer und eventuell verbleibende Schäden vorherzusagen. Beispielsweise hängt die Schädigung des Naturhaushaltes nach einem Öltankerunglück nicht unwesentlich von der Entwicklung der klimatischen Rahmenbedingungen ab.

Sowohl die Schwierigkeit einer Erfassung des Status quo als auch die natürlichen Unwägbarkeiten der weiteren Entwicklung von Ökosystemen nach Eingriffen können ökologische Leitbilder in Frage stellen, soweit die Herleitung konkreter Handlungsbedarfe auf der Basis dieser Leitbilder erschwert wird.

cc) Zielorientierung

Weiter wird an ökologischen Leitbildern ihre Zielorientiertheit bemängelt. Ökologische Leitbilder formulieren Zielvorgaben für die Erfassung und Beseitigung bestehender ökologischer Beeinträchtigungen.

An diesem Vorgehen zur Bewertung ökosystemarer Zustände und Veränderungen wird kritisiert, daß ökologische Leitbilder vielfach ökonomische und soziale Randbedingungen sowie Standortpotentiale voraussetzen, die heute nicht mehr bestehen und auch nicht wiederhergestellt werden können.[146] Nötig seien vielmehr Handlungsgrundsätze hinsichtlich der Art und Intensität von Nutzungen. Nur so könne eine angemessene Berücksichtigung der Wechselwirkungen zwischen ökologisch nicht besonders geschützten Landschaftsteilen und schützenswerten Inselbiotopen, wie etwa Naturschutzgebieten, erfolgen.[147] Zudem erstrecke sich die Verantwortlichkeit des Menschen weniger auf bestimmte Land-

---

144 Vgl. Weltkommission für Umwelt und Entwicklung, S.149 zum Stand der wissenschaftlichen Artenerforschung.
145 Wiegleb, G., TUC, S.11.
146 Riedl, U., TUC, S.28.
147 Riedl, U., TUC, S.29.

schaftszustände, sondern vielmehr auf die Folgen seiner Eingriffe in Naturzusammenhänge.[148]

f) Ökologische Handlungsansätze

Aufgrund der dargestellten Kritikpunkte an ökologischen Leitbildern wurden verschiedene ökologische Handlungsgrundsätze formuliert, die zumindest den mit der Zielorientierung und Abstraktheit von ökologischen Leitbildern verbundenen Praktikabilitätsproblemen Rechnung tragen. Menschliches Handeln sollte sich demnach an verschiedenen Grundsätzen messen lassen. Es handelt sich bei diesen Grundsätzen um den Nicht-Verschlechterungsgrundsatz, den Nachhaltigkeitsgrundsatz und den Stetigkeitsgrundsatz.

aa) Der Nicht-Verschlechterungsgrundsatz

Der Nicht-Verschlechterungsgrundsatz bezweckt die Sicherung des bestehenden ökologischen Zustandes des Naturhaushaltes. Hierbei ist zwischen einer standortbezogenen und einer handlungsbezogenen Wahrung des Status quo zu unterscheiden.

Aus standortbezogenen Gesichtspunkten ist darauf abzustellen, daß unterschiedliche ökologische Standards auf angrenzenden Flächen regelmäßig zu Verschlechterungen des höher zu bewertenden ökologischen Niveaus führen. So würde beispielsweise ein Industriegebiet erhebliche negative Auswirkungen auf ein angrenzendes Naturschutzgebiet haben. Zur Vermeidung negativer Wechselwirkungen sind daher Standortunterschiede zu nivellieren bzw. zu minimieren.[149]

Daneben sind irreversible Standort- und Strukturveränderungen als Resultat anthropogenen Handelns oder Unterlassens zu vermeiden. Stellen sich nach Veränderungen negative ökologische Folgen heraus, sollte es möglich sein, diese Veränderungen rückgängig zu machen und den Ausgangszustand wieder herzustellen. Die Eigenschaftsveränderungen der betroffenen Schutzgüter müssen folglich reversibel sein. Somit wird eine fehlerfreundliche Entwicklung bezweckt, bei der Nutzungsänderungen, die sich später als ökologisch nachteilig erweisen, revidiert werden können.

bb) Nachhaltigkeitsgrundsatz

Wie auch das ökologische Leitbild Nachhaltigkeit[150] bezweckt die ökologische Handlungsmaxime Nachhaltigkeit die Herstellung von Stoffkreisläufen. Ein Ressourcenverbrauch ist zu vermeiden. Regenerierbare Naturgüter dürfen demnach nur insoweit beansprucht werden, wie ihre Regenerationsfähigkeit erhalten bleibt. Nicht regenerierbare Naturgüter sind adäquat zu ersetzen.

Zwischen dem ökologischen Leitbild der Nachhaltigkeit und Nachhaltigkeit als Handlungsgrundsatz besteht dergestalt ein Zusammenhang, daß das Leitbild nur über nachhaltiges Handeln bei Nutzungs- und Bewirtschaftungsformen erreicht

---

148 Riedl, U., TUC, S.29.
149 Riedl, U., TUC, S.30; Tischler, W., S.485.
150 Vgl. oben Teil A.II.5.c).

werden kann. Globale Nachhaltigkeit als Ziel ist nur durch nachhaltiges Handeln auf lokaler und regionaler Ebene realisierbar. Wertungen und Maßstäbe von Leitbild und Handlungsgrundsatz entsprechen sich.

Nachhaltigkeit als Handlungsgrundsatz wurde bisher für Bereiche Landwirtschaft und Waldbewirtschaftung näher definiert:

Bei einer nachhaltigen Waldbewirtschaftung handelt es sich um eine Betreuung von Waldflächen und ihrer Nutzung in einer Weise, die die biologische Vielfalt, die Produktivität und die Verjüngungsfähigkeit erhält, um gegenwärtig und in Zukunft wichtige ökologische, wirtschaftliche und soziale Funktionen auf lokaler, nationaler und globaler Ebene zu erfüllen, ohne anderen Ökosystemen Schaden zuzufügen.[151]

Die Enquetekommission „Schutz der Erdatmosphäre" hat Anforderungen an eine nachhaltige Landbewirtschaftung definiert: „Eine dauerhaft umweltverträgliche Landbewirtschaftung arbeitet weitgehend in Kreisläufen bei Schonung und dauerhaftem Erhalt der natürlichen Lebensgrundlagen (Boden, Wasser, Luft, Artenvielfalt) und der knappen Ressourcen (fossile Energieträger, mineralische Rohstoffe). Voraussetzung hierfür ist die Wiederherstellung der natürlichen ökosystemaren Regelsysteme und Stoffkreisläufe und die Einbindung und Anpassung der Landbewirtschaftungsmethoden in den Naturhaushalt. Der Energiebedarf in der Landwirtschaft und im ländlichen Raum ist weitgehend mit Hilfe regenerativer Energiequellen zu decken. Ziele der Landbewirtschaftung sind sowohl eine auf die Region ausgerichtete Versorgung der Bevölkerung mit gesunden Nahrungsmitteln und Rohstoffen als auch gleichermaßen die Schaffung bzw. Wiederherstellung und der Erhalt einer abwechslungsreichen, vielfältig strukturierten, arten- und biotopreichen Kulturlandschaft und die Sicherung und Entwicklung des ländlichen Raumes. Im Sinne einer Kreislaufwirtschaft ist außerdem eine möglichst vollständige Rückführung unbedenklicher biogener Abfälle und Reststoffe und deren Verwertung innerhalb der Landwirtschaft anzustreben.[152]„ Aus diesen Kriterien wird die Notwendigkeit einer flächendeckenden Extensivierung landwirtschaftlich genutzter Flächen und eine Förderung des ökologischen Landbaus hergeleitet.[153]

Zu der Definition einer nachhaltigen Landbewirtschaftung ist anzumerken, daß sie nicht nur den ökologischen Wirkungsgrad sondern auch den Schutz der Artenvielfalt als Teil des Nachhaltigkeitskriteriums versteht.

Weiter wird Nachhaltigkeit als Handlungsgrundsatz in der Konvention über die biologische Vielfalt zur Bewahrung von Biodiversität eingesetzt. Nachhaltigkeit hat bei der Bewahrung der Biodiversität als Handlungsgrundsatz gegenüber den konventionellen Artenschutzansätzen den Vorteil, daß sie nicht erst mit der Gefährdung einer Art zu beachten ist, sondern von vornherein Erhaltung und Nutzung miteinander verknüpft.[154] Zudem wird dem Schutz der genetischen Vielfalt und den ökosystemaren Wechselwirkungen durch den Handlungsgrundsatz der Nachhaltigkeit Rechnung getragen.

---

151 Resolution der Ministerkonferenz zum Schutz der Wälder in Europa im Juni 1993, zitiert bei Zierl, H., TUC, S.40 und Enquete-Kommission, „Schutz", S.582.
152 Enquete-Kommission, „Schutz", S.255; vgl. auch Kapitel 14 der Agenda 21.
153 Enquete-Kommission, „Schutz", S.91 und 318.
154 Steiger, H., NuR 1995, 437 (439).

cc) Stetigkeitsgrundsatz

Der Stetigkeitsgrundsatz dient der Berücksichtigung des ökologischen Faktors Zeit. Vom Menschen gehen immer noch vielfältige Fremdeinflüsse aus, die sich nachteilig auf ökosystemare Prozesse auswirken, indem sie eine Weiterentwicklung von Ökosystemen stören oder sogar verhindern. Daher bezweckt der Stetigkeitsgrundsatz die Sicherstellung von kontinuierlich gleichbleibenden biotopbestimmenden Nutzungsbedingungen. Hierzu bedarf es einer Festschreibung der relevanten ökosystemaren Rahmenbedingungen. Erst ihre Konstanz ermöglicht eine Einbeziehung des ökologischen Faktors Zeit in die ökologische Planung. Dieser ist notwendige Grundlage zur Erreichung von Stabilität, Eigendynamik und Artenvielfalt in einem Ökosystem.[155] Häufige Nutzungsänderungen oder Veränderungen der Außeneinflüsse wirken sich diesbezüglich regelmäßig kontraproduktiv aus.

g) Eignung ökologischer Leitbilder und Handlungsgrundsätze zur Feststellung ökologischer Schäden

Im Anschluß an die Darstellung ökologischer Leitbilder und Handlungsgrundsätze bedarf es der Erörterung, ob auf dieser Grundlage Veränderungen des Naturhaushaltes als ökologischer Schaden bewertet werden können und, ob die in den Leitbildern und dem Handlungsgrundsatz Nachhaltigkeit implizierten, ökologisch orientierten Wertungen als solche überhaupt legitimerweise in die Bewertung von Naturveränderungen einfließen dürfen. Eine solche Legitimation könnte etwa in einem sozialen Konsens über ökologische Leitbilder liegen.

aa) Eignung ökologischer Leitbilder zur Bewertung von Veränderungen

Eine Bewertung von Veränderungen des Naturhaushaltes anhand ökologischer Leitbilder ist möglich, soweit festgestellt werden kann, ob die Veränderungen im Einklang mit den Leitbildern stehen. Dies ist der Fall, wenn eine Veränderung keine Entfernung von der Zielvorgabe eines Leitbildes bedeutet, das heißt eine Annäherung erfolgt oder sich der neue Zustand im Vergleich mit dem vorherigen Zustand gegenüber den Leitbildern neutral verhält und somit gleichwertig ist.

Nicht möglich ist hingegen eine Bewertung anhand des Vergleiches des herbeigeführten Zustandes mit den Zielvorgaben ökologischer Leitbilder. Dies scheitert sowohl an den Wertungswidersprüchen zwischen den einzelnen Leitbildern, als auch an dem Umstand, daß keines dieser Leitbilder bisher auch nur annähernd realisiert ist. Insofern wäre nicht nur der jetzige Zustand des Naturhaushaltes ein ökologischer Schaden, sondern aller Wahrscheinlichkeit nach ebenso jeder absehbare, durch Veränderungen hervorrufbare Zustand in der Zukunft. Dies ist insbesondere darin begründet, daß die Biomasse der Spezies Mensch mit etwa 5 Mrd. Exemplaren weltweit und den daraus resultierende Beanspruchungen des Naturhaushaltes sich nicht mit den Belangen der Umwelt bzw. der natürlichen Mitwelt in Übereinstimmung bringen läßt.[156] Allein die Ernährung und Unterbringung von 5

---

155 Riedl, U., TUC, S.30 f.
156 Vgl. Kuttler-Guderian/ Braun, S.55.

Mrd. Menschen hat unvermeidbar erhebliche Auswirkungen auf die Lebensräume nichtmenschlicher Lebewesen, so daß bereits die Existenz einer so großen Anzahl an Menschen der Realisierung der Zielvorgaben ökologischer Leitbilder entgegensteht. Bei der Frage des Eintritts eines ökologischen Schadens ist daher nicht auf den, ökologisch stets nachteiligen Gesamtzustand abzustellen, sondern auf die einzelne Veränderung als solche und ihre Vereinbarkeit mit ökologischen Leitbildern und Handlungsgrundsätzen.

Für die Schadensbestimmung kommt es dabei auf den Zeitpunkt der Schadensentstehung an. Nur dieser Zeitpunkt gewährleistet eine vollständige Erfassung zwischenzeitlicher Schäden. Anderenfalls hätte ein ersatzpflichtiger Schädiger zudem ein Verzögerungsinteresse, was sich negativ auf einen zügigen Schadensausgleich auswirken würde.[157]

Somit ist zu erörtern, ob ökologische Leitbilder und Handlungsgrundsätze einzelne Veränderungen des Naturhaushaltes, die sich nicht im Rahmen des ökologischen Gleichgewichts bewegen, im Hinblick auf das Vorliegen eines ökologischen Schadens praktisch bewerten können. Dies kann zum einen wegen der Begrenztheit wissenschaftlicher Erkenntnisse und zum anderen wegen der Subjektivität der Wertungen und der damit verbundenen nicht auszuschließenden Widersprüchlichkeit der Einzelbewertungen fraglich sein. Anschließend ist zu klären, ob eine Bewertung von Veränderungen des Naturhaushaltes sowohl durch ökologische Leitbilder wie auch durch ökologische Handlungsgrundsätze erfolgen kann.

(1) Problem der Begrenztheit wissenschaftlicher Erkenntnis

Aufgrund der Komplexität der ökologischen Wirkungszusammenhänge und der Begrenztheit wissenschaftlicher Erkenntnis hierüber wird eine Bewertung von Veränderungen des Naturhaushaltes anhand ökologischer Leitbilder zum Teil mit Schwierigkeiten verbunden sein. Dies gilt insbesondere hinsichtlich der Prognose, wie sich die Natur unter den gegebenen Rahmenbedingungen weiter entwickeln wird.

Aufgrund der Begrenztheit wissenschaftlicher Erkenntnis kann der objektiv gegebene Zustand vor und nach der Veränderung nicht feststellbar und somit eine Bewertung von vornherein gar nicht möglich sein. Viele Geschehensabläufe sind mit den vorhandenen technischen Mitteln oder mit einem vertretbaren Aufwand nicht erkennbar.[158] So wird es beispielsweise in absehbarer Zeit nicht gelingen, alle auf der Erde bestehenden Arten umfassend zu erforschen.[159] Die Beeinträchtigung dieser unerforschten Arten würde mithin gar nicht erst bemerkt.

Allerdings stellt sich die Frage des Vorliegens eines ökologischen Schadens erst dann, wenn Handlungen zu nach dem Stand der Wissenschaft erkennbare Veränderungen oder Folgewirkungen geführt haben, die dann mitsamt der nach dem Stand der Wissenschaft erkennbaren, hierauf beruhenden Wechselwirkungen bewertet werden können. Ist eine Veränderung oder Folgewirkung als solche wissenschaft-

---

157 So auch Seibt, C., S.219.
158 Ekschmitt, K./ Mathes, K./ Breckling, B., Verhandlungen der Gesellschaft für Ökologie 1994, 417 (418); Lehnes, P., Verhandlungen der Gesellschaft für Ökologie 1994, 421 (424).
159 Vgl. Begon, M./ Harper, J./ Townsend, C., S.665.

lich nicht oder noch nicht erkennbar, stellt sich die Frage des Eintritts eines ökologischen Schadens erst gar nicht.

Ein weiteres Problem ist jedoch häufig die nur unzureichende Analysierbarkeit der erkennbaren Veränderungen. Unangreifbare Aussagen können in vielen Fällen nicht gemacht werden, sondern allenfalls können Annahmen auf der Grundlage bestimmter Indizien aufgestellt werden.

Hieraus könnte gefolgert werden, daß eine Bewertung bei unvollständigem Kenntnisstand über den zu bewertenden Tatbestand unterbleiben muß, da die Berücksichtigung aller relevanten Aspekte nicht sichergestellt werden kann. Dies würde jedoch verkennen, daß Naturwissenschaften wegen der Unvollständigkeit naturwissenschaftlicher Erkenntnis und der sich daraus häufig ergebenden Möglichkeit unterschiedlicher denkbarer Erklärungen von Veränderungen zum Mittel der Hypothese, verstanden als plausible Erklärungen, greifen. Solche Aussagen oder Hypothesen sind auch legitim, da sie oftmals notwendig sind, um Risiken zu begegnen oder Schäden zu minimieren. In vielen Fällen kann es zur Erhaltung der natürlichen Lebensgrundlagen oder zum Zwecke des Naturschutzes geboten sein, basierend auf Wahrscheinlichkeitsaussagen Gegenmaßnahmen zu ergreifen. Bei sich verändernden Prozessen besteht zudem das Risiko eines weitergehenden Schadens bei Untätigkeit. Somit kann ein Handeln aufgrund einer wissenschaftlich mit einer Wahrscheinlichkeitsaussage belegten Hypothese sinnvoll oder gar geboten sein, um einem Risiko mit geeigneten Maßnahmen entgegenzuwirken.

Ein Beispiel ist hier die globale Erderwärmung. Naturwissenschaftler gehen davon aus, daß es derzeit durch anthropogene Einflüsse zu einem globalen Anstieg der Temperatur auf unserem Planeten kommt.[160] Diese kann aber nicht auf jeder Einzelfläche der Erde nachgewiesen werden, da aufgrund der Komplexität des Klimasystems regionale Klimaänderungs-tendenzen vom globalen Klimatrend abweichen können. Die Aussage, es finde derzeit eine Erdklimaerwärmung statt, basiert letztlich auf der empirischen Feststellung, daß es einen vergleichbaren Temperaturanstieg, wie den der letzten 30 Jahre, noch nie gegeben hat. Allerdings sind bisher weder über Jahre, Jahrzehnte noch Jahrhunderte Klimakonstanten feststellbar, so daß nicht völlig ausgeschlossen werden kann, daß es sich um eine natürliche Entwicklung handelt.[161] Eine sehr hohe Wahrscheinlichkeit spricht jedoch nach ganz überwiegender Ansicht von Klimaforschern dagegen und damit für eine anthropogen verursachte Klimaveränderung.[162] Basierend auf dieser Schlußfolgerung werden von diesen Wissenschaftlern Maßnahmen zur Verminderung der Emission klimarelevanter Gase empfohlen. Würde sich die Naturwissenschaft einer solchen Betrachtung verschließen, bestünde ein hohes Risiko des Eintritts eines derzeit noch vermeidbaren oder zumindest begrenzbaren Schadens. Somit ist die Aussage, es finde eine vom Menschen verursachte globale Erderwärmung statt, notwendig und

---

160 Bundesminister, „Bericht der B.Reg.", S.9; Loske, R., S.39 ff.; Grießhammer, R./ Hey, C./ Hennicke, P./ Kalberlah, F., S.82.
161 Loske, R., S.51; vgl. Maxeiner, D., Die Zeit vom 25.07.1997, S.38 zu den Zweifeln an einer Ursachensetzung durch den Menschen.
162 Vgl. Enquete-Kommission, „Schutz", S.22.

legitim, um wahrscheinliche und beträchtliche Schäden für den Menschen und die Umwelt abzuwenden.

Folglich spricht die Begrenztheit wissenschaftlicher Erkenntnis nicht gegen die Möglichkeit, auf der Basis des Standes der Wissenschaft plausible Annahmen zu machen und hieraus Konsequenzen zu ziehen, was wiederum eine Bewertung der Erkenntnisse voraussetzt. Mithin steht die Begrenztheit wissenschaftlicher Erkenntnis einer Bewertung nur entgegen, wenn keine Kenntnisse der Veränderung vorliegen. In allen anderen Fällen kann eine Bewertung erfolgen, wobei der Grad der Plausibilität dieser Bewertung von dem Umfang der wissenschaftlichen Erkenntnisse abhängt.

(2) Widersprüchlichkeit von Wertungen als Bewertungshindernis

Zu prüfen ist, ob die mögliche widersprüchliche Bewertung von Veränderungen des Naturhaushaltes infolge der Subjektivität der Bewertungskriterien in ökologischen Leitbildern und Handlungsgrundsätzen ihrer Eignung zur Bewertung ökologischer Veränderungen entgegensteht. Die Subjektivität einer Bewertung kann zudem der Verbindlichkeit des Bewertungsergebnisses entgegenstehen, die im Abschnitt über die Legitimität von Werturteilen erörtert wird.[163]

Hinsichtlich der Frage, ob anhand ökologischer Leitbilder Veränderungen des Naturhaushaltes bewertet werden können, ist zunächst festzustellen, daß es zwischen dem Leitbild Nachhaltigkeit auf der einen und der Hemerobie auf der anderen Seite keine Wertungswidersprüche gibt, da das Hemerobiekonzept das Ziel einer nachhaltigen Naturnutzung verfolgt.[164] Problematisch sind jedoch die Fälle, in denen zur Erhaltung der natürlichen Vielfalt (Biodiversität) Eingriffe in den Naturhaushalt erfolgen, die im Widerspruch zum Leitbild der Hemerobie stehen. Als Lösung bietet sich hier eine Abwägung der verschiedenen Belange an, etwa unter besonderer Berücksichtigung der Erhöhung der Naturferne auf der einen und dem Vorkommen besonders gefährdeter Arten auf der anderen Seite. Dies entspricht dem Vorgehen einer Bestandsaufnahme und Bewertung im Rahmen einer Umweltverträglichkeitsstudie.[165] Mittels einer solchen Abwägung kann trotz widersprüchlicher Einzelbewertungen eine Gesamtbewertung erfolgen.[166]

Abgesehen von Eingriffen des Menschen in die Natur aus Gründen des Artenschutzes und der Landschaftserhaltung werden die verschiedenen Leitbilder jedoch regelmäßig zum gleichen Ergebnis kommen. Wird z.B. eine Straße durch einen Wald gebaut oder eine freie Fläche versiegelt, so entfällt ein Lebensraum für Arten, es entsteht ein naturferner Zustand, und die Herbeiführung und Aufrechterhaltung dieses Zustands kann nur durch den Einsatz von Fremdenergie erreicht werden.

Somit ist festzustellen, die Widersprüchlichkeit der in ökologischen Leitbildern enthaltenen Wertungen steht einer Bewertung von Veränderungen anhand dieser

---

163 Vgl. Teil A.II.5.h)bb).
164 Vgl. Ripl, W., TUC, S.17; Bornkamm, R., Landschaft+Stadt 1980, 49 (52).
165 Kratochwil, A./ Schwabe, A., Forschung, Straßenbau und Straßenverkehrstechnik Heft 636, S.63 (79 f.).
166 A.A. Ekschmitt, K./ Mathes, K./ Breckling, B., Verhandlungen der Gesellschaft für Ökologie 1994, 417 (418).

Leitbilder nicht entgegen.[167] Veränderungen des Naturhaushaltes können folglich mittels ökologischer Leitbilder dahingehend bewertet werden, ob es sich auf der Basis dieser Wertscheidungen um einen ökologischen Schaden handelt. Durch die Verschiedenartigkeit der Leitbilder wird eine relativ umfassende Sichtweise gewährleistet und zudem der Komplexität ökologischer Zusammenhänge Rechnung getragen.[168] Allerdings können ökologische Leitbilder nur dann als rechtlich bindende Bewertungsgrundlage für ökologische Schäden herangezogen werden, soweit eine entsprechende Wertungslegitimation gegeben ist.[169]

(3) Bewertung von Veränderungen der Natur anhand ökologischer Leitbilder und/ oder anhand ökologischer Handlungsgrundsätze

Sofern eine Bewertung von Veränderungen der Natur im Einzelfall tatsächlich möglich ist, kommt es darauf an, ob diese anhand ökologischer Leitbilder und/ oder ökologischer Handlungsgrundsätze erfolgt.

Insbesondere im Rahmen von Planungsentscheidungen bietet es sich zur Einbeziehung ökologischer Belange an, ökologische Handlungsgrundsätze zu berücksichtigen, um den Eintritt ökologischer Schäden zu vermeiden. Soweit es beispielsweise zu einem Rückgang der Artenvielfalt und genetischen Diversität in einem Ökosystem durch den Schadstoff- und Lärmeintrag eines benachbarten Gewerbegebietes kommt, läßt sich dies im Vorwege verhindern, wenn nach dem Nicht-Verschlechterungsgrundsatz ökologische Standortunterschiede vermieden bzw. minimiert werden. Der ökologische Schaden ergibt sich jedoch nicht schon durch den Verstoß gegen einen Handlungsgrundsatz, sondern erst durch eine Veränderung des Naturhaushaltes nach diesem Verstoß. Eine Bewertung ist folglich erst über ein Leitbild, in diesem Fall das der Biodiversität, möglich.

Mithin beinhalten ökologische Handlungsgrundsätze zwar im Rahmen von Planungsentscheidungen sinnvolle Gesichtspunkte für eine naturschonende Planung, sie sind jedoch ungeeignet zur Bewertung von bereits eingetretenen Veränderungen, da sie auf zukünftiges Verhalten und die dabei bestehenden Unsicherheiten bezüglich eventueller Auswirkungen des Handelns auf die Natur ausgerichtet sind. Eine Bewertung als ökologischer Schaden bedarf jedoch feststehender Wertungsgesichtspunkte, wie sie in ökologischen Leitbildern enthalten sind.

(4) Zwischenergebnis

Weder die Begrenztheit wissenschaftlicher Erkenntnis noch die zum Teil bestehende Widersprüchlichkeit der Wertungen in ökologischen Leitbildern stehen einer Bewertung von Veränderungen des Naturhaushaltes im Hinblick auf das Vorliegen eines ökologischen Schadens entgegen, wobei die Verbindlichkeit der Wertungen noch zu erörtern ist.

Die Begrenztheit wissenschaftlicher Erkenntnis läßt plausible Erklärungen zu, die auch notwendig sind, um bestimmten Gefahren durch Gegenmaßnahmen vor-

---

167 Vgl. für die Kollision rechtlicher Grundwerte ebenso Fikentscher, W., „Methoden", S.466.
168 Vgl. Jax, K./ Bröring, U., TUC, S.69.
169 Vgl. hierzu Teil A.II.5.g)bb).

zubeugen, oder bereits eintretende Schäden zu begrenzen. Eine Bewertung durch ökologische Leitbilder scheidet nur dann aus, wenn eine Veränderung nicht erkennbar ist.

Soweit die Leitbilder bei der Ermittlung ökologischer Schäden zu unterschiedlichen Bewertungsergebnissen kommen, kann mittels einer Abwägung der jeweils betroffenen Belange ein Ergebnis erzielt werden. Es bedarf dabei keines Rückgriffs auf ökologische Handlungsgrundsätze. In der Regel werden sich die Bewertungsergebnisse jedoch entsprechen.

bb) Legitimität der Werturteile in ökologischen Leitbildern

Nach Maßgabe der dargestellten ökologischen Leitbilder kann mithin eine bestimmte Veränderung des Naturhaushaltes im Hinblick auf das Vorliegen eines ökologischen Schadens bewertet werden. Hieran schließt die Frage an, ob es legitim ist, diese Leitbilder einer Bewertung von Veränderungen zugrunde zu legen.[170] Grundsätzlich bedarf es bestimmter Leitbilder und Zielvorstellungen, da aufgrund der Heterogenität der Nutzungsinteressen bezogen auf einen Raum eine Abwägung der jeweils betroffenen Interessenlagen geboten ist, für welche es bestimmter Kriterien zur Interessenbewertung bzw. Leitbilder bedarf. Die Notwendigkeit einer Legitimation beruht darauf, daß durch eine Bewertung verschiedene Zustände in eine Rangordnung zueinander gebracht werden.[171] Diese kann jedoch nicht willkürlich erfolgen, sondern bedarf einer Rechtfertigung.

Zwar erfolgt auch die Auswahl der Methoden und Objekte einer naturwissenschaftlichen Untersuchung zur Feststellung von Wirkungsabläufen nicht frei von subjektiven Wertentscheidungen, da diese stets implizit bestimmte Abgrenzungen enthält.[172] Die Notwendigkeit dieser Wertungen resultiert jedoch aus der Begrenztheit rationaler Erkenntnis und den Schranken der menschlichen Wahrnehmung und kann insofern mit den naturgegebenen Unwägbarkeiten menschlichen Erlebens, Wahrnehmens, Begreifens oder Urteilens legitimiert werden.[173] Auch prägen diese Wertungen regelmäßig nicht das Untersuchungsergebnis.[174] Hingegen ist die Frage, ob ein Zustand einem anderen Zustand vorzuziehen ist, die Frage einer persönlichen Präferenz, das heißt bei der Auswahl zwischen unterschiedlichen Verhaltensmöglichkeiten wird eine den anderen aufgrund bestimmter Wertungen und nicht aufgrund einer logischen Schlußfolgerung vorgezogen.

Beispielsweise kann die Entscheidung, wie viele Schmetterlingsarten in der Bundesrepublik mindestens vorkommen sollen, nicht mit Hilfe der Grundlagenwissenschaften Zoologie oder Ökologie getroffen werden.[175] Diese bezwecken als Naturwissenschaften primär die Erkenntnisgewinnung über die Welt in ihren Strukturen und funktionalen Zusammenhängen. Mit Hilfe naturwissenschaftlicher

---

170 So für die Rechtswissenschaft Ballerstedt, K., S.259.
171 Vgl. Fikentscher, W., „Methoden", S.398 f.
172 Vgl. Meimberg, R., S.10; Lehnes, P., Verhandlungen der Gesellschaft für Ökologie 1994, 421 (422); Meyer-Abich, K., „Ethik", S.163 f.
173 Vgl. Meimberg, R., S.10 und 53.
174 So jedenfalls Lehnes, P., Verhandlungen der Gesellschaft für Ökologie 1994, 421 (422).
175 Vgl. Jax, K./ Bröring, U., TUC, S.64.

Untersuchungen lassen sich folglich Wirkungszusammenhänge erklären. Aus dieser Feststellung des Seins kann jedoch kein Soll-Zustand abgeleitet werden.[176]

Im Gegenteil versucht die Naturwissenschaft im Rahmen des Erkenntnisprozesses, Bewertungen soweit als möglich zu eliminieren. Bei der Frage, ob ein bestimmter Naturzustand beibehalten oder wiederhergestellt werden sollte, handelt es sich vielmehr um eine gesellschaftliche Zielvorgabe, die philosophisch, soziologisch, ethisch oder politisch diskutiert und entschieden werden muß.[177] Die grundsätzliche Notwendigkeit solcher Entscheidungen steht dabei nicht in Frage.[178] Diese Notwendigkeit spiegelt sich auch im Recht wieder, etwa bei der naturschutzrechtlichen Eingriffsregelung, der Vermeidung schädlicher Umwelteinwirkung im Sinne des BImSchG oder auch im Rahmen einer Umweltverträglichkeitsprüfung. Sind aber derartige Bewertungen gesellschaftlich wünschenswert oder gar notwendig, kommt es darauf an, dem Risiko zu begegnen, daß mit Hilfe von Werturteilen persönliche Vorlieben gefördert oder Umweltprobleme heruntergespielt werden. Wegen dieses Mißbrauchsrisikos bedürfen Wertungen einer Legitimation.

Für die Entwicklung und Beurteilung von ökologischen Qualitätszielen oder Leitbildern gibt es derzeit keine allgemein anerkannten Verfahren, über die Leitbilder legitimiert werden können.[179]

(1) Legitimationsansätze

Für die Legitimität der dargestellten ökologischen Leitbilder und der in ihnen enthaltenen Wertungen könnte zunächst sprechen, daß sie von Wissenschaftlern, das heißt unabhängigen fachkundigen Personen, entwickelt worden sind,[180] von Wissenschaftlern in hohem Maße anerkannt werden,[181] und es sich um die regelmäßig maßgeblichen Wertungskriterien im Rahmen von Fachplanungen handelt. Dies gilt sowohl für die Landschaftsplanung, für Umweltverträglichkeitsstudien als auch für Entwicklungskonzepte allgemein.[182] Entsprechend ihrem Charakter als Wertungen werden die Leitbilder hierbei als gegeben vorausgesetzt,[183] das heißt die Entschei-

---

176 Fikentscher, W., „Methoden", S.401; Lehnes, P., Verhandlungen der Gesellschaft für Ökologie 1994, 421 (422); Ekschmitt, K./ Mathes, K./ Breckling, B., Verhandlungen der Gesellschaft für Ökologie 1994, 417.

177 Vgl. Jax, K./ Bröring, U., TUC, S.69; Wiegleb, G., TUC, S.10; Ekschmitt, K./ Mathes, K./ Breckling, B., Verhandlungen der Gesellschaft für Ökologie 1994, 417.

178 So auch Lehnes, P., Verhandlungen der Gesellschaft für Ökologie 1994, 421 ff.; Jax, K., S.230; vgl. zur philosophischen Legitimation von Wertungen Meimberg, R., S.17 ff.

179 Vgl. Wiegleb, G., TUC, S.9.

180 Vgl. Wiegleb, G., TUC, S.10; Jax, K./ Bröring, U., TUC, S.64.

181 Vgl. Wiegleb, G., TUC, S.7 ff.; Ripl, W., TUC, S.14 ff.; Riedl, U., TUC, S.26 ff.; Bornkamm, R., TUC, S.32 ff. und Landschaft+Stadt 1980, 49 ff.; Zierl, H., TUC, S.37 ff.; Jax, K./ Bröring, U., TUC, S.63 ff.; Sachverständigenrat für Umweltfragen ZAU 1994, 170 ff.; Kratochwil, A./ Schwabe, A., Forschung, Straßenbau und Straßenverkehrstechnik Heft 636, S.63 ff.; Bechmann, A./ Johnson, B., Landschaft+Stadt 1980, 55 ff.

182 Vgl. Kratochwil, A./ Schwabe, A., Forschung, Straßenbau und Straßenverkehrstechnik Heft 636, S.63 (79 f.); Bornkamm, R., Landschaft+Stadt 1980, 49 ff.; Umweltbundesamt Jahresbericht 1994, S.99 f.; Bechmann, A./ Johnson, B., Landschaft+Stadt 1980, 55 ff.

183 Vgl. Umweltbundesamt Jahresbericht 1994, S.100; Kratochwil, A./ Schwabe, A., Forschung, Straßenbau und Straßenverkehrstechnik Heft 636, S.63 (80); Jax, K./ Bröring, U., TUC, S.64.

dung über ihre Richtigkeit ist nicht Ergebnis der Untersuchung und wird in dieser auch nicht hinterfragt, sondern wird vorab implizit oder explizit entschieden.

Weiter ist zu berücksichtigen, daß die dargestellten ökologischen Leitbilder zum Teil ein hohes Maß an politischer Akzeptanz gefunden haben. Die Enquetekommission „Schutz der Erdatmosphäre" des Deutschen Bundestages hat 1994 das Leitbild der Nachhaltigkeit an den Anfang ihrer politischen Handlungsempfehlungen gestellt.[184] Daneben sind die Leitbilder der Biodiversität und der Nachhaltigkeit in öffentlich geförderte Forschungsvorhaben des Umweltbundesamtes eingegangen.[185] Auch hat sich die Weltkommission für Umwelt und Entwicklung unter der Leitung von Gro Harlem Brundtland 1987 für das Konzept einer dauerhaften Entwicklung und die Bewahrung der natürlichen Vielfalt ausgesprochen.[186] Dies entspricht den Leitbildern der Nachhaltigkeit und der Biodiversität.

Somit ist festzustellen, daß ökologische Leitbilder ein gewisses Maß an politischer und/ oder wissenschaftlicher Akzeptanz gefunden haben. Dies entbindet sie allerdings nicht der grundsätzlichen Subjektivität der dahinterstehenden Wertungen.

Eine weitergehende Legitimation kann sich jedoch aus bestehenden rechtlichen Regelungen ergeben,[187] sofern davon ausgegangen werden kann, daß die im Recht enthaltenen Wertungen legitim sind. Mithin bedarf der Darstellung, wie rechtliche Wertungen legitimiert werden.

In der Rechtswissenschaft stellt sich das Problem der Wertungslegitimation in gleicher Weise, da dort für das Sein gerechte Lösungen gefunden werden müssen, die sich nicht aus diesem ergeben und dennoch den Vorgegebenheiten des Seins gerecht werden müssen.[188] Insofern ist die Rechtswissenschaft eine Wertungswissenschaft.[189] Dabei bedient sie sich bestimmter Grundwerte, wie etwa der Menschenwürde und der Gleichheit der Menschen, in deren Rahmen weitere Wertsetzungen durch gesellschaftliche Mehrheitsentscheidungen möglich sind. Bei Grundwerten handelt es sich um dauerhaft bestehen bleibende Werte, die aus dem Staatsverständnis[190] sowie aus religiösen Grundanschauungen[191] resultieren, ohne daß diese Wertungen in einem absoluten Sinn wissenschaftlich begründbar sind.[192] Für sie ist charakteristisch, daß sie niemals dergestalt verwirklicht werden können, daß sie ihre Sollensqualität durch die vollständige und dauerhafte Realisierung im Sein verlieren können. Somit bestehen sie als Werte unabhängig von den Gegebenheiten des Seins fort.

Davon zu unterscheiden sind weitere Wertungen, die im Wege der Mehrheitsentscheidung festgelegt werden. In diesen Fällen setzt die Majorität in einer Demo-

---

184 Enquete-Kommission, „Zukunft", S.1011 ff.
185 Vgl. etwa Umweltbundesamt Jahresbericht 1994, S.99 f. und 111; Ott, C./ Paschke, M., S.377 ff.; Ellenberg, H./ Kreft, S./ Nettels, T., S.161 ff.
186 Weltkommission für Umwelt und Entwicklung, S.46 ff. und 149 ff.
187 So im Ergebnis auch Lehnes, P., Verhandlungen der Gesellschaft für Ökologie 1994, 421 (423) und Suter, H., S.18.
188 Suter, H., S.7; Fikentscher, W., „Methoden", S.401.
189 Vgl. Fechner, E., S.110.
190 Fikentscher, W., „Methoden", S.469 f. und 609 f.; Fikentscher, W., „Werte", S.71.
191 Fikentscher, W., „Methoden", S.473 und 610 f.
192 Vgl. Suter, H., S.114 f.

kratie im Rahmen der Grundwerte weitere Wertungen, wobei durch einen Mehrheitswechsel eine Änderung dieser Wertungen - jeweils unter Einhaltung der Grundwerte[193] - möglich ist. Folglich sind Wertungen jenseits der Grundwerte in einer demokratischen Gesellschaft dadurch gekennzeichnet, daß sie durch eine gesellschaftliche Mehrheitsentscheidung legitimiert und wandelbar sind.

Eine gesellschaftliche Mehrheitsentscheidung kann vom Volk oder dem Parlament, soweit es das Volk repräsentiert,[194] getroffen werden.[195] Werte, die das Volk selber hervorbringt, sind etwa Regeln des gesellschaftlichen Miteinanders im Sinne von gutem Benehmen oder auch bestimmte moralische Vorstellungen. Sie können sich gegebenenfalls auch im Recht widerspiegeln, z.B. als Verkehrssitte oder Gewohnheitsrecht.[196]

Zu untersuchen ist, was dies übertragen auf ökologische Leitbilder bedeutet. Bei diesen handelt es sich, wie bei rechtlichen Regelungen, um Wertungsentscheidungen. Ökologische Leitbilder sind nicht Folge des Standes der wissenschaftlichen Erkenntnis des Seins, orientieren sich aber dergestalt an demselben, daß sie nicht im Widerspruch zu diesem stehen dürfen. Somit sind sie zwar auf Dauer angelegt, aber nicht unveränderbar. Es besteht kein Absolutheitsanspruch, der etwa mit dem der Menschenwürde vergleichbar wäre. Einen solchen Grundwertcharakter könnte allenfalls die Wertung haben, daß die Umwelt bzw. der Naturhaushalt einen gewissen Mindestschutz vor anthropogenen Eingriffen erfahren muß,[197] ohne daß sich daraus ableiten ließe, wie bzw. anhand welcher Wertungen oder Leitbilder dies zu geschehen hätte. Insofern handelt es sich bei ökologischen Leitbildern nicht um Grundwerte im dargestellten Sinne. Dem entspricht auch, daß Leitbilder in der Planungspraxis mit vielfältigen anderen Interessen, z.B. wirtschaftspolitischer Art, abgewogen werden, ohne daß sie im Abwägungsergebnis in ihrem Kern gewahrt werden müssen. Folglich handelt es sich um Wertungsentscheidungen, die mehrheitlich getroffen werden können und wandelbar sind.

Demnach sind ökologische Leitbilder vergleichbar rechtlichen Regelungen demokratisch legitimiert, soweit sie sich in Mehrheitsentscheidung widerspiegeln oder sogar explizit Gegenstand einer solchen waren. Eine Mehrheitsentscheidung kann in einem sozialen Konsens oder einer rechtlich verbindlichen Entscheidung eines die Bevölkerung repräsentierenden Parlaments liegen. Es ist allerdings derzeit kein von den einzelnen Mitgliedern der Gesellschaft getragener Konsens hinsichtlich der Akzeptanz eines ökologischen Leitbildes ersichtlich. Jedoch könnte eine Mehrheitsentscheidung in parlamentarisch getroffenen, verbindlichen Wertungen liegen.

---

193 Coing, H., S.44; Fikentscher, W., „Methoden", S.406 f.; Fikentscher, W., „Werte", S.71.
194 Vgl. zur Legitimationsfunktion Kübler, F., S.43 f. sowie kritisch Radbruch, G., „Rechtsidee", S.8 f.
195 Weinberger, O., Rechtstheorie 1981, 147 (164 f.); Fikentscher, W., „Methoden", S.615; ähnlich Suter, H., S.18.
196 Vgl. Fikentscher, W., „Werte", S.70.
197 So jedenfalls Fikentscher, W., „Werte", S.71; vgl. auch Jonas, H., S.172 ff.; Birnbacher, D., „Natur", S.103 ff.

(2) Legitimation ökologischer Leitbilder über das geltende Recht

Die Wertungen in ökologischen Leitbildern sind über gesellschaftliche Mehrheitsentscheidungen legitimiert und damit verbindlich, soweit ökologische Leitbilder in rechtlich verbindliche Wertungsentscheidungen, wie etwa Gesetzen oder völkerrechtlich verbindlichen Regelungen, eingegangen sind. Hierzu sind die Parlamentarier befugt, da die Bundesrepublik nach Art.38 I 2 GG i.V.m. Art. 20 I GG eine repräsentative Demokratie ist, so daß die Entscheidungen der Parlamentarier demokratisch legitimiert sind.[198]

Im nationalen Recht spiegeln sich die dargestellten Leitbilder zum Teil im BNatSchG wider. Insbesondere die §§ 20 ff. BNatSchG bezwecken den Schutz wildlebender Tier- und Pflanzenarten als lebendige Bestandteile des Naturhaushaltes und damit auch als eine wesentliche Grundlage von Naturschutz und Landschaftspflege.[199] Primäres Schutzziel ist dabei nicht der Schutz der Individuen, sondern die Erhaltung der Tier- und Pflanzenarten in ihrer natürlichen Vielfalt, das heißt die Erhaltung des Artenspektrums.[200] Dies umfaßt notwendigerweise auch den Schutz der jeweiligen Entwicklungsstadien sowie der Lebensräume. Letzterem tragen §§ 2 I Nr.10 Satz 2, 20b I, 20c BNatSchG Rechnung, denen der Gedanke des Biotopschutzes als Artenschutz in der Fläche zugrundeliegt.[201] Darüber hinaus ist der Schutz der Vielfalt von Natur und Landschaft in § 1 I Nr.4 BNatSchG als Ziel festgeschrieben.

Noch umfassender als in den §§ 20 ff. BNatSchG ist der Artenschutz als Ziel des Naturschutzes und der Landschaftspflege in § 1 I Nr.3 BNatSchG verankert. Zwar erfolgt der Schutz hier, anders als in § 20 BNatSchG,[202] im Hinblick auf die Erhaltung der natürlichen Lebensgrundlagen des Menschen, er umfaßt jedoch neben wildlebenden Arten auch Kulturpflanzen und Haustiere.[203] Somit ist das Leitbild der Biodiversität teilweise im Rahmen der Erhaltung der natürlichen Artenvielfalt sowie der Erhaltung der Ökotopdiversität im BNatSchG als Wertung verankert.

Der Schutz der genetischen Vielfalt wird weder ausdrücklich erwähnt, noch steht er im Widerspruch zu den genannten Regelungen. Dies mag beim BNatSchG auf die unzureichenden wissenschaftlichen Erkenntnisse diesbezüglich zum Zeitpunkt der Verabschiedung zurückzuführen sein.[204]

---

198 Ebenso Eidenmüller, H., S.415.
199 Kolodziejcok, K.-G./ Recken, J., BNatSchG Vorbem vor §§ 20 ff. Rn.2; für § 8 BNatSchG vgl. dort Rn.12; vgl. im übrigen § 2 I Nr.10 Satz 1 BNatSchG.
200 Kolodziejcok, K.-G./ Recken, J., BNatSchG § 20 Rn.4.
201 Kolodziejcok, K.-G./ Recken, J., BNatSchG § 20b Rn.1.
202 Vgl. Kolodziejcok, K.-G./ Recken, J., BNatSchG § 20 Rn.4.
203 Kolodziejcok, K.-G./ Recken, J., BNatSchG § 1 Rn.13.
204 Dies spiegelt sich etwa in der Originalkommentierung von 1977 bei Kolodziejcok, K.-G./ Recken, J., BNatSchG § 1 Rn.14 wider, die unzutreffenderweise davon ausgeht, daß Artenvielfalt Grundlage von Stabilität ist. Entscheidend ist hierfür jedoch die genetische Vielfalt. Der Schutz der genetischen Vielfalt wird zudem in Rn.13 zu § 1 BNatSchG als Problem gänzlich verkannt.

Das Leitbild der Nachhaltigkeit ist, soweit es um erneuerbare Ressourcen geht, im BNatSchG in § 2 I Nr.3 verankert.[205] Die Norm basiert auf dem Gedanken des sparsamen Umgangs mit den Naturgütern Wasser, Boden, Luft, Klima sowie der Tier- und Pflanzenwelt. Die Nutzung ist an der Wahrung der natürlichen Regenerationsfähigkeit auszurichten, was beinhaltet, daß die entnommene Leistung langfristig das Reproduktionsvermögen nicht übersteigen soll.[206]

Hingegen ist der neu eingefügte Art.20 a GG kein taugliches Legitimationsbeispiel. Der darin enthaltene Schutz der natürlichen Lebensgrundlagen ist anthropozentrisch ausgerichtet[207] und beinhaltet keine Wertungskriterien zum Schutz des Naturhaushaltes. Ebenfalls nicht weiterführend ist das UVPG. Zwar bedarf es für eine Umweltverträglichkeitsprüfung ökologisch gebildeter und festgesetzter Maßstäbe,[208] das Gesetz bietet hierfür jedoch - ebenso wie die dem Gesetz zugrundeliegende EG-Richtlinie 85/337/EWG - keine Bewertungsansätze.[209]

Allerdings sind ökologische Leitbilder vielfältiger Gegenstand völkerrechtlicher Verträge geworden. Das revidierte Übereinkommen von Helsinki 1992 enthält beispielsweise eine Verpflichtung der Unterzeichnerstaaten, Natur- und Artenschutz insbesondere auch zur Erhaltung der natürlichen Vielfalt zu betreiben. Einen Schutz wildlebender Arten entsprechend den §§ 20 ff. BNatSchG enthält daneben das Übereinkommen über die Erhaltung der europäischen wildlebenden Pflanzen und Tiere und ihrer natürlichen Lebensräume vom 19.09.1979, dem die Bundesrepublik 1985 beigetreten ist.[210] Im Oslo-Paris-Übereinkommen zum Schutz der Meeresumwelt des Nordostatlantiks[211] wird die Notwendigkeit einer nachhaltigen Meeresbewirtschaftung in der Präambel betont.

Des weiteren wird in der Agenda 21, die 1992 in Rio von über 170 Staaten unterzeichnet wurde, in Kapitel 15 die Notwendigkeit des Schutzes der biologischen Vielfalt festgestellt. Biologische Vielfalt umfaßt dabei Gene, Arten und Ökosysteme.[212] Die Unterzeichnerstaaten, zu denen auch die Bundesrepublik gehört,[213] verpflichten sich, Maßnahmen zur Erhaltung der biologischen Vielfalt und nachhaltigen Nutzung der biologischen Ressourcen zu ergreifen,[214] wobei die Verpflichtung moralisch und nicht rechtlich zu verstehen ist, da die Agenda 21 ihrer Rechtsnatur nach eine unverbindliche Erklärung ist.[215] Dadurch sollte die ebenfalls

---

205 Diese Norm lautet: „Die Naturgüter sind, soweit sie sich nicht erneuern, sparsam zu nutzen; der Verbrauch der sich erneuernden Naturgüter ist so zu steuern, daß sie nachhaltig zur Verfügung stehen."

206 Kolodziejcok, K.-G./ Recken, J., BNatSchG § 2 Rn.16.

207 Vgl. Bernsdorff, N., NuR 1997, 328 (331); Waechter, K., NuR 1996, 321 (323 ff.); Meyer-Teschendorf, K., ZRP 1994, 73 (77); a.A. v.Lersner, H., NuR 1999, 61 (62).

208 Vgl. Erbguth, W./ Schink, A., § 2 Rn.17; Gassner, E., UPR 1996, 429 (434); differenzierend Hoppe-Beckmann § 12 Rn.20 ff.

209 Hoppe-Appold § 2 Rn.57.

210 BGBl II 1985, S.581.

211 BGBl II 1994, S.1360 ff.

212 Vgl. Kapitel 15 Punkt 3 der Agenda 21.

213 BGBl II 1993, S.1741.

214 Vgl. Bundesminister, „Bericht der B.Reg.", S.39 f.

215 Schäfer, B., NuR 1995, 504 (506).

in Rio beschlossene und rechtlich verbindliche Konvention über den Schutz der Biologischen Vielfalt unterstützt werden.

In der Konvention über den Schutz der Biologischen Vielfalt ist in Art.1 eine gleichlautende Zielvorgabe wie in der Agenda 21 formuliert, wobei eine nachhaltige Nutzung in Art.2 definiert wird als Nutzung der biologischen Vielfalt in der Weise und in einem Ausmaß, die zu keinem langfristigen Rückgang führt, mit der Folge, daß die biologische Vielfalt auch künftigen Generationen als Potential zu Verfügung steht. Unter biologischer Vielfalt wird in der Konvention die Variabilität der lebenden Organismen jeglicher Herkunft verstanden, was die Vielfalt innerhalb der Arten, zwischen den Arten sowie die der Ökosysteme umfaßt. Diese Formulierung in Art.2 stellt, anders als die Agenda 21, nicht eindeutig klar, daß auch die Erhaltung der genetischen Vielfalt bezweckt ist. Da allerdings die Begriffsverwendung in der Agenda 21 und der Konvention über Biologische Vielfalt ansonsten einheitlich ist, in der Präambel der Konvention die genetische Vielfalt erwähnt wird und beide Vereinbarungen dieselbe Zielrichtung verfolgen, ist davon auszugehen, daß die Vielfalt innerhalb der Arten die genetische Vielfalt beinhaltet.[216]

Das Leitbild der Nachhaltigkeit ist, anders als die biologische Vielfalt an unterschiedlichsten Stellen in die Agenda 21 eingegangen. Eine nachhaltige Entwicklung wird unter anderem im Rahmen der mit der Bevölkerungsdynamik verbundenen Probleme, der Entwicklung von Berggebieten, der Landwirtschaft, des Schutzes der biologischen Vielfalt, der Siedlungsentwicklung, des Meeresumweltschutzes und des Schutzes der Wasserressourcen[217] als Zielvorgabe festgelegt.

1994 wurde das Leitbild der Nachhaltigkeit von europäischen Städten und Gemeinden als zentraler Wert in die Charta von Aalborg aufgenommen.[218] Insoweit ist die Agenda 21 entgegen ihrer ursprünglichen unverbindlichen Rechtsnatur in vielen Städten und Gemeinden Europas rechtlich bindend.

Anders als die Leitbilder Biodiversität und Nachhaltigkeit ist das Leitbild der Hemerobie weder Bestandteil nationaler noch völkerrechtlicher Regelungen geworden.

Fraglich ist, ob das Leitbild der Hemerobie auch ohne Bestandteil einer rechtlichen Regelung zu sein, in die Bewertung von Veränderungen des Naturhaushaltes eingehen kann. Dagegen spricht insbesondere, daß eine Begriffsbestimmung eines ökologischen Schadens im Hinblick auf eine rechtliche Bewertung desselben, auf rechtlich verbindlichen Wertungen beruhen muß. Soweit sich eine subjektive Bewertung nicht in einer rechtlichen Regelung oder einem sozialen Konsens niederschlägt, kann sie nicht für eine rechtliche Bewertung als Abgrenzungs- und Abwägungskriterium bindend sein, da es ihr an der notwendigen Legitimationsgrundlage fehlt.

Zudem beinhaltet das Leitbild der Hemerobie in seiner letzten Konsequenz das Ziel einer menschenfreien Natur. Eine Minimierung anthropogener Natureinflüsse

---

216 Im Ergebnis ebenso Wissenschaftlicher Beirat der Bundesregierung Globale Umweltveränderungen, S.173 f.; Steiger, H., NuR 1995, 437 (441).
217 Vgl. Bundesminister, „Bericht der B.Reg.", S.18 ff.
218 Vgl. Vorbemerkung der Charta sowie Teil I.2 sowie Senat der FHH, Bürgerschaftsdrucksache 15/4746, S.1 mit Sachstandsbericht 15/7281, S.1 ff.

kann zwar in einem ersten Ansatz auch über bestimmte verhaltenssteuernde Maßnahmen erfolgen, als Ziel läuft dies jedoch darauf hinaus, menschliche Eingriffe gänzlich zu unterbinden, was wegen der grundsätzlichen Relevanz menschlichen Verhaltens für den Naturhaushalt nur eine menschenfreie Natur bedeuten kann. Dies widerspricht sowohl einem anthropozentrischen Weltbild, als auch einem Weltbild, bei dem der Mensch als Teil der Natur verstanden wird. Beide Weltbilder sprechen dem menschlichen Leben und Wirken seine grundsätzliche Existenzberechtigung nicht ab. Es handelt sich folglich weder um ein akzeptiertes noch um ein akzeptierbares gesellschaftliches Ziel im Rahmen von Mehrheitsentscheidungen (der Menschen). Das Leitbild der Hemerobie kann somit wegen des fehlenden gesellschaftlichen Konsenses über die in ihm enthaltene Wertung nicht in eine Begriffsbestimmung des ökologischen Schadens eingehen. Dies ist auch unter ökologischen Gesichtspunkten vertretbar, da es den Anhängern der Hemerobie letztlich um eine nachhaltige Nutzung des Naturhaushaltes geht,[219] welche Bestandteil des rechtlich legitimierten Leitbildes der Nachhaltigkeit ist.

Somit ist im Rahmen einer naturwissenschaftlich ausgerichteten, phänomenologischen Begriffsbestimmung von ökologischen Schäden, eine Veränderung des Naturhaushaltes nach Maßgabe einer kumulativen Betrachtung der ökologischen Leitbilder Nachhaltigkeit und Biodiversität zu bewerten. Ein derartiges Verständnis wird im Folgenden auch einer Bestimmung ökologischer Schäden anhand rechtlicher Kategorien zugrunde gelegt.

6. Ergebnis der phänomenologischen Begriffsbestimmung

Ein ökologischer Schaden ist unter Zugrundelegung eines phänomenologischen Begriffsverständnisses eine Beeinträchtigung der Naturgüter Wasser, Boden, Luft, Klima, der Tier- oder Pflanzenwelt oder ihrer Wechselwirkungen untereinander. Als unwesentlich scheiden dabei Beeinflussungen aus, die zu keinen zwischenzeitlichen Schäden führen und bei denen auch sonst keine negativen Auswirkungen auf das Zusammenwirken der jeweiligen Systeme feststellbar sind. Im übrigen ist der Zusammenhang zwischen der Beeinflussungsintensität und dem Vorliegen eines ökologischen Schadens eine Wertungsfrage.

Ob eine Beeinträchtigung vorliegt, ist daher in allen anderen Fällen anhand einer ökologischen Gesamtbetrachtung nach Maßgabe der ökologischen Leitbilder Nachhaltigkeit und Biodiversität festzustellen.

Das Leitbild der Hemerobie findet dabei keine Berücksichtigung, da es keiner Legitimation durch eine gesellschaftliche Mehrheitsentscheidung unterliegt, was insbesondere auf die Ausblendung des Menschen als Teil der Natur zurückzuführen ist. Es widerspricht zudem dem Selbstverständnis aller ethischen Weltbilder, den Einfluß des Menschen auf die Natur grundsätzlich negativ zu bewerten.

Die Leitbilder der Biodiversität und Nachhaltigkeit sind hingegen als Bestandteil verbindlicher völkerrechtlicher Verträge, die die Bundesrepublik unterzeichnet hat, sowie zum Teil durch nationale Regelungen, in ihrem Wertungsgehalt legiti-

---

219 Vgl. Bornkamm, R., Landschaft+Stadt 1980, 48 (52).

miert. Sie können mithin bei einer wertenden Betrachtung von Veränderungen des Naturhaushaltes zur Bestimmung ökologischer Schäden zugrunde gelegt werden.

Demgegenüber sind Bewertungen von einzelnen Veränderungen des Naturhaushaltes anhand sozialer Konsense wegen der tatsächlichen Schwierigkeiten der Feststellung des Konsenses nicht praktikabel und daher zur Bestimmung ökologischer Schäden nur dann geeignet, wenn über soziale Konsense von Volksvertretern Wertungskriterien festgelegt werden. Genau dies ist bei den ökologischen Leitbildern der Nachhaltigkeit und der Biodiversität der Fall.

III. Rechtliche Präzisierung des Begriffs

1. Vorbemerkung

Zu untersuchen ist, ob der Begriff des ökologischen Schadens anhand rechtlicher Kriterien präzisiert werden kann. Dies wird von Teilen der juristischen Literatur als notwendig erachtet, um mit dem Begriff des ökologischen Schadens eine rechtlich aussagekräftige Information über die Voraussetzungen, Umstände und Möglichkeiten des Ausgleichs ökologischer Schäden zu verbinden, die die Unterscheidbarkeit zu anderen Schadensarten gewährleistet.[220]

Begründend wird darauf verwiesen, daß das oben dargelegte ökologisch-phänomenologische Begriffsverständnis zwar die möglichen Gegenstände des Schadens benennen würde, diese Begriffsbestimmung jedoch zu weit sei. Da eine Begrenzung auf der klassifikatorischen Ebene wegen der vielfältigen ökologischen Wechselwirkungen nicht möglich sei, bedürfe es einer Präzisierung anhand rechtlicher Kriterien.[221] Um von einem auf konkrete Veränderungen bezogenen Begriff zu einem Rechtsbegriff des ökologischen Schadens zu gelangen, sei es geboten, die Gruppe der tatsächliche Sachverhalte, die einen ökologischer Schaden darstellen, einer einheitlichen rechtlichen Bewertung zuzuführen.

Für eine solche rechtliche Begriffspräzisierung werden drei Ansatzpunkte zur Diskussion gestellt:

Es soll sich bei ökologischen Schäden um bloße Schäden der Allgemeinheit handeln, die vom Privatrecht in Ermangelung einer Verletzung eines Individualrechts nicht erfaßt werden.

Es handelt sich bei allen zivilrechtlich erfaßbaren ökologischen Schäden stets um immaterielle Schäden, wobei ein Teil der ökologischen Schäden deswegen nicht erfaßbar ist, weil es sich nicht um individualisierbare Schäden handelt.

Ökologische Schäden sind nur diejenigen Beeinträchtigungen des Naturhaushaltes, die de lege lata zivilrechtlich nicht erfaßbar sind.

Die Grenzen einer solchen rechtlichen Präzisierung liegen im oben dargelegten, naturwissenschaftlichen Kern des ökologischen Schadens sowie im allgemeinen Sprachgebrauch.[222]

---

220 Seibt, C., S.9; Rehbinder, E., NuR 1988, 105; Gassner, E., UPR 1987, 370 (371).
221 Rehbinder, E., NuR 1988, 105 f.
222 So auch Seibt, C., S.9.

Ein nicht unbeachtlicher Teil des Schrifttums ist demgegenüber der Ansicht, daß eine rechtliche Präzisierung des ökologischen Schadens auf der begrifflichen Ebene weder möglich noch wünschenswert ist.[223] Diese Ansicht geht davon aus, daß es sich nicht um einen Rechtsbegriff, sondern um einen am geschädigten Objekt ausgerichteten Begriff handelt.[224] Danach ist die Frage, ob ein ökologischer Schaden auch ein zivilrechtlicher Schaden ist, im Einzelfall zu entscheiden. Eine allgemeingültige, rechtliche Aussage über das Wesen aller ökologischen Schäden wird als nicht möglich angesehen.

Somit ist zu erörtern, welchem der vier genannten Standpunkte zu folgen ist.

2. Schaden am Allgemeininteresse

a) Problemlage und Meinungsstreit

In den 80er Jahren wurde vielfach die Meinung vertreten, der ökologische Schaden sei ausschließlich ein Schaden am Allgemeininteresse.[225] Dies hätte zur Folge, daß eine haftungsrechtliche Erfassung wegen der fehlenden Individualisierbarkeit der Schäden nicht möglich wäre. Das Zivilrecht bezweckt, anders als das öffentliche Recht, die Regelung individueller Rechtsbeziehungen zwischen einem individuell Geschädigtem und einem oder mehreren Schädigern.[226] Insofern ist das Zivilrecht individual- und nicht allgemeinnützig, auch wenn ihm eine bedeutende soziale Funktion bei der Regelung des gesellschaftlichen Miteinanders zukommt.[227] Sein Schutzobjekt sind subjektive Rechte einzelner Personen. Was nicht Gegenstand derselben ist, wird zivilrechtlich nicht geschützt.[228] Nicht in den Schutzbereich fallen somit bloße Allgemeininteressen und individuelle Nutzenverluste, die aus der Beschädigung öffentlicher Güter[229] resultieren.[230] Bei letzteren fehlt es an der Verletzung eines Rechts, auch wenn es zu einem individuellen Vermögensschaden kommen sollte.

Demgemäß gehen die Vertreter dieser Ansicht davon aus, daß ökologische Schäden Beeinträchtigungen sind, die keinem Individualrechtsträger zugeordnet werden können.[231] Vielmehr soll es sich bei einem ökologischen Schaden um einen gesellschaftlichen Gesamtschaden durch einen Eingriff in das biologische Gleichgewicht handeln,[232] das heißt letztlich um einen Allgemeingutschaden.[233] Diederich-

---

223 Gerlach, J., S.287; Petitpierre, D., S.61; Schulte, H., „Ausgleich", S.25; Wenk, N., S.40; Lytras, T., S.190; Erl, M., S.117 ff.
224 Klass, J., UPR 1997, 134 (140).
225 Lummert, R./ Thiem, V., S.171; Hager, G., NJW 1986, 1961; Diederichsen, U., DJT, L 50; Nawrath, A., S.69 f.; Rest, A., S.93 f. und UPR 1987, 363; Kloepfer, M., ZfU 1988, 243 (250) sowie später noch Vogel, R., S.58.
226 Ketteler, G., AnwBl 1992, 3 und VR 1993, 5; Niklisch, F., VersR 1991, 1093 (1097); vgl. hierzu allgemein Paschke, M., UTR, S.284 ff.
227 Vgl. Kloepfer, M., ZfU 1988, 243 (250).
228 Medicus, D., UTR, S.10 f. und JZ 1986, 778; Rest, A., S.93; Schmidt-Salzer, J., § 16 Rn.7; Schirmer, H., ZVersWiss 1990, 137 (140).
229 Im Sinne von: die frei zugänglichen Gütern einer Gesellschaft.
230 Ott, C./ Schäfer, H.-B., S.231.
231 Hager, G., NJW 1986, 1961.
232 Lummert, R./ Thiem, V., S.171; Rest, A., S.93 f.

sen hat dies mit der Aussage umschrieben, der Artenschutz liege außerhalb der Denkkategorien des Zivilrechts.[234]

Einer solchen rechtlichen Einordnung ökologischer Schäden wurde entgegengehalten, es handele sich eher um ein Problem zivilrechtlicher Denkgewohnheiten.[235] Der ökologische Schaden sei ein auf Veränderungen der Natur bezogener Begriff. Zwar seien nicht alle ökologischen Schäden zivilrechtlich erfaßbar, da es sich nicht notwendigerweise stets um Individualschäden handele. Zumindest die Wiederherstellung der körperlichen Naturgüter sei aber zum Teil auch mit zivilrechtlichen Mitteln durchsetzbar. Gassner hat dies am Beispiel von Pflanzen verdeutlicht, die, sofern sie fest mit dem Boden verbunden sind, als wesentlicher Bestandteil desselben nach § 94 I BGB dem Grundstückseigentümer zugeordnet sind. Folglich kann dieser bei einer Beschädigung der Pflanzen durch Dritte nach §§ 823 I, 249 BGB Naturalrestitution verlangen, die dann auch der Natur zugute käme.[236]

Dem sind weite Teile der Lehre gefolgt, so daß die heute herrschende Meinung davon ausgeht, daß ein ökologischer Schaden zugleich ein Sachschaden sein kann, der einem individuell geschädigten Rechtsträger zugeordnet ist, so daß bei diesem dem Grunde nach ein Anspruch auf Schadensersatz besteht.[237] Nach der herrschenden Lehre können ökologische Schäden demnach zivilrechtliche Schäden sein. Dies setzt allerdings voraus, daß der einzelne ökologische Schaden mit einem Individualschaden identisch ist.

Zu untersuchen ist folglich, ob ökologische Schäden entsprechend der herrschenden Meinung auch Individualschäden sein können, oder ob es sich stets um nicht individualisierbare Schäden der Allgemeinheit handelt. Wenn letzteres der Fall ist, würde dies bedeuten, daß die Regulierung ökologischer Schäden durch das Privatrecht von vornherein ausgeschlossen ist. Zu prüfen ist daher, ob ökologische Schäden zumindest teilweise privatrechtlich erfaßbare, das heißt individuelle Schäden im Sinne des zivilrechtlichen Schadensbegriffs, sind.

b) Definitionen des zivilrechtlichen Schadensbegriffs

Zunächst ist zu klären, welche Tatbestände unter den Begriff des zivilrechtlichen Schadens zu subsumieren sind, um anschließend festzustellen, ob der ökologische Schaden Teil dieses zivilrechtlichen Schadens sein kann.

Es kommt somit darauf an, den zivilrechtlichen Schadensbegriff zu definieren. Eine Legaldefinition des Begriffs besteht nicht. Diese wurde bei Schaffung des

---

233 Rest, A., UPR 1987, 363 (366 und 368).
234 Diederichsen, U., UTR, S.196.
235 Gassner, E., UPR 1987, 370.
236 Gassner, E., UPR 1987, 370 (371 ff.); ähnlich Gerlach, J., S.290 f.; Landmann/ Rohmer-Rehbinder, UmweltHG § 1 Rn.42.
237 Winter, S., S.20; Schulte, H., JZ 1988, 278 (281 und 285); Henseler, P., UTR, S.227 f.; Knebel, J., ANL, S.6; Hübner, U., NJW 1988, 441 (452); Hager, G., S.16 f.; v.Bar, C., KF, S.5; Baumann, P., JuS 1989, 433 (439); Landsberg, G./ Lülling, W., DB 1990, 2205 (2210); Feess-Dörr, E./ Prätorius, G./ Steger, U., S.27 f.; Marburger, P., AcP 192, 1 (31 f.); Niklisch, F., VersR 1991, 1093 (1097); Petitpierre, D., S.61 ff.; Rehbinder, E., NuR 1989, 149 (162); Schirmer, H., ZVersWiss 1990, 137 (140 f.); Engelhardt, W., S.129; Will, M./ Marticke, H.-U., S.38; AG Umwelthaftungsrecht, S.39; Kloepfer, M., NuR 1990, 337 (348).

BGB unterlassen, da der Gesetzgeber keine Möglichkeit einer allgemeingültigen Definition des individuellen Schadens gesehen hat.[238] Vielmehr sollte es der Praxis überlassen werden, frei von einer gesetzlichen Vorschrift, im Einzelfall zu entscheiden.[239] Dies hatte zur Folge, daß das deutsche Schadensrecht weitgehend durch die Rechtsprechung geprägt wurde, ohne daß dies zu einem einheitlichen Schadensverständnis geführt hat.[240] Zudem hat sich die Diskussion um die Definition des Schadens schon bald nach Inkrafttreten des BGB auf die Differenzierung zwischen materiellen und immateriellen Schäden verschoben, da dort der Schwerpunkt der praktischen Probleme lag.[241] Beide setzen das Vorliegen eines zivilrechtlichen Schadens voraus.[242] Dennoch kann die Diskussion des zivilrechtlichen Schadensbegriffs nicht auf den Begriff des Vermögensschadens reduziert werden. Bereits aus der Systematik des BGB, welche den Vorrang der Naturalrestitution für alle Schäden unabhängig von ihrem Vermögenswert normiert, folgt, daß es einen über den Vermögensschadenbegriff hinausgehenden Schadensbegriff gibt, der auch Nichtvermögensschäden umfaßt. Dieser Schadensbegriff ist gerade für die Erfassung ökologischer Schäden von besonderer Bedeutung, da ihre monetäre Bewertung häufig mit großen Schwierigkeiten verbunden ist.[243] Ein nicht unbeachtlicher Teil der Lehre geht sogar davon aus, daß es sich bei den ökologischen Schäden, die als individuelle Schäden zivilrechtlich erfaßbar sind, stets um immaterielle Schäden handelt.[244] Mithin ist der Begriff des zivilrechtlichen Schadens für die Regulierbarkeit ökologischer Schäden von wesentlicher Bedeutung. Erst wenn feststeht, ob ökologische Schäden auch zivilrechtliche Schäden sein können, stellt sich die Frage, ob ihnen darüber hinaus auch ein Vermögenswert zukommen kann.

In wissenschaftlichen Arbeiten wurden verschiedene Definitionsversuche des zivilrechtlichen Schadensbegriffs unternommen.[245] Zu nennen sind insbesondere der dualistische Schadensbegriff, der seinerseits auf dem normativen Schadensbegriff und dem natürlichen Schadensbegriff aufbaut, sowie der funktionale Schadensbegriff.

Der daneben von Ökonomen angeregte wirtschaftliche Schadensbegriff[246] ist hier nicht zu erörtern, da er sich ausschließlich auf Güter bezieht, die für ihren Rechtsträger einen monetär bewertbaren individuellen Nutzen haben. Aus der Systematik der §§ 249, 251 BGB folgt, daß es für das Vorliegen eines zivilrechtlichen Schadens zwar auf eine individuelle Einbuße, nicht jedoch auf ihren Geldwert ankommt. Auch Schäden an subjektiv nutzlosen Gütern sind nach § 249 BGB restituierbar. Damit handelt es sich beim wirtschaftlichen Schadensbegriff eher um eine

---

238 Mugdan, B., II, S.10; Lange, H., S.27; zustimmend Neuner, R., AcP 133, 277 (314).

239 Mugdan, B., II, S.10.

240 Magnus, U., S.321 und 323.

241 Magnus, U., S.9.

242 Vgl. zur Abgrenzung von materiellen und immateriellen Schäden Lange, H., S.51 ff.; Magnus, U., S.283 ff.

243 Vgl. hierzu Teil C.III.

244 Vgl. etwa Gassner, E., UPR 1987, 370 (371); Seibt, C., S.7; Paschke, M., § 16 Rn.1 und 31 sowie die Erörterungen in Teil A.III.3.

245 Vgl. hierzu Lange, H., S.27 ff.

246 Vgl. Teil A.III.3.c)cc).

Alternative zu den bestehenden Definitionen des Vermögensschadens, als um eine Definition des zivilrechtlichen Schadens.[247]

aa) Der dualistische Schadensbegriff

Der dualistische Schadensbegriff definiert den zivilrechtlichen Schaden als Einbuße, die eine bestimmte Person durch ein bestimmtes Ereignis gegen oder ohne ihren Willen an bestimmten Rechtsgütern erleidet, und für die das Gesetz in welcher Weise auch immer, einen Ausgleich vorsieht.[248] Mit dem dualistischen Schadensbegriff werden zwei wesentliche Ansätze zur Bestimmung des Schadensbegriffs miteinander verknüpft, nämlich der natürliche und der normative Schadensbegriff.

Der natürliche Schadensbegriff stellt auf die Verkehrsauffassung unter Berücksichtigung des allgemeinen Sprachgebrauchs ab und geht nicht von einem juristischen Schadensbegriff aus.[249] Hiernach wird der Schaden als eine Einbuße bezeichnet, die jemand infolge eines bestimmten Vorgangs oder sonstigen Ereignisses an seinen Lebensgütern wie beispielsweise Gesundheit, Ehre, Eigentum oder auch bestimmten Vermögensgütern erleidet.[250] Somit können sowohl die Person des Verletzten, seine körperlichen Rechtsgüter, als auch sein Vermögen durch das Ereignis benachteiligt sein. Es handelt sich, wie das Wort „Einbuße" veranschaulicht, um eine ungünstige, das heißt negativ zu bewertende Veränderung in der Gesamtheit der ideellen oder materiellen Güter des Geschädigten. Ob eine Veränderung gegeben ist, bestimmt sich nach der Differenzhypothese.[251] Nach der Differenzhypothese, soweit sie nicht auf bloße Vermögensschäden beschränkt wird,[252] hängt das Vorliegen eines Schadens entscheidend vom Saldo ab, der sich aus dem Vergleich der bestehenden immateriellen und materiellen Rechtsgüter des einzelnen mit dem hypothetischen Güterumfang ergibt, der bei Hinwegdenken des schädigenden Ereignisses bestünde.[253] Bei Gütern handelt es sich um alle körperlichen und unkörperlichen Gegenstände, die etwas Vorteilhaftes darstellen, wobei schadensrechtlich nur diejenigen Güter relevant sein können, die einen Subjektsbezug aufweisen, das heißt einem Rechtssubjekt zugeordnet werden können.[254] Eine nachteilige Veränderung seiner Güterlage ist vom Geschädigten regelmäßig nicht gewollt und auch nicht vorhersehbar.[255] Liegt unter diesen Voraussetzungen eine Güterverschlechterung vor, so handelt es sich um einen Schaden im Sinne des natürlichen Schadensbegriffs.

Demgegenüber stellt der normative Schadensbegriff auf rechtliche Wertungen zur Bestimmung des Schadens ab.[256] Dieses Begriffsverständnis sieht den Schaden

---

247 So auch Magnus, U., S.25.
248 RGRK-Alff Vor § 249 Rn.1.
249 Deutsch, E., „Haftungsrecht", S.423.
250 Larenz, K., S.395 f.; AG Umwelthaftungsrecht, S.9.
251 Vgl. zu normativen Korrekturen der Differenzhypothese Neuner, R., AcP 133, 277 (279 ff.); Zeuner, A., AcP 163, 380 (384 f.); Roussos, K., S.172 ff.
252 Lange, H., S.45; Zeuner, A., AcP 163, 380 (382); vgl. auch Brinker, J., S.189 f.; Deutsch, E., „Haftungsrecht", S.419; Erman-Kuckuk Vor § 249 Rn.15.
253 Lange, H., S.45; Zeuner, A., AcP 163, 380 (381 f.).
254 Roussos, K., S.102.
255 Larenz, K., S.396.
256 Fikentscher, W., Rn.438; kritisch Medicus, D., JuS 1979, 233 (236 f.).

als rechtlich geformtes Tatbestandsmerkmal an. Danach ist für die Annahme eines Schadens nicht das Bestehen oder Fehlen einer Vermögens- bzw. Güterdifferenz entscheidend.[257] Es handelt sich demnach nicht um einen dem Recht vorgegebenen Begriff. Mithin ist es nach dem normativen Schadensbegriff Aufgabe des Rechts festzulegen, was als Schaden gilt und was nicht. Maßgeblich ist dabei auf den Normzweck der haftungsbegründenden Norm abzustellen. Nach diesem soll bestimmt werden, ob ein zivilrechtlicher Schaden vorliegt. In der Praxis Bedeutung erlangt hat der normative Schadensbegriff insbesondere in der Diskussion um die Vorteilsausgleichung.[258]

Der dualistische Schadensbegriff verbindet beide Ansätze, wobei im Ansatz vom natürlichen Schadensbegriff unter Berücksichtigung der Differenzhypothese ausgegangen wird. Hierauf aufbauend können normative Wertungen zu einer Korrektur dieses natürlichen Schadensverständnisses im Einzelfall führen.[259] Allein durch den natürlichen Schadensbegriff lassen sich nicht alle schadensrechtlichen Fragen lösen, so daß es ergänzend normativer Wertungen bedarf.[260] Beispielsweise ist allein aus dem natürlichen Schadensbegriff nicht ableitbar, ob für die Zerstörung einer Sache, die zwar subjektiv für ihren Eigentümer, nicht aber objektiv wertlos war, Ersatz zu leisten ist.[261] Andererseits würde ein alleiniges Abstellen auf den normativen Schadensbegriff in der Praxis das Risiko einer unkontrollierbaren Erweiterung des ersatzfähigen Schadens beinhalten.[262] Daher geht die heute herrschende Meinung vom dualistischen Schadensbegriff aus.

Demgegenüber lehnt Wolf sowohl den normativen als auch den natürlichen Schadensbegriff schon vom jeweiligen Ansatz her ab. Er kritisiert, daß der normative Schadensbegriff eine normativ-wertende Betrachtung vornimmt. Ohne Begriffe sei eine wirklichkeitsgemäße Betrachtung nicht möglich. Alles, was begrifflich kein Schaden ist, könne auch nicht über normative Wertungen dazu werden.[263] Der Begriff des Schadens sei folglich kein Rechtsbegriff, sondern ein dem Recht vorgegebener, feststehender Begriff.[264]

Ebenso wird der natürliche Schadensbegriff von Wolf abgelehnt, da dieser lediglich auf das soziale Vorverständnis und den Bewußtseinshorizont abstelle und daher Veränderungen unterliegen könne, was nicht mit dem Anspruch der Objektivität vereinbar wäre.[265] Ein Begriff sei nur die mit einem Wort festgelegte Einheit von Merkmalen, die mehreren oder einem Seienden zukommt.[266] Die Veränderbarkeit von Begriffsinhalten könne hiermit nicht in Einklang gebracht werden. Auch bedürfe es entgegen der Differenzhypothese keines Gesamtvermögens- oder -

---

257 Vgl. Magnus, U., S.10; einengend Medicus, D., JuS 1979, 233 (239).
258 Vgl. BGHZ 43, 378 (381).
259 Lange, H., S.39 f.; Deutsch, E., „Haftungsrecht", S.423; Palandt-Heinrichs Vorbem v § 249 Rn.14.
260 Vgl. etwa BGHZ 43, 378 (381).
261 Beispiel nach Larenz, K., S.396.
262 Medicus, D., JuS 1979, 233 (239).
263 Wolf, E., S.548 f.
264 Wolf, E., S.550.
265 Wolf, E., S.554.
266 Wolf, E., S.555 f.

gütervergleiches zur Schadensermittlung. Eine solche Bilanzierung sei zudem regelmäßig nicht durchführbar, da das Vermögen als Ganzes nicht für eine solche Bilanzierung erfaßt und bewertet werden könne.[267] Daher könne der Schaden nur in Anlehnung an den Wortlaut des § 249 S.1 BGB bestimmt werden. Ein Schaden ist danach der für einen Menschen nachteilige Unterschied zwischen einem ereignisbedingten realen Sachverhalt und einem hypothetischen Sachverhalt, der beim Nichteintritt des Ereignisses in einem späteren Zeitpunkt gegeben gewesen wäre.[268]

Die Kritik von Wolf verdeutlicht die hinter dem dualistischen Schadensbegriff stehenden Wertungen. Dabei wird jedoch verkannt, daß der Schadensausgleich und damit auch die Annahme eines Schadens stets Ausdruck einer rechtlichen Wertung ist. Der Gesetzgeber legt fest, welche Einzelinteressen durch die Rechtsordnung geschützt werden. Weiter legt er fest, welche Interessensverletzungen zu einem Schadensersatzanspruch führen, was wiederum voraussetzt, daß es sich bei der Interessensverletzung um einen Schaden im Sinne des Zivilrechts handelt. Mithin kann der Begriff des Schadens nicht losgelöst von rechtlichen Wertungen betrachtet werden und ist dem Recht folglich auch nicht vorgegeben. Andererseits kann die normative Festlegung, was als Schaden zu werten ist, auch nicht ohne vorgegebene Grundwertungen erfolgen, wie dies bei einem ausschließlich normativen Schadensverständnis der Fall wäre.[269] Dies birgt das Risiko einer gewissen Beliebigkeit des Ergebnisses. Beschränkt wird die gesetzgeberische Freiheit der Schadensbestimmung insbesondere durch die Individualbezogenheit des Privatrechts, das heißt durch die Rechtssphäre des einzelnen. Die von Wolf vorgenommene Kritik an der tatsächlichen Durchführbarkeit der Differenzhypothese greift zudem nicht, da sich der Vergleich auf die von dem Eingriff betroffenen Güter des einzelnen beschränkt, es somit keiner umfassenden Bestandsaufnahme bedarf.[270] Ebenso geht die Kritik an dem Abstellen auf ein soziales Vorverständnis im natürlichen Schadensbegriff fehl. Rechtliche Regelungen sind stets auch Ausdruck des gesellschaftlichen Bewußtseins. Daher kommt entgegen der Kritik von Wolf der dualistische Schadensbegriff für die Diskussion, ob es sich bei einem Teil der ökologischen Schäden zugleich um zivilrechtliche Schäden handelt, als plausible Begriffsbestimmung in Betracht.

bb) Der funktionale Schadensbegriff

Nach dem funktionalen Schadensbegriff bezieht sich der schadensrechtliche Schutz auf die Person und ihre Möglichkeiten des Habens und Dürfens und nicht, wie beim dualistischen Schadensbegriff, auf das Gut, an dem der Schaden eintritt. Im Vordergrund des Schadensausgleichs steht die individuelle Freiheitsgewährung bzw. -sicherung, die für den einzelnen vor dem Schadensereignis mit der Sache verbunden gewesen ist. Der ersatzfähige Schaden hängt dabei von dem jeweiligen funktionellen Schutzinhalt des verletzten Rechts oder Interesses ab.[271] Die Möglichkeit der

---

267 Wolf, E., S.565.
268 Wolf, E., S.545.
269 Ebenso Lange, H., S.41.
270 Lange, H., S.45.
271 Roussos, K., S.262 f. und 267 ff.

Objektivierung eines Schadens ist somit nicht mehr, wie nach jetzt herrschender Meinung, das entscheidende Kriterium, sondern der Subjektsschutz. Dabei unterscheidet der funktionale Schadensbegriff zwischen Substanz- und Funktionsbeeinträchtigungen eines Rechts oder Interesses.

Die Unterscheidung zwischen Rechtsgutsverletzung und Schaden wird anhand der Endgültigkeit einer Veränderung vorgenommen. Eine Rechtsgutsverletzung endet mit dem Abschluß der Verletzungshandlung, der Schaden besteht demgegenüber weiter fort und muß in seiner Höhe spezifisch bewertet werden.[272]

Bei der Frage des Nutzenersatzes hängt die haftungsrechtliche Erheblichkeit von dem sozialen oder gesellschaftlichen Rang eines Nutzenbedarfs, bezogen auf den individuell Geschädigten, ab.[273] Insofern setzt ein Ersatzanspruch nach dem funktionalen Schadensbegriff voraus, daß es sich um eine gesellschaftlich anerkannte Nutzung handelt, die für den Geschädigten im konkreten Fall bedeutsam ist.

c) Der ökologische Schaden als zivilrechtlicher Schaden

Zu erörtern ist, ob die dargestellte schadensrechtliche Dogmatik in ihren unterschiedlichen Definitionsansätzen im Ergebnis eine Erfassung ökologischer Schäden als zivilrechtlich ersatzfähige Schäden zuläßt oder ob das Vorliegen eines Schadens im Sinne des Zivilrechts von vornherein ausgeschlossen werden muß. Hierbei ist zwischen den verschiedenen Ansätzen, die im dualistischen Schadensbegriff zusammengeführt sind, und dem funktionalen Schadensbegriff zu differenzieren. Gemeinsam ist beiden Schadensbegriffen, daß sie nur Beeinträchtigungen rechtlich geschützter Individualinteressen erfassen können.

aa) Ökologische Schäden als Schaden i.S.d. dualistischen Schadensbegriffs

Als Schaden im Sinne des dualistischen Schadensbegriffs kommen sowohl fühlbare, unfreiwillige Einbußen an Immaterialgüterrechten wie auch meßbare, unfreiwillige Einbußen an vermögenswerten Rechten in Betracht.[274] Ein Schaden nach dem dualistischen Schadensbegriff setzt voraus, daß

- eine Einbuße an einem Rechtsgut vorliegt,
- das Rechtsgut einem Rechtsgutträger individuell zugeordnet werden kann und
- normative Wertungen einem Schadensausgleich nicht entgegenstehen bzw. einen Ausgleich gebieten, obwohl keine Einbuße im Sinne der Differenzhypothese gegeben ist.

Ein ökologischer Schaden ist eine Beeinträchtigung des Naturhaushaltes, wobei die Beeinträchtigung in einer nachteiligen Zustandsveränderung liegt, die nach den Kriterien der Biodiversität und der Nachhaltigkeit zu bewerten ist. In Betracht kommen beispielsweise Störungen ökologischer Nährstoffkreisläufe durch den Entzug von Nährstoffen, die Verminderungen der Artenvielfalt auf einem Grundstück durch einen kontinuierlichen Nährstoffeintrag aus der Luft, das Aussterben

---

272 Roussos, K., S.248 f.
273 Roussos, K., S.273 f. und 292.
274 Erman-Kuckuk Vor § 249 Rn.15; vgl. zur Fühlbarkeit von Gebrauchsentbehrungen BGHZ 98, 212 (220 ff.).

bestimmter Arten in einem Gewässer infolge der Einleitung von Schadstoffen oder eine Abnahme der genetischen Vielfalt bei bestimmten Arten in einer Region infolge der ubiquitären Luftverschmutzung.

Es handelt sich hierbei jeweils weder um Einbußen eines einzelnen an seiner Person noch um Einbußen am Vermögen eines einzelnen. Mithin kann es sich bei ökologischen Schäden, die zugleich Schäden im Sinne des Zivilrechts sind, nur um Einbußen an körperlichen Rechtsgütern handeln. Dies ist bei dem Absterben bestimmter Pflanzenarten auf einem Grundstück anzunehmen. Pflanzen sind körperliche Gegenstände und daher Sachen im Sinne von § 90 BGB. Das gleiche gilt für Pflanzenarten auf dem Grund eines Gewässers. Ihr Absterben infolge einer Gewässerverschmutzung ist eine Einbuße an körperlichen Rechtsgütern. Demgegenüber handelt es sich bei der weltweiten Artenvielfalt oder dem Klima nicht um körperliche Rechtsgüter, die zudem auch nicht einem einzelnen Rechtsgutträger zugeordnet werden können. Dies ist bei Tieren, Pflanzen oder dem Boden anders. Alle drei Naturbestandteile können im Eigentum eines einzelnen stehen. Folglich handelt es sich um individualisierbare körperliche Rechtsgüter, ohne daß hieraus geschlossen werden kann, daß alle Tiere, Pflanzen oder der gesamte Boden einem einzelnen Rechtsgutträger zugeordnet werden können. Es besteht aber die abstrakte Möglichkeit einer Zuordnung. Soweit eine individuelle Zuordnung gegeben ist, stellt ihre Beeinträchtigung eine individuelle Einbuße dar. Folglich kann es sich um Schäden im Sinne des natürlichen Schadensbegriffs handeln. Normative Gesichtspunkte, die einer Einordnung individualisierbarer ökologischer Schäden als zivilrechtlicher Schaden entgegenstehen könnten, sind nicht ersichtlich.

Es gibt jedoch normative Gesichtspunkte, die für eine Erfassung ökologischer Schäden durch das Zivilrecht sprechen. Es gibt Normen, die ihrem Schutzzweck nach voraussetzen, daß ökologische Schäden als zivilrechtlicher Schaden erfaßt und ausgeglichen werden. Hiervon ist bei Ansprüchen nach dem GentG und dem UmweltHG aufgrund der Regelungen in § 32 VII GentG[275] und § 16 I UmweltHG auszugehen. Diese Normen modifizieren bei Vorliegen einer Sachbeschädigung § 251 II BGB dahingehend, daß der Schadensersatz für die Wiederherstellung von Natur und Landschaft nicht an der Geringwertigkeit der beschädigten Sache scheitert. Somit sind Beeinträchtigungen der Natur, das heißt auch ökologische Schäden, nach dem Rechtsverständnis des Gesetzgebers, wie es in diesen Normen zum Ausdruck kommt, unabhängig von ihrem Vermögenswert grundsätzlich einem Restitutionsanspruch zugänglich. Dies beinhaltet, daß es sich bei diesen Schäden um zivilrechtliche Schäden handelt. Ein möglicher Fall ist beispielsweise eine der bestehenden Nutzung eines Grundstücks entgegenstehende Beeinträchtigung der ökologischen Funktionen des Grundstücks, für die der Schädiger als Betreiber eines Betriebes nach Anhang 1 zu § 1 UmweltHG nach §§ 1, 16 I UmweltHG haftet.

Daher kann es sich bei ökologischen Schäden sowohl um Schäden im Sinne des natürlichen Schadensbegriffs als auch des normativen Schadensbegriffs handeln. Hieraus folgt, daß der dualistische Schadensbegriff als Verbindung des natürlichen

---

275 Vgl. Damm, R., ZRP 1989, 463 (464) zum gleichlautenden § 28 VII GentG-Referentenentwurf.

mit dem normativen Schadensbegriff einer Erfassung bestimmter ökologischer Schäden durch das Privatrecht nicht a priori entgegensteht. Allerdings ist dabei stets zu bedenken, daß nur diejenigen ökologischen Schäden vom Privatrecht erfaßt werden können, bei denen die geschädigten Naturgüter einem einzelnen Rechtsgutträger zugeordnet werden können.

bb) Ökologische Schäden als Schaden i.S.d. funktionalen Schadensbegriffs

Zu untersuchen ist, ob es sich bei ökologischen Schäden auch um Schäden im Sinne des funktionalen Schadensbegriffs handeln kann. Der Schaden ist nach diesem Begriffsverständnis eine qualifizierte Rechtsverletzung, die sämtliche Verletzungstatbestände in einem bestimmten Rechtsschutzbereich umfaßt und sich von der bloßen Rechtsgutsverletzung durch ihre Dauerhaftigkeit unterscheidet. Der Schaden ist mithin vermittelndes Bindeglied zwischen dem verletztem Recht, wie etwa dem Eigentum, und dem Ersatzanspruch.

Es bedarf nach dem funktionalen Schadensbegriff der Verletzung eines Rechtes oder Rechtsgutes, durch die es zu einer Einbuße an den potentiellen oder tatsächlichen Nutzungsmöglichkeiten der Ressourcen des betroffenen Rechtsträgers gekommen ist.

Die Erfaßbarkeit ökologischer Schäden durch den funktionalen Schadensbegriff läßt sich am Beispiel der neuartigen Waldschäden belegen. Die Bezeichnung als neuartige Waldschäden ergibt sich aus dem Umstand, daß es sich um Schäden infolge der allgemeinen Luftverschmutzung handelt, bei denen kein örtlicher Zusammenhang zwischen Emission und Schaden gegeben ist. Vielmehr werden viele Schadstoffe über tausende von Kilometern transportiert, ehe sie zu einer Schädigung von Wäldern beitragen. Beurteilt man die, gerade in den 80er Jahren häufig auftretenden, sauren Depositionen, so liegt in der Einwirkung auf die Bäume eine Eigentumsverletzung mit bleibender nachhaltiger Veränderung der ökologischen und ökonomischen Funktion auch nach Ende der sauren Deposition, das heißt bei einer nassen Deposition etwa das Ende eines sauren Niederschlags oder Nebels. Die Bäume werden in der Krone und dem Wurzelbereich geschädigt, was zur Folge hat, daß sie weniger widerstandsfähig gegenüber störenden Außeneinflüssen sind und früher gefällt werden müssen. Zugleich wirkt sich die Schadstoffbelastung der Luft nachteilig auf die Holzqualität und damit die Verwertbarkeit des Holzes aus. Somit wird der Forsteigentümer infolge der ökologischen Schädigung in seinem Haben des Waldes und in seiner Nutzungsmöglichkeit des Waldes für den Waldbau, das heißt seinem Dürfen, beeinträchtigt. Daher handelt es sich um einen Schaden im Sinne des funktionalen Schadensbegriffs.

d) Zwischenergebnis

Sowohl nach dem dualistischen als auch nach dem funktionalen Schadensbegriff besteht die Möglichkeit einer Erfassung ökologischer Schäden. Demnach kann eine Verletzung bestehender Individualrechte durch einen ökologischen Schaden nicht a priori ausgeschlossen werden. Eine begriffliche Eingrenzung des ökologischen

Schadens über das Kriterium, daß es sich stets um einen nicht individualisierbaren Schaden der Allgemeinheit handelt, ist daher abzulehnen.

3. Immaterieller Schaden

Es folgt die Auseinandersetzung mit der Frage, ob es einen Zusammenhang zwischen dem Begriff des ökologischen Schadens und der rechtlichen Kategorie des immateriellen Schadens gibt.

a) Problemstellung

Der zivilrechtliche Schadensbegriff umfaßt materielle und immaterielle Schäden. Im Anwendungsbereich der Restitution nach § 249 S.1 BGB ist die Unterscheidung bedeutungslos.[276] Ein Anspruch auf Wiederherstellung des ursprünglichen Zustandes ist mithin unabhängig davon, ob es sich um einen materiellen oder immateriellen Schaden handelt. Scheidet jedoch eine Restitution, beispielsweise wegen der Unmöglichkeit oder der Unverhältnismäßigkeit einer Wiederherstellung aus, so besteht lediglich ein Kompensationsanspruch nach § 251 BGB. Für diesen schreibt § 253 BGB vor, daß immaterielle Schäden grundsätzlich außer Betracht bleiben. Folglich gibt es für immaterielle Schäden außer gesetzlich normierten oder grundgesetzlich gebotenen Ausnahmen keine Kompensation in Geld. Zweck dieser Herausnahme von Nichtvermögensschäden aus dem Anwendungsbereich des Schadensersatzes in Geld ist es, einen Geldersatz für rein subjektive Empfindungen wie Gefühle, seelischen Schmerz, Kränkungen oder Ähnliches von vornherein auszuschließen, und den Geldersatz auf objektiv bewertbare Schäden zu begrenzen.[277] Beeinträchtigungen rein individueller, nicht objektiv bewertbarer Interessen sollen ersatzlos bleiben, soweit eine Wiederherstellung des Ursprungszustandes nach § 249 BGB nicht möglich oder unverhältnismäßig nach § 251 II BGB ist.[278] Der Geschädigte soll seinen immateriellen Schaden in diesen Fällen selbst tragen. Anders als zum Teil ausländische Rechtsordnungen[279] geht das deutsche bürgerliche Recht davon aus, daß Güter, die nur für ihren Rechtsgutträger von Belang sind, nicht in Geld ersetzt werden sollen, da subjektive Werte nicht nachprüfbar festgestellt werden können und daher die Subjektivität der Bewertung dem Ersatzanspruch der Höhe nach entgegensteht.

Wenn es sich bei individualisierbaren ökologischen Schäden begriffsimmanent um immaterielle Schäden handelt, ist eine Schadenskompensation von vornherein ausgeschlossen. Dem Geschädigten stünde lediglich der vorrangige Restitutionsanspruch nach § 249 BGB zu. Scheidet dieser Anspruch aus, etwa wegen der tatsächlichen Unmöglichkeit der Wiederherstellung des ursprünglichen Zustandes, muß der Geschädigte seinen ökologischen Schaden grundsätzlich selber tragen.

---

276 MünchKomm-Grunsky § 253 Rn.2.
277 Roussos, K., S.145.
278 Roussos, K., S.147; Lange, H., S.51; Deutsch, E., „Haftungsrecht", S.462.
279 Vgl. Magnus, U., S.35 und 297 f.

Würde beispielsweise ein privater Bergwald bei einem Absturz eines Flugzeuges gänzlich zerstört und wäre eine Wiederherstellung des Waldes wegen der klimatischen Bedingungen auf dem Berg ausgeschlossen, da diese lediglich eine Verjüngung des Bestandes im Schutze des bereits bestehenden Waldes zugelassen haben,[280] so würde der Eigentümer des Waldes lediglich seinen Vermögensschaden ersetzt bekommen. Sofern die Wertminderung des Grundstücks durch die Zerstörung des Waldes Null ist und die Gehölzwerttabelle[281] ebensowenig anwendbar ist wie das Alterswertfaktorenverfahren,[282] hätte der Geschädigte keinen Schadensersatzanspruch. Der Verlust des Erholungswertes, der Verlust an der Freude des Naturerlebens oder auch der Verlust der Filterfunktion des Waldes für Lärm und Luftschadstoffe sowie sonstige immaterielle Interessen würden dem Waldeigentümer nicht ersetzt. Er müßte diesen Schaden selbst tragen.

Die Abgrenzung von materiellen und immateriellen Schäden wird allerdings zusehends durchlässiger. Fest steht lediglich, daß jeder zivilrechtliche Schaden entweder materieller oder immaterieller Natur ist. Einen Anhaltspunkt für einen materiellen Schaden ist sein Vermögenswert, wobei die Grenze hier infolge der zunehmenden Kommerzialisierung vielfältigster Güter fließend ist. Man denke beispielsweise an die Begleitung für die Oper oder an den Telefonanruf an den Besitzer eines Handys in der Öffentlichkeit, die jeweils gegen Bezahlung von Dienstleistungsunternehmen bewirkt werden. Derartige Kommerzialisierungen haben zur Folge, daß immer mehr vormals immateriellen Gütern ein monetärer Wert zugeordnet werden kann, so daß die Abgrenzung zwischen materiellen und immateriellen Gütern anhand des Vermögenswertes derzeit fließend ist.

b) Die Diskussion bei ökologischen Schäden

In der juristischen Literatur wird häufig die Ansicht vertreten, der ökologische Schaden sei eine Beeinträchtigung von Naturgütern, die ausschließlich Nichtvermögensschäden verursacht, das heißt es handelt sich stets um Schäden, die nicht in Geld ausgedrückt werden können.[283] Dies wird damit begründet, daß die ökologische Bedeutung eines Naturgutes als Vermögenswert derzeit nicht bewertbar sei.[284] Ohne eine objektive monetäre Bewertbarkeit scheidet die Annahme eines Vermögensschadens aus, da diese Bewertbarkeit der wesentliche Unterschied zu immateriellen Schäden ist. Diese Meinung wird allerdings zumeist mit der Erwartung der Kommerzialisierung ökologischer Schäden verknüpft.[285]

---

280 Vgl. Ellenberg, H., S.574; Meister, G., S.206.
281 Vgl. Koch, W., NJW 1979, 2601 ff.; Koch VersR 1979, 16 ff.; 1985, 213 ff. und 1990, 573 ff.
282 Vgl. BGH VersR 1964, 301 f. (=LM § 249 Hd BGB Nr.5) und 381 (383 f.).
283 Seibt, C., S.7; Paschke, M., § 16 Rn.1 und 31; Gassner, E., UPR 1987, 370 (371); Scheier; M./ Klowait, J., ZfW 1993, 129 (139 in Fn.41); Landsberg, G./ Lülling, W., DB 1990, 2205 (2210); Baumann, P., JuS 1989, 433 (439); Schirmer, H., ZVersWiss 1990, 137 (165); Rehbinder, E., NuR 1989, 149 (162).
284 Staudinger-Medicus in der 12.Auflage, § 251 Rn.78.
285 Knebel, J., UTR, S.275 und ANL, S.5; Rehbinder, E., NuR 1988, 105 (110) und 1989, 149 (163); Baumann, P., JuS 1989, 433 (439); Brüggemeier, G., KJ 1989, 209 (225); Seibt, C., S.9.

Demgegenüber hält eine Gegenansicht eine ausschließliche Einordnung ökologischer Schäden als Nichtvermögensschäden für nicht möglich.[286] Es wird in diesem Zusammenhang darauf hingewiesen, daß sich die Abgrenzung zwischen Vermögens- und Nichtvermögensschäden - wie bereits oben dargelegt - als unsicher und verschiebbar erwiesen hat.[287] Bei ökologischen Schäden gibt es bereits verschiedene Ansätze, um zu einer zivilrechtlichen Schadensbewertung zu kommen.[288] Wenn aber eine monetäre Bewertung nicht ausgeschlossen werden kann, ist die Immaterialität kein Begriffsmerkmal des ökologischen Schadens.

Weiter wird darauf hingewiesen, daß der ökologische Schaden als physische Beeinträchtigung der Natur tatsächliche Substanzverluste beinhaltet.[289] Somit könne ein ökologischer Schaden nicht mit immateriellen Schäden wie Leid, Schmerz, Genußeinbußen oder auch verletzten Affektionsinteressen gleichgesetzt werden. Diese Vergleichbarkeit besteht nach dieser Ansicht allenfalls bezüglich der verminderten Freude an der Natur.[290] Das Interesse an der Erhaltung der Nutzungsfähigkeit der Naturgüter umfasse hingegen auch vermögenswerte, ökonomische Gesichtspunkte.[291] Die ökonomische Bedeutung bzw. Werthaftigkeit natürlicher Ressourcen sei zudem vielfach noch gar nicht bekannt.[292] Insofern könne ökologischen Schäden nicht in der Begriffsbestimmung per se eine ökonomische Relevanz abgesprochen werden, wie dies bei einer Einordnung als Nichtvermögensschäden der Fall wäre.

Den Anhängern einer Einordnung des ökologischen Schadens als stets immaterieller Schaden wird zudem entgegengehalten, daß die Einordnung als Nichtvermögensschäden allein auf dem Fehlen eines Marktwertes von ökologischen Ressourcen und den damit verbundenen Problemen der Schadensbemessung beruht.[293] Diese Sichtweise lasse außer acht, daß es auch schwer quantifizierbare Vermögensschäden gibt, bei denen letztlich eine Schadensschätzung erfolgt. Beispielsweise erlaube § 287 ZPO der Rechtsprechung die Entwicklung plausibler Kriterien, damit ein Ersatzanspruch nicht wegen unzureichender Quantifizierbarkeit scheitert.[294] Das Fehlen eines Marktes für ein geschädigtes Gut bedeute daher nicht das Vorliegen eines nur immateriellen Schadens.[295] Weiter wird darauf verwiesen, daß die Erhal-

---

286 Erichsen, S., S.22; Friehe, H.-J., NuR 1992, 451 (452); Petitpierre, D., S.60; Ladeur, K.-H., NJW 1987, 1236 (1240); Engelhardt, W., S.210; Schulte, H., „Ausgleich", S.27 und JZ 1988, 278 (285); Salje, P., § 16 Rn.1; Arzt, C./ Jürgens, U., KJ 1993, 146 (153); Will, M./ Marticke, H.-U., S.68 f.
287 Petitpierre, D., S.60; vgl. auch Staudinger-Schiemann § 253 Rn.4 ff.
288 Vgl. etwa Ladeur, K.-H., NJW 1987, 1236 (1238 ff.).
289 Will, M./ Marticke, H.-U., S.67; Erichsen, S., S.22.
290 Erichsen, S., S.23; ähnlich Salje, P., § 16 Rn.1.
291 Will, M./ Marticke, H.-U., S.67; ähnlich Gerlach, J., S.287.
292 Erichsen, S., S.23; zum potentiellen ökonomischen Wert von unerforschten Arten vgl. Wissenschaftlicher Beirat der Bundesregierung Globale Umweltveränderungen, S.172; Begon, M./ Harper, J./ Townsend, C., S.664.
293 Erichsen, S., S.23; Will, M./ Marticke, H.-U., S.68; Salje, P., § 16 Rn.1; Hager, G., S.17.
294 Engelhardt, W., S.210.
295 Will, M./ Marticke, H.-U., S.68; vgl. BGHZ 92, 85 (91 und 93) m.Anm. Hohloch, G., JR 1985, 195 ff., wonach die allgemeine Auffassung des Verkehrs und vergleichbare Märkte bei der Wertermittlung nicht marktgängiger Sachen herangezogen werden können.

tung und Wiederherstellung der Natur einen erheblichen finanziellen Aufwand in Geld wert ist.[296]

Ein ökologischer Schaden kann nach dieser zuletzt dargestellten Ansicht, soweit es sich um einen Sachschaden handelt, durchaus gleichzeitig ein geldwerter Schaden sein und einen Ersatzanspruch nach § 251 BGB auslösen.[297] Demnach wäre eine begriffliche Beschränkung ökologischer Schäden auf Nichtvermögensschäden ausgeschlossen.

Welcher der beiden Ansichten zu folgen ist, kann nur anhand der Definitionen des zivilrechtlichen Vermögensbegriffs geklärt werden. Hierbei ist zwischen dem objektiv-summativen und dem subjektiv-funktionalen Vermögensbegriff zu unterscheiden. Daneben wird von Ökonomen ein wirtschaftlicher Vermögensschadenbegriff vertreten. Im Anschluß ist zu untersuchen, inwieweit diese Vermögensbegriffe auch eine Erfassung ökologischer Schäden als Vermögensschäden zulassen.

c) Definitionen des Vermögensbegriffs

aa) Der objektiv-summative Vermögensbegriff

Nach dem objektiv-summativen Vermögensbegriff umfaßt das Vermögen im Sinne des Privatrechts eine Summe von geldwerten Rechten an Sachen und Leistungsgegenständen, die einer Person zugeordnet sind.[298] Anders als bei einem wirtschaftlich geprägten Vermögensbegriff werden Verbindlichkeiten hierbei nicht berücksichtigt.[299] Ebensowenig zählen persönliche Eigenschaften und Fähigkeiten einer Person dazu, und zwar auch dann nicht, wenn sie sich ihrer zum Vermögenserwerb bedient.[300] Folglich handelt es sich nicht um einen einheitlichen Verfügungsgegenstand, sondern um eine Zusammenfassung von einer Person zustehenden geldwerten Rechten.

Die Meßbarkeit eines Schadens in Geld bedeutet, daß sich der Schaden objektiv bewerten läßt. Die Bestimmung ist daher frei von subjektiven Empfindungen, Meinungen und Vorlieben des Geschädigten. Somit haben etwa Geschenke einen Wert, der dem eines anderweitigen, gegenleistungsbezogenen Erwerbs des gleichen Gutes entspricht. Die subjektive Bedeutung als Geschenk einer bestimmten Person bleibt danach als Affektionsinteresse, ebenso wie die Unentgeltlichkeit des Erwerbes, außer Betracht.

Bei Sachschäden durch Zerstörung oder dauerhafte Entziehung der Sache liegt immer ein Vermögensschaden in Höhe des Sachwertes vor, da eine Sache regelmäßig ein Vermögensgut ist.[301] Der Sachwert bestimmt sich nach dem objektiven Verkehrswert, das heißt in erster Linie nach dem Wiederbeschaffungs- und gegebe-

---

296 Ladeur, K.-H., NJW 1987, 1236 (1240); Will, M./ Marticke, H.-U., S.68; Engelhardt, W., S.209.
297 Winter, S., S.20; Friehe, H.-J., NuR 1992, 453 (454).
298 Larenz, K./ Wolf, M., § 21 Rn.4 ff.
299 Larenz, K./ Wolf, M., § 21 Rn.11.
300 Larenz, K./ Wolf, M., § 21 Rn.10; ähnlich Lange, H., S.51.
301 Deutsch, E., „Haftungsrecht", S.439.

nenfalls nach dem Verkaufswert.[302] Der Ersatz entfällt dementsprechend bei dauerhafter Entziehung oder Zerstörung, sofern die Sache wertlos ist.[303]

Mit dem Abstellen auf den Marktwert wird die Frage des Vorliegens eines Vermögensschadens über ein außerrechtliches Kriterium bestimmt. Problematisch ist die Einordnung bei Störungen der Dispositionsfreiheit oder der Nutzungsmöglichkeit eines Gutes. Die Rechtsprechung hat der vorübergehenden Entziehung der abstrakten Gebrauchsmöglichkeit einer Sache eine Vermögensqualität zuerkannt, sofern eine zentrale Bedeutung des Gutes für die Lebensführung nach der Verkehrsanschauung anzunehmen ist.[304]

Bei Leistungen mit ausschließlich ästhetischem Wert kann im Falle der Kommerzialisierung derartiger Leistungen ein Vermögensschaden gegeben sein.[305] Dies gilt etwa für einen Theaterbesuch, bei dem es sich um eine regelmäßig nur gegen Entgelt beziehbare Leistung handelt.[306]

bb) Der subjektiv-funktionale Vermögensbegriff

Der subjektiv-funktionale Vermögensbegriff[307] stellt anders als der objektiv-summative Vermögensbegriff nicht auf die Summe objektiver Einzelwerte, sondern auf die Bedeutung des Vermögens für seinen Träger, ab. Es handelt sich beim Vermögen demnach um eine subjektsbezogene Erscheinung, derer sich ihr Träger nicht entledigen kann und die folglich auch bei dem Verlust aller Werte ihre Identität als personengebundene Einheit nicht verliert.[308]

Der Umfang des Vermögens bestimmt sich nicht über den wirtschaftlichen Wert, sondern über das individuelle gegenständliche Haben und Können des Vermögensträgers. Es handelt sich um ein Potential geldwerter sachlicher Ressourcen einer Person,[309] wobei der Geldwert von der durch das Gut vermittelten wirtschaftlichen Position des Subjekts abhängt.[310] Der wirtschaftliche Wert ist demnach nicht güterbezogen, sondern bezieht sich auf das Gut als Mittel einer Person zur Daseinsgestaltung und Lebensentfaltung.[311] Soweit ein Gut nicht in bestehende Prozesse der Lebensgestaltung einbezogen ist, behält es als aktivierbare Ressource seinen Subjektsbezug und dient insoweit der sozialen Sicherheit sowie der gegenständlichen Sicherung von Gestaltungsspielräumen.

Bei der Frage des Geldwertes eines Gutes sind weder Veräußerungserlöse noch Wiederbeschaffungspreise entscheidend, sondern allein die Möglichkeit, einen Geldwert auf rationaler Grundlage zu bestimmen. Hierfür bietet etwa der Anschaffungspreis einen Anhaltspunkt.[312] Dementsprechend beruht der subjektiv-

---

302 MünchKomm-Grunsky Vor § 249 Rn.12b; Lange, H., S.248; Keuk, B., S.199.
303 Deutsch, E., „Haftungsrecht", S.439.
304 BGHZ 98, 212 (223 f.); vgl. hierzu kritisch Ott, C./ Schäfer, H.-B., ZIP 1986, 613 (621).
305 MünchKomm-Grunsky Vor § 249 Rn.12b.
306 Beispiel nach Lange, H., S.52.
307 Vgl. Mertens, H.-J., S.128 ff.; Hagen, H., S.180 ff.
308 Mertens, H.-J., S.129; Fischer, H. A., S.21.
309 Roussos, K., S.266; Soergel-Mertens Vor § 249 Rn.62.
310 Mertens, H.-J., S.134; Hagen, H., S.185.
311 Mertens, H.-J., S.129 f. und 134.
312 Mertens, H.-J., S.154; a.A. Roussos, K., S.265, der auf den Wiederbeschaffungspreis abstellen möchte.

funktionale Vermögenswert nicht auf einer subjektiven Bewertung, sondern auf einer objektiv-individuellen Wertschätzung. Diese bestimmt sich nach dieser Theorie über die soziale Konvention auf der Basis der Eigenarten der Lebensziele des Vermögensträgers. Damit ist das Subjekt der Bezugspunkt des Vermögenswertes, ohne jedoch selber bewertende Instanz zu sein.[313] Fehlt es trotz Vorliegens einer sozial anerkannten Bedeutung wegen der ausschließlichen Subjektsbezogenheit an der Möglichkeit der objektiven Einschätzung der Werthöhe, so handelt es sich um Vermögenswerte ohne Geldwert, für die kein Schadensersatz in Geld gewährt wird.[314] Dies ist etwa bei Tagebüchern der Fall.

Soweit es sich um einen nur vorübergehenden Nutzenverlust handelt, kann bei Vorliegen eines Sacheingriffs ein Vermögensschaden vorliegen.[315] Der Wert dieses Verlustes bestimmt sich ebenfalls nach der sozialen Anerkennung des individuellen Nutzenbedarfes.[316]

Der subjektiv-funktionale Vermögensschadensbegriff mißt, anders als der vorherrschende objektiv-summative Vermögensschadensbegriff, § 253 BGB nur eine Warnfunktion vor dem Ersatz rein subjektiver Schäden zu. Aus der Regelung des § 253 BGB folgt demnach nur, daß bei Nichtvermögensschäden nur eine bestimmte Ersatzleistungsform, nämlich eine Geldzahlung, ausgeschlossen ist, wobei die Frage was ein Vermögensschaden ist und was nicht, vom Gesetz offen gelassen wird.[317] Nach seinem Sinn und Zweck soll § 253 BGB nur verhindern, daß persönliche Kränkungen, die Verletzung von Gefühlen oder andere ideelle Interessen in Geld abgegolten werden. Es soll ausgeschlossen werden, daß egoistische und nicht nachvollziehbare Interessen in Geld ausgeglichen werden, da hiermit wegen des Fehlens objektiver Bewertungsmaßstäbe das Risiko einer Schadensüberbewertung einhergeht.[318] Begrenzt man § 253 BGB auf die Funktion, die Monetarisierung persönlicher Kränkungen sowie anderer nicht nachvollziehbarer Verluste zu verhindern, kommt es auf eine objektive Bewertbarkeit des Schadens über einen Markt nicht an. Dies ist aus Sicht eines subjektiv-funktionalen Vermögensbegriffs auch konsequent, da jedes Gut unabhängig vom Bestehen eines Marktes für seinen Rechtsinhaber einen sozial anerkannten, subjektiven Wert haben kann. Die Regelung des § 253 BGB behält dennoch eine Funktion, da sie einer Schadensbewertung bei immateriellen Schäden anhand des Herstellungs- oder Wiederbeschaffungsaufwandes entgegensteht und zudem die Berücksichtigung persönlicher Kränkungen im Rahmen des Wertersatzanspruchs nach § 251 I BGB ausschließt.[319]

cc) Der wirtschaftliche Schadensbegriff

Insbesondere von Anhängern der ökonomischen Analyse des Rechts wird ein wirtschaftlich geprägter Schadensbegriff befürwortet, der an die Stelle des Vermögens-

---

313 Mertens, H.-J., S.154.
314 Mertens, H.-J., S.155.
315 Mertens, H.-J., S.152.
316 Roussos, K., S.268, 273 und 292.
317 Roussos, K., S.144.
318 Roussos, K., S.147; Prien, J., S.43 f.
319 Roussos, K., S.147 f.

schadensbegriffs treten soll.[320] Unter einem wirtschaftlichen Schaden ist jede Einbuße zu verstehen, die der Betroffene sich nicht ohne ein Entgelt abkaufen lassen würde.[321] Folglich ist jeder individuelle Nutzenverlust infolge eines Eingriffs in die Rechtsposition eines einzelnen ein wirtschaftlicher Schaden. Es ist für einen wirtschaftlichen Schaden nicht maßgeblich, ob es für das Gut einen Markt gibt.[322] Der wirtschaftliche Schaden ist daher nicht deckungsgleich mit dem Vermögensschaden nach dem objektiv-summativen Vermögensbegriff. Beispielsweise ist der Verlust einer Niere ein wirtschaftlicher Schaden, da ein solcher Verlust im Regelfall nicht ohne einen finanziellen Ausgleich in Kauf genommen werden würde. In dem Entgelt für den Verlust der Niere würden zugleich die Schmerzen für den Verlust mit abgegolten, obwohl es sich nach §§ 253, 847 BGB um einen immateriellen Schaden handelt.[323] Mithin wäre die Regelung des § 847 BGB bei einem wirtschaftlichen Schadensbegriff entbehrlich. Insofern umfaßt der wirtschaftliche Vermögensbegriff auch diejenigen Güter, die einer marktmäßigen Bewertung nicht zugänglich sind, aber für ihren Rechtsinhaber einen Geldwert haben.

Allerdings muß zwischen dem Vorliegen eines Schadens und seiner Ersatzfähigkeit differenziert werden. Zwar sollte der Schadensersatz dem Schaden so nahe wie möglich angenähert werden, ersatzfähig sind jedoch nur diejenigen Schäden, deren Bewertung bei Berücksichtigung des moralischen Risikos einer nachträglichen Überbewertung durch den Geschädigten und unter Berücksichtigung der möglichen Fehlentwicklungen bei einer Überbewertung, möglich ist.[324] Beispielsweise wird die Konsumentenrente, das heißt die Differenz zwischen der maximalen Zahlungsbereitschaft und dem Kaufpreis, bei Zerstörung des Gutes regelmäßig nicht ersetzt, obwohl es sich um einen wirtschaftlichen Schaden handelt. Es ist für Dritte nicht möglich, ihre Höhe empirisch zu bestimmen, so daß sie bei der Schadensbewertung der Höhe nach nicht berücksichtigt wird.[325]

Die Frage, ob ein vorübergehender Nutzungsentzug eines Gutes ein Schaden ist, wird anders als von der Rechtsprechung,[326] grundsätzlich und nicht nur in Ausnahmefällen bejaht. Der Kauf einer Ware entspricht dem Kauf von Nutzungsmöglichkeiten. Wirtschaftlich betrachtet ist der Substanzwert eines Gutes gleichbedeutend mit dem abdiskontierten Wert aller künftigen Nutzungsmöglichkeiten, die das Gut verkörpert.[327] Wenn die Nutzungsmöglichkeit dem Käufer für eine bestimmte Zeit entzogen wird, so ist er für den darauf entfallenden Teil seines Gesamtnutzungswertes zu entschädigen.[328]

---

320 Vgl. Ott, C./ Schäfer, H.-B., ZIP 1986, 613 (619 f.); Posner, R., S.12.
321 Calabresi, G., S.199; Cooter, R./ Ulen, T., S.307; Magnus, U., S.25.
322 Magnus, U., S.25.
323 Zum Problem der Bewertung unersetzbarer Güter vgl. Schäfer, H.-B./ Ott, C., S.348 f.; Cooter, R./ Ulen, T., S.307 f.; Calabresi, G., S.205 ff.
324 Schäfer, H.-B./ Ott, C., S.290 f. und 307.
325 Schäfer, H.-B./ Ott, C., S.290 f.
326 Vgl. BGHZ 98, 212 (223 f.).
327 Schäfer, H.-B./ Ott, C., S.303; Ott, C./ Schäfer, H.-B., ZIP 1986, 613 (621).
328 Schäfer, H.-B./ Ott, C., S.306.

Auch der BGH hat bei seiner Modellbootentscheidung[329] einen wirtschaftlichen Schadensbegriff zugrunde gelegt. Es handelte sich um ein einmaliges Einzelstück eines Modellbootes, was bereits mehrere Preise gewonnen hatte, welches der Geschädigte jedoch aufgrund seiner Einmaligkeit weder vor der Zerstörung verkaufen wollte, obwohl es Kaufinteressenten gab, noch nachher anderweitig erwerben konnte. Der BGH hatte zu entscheiden, ob und in welcher Höhe für die Zerstörung dieses Bootes Schadensersatz zu leisten war. Es war für den BGH nach Maßgabe einer wirtschaftlichen Betrachtungsweise des Modellbootes, bei dem der wirtschaftliche Wert für den geschädigten Eigentümer zu berücksichtigen war,[330] eindeutig, daß es sich hierbei nicht um einen immateriellen sondern um einen materiellen Schaden handelte. Da eine Bewertung nach Marktpreisen hier nicht möglich war, nahm der BGH einen Vergleich mit anderen marktgängigen Gütern vor, um den Schaden zu bewerten, anstatt ihn zu schätzen. Die Annahme eines materiellen Schadens entspricht einem wirtschaftlichen Schadensverständnis. Mit dem objektiv-summativen Vermögensbegriff läßt sich ein Schaden dem Grunde nach in Ermangelung eines Marktes nicht ermitteln.

Allerdings setzt der wirtschaftliche Schadensbegriff ein Recht an dem betroffenen Gut voraus. Somit hängt der wirtschaftliche Schaden nicht nur von dem Wert für die Rechtsinhaber ab. Es bedarf zudem eines individualisierbaren Gutes sowie eines Rechts an diesem Gut. Mithin wird der wirtschaftliche Schadensbegriff auch von den gesellschaftlich eingeräumten Individualrechten mitbestimmt.[331]

d) Der ökologische Schaden als Vermögensschaden

Zu untersuchen ist, ob die dargestellten Vermögensbegriffe eine zumindest teilweise Erfassung ökologischer Schäden zulassen, das heißt ob ökologische Schäden auch Vermögensschäden sein können, oder - soweit es sich bei ökologischen Schäden um individualisierbare zivilrechtliche Schäden handelt - ob diese ausschließlich immaterielle Schäden sind. Gemein ist dem wirtschaftlichen, dem subjektiv-funktionalen und dem objektiv-summativen Vermögensschadensbegriff, daß es sich um individuelle Einbußen mit einem monetären Wert handelt.

aa) Objektiv-summative Sicht des ökologischen Schadens

Zu prüfen ist, ob ökologische Schäden Vermögensschäden im Sinne des objektiv-summativen Vermögensschadensbegriffs sein können. Bei Beeinträchtigungen des Naturhaushaltes, die zugleich einen zivilrechtlichen Schaden darstellen, handelt es sich um Eingriffe in dingliche Rechtspositionen, insbesondere um Eigentumsverletzungen durch Zerstörung oder Beschädigung von Sachen, die Bestandteil des Naturhaushaltes sind, wie beispielsweise Pflanzen.

Für das Vorliegen eines Vermögensschadens nach objektiv-summativen Kriterien müßte sich dieser Schaden an dem zum Naturhaushalt gehörenden Eigentum

---

329 BGHZ 92, 85 (93).
330 BGHZ 92, 85 (89).
331 Magnus, U., S.26.

objektiv über einen Markt in Geld bewerten lassen. Bei Sachzerstörungen wird dies allgemein angenommen, wobei die Schadenshöhe über den Marktwert bestimmt wird, so daß ein Kompensationsanspruch grundsätzlich nur dann entfällt, wenn die zerstörte Sache keinen Marktwert hat. Somit stellt sich die Frage, ob die ökologische Funktion eines vom Eigentum oder einem anderen Recht einer Person umfaßten Naturbestandteils einer marktmäßigen Bewertung unterliegt oder zumindest zugeführt werden kann.

Für nicht zivilrechtlich geschützte Naturbestandteile kann es einen solchen Markt nicht geben, da es keine Berechtigten und keine Rechte an diesen gibt. Ohne ein Recht am Naturhaushalt bestehen unmittelbar weder Abwehr- noch Schadensersatzansprüche,[332] eventuelle Nutzungen erfolgen unentgeltlich. Das Entstehen eines Marktes ist unter diesen Voraussetzungen nicht möglich.

Soweit der Naturhaushalt Gegenstand privater Rechte ist, bedarf es für die geldliche Bewertung durch den Markt einer Relevanz der ökologischen Funktionen für die marktgängige Leistung. So könnte sich die ökosystemare Bedeutung bei einer naturnahen Grundstücksnutzung positiv auf den Wert auswirken. Dies klingt zunächst widersprüchlich, da nahezu jede anthropogene Nutzung eine Abkehr vom natürlichen Zustand bedeutet. Es müßte sich daher um Fälle handeln, in denen die allgemeine Aufgabe des Naturschutzes Gegenstand eines Marktes für dingliche Rechtspositionen (Eigentum, Aneignungsrechte etc.) geworden ist.

Die besondere Problematik eines Marktes für ökologische Werte (Diversität, Nachhaltigkeit) von Naturgütern läßt sich an den folgenden vier Fallkonstellationen veranschaulichen:

- **ein Baugrundstück**
  Für den Wert eines Baugrundstücks ist die natürliche Vielfalt sowie die Nachhaltigkeit natürlicher Zusammenhänge nicht relevant. Für die Bebaubarkeit spielt die ökologische Funktion eines Grundstücks keine wertbildende oder wertsteigernde Rolle. Diese kann dem Wert sogar abträglich sein, wie beispielsweise ein Moor. Moore sind ein ökologisch bedeutsamer Lebensraum für viele Arten,[333] bedrohen aber gleichzeitig die Standfestigkeit eines Bauwerkes und bergen das Risiko naturschutzrechtlicher Auflagen. Die ökologische Funktion steht bei einer solchen naturfernen Nutzung - Bauwerke haben einen entsprechend hohen Hemerobiegrad[334] - mit größerer Wahrscheinlichkeit im Widerspruch zur geplanten Nutzung als im Einklang mit der geplanten Nutzung. Der ökologische Wert des Moores und die Standfestigkeitsrisiken wirken sich auf den am Markt erzielbaren Kaufpreis nachteilig aus. Es handelt sich somit in diesem Fall um wertmindernde ökologische Faktoren.

- **ein Grundstück im amazonischen Regenwald**
  Die marktmäßige Relevanz ökologischer Werte ist beim Kauf von Regenwaldgrundstücken im Amazonasgebiet mit dem politischen Ziel der Erhaltung des

---

332 Zu Abwehransprüchen bei mittelbaren Schäden vgl. Soergel-Mertens § 249 Rn.4.
333 Vgl. Ellenberg, H., S.468 und 492 f.
334 Vgl. Bornkamm, R., TUC, S.36.

Waldes zumindest möglich. Wer ein Stück Regenwald aus diesen Motiven kaufen möchte, wird hierbei den ökologischen Wert unterschiedlicher Grundstücke als wertbildenden Faktor beim Kaufpreis berücksichtigen. Allerdings ist wegen der Konkurrenz mit anderweitigen, weitaus weniger naturnahen Nutzungsformen, wie etwa einer landwirtschaftlichen oder holzwirtschaftlichen Nutzung, zweifelhaft, ob der ökologische Wert von Regenwaldgrundstücken sich in den jeweiligen Grundstückspreisen wertsteigernd niederschlägt, oder ob sich die Grundstückspreise an den anderen Nutzungsformen orientieren. Es ist wahrscheinlicher, daß sich die Preise an den nicht ökologischen Nutzungsformen, z.B. einer landwirtschaftlichen Nutzung, orientieren. Insofern wird der ökonomische Wert der ökologischen Bedeutung des Regenwaldes von anderen wertbildenden Faktoren überlagert, die unabhängig von dieser ökologischen Funktion sind. Somit ist eine marktmäßige Bewertung zwar möglich, jedoch in diesem Fall nicht feststellbar.

- **ein Haus in der Natur**

Regelmäßig spiegelt sich ein Geldwert der Natur im Wert von Immobilien wieder. Es handelt sich um Fälle, in denen sich aus dem ökologischen Wert eines Grundstückes eine wertsteigernde Wirkung auf benachbarte Grundstücke ergibt. Der Wert von Bauland und bebauten Grundstücken steigt mit der Nähe zu einem Naturschutzgebiet, sofern keine störenden Wechselwirkungen, wie z.B. die Lärmemissionen eines Froschteiches, bestehen. Durch die Summe der Wertsteigerungen der betroffenen Grundstücke ergibt sich ein Betrag, der einen Teil des ökonomischen Wertes der ökologischen Funktionen des Naturschutzgebietes erfassen könnte.[335] Allerdings schlägt sich diese Wertsteigerung nicht im potentiellen Veräußerungs- oder Wiederbeschaffungswert des Naturschutzgebietes nieder. Ebensowenig würde eine Zerstörung des Naturschutzgebietes zu einem Ersatzanspruch der Eigentümer der Nachbargrundstücke in Höhe der Wertminderungen führen, da keine Rechtspositionen bzw. property rights an dem Naturschutzgebiet bei ihnen bestehen. Somit besteht zwar ein subjektiver Nutzenverlust, es fehlt aber an einem subjektiven Recht und mithin an einem individuellen Schaden, der Voraussetzung jeder zivilrechtlichen Erfaßbarkeit ist.

- **ein Waldgrundstück**

Ein Beispiel einer geldlichen Bewertung der ökologischen Funktion eines Grundstückes durch einen Markt ist der Wert von Waldgrundstücken für den ökologischen Waldbau. Bei diesem werden ökologische Zusammenhänge Gegenstand ökonomischer Planungen und Kalkulationen.[336] Der Holzwirtschaft betreibende Waldbesitzer hat ein ökonomisches Interesse an den ökologischen Funktionen des Waldes, da diese die Anfälligkeit für Schadstoffeinträge aber auch für natürliche Beeinträchtigungen wie Windbruch und Borkenkäfer mi-

---

335 Diesen Bewertungsansatz verfolgt die Hedonische Preisermittlung, vgl. Teil C.III.3.d).
336 Vgl. Straubinger, F., S.107 ff.; Thomasius, H., S.77 ff.; Der Spiegel v. 28.11.1994, S.54 ff.

nimieren.[337] Beeinträchtigungen der ökologischen Funktionen wirken sich somit nachteilig auf den Holzertrag aus. Dies gilt auch dann, wenn im Einzelfall, etwa bei Waldschäden, ein zumindest teilweiser Ausgleich über den Düngungseffekt erfolgt.[338] Ein Kaufinteressent wird daher beim Kauf auf größtmögliche Stabilität und Belastbarkeit achten, um sie sich für seine Zwecke anschließend zunutze zu machen. Folglich hat ein stabiler und belastbarer, das heißt ökologisch intakter Wald einen höheren ökonomischen Wert für den ökologischen Waldbau als ein Wald, der weniger stabil und belastbar ist. Die Störung der ökologischen Zusammenhänge wirkt sich daher bei informierten Käufern auf einem Markt wertmindernd aus.

Aus dem zuletzt angeführten Beispiel folgt, daß eine geldliche Bewertung ökologischer Funktionen über den Veräußerungs- und Wiederbeschaffungswert am Markt nicht von vornherein ausgeschlossen werden kann. Folglich kann ein ökologischer Schaden auch ein Vermögensschaden im Sinne der objektiv-summativen Begriffsdefinition sein.

bb) Subjektiv-funktionale Sicht des ökologischen Schadens

Zu untersuchen ist, ob ein ökologischer Schaden ein Vermögensschaden im subjektiv-funktionalen Sinn sein kann.

Den ökologischen Funktionen des Naturhaushaltes oder seiner Bestandteile müßte demzufolge ein Vermögenswert zukommen können und zwar dergestalt, daß es sich um eine sozial anerkannte geldwerte Ressource handelt, die einem Individuum zugeordnet ist. Ein zivilrechtlich schutzfähiger Bestandteil des Naturhaushaltes müßte mithin in den Händen eines einzelnen für diesen einen objektiv bestimmbaren, wirtschaftlichen Wert haben. Dieser Wert ergibt sich nicht über einen bestehenden oder hypothetischen Markt, sondern beruht auf der gesellschaftlichen Konvention unter Berücksichtigung der individuellen Nutzung. Es bedarf somit der Feststellung, ob das gegenständliche Haben und Können, dessen Vermögenswert zu untersuchen ist, im Hinblick auf die konkrete Nutzung, zu der der Gegenstand dem einzelnen dient, eine Einbeziehung ökologischer Funktionen beinhaltet und diesen zugleich ein gesellschaftlich anerkannter Geldwert zukommt.

Dies wird bei einem Baugrundstück - ebenso wie beim objektiv-summativen Vermögensbegriff - nicht der Fall sein. Die Natur hat hier für den bauinteressierten Eigentümer keinerlei Wert. Ebensowenig mißt die soziale Konvention der ökologischen Funktion eines Baugrundstücks einen Geldwert für den Eigentümer zu.

Jedoch mag die ökologische Funktion für einen Reihenhausgrundstückseigentümer, der seinen Garten zur Herbeiführung eines natürlichen Zustandes nicht mehr pflegt und somit verwildern läßt, einen Geldwert haben. Ein solches Verhalten wird zwar bei Teilen der Bevölkerung auf Zustimmung stoßen, es entspricht aber (noch) nicht der sozialen Konvention. Dementsprechend wird diese dem natürlichen Wildwuchs in einem solchen Garten keinen objektiven Geldwert beimessen.

---

337 Vgl. Zuber, M., BiuZ 1994, 144 (150).
338 Vgl. Bick, H./ Hansmeyer, K.-H./ Olschowy, G./ Schmoock, P., I, S.338; Schaaf, W., S.3.

Daraus ist zu schließen, daß es auch bei diesem Vermögensbegriff wesentlich auf die Naturnähe der Grundstücksnutzung ankommt, wobei die soziale Akzeptanz der geldlichen Bewertung einer solchen Nutzungsmöglichkeit entgegenstehen kann.

Für jemanden, der Grundstücke zum Zwecke des ökologischen Waldbaus ankauft, hat die ökologische Funktion der Grundstücke subjektiv einen Wert. Dieser Wert ist auch sozial anerkannt, so daß es sich bei der Zerstörung oder Beschädigung der ökologischen Funktionen um eine objektive Einbuße des Habens und Könnens des einzelnen und damit um einen Vermögensschaden im Sinne des subjektiv-funktionalen Vermögensbegriffs handelt. In diesem Fall führen beide Theorien somit zum selben Ergebnis.

Zu einem unterschiedlichen Ergebnis hinsichtlich des Vorliegens eines Schadens kämen beide Theorien allerdings, wenn bei einem solchen Schaden das Grundstück wegen einer zulässigen anderen Nutzung, etwa aufgrund einer zwischenzeitlichen Ausweisung als Bauland, einen höheren Marktwert hat, als dies bei einer bloß waldbaulichen Nutzung der Fall wäre, wobei eine zukünftige waldbauliche Nutzung möglich und auch die vom Eigentümer bevorzugte Nutzung ist. Unter diesen Voraussetzungen würde nach dem objektiv-summativen Vermögensbegriff kein Vermögensschaden vorliegen, sofern die Zerstörung oder Beschädigung des Waldes die den Marktpreis bestimmende anderweitige Nutzungsmöglichkeit nicht beeinflußt. Nach dem subjektiv-funktionalen Vermögensbegriff läge jedoch ein Vermögensschaden vor, da der Eigentümer zwischenzeitlich am Waldbau gehindert wäre, welcher für ihn einen Wert hat und diese Nutzungsmöglichkeit von der sozialen Konvention mit einem Geldwert bedacht ist.

Im Ergebnis ist jedenfalls festzustellen, daß auch unter Zugrundelegung des subjektiv-funktionalen Vermögensbegriffs ein ökologischer Schaden ein Vermögensschaden sein kann. Ein Begrenzung auf immaterielle Schäden ist daher mit diesem Vermögensbegriff nicht vereinbar.

cc) Wirtschaftliche Sicht des ökologischen Schadens

Abschließend bedarf der Erörterung, ob es sich bei ökologischen Schäden, soweit sie individualisierbar sind, um Schäden im Sinne des wirtschaftlichen Schadensbegriffs handeln kann. Der wirtschaftliche Schadensbegriff ist umfassender als der objektiv-summative Vermögensbegriff, da es allein auf einen individuellen Nutzenverlust, ohne die Einschränkung einer Bewertung nach Marktpreisen ankommt. Folglich ist die Erfaßbarkeit eines Teils der ökologischen Schäden auch durch den wirtschaftlichen Schadensbegriff anzunehmen. Das bereits angeführte Beispiel des ökologischen Waldbaus ist auch hier einschlägig. Eine Beeinträchtigung der ökologischen Substanz des Waldes wirkt sich auf den holzwirtschaftlichen Ertrag aus und ist mithin ein individueller Nutzenverlust des Waldeigentümers. Ebenso liegt ein wirtschaftlicher und ökologischer Schaden vor, wenn auf einen wildgewachsenen Naturgarten mit Herbiziden eingewirkt wird. Allerdings stellt sich auch beim wirtschaftlichen Schaden hierbei das Problem der monetären Bewertbarkeit und damit der Ersatzfähigkeit dieses wirtschaftlichen Schadens. Dennoch ist festzustellen, daß ein ökologischer Schaden zugleich ein wirtschaftlicher Schaden sein kann.

e) Zwischenergebnis

Sowohl nach dem objektiv-summativen und dem subjektiv-funktionalen Vermögensbegriff, als auch auf der Grundlage eines wirtschaftlichen Schadensverständnisses kann nicht ausgeschlossen werden, daß es sich bei ökologischen Schäden um Vermögensschäden handelt. Dies ist insbesondere bei einer Interessenparallelität von Naturschutzinteressen und objektiv geldlich bewertbaren Individualinteressen regelmäßig der Fall.

Folglich ist die These, ein zivilrechtlich erfaßbarer ökologischer Schaden sei stets ein immaterieller Schaden, unzutreffend. Eine Präzisierung des Begriffs des ökologischen Schadens ist über diesen Ansatz nicht möglich.

4. Abgrenzung über zivilrechtliche Erfaßbarkeit

a) Meinungsstand

Eine weitere Ansicht von Seibt möchte den Begriff des ökologischen Schadens dahingehend eingrenzen, daß es sich nur um die Schäden am Naturhaushalt handele, die zivilrechtlich nicht erfaßbar sind.[339] Zur Begründung wird angeführt, es könne nicht auf den Bedeutungsinhalt eines vorgegebenen Begriffs des ökologischen Schadens ankommen, sondern es gehe vielmehr darum, einen solchen Bedeutungsinhalt herzustellen, um so zu einer rechtlichen Bewertung bestimmter Sachverhalte, auch in Abgrenzung zu anderen Umweltschäden, zu gelangen.[340] Demgemäß sei der Umfang der potentiellen Schadensobjekte auf die Funktionen des Naturhaushaltes begrenzt, die sich bei Abzug der individualrechtlich geschützten Interessen von der Gesamtheit der Umweltaspekte ergeben. Insofern handelt es sich um eine kollektivgüterbezogene Begriffsbestimmung.[341]

Ähnlich argumentiert Brüggemeier, der dieses Ergebnis durch eine doppelte Unterscheidung erreichen möchte, einerseits zwischen eigentumsfähiger und nicht eigentumsfähiger Natur und andererseits zwischen reversiblen und irreversiblen Schäden, wobei davon ausgegangen wird, daß es sich um Nichtvermögensschäden handelt.[342] Der ökologische Schaden ist dabei die Summe der Beeinträchtigungen der Naturbestandteile, die nicht eigentumsfähig sind (Allgemeingüter), sowie der Naturbestandteile in privatrechtlicher Hand, sofern die Beeinträchtigungen nicht restituierbar und irreversibel sind.[343] Diese Differenzierung hinsichtlich des Privateigentums resultiert aus der Doppelfunktion der Natur, zum einen in ihrem Nutzen für den Eigentümer oder anders dinglich Berechtigten, und zum anderen in ihrer Schutz- und Erholungsfunktion für die Allgemeinheit. Den ökologischen Schaden stellen danach bei Individualrechtsverletzungen die Veränderungen dar, die nicht oder nur langfristig restituierbar sind und keinen Vermögenswert haben.[344]

---

339 Seibt, C., S.9.
340 Seibt, C., S.9.
341 Seibt, C., S.318.
342 Brüggemeier, G., KJ 1989, 209 (224).
343 Brüggemeier, G., KJ 1989, 209 (225).
344 Brüggemeier, G., KJ 1989, 209 (225).

Hier liegt ein wesentlicher Unterschied zu einem alleinigen Abstellen auf die zivilrechtliche Nichterfaßbarkeit. Brüggemeier bezieht die nicht ausgleichsfähigen Schäden individueller Rechtsträger in den Begriff des ökologischen Schadens ein. Hierbei handelt es sich um Nichtvermögensschäden, die keiner Naturalrestitution nach § 249 BGB zugänglich sind. Diese stellen zwar einen Schaden des betroffenen Rechtsträgers dar, der jedoch wegen des § 253 BGB entnommenem Verbotes des Geldersatzes bei immateriellen Schäden nicht ersetzt wird. Nach der zuvor dargestellten Ansicht von Seibt würden diese nicht dem ökologischen Schaden unterfallen, da es sich um individualisierbare Schäden dem Grunde nach handelt, bei denen lediglich der Höhe nach kein Anspruch besteht.

In beiden Variationen dieser Ansicht wird die fehlende rechtliche Erfaßbarkeit bzw. Ausgleichsfähigkeit mit einem haftungsrechtlichen Zuordnungsmodell de lege ferenda verknüpft, wobei die öffentliche Hand der vorherrschende Anspruchsinhaber zur Geltendmachung der Ausgleichsansprüche ist.[345]

b) Stellungnahme

Eine Begriffsbestimmung des ökologischen Schadens anhand seiner haftungsrechtlichen Nichterfaßbarkeit de lege lata würde zu einer Abkehr von einem auf das Schadensobjekt bezogenen Begriffsverständnis führen. Es wäre zwar immer noch Voraussetzung, daß es sich um eine Schädigung der Natur handelt, konstitutiv für das Vorliegen eines ökologischen Schadens wären aber die Regelungen des geltenden Privatrechts. Nur wenn das bestehende Privatrecht eine ökologisch nachteilige Veränderung der Natur nicht erfaßt oder - nach der Ansicht von Brüggemeier - keinem Ausgleich der Höhe nach zuführen kann, liegt ein ökologischer Schaden vor.

Einer solchen Begriffsbestimmung ist zugute zu halten, daß sie die Schutzlücken des geltenden Privatrechts verdeutlicht. Gegen den Ansatz von Seibt und Brüggemeier spricht jedoch der naturwissenschaftliche und allgemeinsprachliche Kern des Begriffs des ökologischen Schadens.

Den Verwendungen des Begriffs ökologischer Schaden im allgemeinen Sprachgebrauch ist gemeinsam, daß es sich um etwas für die Natur bzw. die Umweltmedien mit ihren jeweiligen Wechselwirkungen nachteiliges handelt.[346] Unterschiede bestehen erst im Anschluß daran bei der Frage, welche Umweltveränderungen ein ökologischer Schaden sind. Das bereits oben genannte Beispiel der Öffnung der Alten Süderelbe[347] belegt diesen allgemeinen Sprachgebrauch. Die Öffnung wird vielfach wegen der Eingriffe in das bestehende Naturschutzgebiet abgelehnt, obwohl dadurch ein Süßwasserwatt entstehen würde, daß in Europa ein fast einzigartiger Lebensraum vieler Arten wäre.[348] Dennoch sehen die Gegner der Öffnung in ihr

---

345 Brüggemeier, G., KJ 1989, 209 (225 f.); Seibt, C., S.155 ff.; vgl. hierzu auch Gerlach, J., S.291 ff.

346 Vgl. Schulte, H., S.22 ff.

347 Siehe Teil A.II.4.c).

348 Vgl. Harburger Anzeigen und Nachrichten vom 20.09.1996, S.1 und 3 sowie vom 20.07.1996, S.1, 2 und 8.

einen ökologischen Schaden, die Befürworter hingegen nicht, da sie eine Verbesserung der ökologischen Situation prognostizieren. Der abstrakten Aussage, daß ein ökologischer Schaden etwas für die Natur nachteiliges ist, würden aber beide Seiten zustimmen.

Aus Sicht der Ökologie bzw. der Naturwissenschaft ist der Begriff des ökologischen Schadens zunächst widersprüchlich, da er einer Ausfüllung durch Wertungen bedarf, die einer Naturwissenschaft eigentlich fremd sind. Wie bereits dargestellt, kommen als Wertungskriterien jedoch die ökologischen Leitbilder Biodiversität und Nachhaltigkeit in Betracht.

Weiter beinhaltet der Wortlaut des Begriffs des ökologischen Schadens in dem Wort „ökologisch" die Einbeziehung der Wechselwirkungen zwischen den Organismen und ihrer belebten und unbelebten Umwelt. Wegen der Vielschichtigkeit ökologischer Zusammenhänge ist dies umfassend zu verstehen. Es ist nicht möglich, Teile des Naturhaushaltes separat zu beurteilen, da sie stets die anderen Naturbestandteile beeinflussen und somit im Zusammenhang gesehen werden müssen. Eine Eingrenzung auf nur bestimmte Umweltaspekte nach rechtlichen Kriterien, etwa dem Fehlen eines individuell Berechtigten an einem bestimmten Naturgut, bedeutet somit die Herausnahme eines Teils des Naturhaushaltes entgegen der durch das ökologische Zusammenspiel gebotenen ganzheitlichen (holistischen) Sichtweise des Naturhaushaltes. Somit kann die vorgeschlagene Eingrenzung auf zivilrechtlich nicht erfaßte Naturbestandteile nicht aus dem Wort „ökologisch" hergeleitet werden, sondern steht hierzu im Widerspruch.

Wesentlich für das ökologische ebenso wie für das allgemeinsprachliche Begriffsverständnis des ökologischen Schadens ist somit die Negativbewertung einer Veränderung im Naturhaushalt, die allgemeinsprachlich eher diffus und ökologisch anhand gesellschaftlich legitimierter ökologischer Leitbilder erfolgt. Auf die Frage, wie eine Veränderung der Natur privatrechtlich zu werten ist, kommt es nicht an. Mithin steht die Begriffsbestimmung von Brüggemeier und Seibt im Widerspruch zum allgemeinen Sprachgebrauch und ökologischen Leitbildern.

Entscheidend gegen die Begriffsbestimmung anhand der privatrechtlichen Erfaßbarkeit ökologischer Schäden spricht zudem, daß es sich bei einer solche Begriffsbestimmung um eine Negativdefinition handelt. Diese hätte zur Folge, daß der Begriff des ökologischen Schadens in Abhängigkeit vom jeweils geltenden Haftungsrecht definiert wird und sich mit diesem, ebenso wie mit sich wandelnden Rechtsauffassungen der Gerichte, verändert.[349]

Als ein weiteres Argument gegen die dargelegten Meinungen ist das allgemeine Verständnis des Schadensbegriffs anzuführen. Es wäre systematisch widersprüchlich, wenn die Ersatzfähigkeit eines Schadens das Vorliegen eines ökologischen Schadens ausschließen würde, da sich die Frage, ob ein Schaden vorliegt, vor der Frage seiner Ersatzfähigkeit stellt.

Zudem birgt eine Beschränkung ökologischer Schäden auf der begrifflichen Ebene von vornherein die Gefahr einer Verkürzung der rechtlichen Diskussion, die

---

349 Vgl. Kadner, T., S.27.

mit dem Begriff des ökologischen Schadens verbunden ist.[350] Eine rechtlich umfassende und damit sachgerechte Auseinandersetzung mit ökologischen Schäden ist nur gewährleistet, wenn ausgehend von einem begriffsorientierten weiten Verständnis des ökologischen Schadens im Rahmen der mit einem ökologischen Schaden verbundenen Rechtsfolgen nach rechtlichen Kriterien, wie etwa dem Haftungsgrund,[351] differenziert wird.

Gegen die von Brüggemeier befürwortete Einbeziehung nicht ausgleichsfähiger Schäden ist zudem anzuführen, daß diese im Widerspruch zum herrschenden Normverständnis des § 253 BGB steht. Sofern diese Norm beinhaltet, daß nicht restituierbare, immaterielle Schäden nicht ausgeglichen werden dürfen, so kann dies auch nicht als ökologischer Schmerzensgeldanspruch der öffentlichen Hand geschehen. Die aus der Unlösbarkeit des Bewertungsproblems folgende Privilegierung des Schädigers durch § 253 BGB würde anderenfalls unterlaufen. Auch ist nicht überzeugend, warum dieser ökologische Schmerzensgeldanspruch zwar der öffentlichen Hand, nicht jedoch dem einzelnen Geschädigten zugestanden wird.[352] Wer etwa in seinem Garten ein Biotop anlegt bzw. entstehen läßt, hat einen individuellen Nutzengewinn aus dem Erholungswert sowie dem ästhetischen Wert. Dementsprechend steht die Befugnis, über die Nutzung des Gartens zu bestimmen, allein dem Eigentümer zu. Warum der Staat dennoch der alleinige Anspruchsträger für den Ausgleich eines individuellen Nutzenverlustes in der rechtlich geschützten Sphäre eines einzelnen sein soll, ist nicht nachvollziehbar.

Aus den dargelegten Gründen kann einer begrifflichen Eingrenzung des ökologischen Schadens auf zivilrechtlich nicht ersatzfähige bzw. nicht ausgleichsfähige Schäden am Naturhaushalt nicht gefolgt werden.

5. Ergebnis der rechtlichen Begriffsbestimmung

Eine rechtliche Präzisierung des Begriffs des ökologischen Schadens ist mittels der dargelegten Ansätze - Allgemeingutschäden, immaterielle Schäden sowie zivilrechtlich nicht erfaßbare Schäden - abzulehnen. Das Scheitern dieser Versuche, den Begriff des ökologischen Schadens rechtlich zu präzisieren, beruht im wesentlichen darauf, daß es sich um einen auf den Schadensgegenstand bezogenen Begriff handelt.[353] Ein solches phänomenologisches Begriffsverständnis entspricht sowohl dem allgemeinen Sprachgebrauch als auch einer Bewertung von Veränderungen des Naturhaushaltes anhand ökologischer Leitbilder.

Der Begriff des ökologischen Schadens ist unabhängig vom Begriff des Schadens im zivilrechtlichen Sinne. Es handelt sich um verschiedene Begriffe, die jedoch eine gemeinsame Schnittmenge haben. Bei dieser Schnittmenge handelt es sich um diejenigen ökologischen Schäden, die zivilrechtlich erfaßt werden können. Diese Schnittmenge besteht unabhängig davon, ob der funktionale oder der dualistischen Schadensbegriff zugrunde gelegt wird.

---

350 Vgl. Schulte, H., S.25.
351 Vgl. Gerlach, J., S.287; ähnlich auch Kadner, T., S.33 f.
352 So aber Brüggemeier, G., KJ 1989, 209 (226).
353 Klass, J., UPR 1997, 134 (140); ähnlich Wenk, N., S.40.

Ebenso kann nicht a priori ausgeschlossen werden, daß ein ökologischer Schaden zugleich ein Vermögensschaden ist, wobei es nicht darauf ankommt, ob dem herrschenden objektiv-summativen, dem subjektiv-funktionalen oder dem von Ökonomen befürworteten, wirtschaftlichen Vermögensschadensbegriff gefolgt wird. Bei den zivilrechtlich erfaßbaren ökologischen Schäden handelt es sich daher sowohl um immaterielle wie materielle Schäden.

Neben den zivilrechtlich erfaßbaren ökologischen Schäden gibt es weitere ökologische Schäden, die zivilrechtlich nicht erfaßt werden. Dies kann zum einen daran liegen, daß sie nicht mit individuellen Nutzenverlusten einhergehen oder zum anderen, daß es sich um Nutzenverluste infolge der Einwirkung auf ein frei zugängliches Allgemeingut handelt, an dem mithin kein individuelles Recht besteht.

Eine strukturelle Schadenskategorie des ökologischen Schadens im allgemeinen Haftpflichtrecht, vergleichbar den Sach-, Personen- oder Vermögensschäden ist bei einem solchen gegenständlichen und naturwissenschaftlich geprägten Begriff nicht möglich.[354] Die ökologische Komponente eines Schadens allein löst weder einen Ersatzanspruch aus, noch steht sie einem solchen entgegen.[355]

IV. Ergebnis der Begriffsbestimmung

Bei einem ökologischen Schaden handelt es sich um eine Beeinträchtigung der Naturgüter Wasser, Boden, Luft, Klima, der Tier- oder Pflanzenwelt oder ihrer jeweiligen Wechselwirkungen zueinander. Ob eine Beeinträchtigung vorliegt, ist über eine ökologische Gesamtbetrachtung nach Maßgabe der dargestellten ökologischen Leitbilder Biodiversität und Nachhaltigkeit festzustellen. Diese sind gegebenenfalls gegeneinander abzuwägen. Eine nicht negativ zu bewertende Veränderung liegt demgegenüber vor, wenn es zu keinen zwischenzeitlichen Schäden kommt und die Belastbarkeit der betroffenen Ökosysteme nicht über ihre natürliche Aufnahmefähigkeit hinaus beeinträchtigt wird.

Ökologische Schäden lassen sich zivilrechtlich allenfalls teilweise erfassen. Negativ bewertete, anthropogen bedingte Veränderungen der Natur sind nur dann Schäden im Sinne des Zivilrechts, wenn sie zu Beeinträchtigungen rechtlich geschützter individueller Interessen führen. Ökologische Schäden werden insofern nur im Rahmen des zivilrechtlichen Rechtsgüterschutzes erfaßt. Eine schadensrechtliche Kategorisierung ökologischer Schäden ist nicht möglich.

Nachdem eine begriffsbezogene systematische Einordnung ökologischer Schäden im Zivilrecht aus den dargestellten Gründen ausscheidet, kommt es darauf an, die Schnittmenge zwischen der Summe aller ökologischen Schäden und der Summe aller zivilrechtlichen Schäden näher zu bestimmen. Dabei sind der zivilrechtliche Rechtgüterschutz sowie die Grundprinzipien des Schadensrechts zu berücksichtigen. Im Anschluß stellt sich die Frage nach dem Ausgleich dieser ökologischen und zivilrechtlichen Schäden. Im Folgenden ist daher zunächst zu erörtern, in welchem Umfang ökologische Schäden vom geltenden Haftungsrecht erfaßt und reguliert

354 So auch Petitpierre, D., S.61.
355 So auch Schulte, H., JZ 1988, 278 (285).

werden und ob eine weitergehende Erfassung durch richterliche Rechtsfortbildung gegebenenfalls in Betracht kommt. Dies setzt allerdings voraus, daß dem Haftungsrecht im Hinblick auf die Regulierung ökologischer Schäden eine relevante Funktion zukommen kann, was wiederum wesentlich von der Funktion des Rechts bezogen auf den Schutz der Natur abhängt.

B. Haftungsrechtliche Erfaßbarkeit ökologischer Schäden

I. Die Vermeidung und der Ausgleich ökologischer Schäden als Aufgabe des Rechts

Nachdem feststeht, wie der Begriff des ökologischen Schadens zu definieren ist, schließt sich die Frage an, warum ökologische Schäden überhaupt verhindert, vermindert oder beseitigt werden sollen, wie dies geschehen kann und welchen Beitrag das Privatrecht hierbei zu leisten vermag.

1. Schutz der Natur als gesellschaftliche Aufgabe

Der Schutz der Natur wurde seit Beginn der 70er Jahre zunehmend als öffentliche Aufgabe wahrgenommen.[356] Diese Aufgabe hat seitdem ihren Niederschlag in zahlreichen rechtlichen Regelungen gefunden, ohne daß dies lange Zeit seinen Ausdruck im Grundgesetz gefunden hat. Erst am 27.10.1994 wurde in der Bundesrepublik Deutschland der Schutz der natürlichen Lebensgrundlagen in Art.20 a des Grundgesetzes aufgenommen.[357] In diesem Artikel wird eine staatliche Schutzpflicht für die Bewahrung der natürlichen Lebensgrundlagen normiert, wobei die Verantwortung gegenüber den künftigen Generationen besonders hervorgehoben wird. Es handelt sich nicht um einen Schutz der Natur um ihrer selbst willen, sondern um einen Schutz als Lebensgrundlage des Menschen.[358]

Einen weitergehenden Ansatz für einen vom Menschen unabhängigen Naturschutz enthalten völkerrechtliche Verträge. Die Generalversammlung der Vereinten Nationen hat bereits 1982 in der Präambel zur Weltcharta für Natur hervorgehoben, daß jede Lebensform einzigartig ist und losgelöst von ihrer Bedeutung für den Menschen einen Anspruch auf Achtung hat, weshalb dieser die Qualität und Stabilität der Natur sowie die Erhaltung der Naturgüter anzuerkennen habe.[359] Dieser Ansatz fand seine Fortsetzung in der 1992 in Rio vereinbarten Konvention über die biologische Vielfalt, welche nach dem Wortlaut ihrer Präambel in dem Bewußtsein des Eigenwertes der biologischen Vielfalt geschlossen wurde. Diese Feststellung eines Eigenwertes der Natur war insbesondere deshalb von Bedeutung, weil es sich bei der Konvention über die biologische Vielfalt anders als bei der Weltcharta um einen völkerrechtlich verbindlichen Vertrag handelt.

Auch der Wissenschaftliche Beirat der Bundesregierung Globale Umweltveränderungen nimmt in seinem Jahresgutachten 1995 einem Eigenwert der Natur an.[360]

An der Neuregelung des Art.20 a GG auf der einen und der Befürwortung eines Eigenwertes der Natur auf der anderen Seite zeigt sich, daß die Befürwortung des Schutzes der Natur aus unterschiedlichen Motiven resultiert. Warum die Natur zu schützen ist, hängt maßgeblich von dem jeweils vertretenen Weltbild ab. Hierbei ist

---

356 Hinzuweisen ist hier insbesondere auf das AbfG von 1972, das BNatschG von 1976 sowie das BImSchG von 1974.
357 BGBl I 1994, S.3146.
358 Meyer-Teschendorf, K., ZRP 1994,73 (77); Bernsdorff, N., NuR 1997, 328 (331).
359 Vgl. Steiger, H., NuR 1995, 437 (439).
360 Wissenschaftliche Beirat der Bundesregierung Globale Umweltveränderungen, S.170.

zwischen dem anthropozentrischen, dem biozentrischen und dem physiozentrischen Weltbild zu differenzieren.

Das anthropozentrische Weltbild unterscheidet sich vom biozentrischen und physiozentrischen Weltbild dadurch, daß es den Menschen in den Mittelpunkt stellt. Der Mensch ist demnach alleiniger Bezugspunkt der Bestimmung von Werten.[361] Mithin hat die außermenschliche Natur nach diesem Weltbild einen nur instrumentellen Wert als Lebensgrundlage des Menschen.[362] In diesem Zusammenhang wird argumentiert, der Schutz der Naturgüter sei geboten aus Gründen der Gerechtigkeit gegenüber späteren Generationen.[363] Dabei wird hingewiesen auf die Irreversibilität der Ausrottung von Arten, die Ungewißheit ihres möglichen Nutzens sowie der regelmäßig nicht möglichen adäquaten Ersetzbarkeit (Substituierbarkeit) von Arten.[364] Letztere liegt an der Spezialität der Eigenschaften von Arten sowie an den vielschichtigen Wechselwirkungen in einem Ökosystem, welche dem System eine Eigenart aus dem Zusammenwirken der Faktoren geben. Es kann zu einer Veränderung des Systems bei Beseitigung einer Art kommen, so daß einer Art auch dann für den Menschen eine Funktion zukommen kann, wenn sie eine solche für sich allein gesehen nicht hat.

Sind alle Generationen gleichwertig, so besteht nach einer anthropozentrischen Sichtweise eine Verpflichtung jeder Generation, den Naturhaushalt und die Vielfalt in diesem für spätere Generationen zu erhalten. Der Wert der Natur ergibt sich nicht aus ihr selbst, sondern aus dem Bestehen oder zumindest nicht offenkundigen Nichtbestehen menschlicher Interessen. Ein weitergehender, eigener, das heißt vom Menschen unabhängiger Wert der Natur wäre mit diesem Weltbild jedoch nicht vereinbar.[365] Somit hängt der Schutz der Natur wesentlich von ihrer Relevanz für den Menschen ab.

Ein Wert des Naturhaushaltes, der sich aus sich selbst und unabhängig vom Menschen ergibt, wird von Befürwortern eines biozentrischen oder eines physiozentrischen Weltbildes angenommen. Danach ist die Natur um ihrer selbst willen schützenswert.

Ein biozentrisches Weltbild stellt nicht den Menschen, sondern das Leben in den Mittelpunkt und erkennt folgerichtig allem, was lebt, einen Eigenwert zu.[366] Aus der Annahme eines Lebensrechts für alle Lebewesen folgt eine entsprechende Verpflichtung für den Menschen zu einem umfassenden Lebensschutz.[367] Die Achtung des Lebens als solches und die Vermeidung der Annahme der moralischen Überlegenheit des Menschen als das intelligenteste Lebewesen sind damit die wesentlichen Unterschiede zum Anthropozentrismus.

Eine weitergehende Motivation zum Schutz der Natur besteht bei den Befürwortern eines physiozentrischen Weltbildes. Konstitutiv für das Verständnis des

---

361 Vgl. Schäfer, L., S.206 f.
362 Vgl. Bosselmann, K., S.268.
363 Hampicke, U., S.94; Feinberg, J., S.158; Hofmann, H., JZ 1988, 265 (278); vgl. auch Saladin, P./ Zeuger, C., S.46 ff.
364 Hampicke, U., S.84 ff.
365 Vgl. Wolf, U., prokla 69 (1987), 148 (167); Geddert-Steinacher, T., S.35.
366 Vgl. Bosselmann, K., S.269.
367 Vgl. Gassner, E., NuR 1987, 97 (98).

Menschseins ist auf der Grundlage einer holistischen Weltanschauung[368] danach erst die natürliche Gemeinschaft des Menschen mit Luft, Boden, Wasser, Tieren, Pflanzen, Mikroorganismen und Kosmos.[369] Die Anerkennung und Achtung der Natur ist demnach nur möglich, wenn diese nicht als bloße Ressource für den Menschen angesehen wird, sondern ihr ein Eigenwert zukommt.[370] Insofern vollzieht sich das Mitsein von Mensch und nichtmenschlicher Natur im Umgang miteinander.[371] Aus der Einheit der Natur folgt nach diesem Verständnis die Notwendigkeit einer ganzheitlichen ökologischen Ethik. Diese umfaßt als Gemeinschaft den Menschen, die Tiere, Pflanzen und Mikroorganismen sowie die Umweltmedien, aber auch die sonstige abiotische Natur, wie etwa Steine, Bäche, Wüsten und Berge, wobei jeder Teil für sich genommen einen Eigenwert im Ganzen der Natur hat.[372]

Der Eigenwert der Natur wird bei Lebewesen mit ihrem Streben nach einem Zustand der Erfüllung begründet. Dies gilt für den Menschen ebenso wie für Tiere und Pflanzen. Dieses Streben nach sich selbst stellt einen Eigenwert dar, den es zu achten und zu schützen gilt.[373] Hinsichtlich der abiotischen Mitwelt ergibt sich der Eigenwert aus der Vernetzung ökologischer Systeme. Das System besteht um seiner selbst willen und zwar sowohl als belebte wie als unbelebte Natur.[374] Wer beispielsweise Kakteen oder Wüstenfüchse (Fenek) achtet und respektiert, muß auch die Wüste achten, in der beide leben. Weiter wird für die Würde bzw. den Eigenwert der Natur argumentiert, daß nichts ganz vom Menschen geschaffen sei, so daß sowohl in der belebten, wie auch in der unbelebten Natur, etwas Eigenes, auf sich selbst Bezogenes enthalten ist, was für sich genommen bereits einen eigenen Wert hat.[375] Der Wert der Natur ergibt sich demnach nicht nur, sondern auch aus dem Wert für den Menschen.[376]

Auf der Grundlage einer physiozentrischen Sichtweise hat der Mensch eine Verantwortung für die gesamte Schöpfung, wobei er selbst Bestandteil dieser Schöpfung ist.[377] Er bildet eine Gemeinschaft mit seiner Mitwelt auf der Grundlage des Gleichheitsprinzips. Soweit eine Vergleichbarkeit gegeben ist, sind Mensch und Mitwelt gleich zu behandeln, soweit diese nicht besteht, wird das Zusammenleben allein durch die Verantwortung des Menschen für seine Mitwelt bestimmt. Folglich sind Mensch und Mitwelt, das heißt Tiere, Steine, Flüsse, Pflanzen usw., gleich zu behandeln, soweit Gleichheit reicht und verschieden zu behandeln, soweit Verschiedenheit besteht.[378] Die Vergleichbarkeit kann sich etwa aus dem Empfin-

---

368 Vgl. Meyer-Abich, A., S.28 ff; Meyer-Abich, K., „Zukunft", S.83 ff; Meyer-Abich, K., „Ethik", S.159 ff.
369 Vgl. Meyer-Abich, K., „Frieden", S.106 und 138 f; Meyer-Abich, K., „Ethik", S.171; Meyer-Abich, K., „Erkenntnis", S.31 f.
370 Leimbacher, J., S.85.
371 Meyer-Abich, K., „Erkenntnis", S.38.
372 Meyer-Abich, K., „Eigenwert", S.262.
373 Sitter-Liver, B., S.361.
374 Sitter-Liver, B., S.361; Meyer-Abich, K., „Frieden", S.188.
375 Sitter-Liver, B., S.361.
376 Daecke, S., S.299.
377 Meyer-Abich, K., „Frieden", S.138.
378 Meyer-Abich, K., „Eigenwert", S.257.

dungsvermögen sowie bei Bestehen einer Interessenparallelität ergeben.[379] Dies schließt eine Herrschaftsausübung des Menschen jedoch nicht aus.[380] Die Rücksichtnahme auf den Naturhaushalt hängt von den jeweils betroffenen Naturbestandteilen ab. Interessenkonflikte werden auf der Grundlage einer Gleichordnung von Mensch und Natur durch eine Interessenabwägung - vergleichbar der praktischen Konkordanz bei kollidierenden Grundrechten - mit dem Ziel der größtmöglichen Verwirklichung der gegenläufigen Interessen gelöst.[381]

Die dargestellten Weltanschauungen zeigen deutlich auf, daß die Frage des Bestehens, Inhalts und Umfangs eines Eigenwertes der Natur weniger naturwissenschaftlich als vielmehr philosophisch-ethisch, wenn nicht gar theologisch zu beantworten ist.[382] Dies gilt mithin auch für die Begründungen der Notwendigkeit des Schutzes der Natur. Allen Sichtweisen gemeinsam ist jedoch die Verantwortung des Menschen für die Bewahrung der Natur.[383] Die Beschränkung des anthropozentrischen Weltbildes auf diejenigen Naturgüter, die für den Menschen von Bedeutung sind, führt nicht zu einer eingeschränkten Verantwortlichkeit. Die Komplexität ökologischer Zusammenhänge mit den vielfältigen Wechselwirkungen zwischen den verschiedenen Naturbestandteilen läßt keine Einschränkung zu. Wenn alles mit allem zusammenhängt und der Mensch zudem diese Zusammenhänge der Natur bisher kaum erforscht hat, so bestehen auch auf der Grundlage des anthropozentrischen Weltbildes keine Einschränkungsmöglichkeiten der Verantwortung des Menschen für die Natur.[384] Das gleiche gilt auch für das über den Schutzansatz des anthropozentrischen Weltbildes hinausgehende biozentrische Weltbild.

Welchem Weltbild hier gefolgt werden sollte, kann im Hinblick auf die gesellschaftliche Aufgabe des Schutzes der Natur offen bleiben. Der Mensch hat sowohl nach dem anthropozentrischen, dem biozentrischen als auch nach dem physiozentrischen Weltbild eine umfassende Verantwortung für die Natur, aus der die Aufgabe der Bewahrung und des Schutzes der Natur folgt.

2. *Effizienz als Ziel einer Erfassung ökologischer Schäden*

Zu untersuchen ist, welche Funktion dem allgemeinen gesellschaftlichen Ziel einer Wohlfahrtsmaximierung durch effizienten Ressourceneinsatz im Rahmen der Verantwortung des Menschen für die nicht menschliche Natur zukommt. Effizienz wird häufig reduziert auf die möglichst kostengünstige Umsetzung eines vorgegebenen Zieles oder auf die größtmögliche Verwirklichung eines vorgegebenen Zieles mit begrenzten Ressourcen.[385] Kritisiert wird hieran die fehlende Effizienzkontrolle des Ziels. Es bedarf keiner Rechtfertigung, warum ein bestimmtes Ziel verfolgt wird.

---

379 Meyer-Abich, K., „Frieden", S.177 ff.
380 Meyer-Abich, K., „Frieden", S.138.
381 Vgl. Geddert-Steinacher, T., S.36 f.
382 Daecke, S., S.292 f.
383 Vgl. hierzu Birnbacher, D., „Natur", S.103 ff; Jonas, H., S.172 ff; Brenner, A., S.71 ff.; Gassner, E., NuR 1987, 97 (98 f).
384 Vgl. zum Schutz der ökologischen Substanz auf der Grundlage anthropozentrischer Naturschutzbegründungen: Hampicke, U., S.99 f.; Birnbacher, D., „Generationen", S.80 f.
385 Eidenmüller, H., S.55.

Demgegenüber verlangt der ökonomische Effizienzbegriff, daß jedes verfolgte Ziel effizient im Sinne einer Wohlfahrtsmaximierung ist,[386] wobei davon ausgegangen wird, daß die gesellschaftliche Wohlfahrt der Summe der Einzelnutzen der Gesellschaftsmitglieder entspricht.[387] Insoweit wird kritisiert, daß Umweltstandards und Grenzwerte Produkt einer Güterabwägung sind, bei der neben einer Kosten-Nutzen-Analyse andere Belange einfließen, ohne daß diese offen benannt werden, mit dem Risiko einer rein subjektiven Bewertung ohne einer gesellschaftlichen Legitimation.[388]

Andererseits ist unstreitig, daß es neben der ökonomischen Effizienz noch andere gesellschaftliche Ziele gibt, die ebenfalls zu berücksichtigen sind. Zu nennen ist hier insbesondere die Verteilungsgerechtigkeit.[389] Ein genereller Vorrang für das ökonomische Effizienzziel ist nicht begründbar.[390] Weiter ist bei ökologischen Schäden einzubeziehen, daß ihre Einordnung als Schaden auf den ökologischen Leitbildern Biodiversität und Nachhaltigkeit beruht. Beide Bewertungskriterien stehen im Zusammenhang mit der ethischen Verantwortung des Menschen für die Bewahrung und den Schutz der Natur.[391] Hieraus folgt allerdings nicht, daß Effizienz im Widerspruch zu diesen Leitbildern steht. Insbesondere das Konzept der Nachhaltigkeit basiert auf einer effektiven, ressourcenerhaltenden Ressourcennutzung,[392] wobei jedoch natürliche Ressourcen, auf die dieses Leitbild abzielt, nicht gleichbedeutend mit ökonomischen Ressourcen sind. Für das Vorliegen einer natürlichen Ressource kommt es auf eine relevante Funktion eines Naturgutes im Zusammenspiel der Natur an und nicht auf eine Funktion für Nutzeninteressen von Menschen. Ob der Schutz der Natur - inklusive der Verhinderung und Beseitigung ökologischer Schäden - um ihrer selbst willen oder zur Erhaltung der natürlichen Lebensgrundlagen effizient im Sinne einer Kosten-Nutzen-Analyse ist, braucht jedoch nicht erörtert zu werden, da die Verantwortung des Menschen für die Natur keine Aufgabe der Wohlfahrtsmaximierung durch Effizienz ist, sondern um ihrer selbst willen besteht.

Allerdings sind ökologische Schäden, wie bereits bei der Begriffsbestimmung erörtert, zum Teil zugleich individuelle Nutzenverluste, das heißt es handelt sich um wirtschaftliche Schäden, die nach dem wirtschaftlichen Schadensbegriff grundsätzlich ausgeglichen werden sollten. Zudem handelt es sich bei ökologischen Schäden häufig um externe Effekte individualnützigen Handelns, wie etwa die Schädigung der Natur infolge der konventionellen Landbewirtschaftung oder der Fahrt mit dem privaten PKW. Ökonomisch gesehen sind bei den Umweltmedien konkurrierende Nutzungsansprüche und begrenzte Nutzungsressourcen festzustellen. Hier bestehen Ansatzpunkte für ökonomische Effizienzerwägungen. Auch wenn das Ziel der Vermeidung und Beseitigung ökologischer Schäden selbst nicht vorrangig am ge-

---

386 Eidenmüller, H., S.56; Ott, C./ Schäfer, H.-B., S.222 f.
387 Kosz, M., ZfU 1997, 531 (532).
388 Ott, C./ Schäfer, H.-B., S.229 f.
389 Vgl. Hesse, G., S.80; Eidenmüller, H., S.12; Großmann, P., S.37 f.
390 Ebenso Eidenmüller, H., S.12.
391 Vgl. Birnbacher, D., „Natur", S.103 ff; Jonas, H., S.172 ff; Gassner, E., NuR 1987, 97 (98 f); Meyer-Abich, K., „Frieden", S.138; Geddert-Steinacher, T., S.36 f. sowie Teil B.I.1.
392 Vgl. zum Konzept der Nachhaltigkeit Teil A.II.5.c).

sellschaftlichen Ziel einer Wohlfahrtsoptimierung durch Effizienz gemessen werden kann, bleibt die Aufgabe des Rechts, die Nutzung des Naturhaushaltes so effizient wie möglich zu gestalten und ökologische Schäden effizient zu vermeiden, zu begrenzen und zu beseitigen. Die Regelungen der §§ 16 I UmweltHG, 32 VII GentG zeigen, daß dieses Effizienzziel beim Schutz der Umwelt vom Gesetzgeber auch als Aufgabe des Zivilrechts angesehen wird.

3. Das gegenwärtige Umweltrecht

Das Umweltrecht ist bisher sowohl eine Aufgabe des öffentlichen wie des privaten Rechts. Es reguliert die zulässige Nutzung der Natur und soll Verhaltensanreize für naturverträgliche Verhaltensweisen setzen. Damit versucht der Gesetzgeber den Anforderungen an die Erhaltung der Natur, einschließlich der Verhinderung und Beseitigung ökologischer Schäden, gerecht zu werden, die mit den vielfältigen Eingriffen und Einwirkungen infolge der technisch-industriellen Produktions- und Lebensverhältnisse einhergehen. Hieraus resultiert einerseits die Aufgabe, gesellschaftliche Umweltschutzstandards festzulegen und andererseits die Aufgabe diese Vorgaben möglichst kostengünstig umzusetzen. Mithin geht es sowohl um den Schutz der Natur und die Vermeidung ökologischer Schäden, wie auch um einen effizienten Einsatz gesellschaftlicher Ressourcen. Bisher wurde primär über Schutz- und Vorsorgeanforderungen im öffentlichen Recht versucht, einen effektiven Schutz der Natur zu gewährleisten. Für das öffentliche Recht ist kennzeichnend, daß es vielfältige direkte und indirekte Steuerungsmöglichkeiten bietet, etwa durch Ge- und Verbote, Anzeigepflichten, Subventionen, Abgaben u.v.m.[393] Zu nennen sind hier beispielsweise der Vorsorgegrundsatz gegenüber dem Entstehen schädlicher Umwelteinwirkungen in § 5 I Nr.2 BImSchG und seine Konkretisierung etwa in der 13. und 17.BImSchV, das UVP-Gesetz, die naturschutzrechtliche Eingriffsregelung, die Produktverantwortung im Kreislaufwirtschafts- und Abfallgesetz[394] oder auch die Transparenzwirkungen des Umweltinformationsgesetzes.[395]

Kritisiert wird an einer solchen ordnungsrechtlichen Regulierung über Gebote und Verbote, daß es sich um einen Eingriff des Staates in die ihm fremde Sphäre eines einzelnen handele, es somit stets einer Um- bzw. Übersetzung der Norm durch den Normadressaten bedürfe. Diese unterliege den spezifischen Eigengesetzlichkeiten der jeweils Betroffenen, was regelmäßig Steuerungsprobleme zur Folge habe.[396] Weiter wird darauf hingewiesen, daß die erheblichen öffentlich-rechtlichen Regulierungen nicht mit einer entsprechenden Qualität des erreichten Umweltschutzes einhergehen.[397] Dies liegt nicht zuletzt am bestehenden Vollzugsdefizit in behördlichen Entscheidungsprozessen, bei denen wirtschaftliche Einzelinteressen im

---

393 Vgl. Kloepfer, M., UTR, S.8 ff.
394 BGBl I 1994, S.2705 ff.; vgl. zur Produktverantwortung Beckmann, M., UPR 1996, 41 ff.; Hoffmann, M., DVBl 1996, 347 ff.
395 Vgl. Scherzberg, A., DVBl 1994, 733 ff.
396 Herbst, C., S.122 f.
397 Vgl. Gerlach, J., S.136; Wicke, L., S.426; zur Naturgefährdung in der BRD vgl. Hampicke, U., S.39 ff.

Vollzug des Umweltverwaltungsrechts berücksichtigt werden.[398] Die jeweils zuständigen Behörden unterliegen dem Einfluß lokaler und überregionaler Macht- und Interessenstrukturen, welche der Umsetzung bestimmter Verhaltensstandards und Handlungsprinzipien, wie etwa dem Verursacherprinzip, entgegenstehen können.[399] Eine solche Interessenpolitik spiegelt sich beispielsweise in der Freien und Hansestadt Hamburg in dem - rechtlich höchst fragwürdigen[400] - Versuch wider, bestimmte Eingriffe in den Naturhaushalt von der naturschutzrechtlichen Eingriffsregelung auszunehmen.[401] Ebenso fehlte es in Hamburg lange Zeit an einer Altfallregelung für Eingriffe im Rahmen von Bebauungsplänen oder auch nur an einem Kriterienkatalog nach dem Eingriffe bewertet werden können.[402]

Ein weiteres Beispiel für eine interessenorientierte Klientelpolitik ist die in § 10 II Entwurf-BBodSchG vorgesehene Ausgleichsregelung für Landwirte, soweit auf landwirtschaftlichen Flächen bodenschutzrechtlich bedingte Nutzungsbeschränkungen behördlicherseits gemacht werden, die nicht durch den betroffenen Landwirt verursacht wurden. Die mit der Landwirtschaft einhergehenden, gravierenden Umweltschädigungen[403] blieben hierbei offensichtlich unberücksichtigt. An eine Haftung der Landwirte oder auch nur eine Beschränkung des Ausbringens von Pflanzenschutz- oder Düngemitteln ist bei dem Entwurf nicht gedacht worden, obwohl dies naheliegend gewesen wäre.[404] Die Überdüngung[405] führt zu der Akkumulation toxischer Substanzen im Oberboden, zu Eutrophierung,[406] Versauerung, Nitratauswaschung, einer Beeinträchtigung der Grundwasserqualität[407] sowie einer Freisetzung von klimaschädigenden Spurengasen.[408] Demgegenüber wird Wald- und Gebäudeeigentümern ein Ausgleich für die Schädigungen infolge der allgemeinen Luftverschmutzung verwehrt, obwohl die Ausgleichswürdigkeit und Ausgleichsbedürftigkeit von neuartigen Waldschäden sogar vom BGH bejaht wurde.[409] An diesen Beispielen zeigt sich, daß öffentlich-rechtliche Regelungen zwar Steuerungsmöglichkeiten eröffnen, jedoch damit auch das Risiko einer Politik zugunsten von Interessengruppen einhergeht.

---

398 Gerlach, J., S.143 f.; Vogt, U., S.14; Godt, C., S.113 f.; Kadner, T., S.69; Rehbinder, E., S.15.
399 Wagner, G., NuR 1992, 201 (202); Godt, C., S.113.
400 Gegen eine entsprechende Regelungskompetenz der Länder Kuscherus, U., NVwZ 1996, 235 (236) m.w.N.; vgl. auch Koch, H.-J., S.18.
401 Vgl. § 9 II HmbNatSchG.
402 Vgl. Rechnungshof der Freien und Hansestadt Hamburg Rn.88 ff.
403 Vgl. allgemein Stoyke, C./ Waibel, H., ZfU 1997, 289 (291 ff.); Schink, A., UPR 1999, 8 (9 ff.); Wissenschaftlicher Beirat der Bundesregierung Globale Klimaveränderungen, S.170; Enquete-Kommission, „Schutz", S.64; Ripl, W., TUC, S.19 f.; Klass, J., UPR 1997, 134 (135, Fußnote 16).
404 Kritisch auch Peine, F.-J., UPR 1997, 53 (59); zu den ökologischen Folgen der Stickstoffdüngung und Pestizidausbringung vgl. Stoyke, C./ Waibel, H., ZfU 1997, 289 (291 ff.).
405 Vgl. Stoyke, C./ Waibel, H., ZfU 1997, 289 (301) zur Zunahme der Stickstoffdüngung in den alten Bundesländern seit 1969.
406 Vgl. Ellenberg, H., S.461 und 73 f.
407 Vgl. Stoyke, C./ Waibel, H., ZfU 1997, 289 (294 f.) m.w.N.
408 Enquete-Kommission, „Schutz", S.64.
409 Vgl. das Waldschadensurteil BGHZ 102, 350 (363) = NJW 1988, 478 (481) = UPR 1988, 96 (100).

Als Alternative zur Bewirkungen eines besseren und effektiveren Umweltschutzes wird daher über eine indirekte, ökonomische Steuerung über den Markt nachgedacht.[410] Diese hätte wegen der fehlenden Notwendigkeit eines staatlichen Tätigwerdens (Genehmigung, Überwachung) einen prinzipiellen Kostenvorteil gegenüber einer ordnungsrechtlichen Regulierung.[411]

4. Begründbarkeit einer zivilrechtlichen Regulierung ökologischer Schäden

Das Zivilrecht bietet ökonomisch gesehen einen Ansatzpunkt für eine indirekte Verhaltenssteuerung über die Haftung für die, infolge des eigenen Handelns eintretenden Schäden. Haftungsregeln erzwingen kein Verhalten, sondern überlassen den Individuen Handlungsspielräume. Die Vorsorge gegen Umweltschäden hängt vom Ziel und Entscheidungskalkül des potentiellen Verletzers ab.[412] Dadurch eröffnet das Zivilrecht die Möglichkeit, Umweltschutz nicht gegen sondern mit dem ökonomischen Eigeninteresse des potentiellen Schädigers zu betreiben.[413]

Die bisherige Umweltpolitik durch Ge- und Verbote, insbesondere Auflagen, setzt zunächst für die Umweltverschmutzer den Anreiz, den Behörden nachzuweisen, daß eine Verbesserung ihrer Emissionssituation aus technischen oder wirtschaftlichen Gründen ausgeschlossen ist.[414] Ziel der Umweltpolitik und des Umweltrechts sollte es jedoch sein, einen Anreiz zu setzen, mehr für den Umweltschutz zu tun. Dies ist insbesondere dann der Fall, wenn sich ein Mehr an Umweltschutzmaßnahmen betriebswirtschaftlich rentiert, das heißt wenn mit einer Emissionsminderung ein Erlös erzielt wird, die Abgabenbelastung sinkt, ein Marktvorteil entsteht oder wenn das wirtschaftliche Risiko von Schadensersatzleistungen vermindert wird.[415] Durch eine zivilrechtliche Haftung wird für den potentiellen Schädiger ein Anreiz gesetzt sich so zu verhalten, daß er den möglichen Schaden verhindert, es sei denn, der zu erwartende Schaden ist geringer als die Aufwendungen der Schadensvermeidung. Ökonomisch dient dies einer optimalen, das heißt allokationseffizienten Nutzung der Umweltressourcen. Jeder potentielle Schädiger hat den zivilrechtlichen Anreiz, Umweltschutzmaßnahmen in dem Umfang durchzuführen, bis zu dem zusätzliche Aufwendungen zur Vermeidung von Umweltschäden mindestens in Höhe dieses zusätzlichen Aufwands führen. Dies bedeutet allerdings auch, daß es ökonomisch effizient ist, Umweltverschmutzungen und damit auch ökologische Schäden zuzulassen, solange der aus der Verschmutzung gezogene gesellschaftliche Nutzen die gesellschaftlichen Kosten der Verschmutzung übersteigt.

Aus ökonomischer Sicht ist die wesentliche Aufgabe des Umweltrechts zur Realisierung einer Haftung potentieller Schädiger die Internalisierung negativer externer Effekte, das heißt die umfassende Verlagerung von Nutzenverlusten auf

---

410 Vgl. Gerlach, J., S.142 ff.; Ott, C./ Paschke, M., S.510 ff.; Wagner, H., S.174; Klass, J., UPR 1997, 134 (136); Wicke, L., S.425 ff.; Esser, J./ Schmidt, E., I 1, S.45 f.; Ott, C./ Schäfer, H.-B., S.217 ff.; für einen Pakt für Umwelteffizienz Wicke, L., ZfU 1997, 393 (397 ff.).
411 Schäfer, H.-B./ Ott, C., S.361; Wagner, H., S.173.
412 Karl, H., ZAU 1993, 35 (36).
413 So auch Gerlach, J., S.139; Wicke, L., S.427 f.
414 Wicke, L., S.428.
415 Wicke, L., S.428 f.

den Verursacher.[416] Es handelt sich um Effekte, die bei Dritten eintreten, aber in der Kostenrechnung des Verursachers nicht berücksichtigt werden, da sie nicht auf ihren Verursacher zurückgeführt werden.[417] Dies hat ökonomisch unzutreffende Güterpreise und damit eine Fehlallokation zur Folge, da sich in den Preisen nicht die reale Ressourcenknappheit widerspiegelt. Die Internalisierung dient dazu, optimale Anreize zur Schadensverhütung zu setzen, ohne daß es zu einer Verschwendung gesellschaftlicher Ressourcen kommt. Gerade bei ökologischen Schäden handelt es sich häufig um negative externe Effekte.[418] Dies liegt insbesondere an der geringen rechtlichen Individualisierung von Naturgütern sowie dem rationalen Desinteresse der Schadensgeltendmachung aufgrund des Prozeßrisikos und dem Umstand, daß es sich häufig um Streuschäden handelt.[419] Ökonomisch effizient ist es, diejenigen ökologischen Schäden, die mit individuellen Nutzenverlusten einhergehen, in den Verantwortungsbereich ihres Verursachers zu überführen.

Für eine privatrechtliche Regulierung ökologischer Schäden ist zudem anzuführen, daß sich Ökonomen einig sind, daß Unternehmen größtmögliche Freiheit bei der Frage belassen werden sollte, wie sie Umweltschutzstandards erfüllen wollen.[420] Öffentlich-rechtliche Regulierungen lassen regelmäßig keine ausreichende Differenzierung danach zu, wie mit den bestehenden finanziellen Mitteln ein größtmöglicher Entlastungseffekt für die Umwelt erzielt werden kann. Vorgaben erfolgen vom Ansatz her einheitlich, wobei zwar zwischen verschiedenen Industriesparten nicht aber zwischen den einzelnen Unternehmen unterschieden wird. Das einzelne Unternehmen kann seine jeweilige Wirtschafts- und Umweltsituation regelmäßig am besten beurteilen, so daß die Art und Weise der Umsetzung von Standards nicht behördlicherseits vorgegeben werden sollte.[421] Dies dient der Maximierung der gesellschaftlichen Wohlfahrt durch die Maximierung des Gesamtnutzens der Beteiligten, das heißt der Summe der Nutzen von Schädiger und Geschädigtem.[422] Eine solche Wohlfahrtsmaximierung ist am ehesten gewährleistet, wenn derjenige Entscheidungen umsetzt, der konkret betroffen ist und den besten Informationsstand und damit die niedrigsten Informations- bzw. Transaktionskosten[423] hat.

In der Möglichkeit einer indirekten Verhaltenssteuerung liegt eine wesentliche Stärke des Zivilrechts gegenüber dem öffentlichen Recht, da es nicht die Beteiligung des Staates beinhaltet. Das Zivilrecht bewirkt eine staatsunabhängige gesellschaftliche Selbstregulation, anstatt einer staatlichen Fremdregulation. Soweit eine Verschuldenshaftung besteht, wird der Sorgfaltsmaßstab von den Gerichten bestimmt. In Fällen einer Gefährdungshaftung ist es Sache des Unternehmens, zu bestimmen, welches Risiko er eingehen möchte. Teilweise wird bezweifelt, daß das Zivilrecht wegen seiner bloß indirekten Steuerungswirkung ein geeignetes Pla-

---

416 Gerlach, J., S.141 f.; Adams, M., S.186 f.
417 Feess, E./ Steger, U., S.175.
418 Ebenso allgemein für den Schutz frei nutzbarer Güter: Behrens, P., S.90.
419 Vgl. Ott, C./ Schäfer, H.-B., S.231 ff.; Schäfer, H.-B./ Ott, C., S.337 f.
420 Feess, E./ Steger, U., S.175.
421 Feess, E./ Steger, U., S.178; Godt, C., S.114.
422 Vgl. Ott, C./ Schäfer, H.-B., S.222 f.; Shavell, S., S.3.
423 Vgl. Cooter, R./ Ulen, T., S.84 ff.

nungsinstrumentarium zur Erreichung gesellschaftspolitischer Ziele sei.[424] Allerdings ist dem entgegenzuhalten, daß gerade das Zivilrecht eine auf die jeweils bestehenden individuellen Verhältnisse bezogene Feinsteuerung ermöglicht, wie sie das öffentlich Recht häufig nicht zu leisten vermag.[425] Anders als das öffentliche Recht bestimmt das Zivilrecht die Anforderungen an den einzelnen konkret, das heißt Sorgfaltsanforderungen bzw. Verkehrspflichten werden im Einzelfall bestimmt.

Eine Schwäche des Zivilrechts bei der Regulierung von Umweltschäden ist allerdings das Abstellen auf die grundsätzlich vom Geschädigten nachzuweisenden Ursache-Wirkungsbeziehungen, das heißt der Kausalität.[426] Dies führt gerade bei Umweltschäden, welche häufig Summations- und Distanzschäden sind, wegen der damit verbundenen Nachweisschwierigkeiten zu einem Verzicht auf Ersatz- oder Unterlassungsansprüche. Allerdings ist dieser Umstand nicht unbedingt systemimmanent. Es ist grundsätzlich im Zivilrecht vorstellbar, eine anteilige Haftung für Schäden entsprechend der abstrakten Verursachungswahrscheinlichkeit zu normieren, was allerdings voraussetzt, daß die Wahrscheinlichkeitsgrößen ermittel- und spezifizierbar sind.[427]

Eine weitere, jedoch systemimmanente Schwäche des Zivilrechts bei der Erfassung ökologischer Schäden ist die Ausrichtung auf individuelle Rechtsverhältnisse.[428] Diese spiegelt sich in den bereits dargestellten Sichtweisen des zivilrechtlichen Schadensbegriffs wider. Daher können vom Zivilrecht, anders als im öffentlichen Recht, Allgemeininteressen an dem Erhalt der Natur nicht berücksichtigt bzw. bloße Allgemeingüter nicht geschützt werden. Zudem ist die Natur bei einer zivilrechtlichen Regulierung ökologischer Schäden auf eine Schadensgeltendmachung angewiesen.[429] Diese Geltendmachung ist jedoch bei zivilrechtlich erfaßbaren ökologischen Schäden wegen der zivilrechtlich notwendigen Übereinstimmung von ökologischen Schäden und individuellen Nutzenverlusten nur dann fraglich, wenn wegen der geringen Schadenshöhe oder einem erheblichen Prozeßrisiko eine Schadensgeltendmachung, die dann auch der Natur zugute kommen könnte, rational nicht zweckmäßig wäre.

Bis zu welcher Grenze ein ökonomisch effizienter ökologischer Schaden vereinbar mit der ethischen Verantwortung des Menschen für den Schutz und die Bewahrung des Natur ist, vermag weder das Zivilrecht noch die Ökonomie zu bestimmen. Die Normierung solcher Schutzstandards ist eine Aufgabe des öffentlichen Rechts, da es nicht um ein individualisierbares Einzelinteresse in Abgrenzung zu anderen Einzelinteressen geht, sondern um ein gesellschaftliches Interesse.

Jedenfalls bietet das Zivilrecht einen Ansatzpunkt dafür, im Rahmen individueller Rechtssphären einen Beitrag zu einem effizienten Schutz der Natur zu leisten, soweit mit der Bewahrung der Natur individuelle Nutzeninteressen verbunden sind.

424 Diederichsen, U., UTR, S.195.
425 Wolf, M., UTR, S.244; Rehbinder, E., S.17.
426 Vgl. Kargados, P., S.187 ff.
427 Vgl. Ott, C./ Paschke, M., S.541 ff.; Wiese, G. T., S.157 ff.; Feess, E./ Steger, U., S.180.
428 Diederichsen, U., UTR, S.194; Wagner, G., S.43.
429 Vgl. Hager, G., NJW 1991, 134 (141).

Eine weitergehende zivilrechtliche Erfassung ökologischer Schäden wäre allenfalls über eine Rechtssubjektivität der Natur möglich, die mit einem Eigenrecht auf Existenz und Schutz der Integrität der Natur verbunden ist.

5. Rechtssubjektivität der Natur

Eine Rechtssubjektivität der Natur verbunden mit einem Eigenrecht würde bedeuten, daß der Natur ein durchsetzbares Recht auf Existenz und Bewahrung eines bestimmten Maßes an Integrität gewährt würde. Zur Rechtswahrnehmung bedürfte es eines Umweltombudsmanns oder einer anderen unabhängigen Institution, die die Rechte der Natur für diese wahrnehmen würde.[430] Dem Einwand, daß bei einer Rechtssubjektivität der Natur, die von Menschen wahrgenommen werden müßte, die Sachgerechtigkeit der Interessenwahrnehmung nicht gewährleistet sei, wird entgegengehalten, daß eine solche sachgerechte Interessenwahrnehmung auch nicht bei Säuglingen, juristischen Personen oder Menschen, die der umfassenden Betreuung im Sinne des BtG bedürfen, gefordert werde.[431]

Weite Teile des Schrifttums stehen einer solchen Rechtssubjektivität der Natur ablehnend gegenüber.[432] Die Rechtssubjektivität dient im Zivilrecht der Einräumung und Abgrenzung von Freiheitsbereichen und Handlungsbefugnissen und ist zudem notwendige Voraussetzung einer kapitalistischen Wirtschaftsordnung. Die Abgrenzung der individuellen Aktionsfreiräume hat eine bedeutsame Steuerungsfunktion für das Zusammenleben der Gesellschaftsmitglieder, insbesondere bei der Regelung von Konflikten.[433] Anderen Lebewesen, Pflanzen und Tieren, Rechte einzuräumen scheitert nach herrschender Meinung bereits daran, daß sie keine tauglichen Rechtssubjekte entsprechend dem Verständnis des 1.Abschnitts des BGB sind. Rechtssubjekte in diesem Sinne sind Personen, verstanden als mögliche Träger von Rechten und Pflichten.[434] Tiere und Pflanzen können zumindest nicht Träger von Pflichten sein und sind somit keine tauglichen Rechtssubjekte. Das Verhalten von Tieren und Pflanzen folgt Trieben und Instinkten, und ist daher nicht von der Rechtsordnung beeinflußbar.[435] Mithin würde es an der Steuerungsfunktion bezogen auf den Rechtsträger, die Natur, fehlen. Damit entfällt jedoch die wesentliche Funktion subjektiver Rechte.

Letztlich entspricht die Rechtssubjektivität der Natur auch nicht der mit ihr beabsichtigten Schutzfunktion. Für den Schutz der Natur kommt es nicht darauf an, ihr Freiheitsrechte einzuräumen, sondern vielmehr nur darauf, sie vor anthropogenen Eingriffen in einem bestimmten Maß zu schützen. Dies ist jedoch viel eher über

430 Vgl. v.Lersner, H., NVwZ 1988, 988 (991 f.).
431 Meyer-Abich, K., „Mit-Eigentum", S.20 und „Frieden", S.165.
432 v.Lersner, H., UTR, S.56; Hofmann, H., JZ 1988, 265 (277); zusammenfassend Schlitt, M., ARSP 78 (1992), 225 ff.
433 Vgl. Großfeld, B. S.82; Schulz-Schaeffer, R. S.49; Schäfer, H.-B./ Ott, C. S.271; Esser, J./ Weyers, H.-L., II 2, S.132; Möllers, T., S.113; Wolf, M., UTR, S.246; allgemein für Grundrechtskollisionen auch Fikentscher, W., „Methoden", S.620.
434 MünchKomm-Holch § 90a Rn.3, Palandt-Heinrichs Überbl v § 1 Rn.1.
435 Vgl. Schlitt, M., ARSP 78 (1992), 225 (234 f.).

eine Beschränkung der Grundrechtsausübung der Grundrechtsträger[436] oder über öffentlich-rechtliche Regelungen, wie etwa der naturschutzrechtlichen Eingriffsregelung, möglich. Mit der Rechtssubjektivität ist jedenfalls nach der gegenwärtigen Konzeption des Privatrechts weitaus mehr verbunden als der Schutz der Integrität, auf den es bei der Diskussion um Eigenrechte der Natur primär ankommt. Mit der Ablehnung einer Rechtssubjektivität der Natur ist keine ethische Wertung verbunden, sie resultiert vielmehr aus der Gestaltungsfunktion der Rechtssubjektivität in einer „menschlichen" Gesellschaft. Für die Gestaltung des Miteinanders von Mensch und nicht menschlicher Natur[437] ist sie jedoch von ihrer Konzeption her ungeeignet.

Eine Rechtssubjektivität der Natur ist mit der bestehenden Systematik und Funktion des Rechts nicht vereinbar. Rechtssubjekte können demnach allein natürliche sowie juristische Personen sein. Dies stellt allerdings weder die Schutzwürdigkeit der Natur noch ihren Eigenwert in Frage.[438]

6. Zwischenergebnis

Das bestehende Umweltrecht ist gekennzeichnet durch eine öffentlich-rechtliche Normierung von Umweltschutzstandards. Dabei ist eine stetige Zunahme an Regelungen ebenso festzustellen, wie ein wachsendes Vollzugsdefizit. Das Zivilrecht bietet hier eine Alternative durch eine indirekte Beeinflussung von potentiellen Umweltschädigern über eine zivilrechtliche Haftung. Dies hat den Vorteil, daß es keiner staatlichen Ressourcen zur Überwachung von Standards bedarf und zudem das ökonomische Eigeninteresse des potentiellen Schädigers zu einer Schadensvermeidung führen kann. Begrenzt wird dieser Ansatz durch die Individualbezogenheit des Privatrechts. Schäden, die keiner Rechtssphäre eines individuellen Rechtsträgers zugeordnet werden können, bleiben bei jeder zivilrechtlichen Regulierung notwendigerweise außer Betracht.

Eine Rechtssubjektivität der Natur mit dem Ziel eines weitergehenden privatrechtlichen Schutzes der Natur vor ökologischen Schäden ist nicht mit der bestehenden zivilrechtlichen Systematik vereinbar. Die Festlegung von Freiheitsbereichen zur Gestaltung des Miteinanders der Gesellschaftsmitglieder ist nur bei juristischen oder natürlichen Personen sinnvoll. Der Schutz der Integrität der Natur als Teil einer Gemeinschaft von Mensch und nicht menschlicher Natur setzt keine Rechtssubjektivität der Natur voraus.

Die Vermeidung ökologischer Schäden als Ziel unterliegt keiner Effizienzkontrolle, sondern ist Ausdruck der ethischen Verantwortung des Menschen für die Natur. Es ist Aufgabe des öffentlichen Rechts, dieser Verantwortung Rechnung zu

---

436 Vgl. zur Diskussion der ökologischen Voraussetzungen einer Grundrechtsausübung Murswiek, D., DVBl 1994, 77 ff.
437 Genau hierfür soll die Rechtssubjektivität der Natur dienen; vgl. Meyer-Abich, K., „Mit-Eigentum", S.19; zum Mitsein von Mensch und Natur vgl. Meyer-Abich, K., „Naturphilosophie", S.350 ff.
438 Vgl. zum Eigenwert der Natur Teil B.I.1. sowie Sening, C., NuR 1989, 325 (327); Bosselmann, K., S.246; Leimbacher, J., S.85; Meyer-Abich, K., „Frieden", S.188.

tragen. Das Privatrecht kann allerdings einen Beitrag zu einer effizienten Nutzung der Umweltressourcen leisten. Hier besteht ein wesentlicher Ansatzpunkt für eine privatrechtliche Regulierung ökologischer Schäden.

II. Grundlagen zivilrechtlicher Haftung

Welchen Beitrag das Zivilrecht zur Vermeidung, Verminderung und Beseitigung ökologischer Schäden im Einzelfall zu leisten vermag, hängt wesentlich von der Funktion des Schadensersatzrechtes sowie vom Umfang des zivilrechtlichen Rechtsgüterschutzes ab.

1. Grundprinzipien des Schadensrechtes

a) Vorbemerkung

Das Zivilrecht geht von dem Grundsatz aus, daß jeder Inhaber eines Rechts oder Rechtsgutes einen an diesem eintretenden Schaden selber zu tragen hat.[439] Dieser Regel stehen Ausnahmen gegenüber, die unter bestimmten Voraussetzungen eine Schadensverlagerung vom Geschädigten auf einen Dritten zur Folge haben. Dazu führt das Haftungs- und Schadensrecht das Verhalten des Ausgleichspflichtigen mit dem Schaden zusammen und legt fest, unter welchen Umständen eine Verantwortlichkeit für den Schaden als wesentliche Voraussetzung der Schadensverlagerung gegeben ist.

Wann eine Schadensverlagerung vom Geschädigten auf den schadensverantwortlichen Dritten zivilrechtlich dem Grunde nach in Betracht kommt, bestimmt sich nach dem geltenden Recht. Die Funktion von Grundprinzipien im Schadensrecht bezieht sich hingegen auf den Inhalt und den Umfang der Ersatzpflicht sowie die Faktoren, die die Ersatzpflicht begrenzen.[440] Anhand von Grundprinzipien kann festgestellt werden, ob ein Schadensersatzanspruch zivilrechtlich geboten ist, und was der Ersatzpflichtige als Ersatz zu leisten hat. Dabei ist zu berücksichtigen, daß das Schadensersatz-, ebenso wie das Deliktsrecht, stark richterrechtlich geprägt ist.[441] Die Rechtsprechung legt das Niveau der einzuhaltenden Verkehrspflichten fest und bestimmt den Umfang der Haftung. Mithin wirkt sich die Beantwortung der Frage, welche Grundprinzipien dem bestehenden Haftungs- und Schadensrecht zugrundeliegen, unmittelbar aus. Bisher wird als tragendes Grundprinzip des Schadensrechts das Ausgleichsprinzip angesehen.[442] Eine Präventionsfunktion besteht nach herrschender Meinung innerhalb dieses Prinzips als ergänzendes Nebenprinzip ohne eigenständige Bedeutung.[443]

---

439 Deutsch, E., „Unerlaubte Handlungen", Rn.1; RGRK-Steffen Vor § 823 Rn.1; Diederichsen, U., UTR, S.192; Möllers, T., S.113.
440 Larenz, K., S.422.
441 Schäfer, H.-B./ Ott, C., S.113.
442 Vgl. Schiemann, G., S.185 ff.; Larenz, K., S.424; Mertens, H.-J., S.98 f.
443 Mertens, H.-J., S.109; Lange, H., S.10; Schiemann, G., S.190; Larenz, K., S.423 f.; Deutsch, E., „Haftungsrecht", S.73.

Demgegenüber wird von Ökonomen und zunehmend auch von Juristen eine gleichrangige Präventionsfunktion als eigenes Grundprinzip des Schadensrechts neben dem Ausgleichsprinzip befürwortet.[444] Zur Begründung wird darauf hingewiesen, daß durch eine Schadensverlagerung auf den Schadensverursacher ein Verhaltensanreiz gesetzt wird, das heißt, durch die Normierung einer Haftung kann es einer indirekten Verhaltenssteuerung kommen. Das Sorgfalts- und Aktivitätsniveau von potentiellen Schädigern wird dadurch - eine Internalisierung externer Kosten vorausgesetzt - auf ein gesellschaftlich effizientes Niveau ausgerichtet, was der Maximierung der gesellschaftlichen Wohlfahrt dient.

b) Das Ausgleichsprinzip

Das Ausgleichsprinzip besagt, daß die Schadensersatzleistung die Nachteile ausgleichen soll, die dem Geschädigten entstanden sind. Dieser soll den gesamten Schaden ersetzt bekommen, so daß er durch die Ersatzleistung letztlich so gestellt wird, wie er ohne das die Ersatzpflicht begründende, schädigende Ereignis gestanden hätte. Bezugspunkt des Ausgleichs ist folglich nicht das schädigende Handeln des Ersatzpflichtigen, sondern das Interesse des Geschädigten.[445] Die Einstandspflicht des Schädigers basiert dabei auf seiner zivilrechtlichen Verantwortlichkeit für das schadensursächliche Geschehen, das heißt, das dem Schädiger zugerechnete Ereignis stammt aus seinem haftungsrechtlichen Verantwortungsbereich.[446]

Das Ausgleichsprinzip beruht auf der rechtsethischen und marktwirtschaftlichen Wertvorstellung, daß jeder Träger eines Risikos für die Realisierung desselben einzustehen hat, ganz gleich, ob sich das Risiko in seinem Bereich oder dem Bereich eines anderen realisiert.[447] Insofern ist das Ausgleichsprinzip auch eine Konsequenz der verfassungsrechtlich in Art.2 I GG verankerten allgemeinen Handlungsfreiheit. Hieraus ergibt sich aber auch, daß der Ausgleich nicht eine faktische Grundrechtsbeschränkung als Konsequenz des Ersatzanspruchs bedeuten kann. Zwar orientiert sich das Ausgleichsprinzip am Interesse des Geschädigten, es berücksichtigt aber das Interesse des Schädigers insoweit, daß der Ausgleich nicht zu einer unverhältnismäßigen Beschränkung der allgemeinen Handlungsfreiheit des potentiellen Schädigers führen darf.[448] Daher wird die Verantwortlichkeit des Schädigers durch bestimmte Anspruchsvoraussetzungen eingeschränkt. Zu nennen ist hier als zentrales Zurechnungsprinzip das Verschuldenserfordernis in § 823 I BGB. Nur wer vorsätzlich oder fahrlässig, das heißt unter Außerachtlassung der im Verkehr erforderlichen Sorgfalt, handelt, muß für die aus seinem Handeln resultierenden Schäden bei Dritten einstehen. Hierdurch wird die allgemeine Handlungsfrei-

---

444 Vgl. Ott, C./ Schäfer, H.-B., ZIP 1986, 613 (620 f.); Kötz, H./ Schäfer, H.-B., AcP 189, 501 (503); Lehmann, M., „Umwelthaftungsrecht", S.81; Steiner, G., S.47; Marton, G., AcP 162, 1 (45); Ott, C./ Schäfer, H.-B., S.238 f.; Hager, G., NJW 1986, 1961 (1970); Wagner, G., JZ 1991, 175 (176); Magnus, U., S.282; Kötz, H., Rn.36 ff.
445 Larenz, K., S.424.
446 Larenz, K., S.424; Keuk, B., S.261 f.; Deutsch, E., „Haftungsrecht", S.8; Schiemann, G., S.188.
447 Roussos, K., S.16.
448 Vgl. Roussos, K., S.16.

heit gewährleistet, welche bei einer uneingeschränkten Verantwortlichkeit erheblich beeinträchtigt wäre.

Im Ausgleichsprinzip angelegt ist zudem der Rechtsfortsetzungsgedanke.[449] Dieser geht von der Überlegung aus, daß ein Schadensersatzanspruch in der Regel aus der Verletzung eines subjektiven Rechts oder Rechtsguts resultiert. Insofern setzt sich das verletzte Recht oder der nicht erfüllte primäre Anspruch in dem Anspruch auf Schadensersatz fort.[450] Folglich bezieht sich der Schadenersatzanspruch in erster Linie auf das verletzte Recht und erst in zweiter Linie auf das Vermögen des Geschädigten. Dementsprechend räumt das Gesetz der Naturalrestitution in §§ 249 ff. BGB den Vorrang vor dem reinen Vermögensschutz ein.[451] Somit ist der Rechtsfortsetzungsgedanke auch im Gesetz verankert.

Des weiteren ist im Ausgleichsgedanken der Grundsatz der Totalreparation enthalten. Danach hat der Schädiger der Höhe nach stets den gesamten Schaden zu tragen.[452] Der Verschuldensgrad ist ebensowenig relevant hierfür, wie die persönliche Leistungsfähigkeit.[453] Im Ergebnis hat dies die Möglichkeit einer klaren Einschätzung des Haftungsrisikos zur Folge, was für die Versicherbarkeit des Risikos von erheblicher Relevanz ist.[454] Zudem ist der Geschädigte auch bei leichter Fahrlässigkeit regelmäßig in vollem Umfang haftungsrechtlich schutzwürdig, da diese zumeist bei mit einem besonderen Schadensrisiko behafteten Tätigkeiten zum Schaden führt. In diesen Fällen ist dem Schädiger die Tragung des vollen Schadens regelmäßig zuzumuten, da er üblicherweise die Möglichkeit hat, sich zu versichern und zudem den Profit aus dem eingegangenen Risiko zieht. Allenfalls in Fällen der Entziehung der wirtschaftlichen Existenz könnte eine Totalreparation im Einzelfall unangemessen sein.[455]

Für die haftungsrechtliche Erfassung ökologischer Schäden bedeutet das Ausgleichsprinzip, daß der Schadensersatz sich ex ante nach dem Verlust eines einzelnen Rechtsträgers in seiner Rechtssphäre bestimmt. Weitergehende Nutzenverluste Dritter als Folge des ökologischen Schadens sind für den Ersatz irrelevant. Ziel ist es allein, den individuellen Verlust ex post auszugleichen.

c) Die Präventionsfunktion

Basis jeder Präventionswirkung des Privatrechts ist die Verknüpfung eines in der Rechtsordnung nicht erwünschten Verhaltens mit einer Verpflichtung, Schadensersatz zu leisten, um von derartigen Verhaltensweisen abzuschrecken und so die dadurch entstehenden Schäden zu minimieren.[456] Voraussetzungen der Prävention sind somit eine Schadensverlagerung auf den Schädiger und die Möglichkeit, den

---

449 Larenz, K., S.425; Schiemann, G., S.207 spricht gleichbedeutend auch vom Rechtsverfolgungsgedanken.
450 Lange, H., S.11; Palandt-Heinrichs Vorbem v § 249 Rn.5.
451 Schiemann, G., S.206; Larenz, K., S.425 Fn.5; Lange, H., S.11.
452 Palandt-Heinrichs Vorbem v § 249 Rn.6.
453 Vgl. Lange, H., S.13 ff.
454 Mertens, H.-J., S.105 f.
455 Vgl. Mertens, H.-J., S.106 f.
456 Larenz, K., S.423; Schiemann, G., S.190.

Schaden durch ein rechtlich zulässiges Alternativverhalten vermeiden zu können[457] sowie die Kenntnis der objektiv gegebenen Sachlage, unter der Voraussetzung, daß es sich um eine rationale Entscheidung handelt.[458]

Zu untersuchen ist, ob die Präventionsfunktion ein eigenes Grundprinzip des Schadensrechts sein kann, wie dies von einem Teil der Lehre in Erwägung gezogen wird,[459] oder ob es sich um einen Nebeneffekt des Ausgleichsprinzips ohne eigenständige Bedeutung handelt. Diese Diskussion ist von erheblicher Relevanz, da die Annahme einer zumindest gleichrangigen Präventionsfunktion zu einem grundsätzlich anderen Verständnis des Haftungsrechts führt. Die Verhinderung von Schäden entsprechend einer volkswirtschaftlich effizienten Ressourcennutzung setzt eine Steuerung des Schädigerverhaltens vor der Schadensentstehung voraus. Somit dient das Schadensrecht nicht mehr dem bloßen Schadensausgleich ex post, sondern der Schadensminimierung ex ante durch eine Beeinflussung des Sorgfalts- und Aktivitätsniveaus des potentiellen Schädigers.

Die Entscheidung über eine Präventionsfunktion ist bei ökologischen Schäden von großer Bedeutung, da es sich um Schäden handelt, die im Regelfall nicht geltend gemacht werden oder nicht geltend gemacht werden können. Bei Umweltschäden,[460] zu denen auch die ökologischen Schäden zählen, handelt es sich regelmäßig um negative externe Effekte. Entweder bestehen keine individuellen Rechte an dem beeinträchtigten Naturgut oder aber der Geschädigte hat rational kein Interesse an der Schadensgeltendmachung, da es sich um Streuschäden handelt und/ oder der Kausalitätsnachweis nicht von ihm geführt werden kann. Ein Schadensausgleich scheidet mithin häufig aus. Wird der Schadenseintritt jedoch durch Vorsorgemaßnahmen verhindert, so treten ökologische Schäden gar nicht erst auf.

aa) Die Diskussion in der Lehre

Die Einordnung als unselbständiges Nebenprinzip des Ausgleichsprinzips entsprechend der (noch) herrschenden Meinung beruht auf der Grundannahme, daß jede Verschuldens- oder Gefährdungshaftung ein gewisses Maß an Präventionswirkung entfaltet. Eine Einordnung als Hauptprinzip scheide jedoch aus, da dies eine Verknüpfung von Verschulden und Schadensersatz ebenso beinhalten würde wie die Möglichkeit von Privatstrafen ohne Vorliegen eines Schadens.[461] Beides sei notwendig, um eine präventive Wirkung zu erzielen. Jedoch seien weder ein verschuldensabhängiger Schadensersatz noch Privatstrafen mit dem Ausgleichsprinzip vereinbar und verstoßen daher gegen den im BGB zum Ausdruck gekommenen Willen des Gesetzgebers. Die Schadensverlagerung bezwecke nach der Intention des Gesetzgebers keine Bestrafung des Schadensverantwortlichen. Eine derartige Pönalisierung des Handelns des Schädigers würde nach dieser Ansicht als Sanktion der

---

457 Larenz, K., S.423; Schmidt, J., KritV 1986, 83 (90 und 91 f.).
458 Weyers, H.-L., S.467; vgl. auch Steiner, G., S.49 ff.
459 Lehmann, M., „Umwelthaftungsrecht", S.81; Ott, C./ Schäfer, H.-B., ZIP 1986, 613 (620 f.); Kötz, H./ Schäfer, H.-B., AcP 189, 501 (503); Steiner, G., S.47; Marton, G., AcP 162, 1 (45); Ott, C./ Schäfer, H.-B., S.238 f.; Hager, G., NJW 1986, 1961 (1970); Wagner, G., JZ 1991, 175 (176); Magnus, U., S.282; Kötz, H., Rn.36 ff.
460 Zum Begriff des Umweltschadens vgl. Teil A.I.
461 Schiemann, G., S.190.

Handlung ebenfalls Ausgleichsleistungen ohne ausreichend begründete Schadensentstehung beinhalten und damit über den bloßen Ausgleich des Schadens hinausgehen.[462] Auch sei dem Zivilrecht eine Abstufung der Ersatzpflicht nach dem Verschuldensgrad der schädigenden Handlung bzw. Unterlassung des Schädigers fremd.[463] Eine solche Abstufung wäre jedoch nach herrschender Meinung notwendiger Inhalt einer Haftung unter Präventions- bzw. Strafgesichtspunkten.[464] Beispielsweise hatte das Allgemeine Preußische Landrecht die Ersatzpflicht dem Umfang nach abgestuft, je nach Art und Grad des Verschuldens. Auf die Heranziehung derartiger moralischer oder strafrechtlicher Gesichtspunkte haben die Verfasser des BGB jedoch bewußt verzichtet.[465] Insofern ist ein nicht pönalisierter Schadensersatzanspruch Ausdruck des Trennungsprozesses von Straf- und Zivilrecht. Dem würde eine Doppelbestrafung durch das Strafrecht auf der einen und das Haftungsrecht auf der anderen Seite zuwiderlaufen.[466] Zudem widerspräche eine Bußfunktion über die bloße Wiederherstellung hinaus der rechtsethischen Erwägung, daß Schäden vielfach eine natürliche Folge der menschlichen Unvollkommenheit sind.[467] Hieraus wird von der herrschenden Meinung der Vorrang des Ausgleichsprinzips geschlossen, das Präventionsprinzip müsse sich in diesen Rahmen einfügen.[468]

Dieser Argumentation ist entgegengehalten worden, daß ein derartiges Präventionsverständnis stets eine Bußfunktion beinhaltet und daher primär der Sanktion und weniger der bloßen Schadensverhütung dient.[469] Bei der Prävention geht es jedoch weniger um Strafe als vielmehr um die Vermeidung von Schäden.[470] Zwar kann eine Sanktion präventiv wirken. Beispielsweise setzt die Strafbarkeit bestimmter Verhaltensweisen einen Anreiz, sich normkonform zu verhalten. Jedoch kann hieraus nicht gefolgert werden, daß Prävention und Sanktion gleichbedeutend sind.[471]

Prävention bedeutet nur, daß dem Schädiger die Folgen seines Handelns von vornherein möglichst umfassend zugeordnet werden, damit er sie bereits bei seiner Aktivität berücksichtigt und nicht darauf vertraut, daß andere die infolge seines Handelns erlittenen Nutzenverluste hinnehmen. Allein mit der unzutreffenden Gleichsetzung von Prävention und Sanktion wird die Unterordnung der Prävention unter das Ausgleichsprinzip begründet.[472] Mit den entscheidenden Fragen, ob das Schadensrecht geeignet ist, eine verhaltenssteuernde Anreizwirkung zu entfalten und ob die Prävention ein legitimes, mit dem geltenden Haftungsrecht vereinbares Grundprinzip des Schadensrechts ist, befaßt sich die herrschende Meinung nicht.

---

462 Vgl. Roussos, K., S.16; Mertens, H.-J., S.98.
463 Lange, H., S.12; Larenz, K., S.423; Mertens, H.-J., S.97.
464 Larenz, K., S.423; Schiemann, G., S.190.
465 Mugdan, B. II, S.10.
466 Vgl. Mertens, H.-J., S.96.
467 Vgl. Marton, G., AcP 162, 1 (46).
468 Larenz, K., S.423 f.; Schiemann, G., S.190; Knebel, J., UTR, S.269; offengelassen bei Rehbinder, E., S.13.
469 Steiner, G., S.28 f.
470 Marton, G., AcP 162, 1 (45 f.).
471 Steiner, G., S.29.
472 Vgl. Schiemann, G., S.190; Larenz, K., S.423 f.; Mertens, H.-J., S.98 f.; Lange, H., S.10 f.; Esser, J./ Schmidt, E., I 2, S.172.

bb) Präventionswirkung des Schadensrechts

Eine Präventionsfunktion kann dem Schadensrecht nur dann zukommen, wenn die dadurch gesetzten Anreize das menschliche Verhalten tatsächlich beeinflussen und steuern können.

Die Möglichkeit einer verhaltenssteuernden Wirkung des Schadensrechts wird verschiedentlich bezweifelt.[473] Es herrscht jedoch weitgehende Einigkeit, daß es sich bei der Verhaltenssteuerung durch das Schadens- und Haftungsrecht um eine empirische Frage handelt.[474] Zugleich wird die präventive Wirkung des Strafrechts als sehr wahrscheinlich angesehen und zur Begründung der Annahme einer präventiven Wirkung des Schadensrechts herangezogen.[475] Andererseits darf nicht übersehen werden, daß dem Recht eine allgemeine Funktion der Steuerung menschlichen Verhaltens zukommt. Mithin basiert das Recht auf der Möglichkeit, menschliches Verhalten lenken zu können.

Eine Präventionswirkung des Haftungsrechts kann sich primär ergeben aus dem Risiko des potentiellen Schädigers, für den durch sein Handeln möglicherweise verursachten Schaden einstehen zu müssen und dem daraus resultierenden Anreiz, die Inanspruchnahme - und damit den Schaden - zu vermeiden.[476] Demnach müßte individuelles Handeln sich an der Wahrscheinlichkeit und Höhe eines möglichen Schadens orientieren. Die Wahrscheinlichkeit eines präventiven Verhaltens nimmt dabei mit dem Grad an Informationen[477] und der Rationalität des Handelns[478] zu. Somit ist im Umkehrschluß festzustellen, daß Uninformiertheit und Emotionalität sich auf das Ziel der Prävention regelmäßig nachteilig auswirken.

Ein Beispiel für eine präventive Wirkung des Haftungsrechts ist die Einführung des Betriebsausgleichsverfahrens durch Gesetz vom 30.04.1963, welches zu einer spürbaren Abnahme von Arbeitsunfällen geführt hat.[479] In diesem speziellen Fall haben ökonomische Anreize eine verhaltenssteuernde Wirkung entfaltet. Diese beruhte nicht auf Strafe, sondern auf einer verursacherbezogenen Kostenumlage. Folglich kann eine Präventionswirkung dem Haftungsrecht nicht a priori abgesprochen werden, auch wenn im Einzelfall zweifelhaft sein mag, ob eine Verhaltenssteuerung rechtlich bewirkt werden kann.

Letztendlich kann ein 100 %iger Nachweis bei Fragen der tatsächlichen empirischen Erkenntnis nicht geführt werden. Menschliches Verhalten kann lediglich im Regelfall, aber nie für jeden Einzelfall exakt prognostiziert werden. Daher ist die präventive Wirkung von Haftungsregeln im Einzelfall zweifelhaft. Dennoch ist rationales Verhalten sehr viel wahrscheinlicher als irrationales Verhalten. Wer dies bestreitet, trägt wegen der größeren Plausibilität rationalen Verhaltens die Darlegungslast. Bisher konnte jedoch nicht überzeugend dargelegt werden, daß sich

---

473 Schmidt, J., KritV 1986, 83 (85); ähnlich Gerlach, J., S.157; vgl. auch Kötz, H./ Schäfer, H.-B., AcP 189, 501 (503).
474 Weyers, H.-L., S.457; Steiner, G., S.136; Schmidt, J., KritV 1986, 83 (84); Kötz, H./ Schäfer, H.-B., AcP 189, 501 (504).
475 Weyers, H.-L., S.457; Steiner, G., S.137; Brüggemeier, G., S.230.
476 Weyers, H.-L., S.458.
477 Steiner, G., S.49.
478 Hager, G., NJW 1986, 1961 (1970); Wagner, G., S.41.
479 Vgl. Kötz, H./ Schäfer, H.-B., AcP 189, 501 (525).

Menschen ökonomisch eher irrational als rational verhalten. Auch der Gesetzgeber geht von einer präventiven Wirkung des Rechts aus.[480] Weiter spricht für eine Präventionswirkung, daß das Haftungsrecht regelmäßig nicht mit anderweitigen verhaltensbeeinflussenden Faktoren, wie etwa Moralvorstellungen oder einem Verantwortungsbewußtsein für kollektive Güter,[481] kollidiert. Beispielsweise entspricht der Schadensausgleich bei Umweltschäden durch das Umwelthaftungsrecht der allgemeinen Moralvorstellung, daß der Schutz der Natur wichtig ist.[482]

Zudem handelt es sich bei der Frage der Verhaltenssteuerung durch Haftung regelmäßig um ein Problem des Informationsstandes des Handelnden. Dieses Problem kann mit rechtlichen Mitteln über Aufklärungs- und Informationspflichten zumindest zum Teil gelöst werden. Auch dies spricht für einen Präventionseffekt des Haftungsrechts.

Aus rechtsdogmatischer Sicht ist weiter zu berücksichtigen, daß bereits das bestehende Recht auf den rational handelnden, egoistischen einzelnen ausgelegt ist.[483] Würde das Recht empirisch auf den konkreten Menschen abstellen, hätte dies die Unmöglichkeit jeglicher Rechtsordnung zur Folge,[484] da keine rechtliche Regelung den spezifischen Eigenarten jedes einzelnen gerecht werden kann. Rechtliche Regelungen sind daher nicht auf die konkrete psychische Motivationslage des Handelnden ausgerichtet, sondern müssen alle theoretisch möglichen sozialen Folgen eines normgemäßen Handelns berücksichtigen.[485] Auch für einen rücksichtslosen, klugen und zudem eigennützigen Menschen, das heißt für einen böswilligen „homo oeconomicus", muß eine Norm anwendbar sein, ohne daß dies den gemeinsamen Interessen aller Gesellschaftsmitglieder zuwiderläuft. Mithin entspricht die Annahme eines rational und egoistisch handelnden Menschen bereits dem Grundkonzept des geltenden Rechts. Es wäre widersprüchlich unter diesen Voraussetzungen, die verhaltenssteuernde Wirkung des Schadensrechts abzulehnen.

Somit ist von der präventiven Wirkung rechtlicher Regelungen grundsätzlich auszugehen.[486] Folglich ist bei der weiteren Untersuchung zugrunde zu legen, daß das Haftungsrecht präventiv wirken und ihm somit neben der Ausgleichsfunktion auch eine Präventionsfunktion zukommen kann.

cc) Prävention als Grundprinzip des Schadensrechts

Zu erörtern ist, ob dem Schadensrecht eine Präventionsfunktion zukommen sollte und wie diese Präventionsfunktion mit dem Ausgleichsprinzip vereinbar ist. Zunächst ist festzustellen, ob die Präventionsfunktion ein wünschenswertes Grundprinzip des Schadensrechts ist. Hierfür sprechen sowohl ökonomische als auch rechtliche Erwägungen.

---

480 Vgl. Deutscher Bundestag Drs.11/7104, S.18 zur Begründung von § 6 II UmweltHG.
481 Vgl. hierzu Scherhorn, G., S.201; Frey, B./ Schneider, F., ZfU 1997, 153 (158).
482 Vgl. Scherhorn, G., S.205 f.
483 Vgl. Behrens, P., S.50; Radbruch, G., „Mensch", S.12.
484 Radbruch, G., „Mensch", S.9.
485 Behrens, P., S.50.
486 Rehbinder, E., S.18; Wiese, G. T., S.14 ff.; Wagner, G., S.41; Taupitz, J., Jura 1992, 113 (119) und Koch, B., S.77 gehen ebenfalls von einer Präventionswirkung des Haftungsrechts aus.

(1) Ökonomische Gesichtspunkte

Aus ökonomischer Sicht ist darauf hinzuweisen, daß es durch Schadensereignisse zu einer Zerstörung materieller und immaterieller Güter von beträchtlichem Wert kommt. Damit gehen zugleich gesellschaftliche Wohlfahrtsverluste durch die Inanspruchnahme von volkswirtschaftlichen Produktivkräften zum Ausgleich von Schäden einher.[487] Zu beachten ist dabei, daß eine Schadensverhütung im Vergleich zum Schadensausgleich zu gesellschaftlichen Nutzengewinnen führen kann. Diese Voraussetzung ist gegeben, wenn die für die Schadensverhütung eingesetzten Ressourcen geringer sind als die beim Schadenseintritt für den Schadensausgleich notwendigen Ressourcen. Ist dies der Fall, ist es volkswirtschaftlich geboten, Anreize zur Schadensverhütung zu setzen, und es somit gar nicht erst zum Schadenseintritt kommen zu lassen. Volkswirtschaftliches Ziel ist die Maximierung der Differenz zwischen Kosten und Nutzen der gefährlichen Aktivität.[488] Hierzu bedarf es einer Nutzen-Kosten-Analyse, bei der Schadensverhütung und Schadensausgleich als Alternativen verglichen werden.[489] Liegt der zu erwartende Aufwand des Schadenseintritts unter Berücksichtigung der Schadenswahrscheinlichkeit über dem Ressourcenaufwand zur Schadensverhütung, ist es effizient, das Schadensrisiko in Kauf zu nehmen. Nur so ist angesichts knapper Ressourcen eine Maximierung der Bedürfnisbefriedigung in einer Gesellschaft möglich.[490]

Eine solche Minimierung volkswirtschaftlicher Schadenskosten wird dabei im Regelfall über eine Schadensvermeidung erzielt, da eine Verhütung des Schadens regelmäßig mit einem geringeren Ressourcenaufwand erfolgen kann als eine Schadensvergütung bzw. ein Schadensausgleich.[491]

Dabei ist zu berücksichtigen, daß es auf der Basis der vorhandenen rechtlichen Regelungen trotz hoher Aufwendungen zur Schadensregulierung im Regelfall nicht zu einem umfassenden Ausgleich kommt.[492] Dies liegt insbesondere an der fehlenden Internalisierung externer Effekte.[493] Viele Nutzengewinne unterliegen nicht dem Schutz durch Individualrechte, so daß ihr Verlust nicht zu einem Ausgleichsanspruch führt. Dies zeigt sich besonders bei Schädigungen der Natur, beispielsweise eines Waldes. Bei einem Wald stehen vielfältige Nutzenfunktionen - etwa für den Grundwasserhaushalt, für die Erholung der Bürger, als Luftfilter, als Sauerstoffproduzent, als Holzproduzent - einem Grundstückswert gegenüber, der diese Funktionen weitenteils nicht berücksichtigt. Das Schadensrecht gewährt in §§ 249 ff. BGB de lege lata keinen Ersatz bei der nicht restituierbaren Zerstörung immaterieller Werte. Diese würden bei Anreizen zur Schadensverhütung in ihrem Erhalt gesichert.[494] Auch werden beim Schadensausgleich potentiell mögliche Wohlfahrtssteigerungen nicht berücksichtigt.[495] Somit liegen die Nutzengewinne

---

487 Steiner, G., S.38.
488 Wagner, G., JZ 1991, 175 (177).
489 Steiner, G., S.39.
490 Vgl. Kötz, H./ Schäfer, H.-B., AcP 189, 501 (503).
491 Vgl. Kötz, H./ Schäfer, H.-B., AcP 189, 501 (502).
492 Steiner, G., S.38.
493 Vgl. Lehmann, M., „Umwelthaftungsrecht", S.85.
494 Koller, I., VersR 1980, 1 (3).
495 Vgl. Steiner, G., S.46.

einer Schadensverhütung deutlich höher, als der zivilrechtlich derzeit zu ersetzende Schaden.

Dabei beinhaltet Prävention sowohl eine Steuerung des Sorgfalts- als auch des Aktivitätsniveaus zu Erzielung eines effektiven Schadensniveaus. Der Erfolg einer Schadensverhütung hängt ebenso von den Vorkehrungen des Handelnden zum Schutz der Rechte und Rechtsgüter Dritter bei der Ausübung seiner riskanten Tätigkeit ab, wie von der Häufigkeit der Vornahme der Handlung.[496] Grundvoraussetzung dieser doppelten Steuerungswirkung ist die Verlagerung des Schadens auf den Schädiger. Auf den Ausgleich beim Geschädigten kommt es für die Präventionswirkung nicht an.[497]

Unter volkswirtschaftlichen Gesichtspunkten sollte dem Schadensrecht daher eine Präventionsfunktion zukommen.

(2) Rechtliche Gesichtspunkte

Als ein zentraler Kritikpunkt am Ausgleichsprinzips wird aus rechtlicher Sicht angeführt, es bleibe unklar, wann ein Schaden verlagert werden sollte.[498] So könne der Geschädigte zumindest bei Unfallschäden ebensogut einen Schadensausgleich über eine Eigenversicherung erhalten. Es bedürfe folglich nicht stets einer Schadensverlagerung auf den Schädiger. Diese lasse sich allein mit der Präventionsfunktion des Haftungsrechts erklären.[499]

Dem ist insoweit zuzustimmen, als es beim Ausgleichsprinzip maßgeblich auf das Interesse des Geschädigten ankommt. Zentraler Gesichtspunkt des Ausgleichsprinzips ist nicht die zivilrechtliche Verantwortlichkeit und die daraus resultierende Schadensverlagerung auf den Schädiger, sondern der Ausgleich beim Geschädigten. Allerdings ist das Ausgleichsprinzip, wie oben dargelegt, Ausfluß der allgemeinen Handlungsfreiheit in Art. 2 I GG. Derjenige, der als Verursacher eines Risikos die Grenzen seiner allgemeinen Handlungsfreiheit überschreitet und dadurch einen anderen schädigt, soll für einen Schadensausgleich sorgen.[500] Folglich läßt sich aus dem Begründungszusammenhang des Ausgleichsprinzips eine Schadensverlagerung auf den Schädiger herleiten. Dennoch handelt es sich nicht um einen elementaren Bestandteil des Ausgleichsprinzips.

Zudem normiert das Ausgleichsprinzip keine Steuerung des Sorgfalts- und Aktivitätsniveaus, wie dies bei der Prävention der Fall ist. So ist die Einschränkung der Haftung durch das Verschuldenserfordernis § 276 BGB Ausdruck einer angestrebten Verhaltenssteuerung des Handelnden, die eine Beschränkung der Verantwortlichkeit für den eigenen Risikobereich zur Folge hat.

Ebensowenig lassen sich Einschränkungen der Gefährdungshaftung, etwa bei der Ursachenvermutung nach § 6 II UmweltHG oder in § 7 II StVG beim Haftungstatbestand mit dem Ausgleichsprinzip erklären. In beiden Fällen wird der Einhal-

---

496 Vgl. Weyers, H.-L., S.459.
497 Vgl. Schäfer, H.-B./ Ott, C., S.114, diese ist allein Ausdruck der Ausgleichsfunktion.
498 Schäfer, H.-B./ Ott, C., S.114.
499 Vgl. Roussos, K., S.10 m.w.N.
500 Vgl. Larenz, K., S.424; Keuk, B., S.261 f.; Deutsch, E., „Haftungsrecht", S.8; Schiemann, G., S.188.

tung bestimmter Sorgfaltsanforderungen Rechnung getragen,[501] um haftungsrechtliche Verhaltensanreize zu setzen,[502] obwohl die Schäden im Risiko- und Verantwortungsbereich des Handelnden liegen und daher nach dem Ausgleichsprinzip eine Schadensverlagerung im Interesse des Geschädigten geboten wäre. Somit ist hier entgegen des Ausgleichsprinzips das Handeln des Ersatzpflichtigen Bezugspunkt der rechtlichen Regelung.

Ähnliches gilt für die allgemeinen Verkehrspflichten und Sorgfaltsanforderung, die sich aus § 823 I BGB ergeben. Diese richten sich nach den Erfordernissen des Verkehrs und nicht am Interesse des konkret Geschädigten. Damit haben sie eine präventive Wirkung als Maßstab für das Handeln zukünftiger potentieller Schädiger.[503]

Die genannten, im geltenden Haftungsrecht enthaltenen Verhaltenssteuerungen lassen sich nicht auf das Ausgleichsprinzip, sondern nur auf eine Präventionsfunktion des Haftungs- und Schadensrechts zurückführen.[504]

Ein weiterer Kritikpunkt am Ausgleichsprinzip als alleinigem übergeordnetem Grundsatz des Schadenersatzrechts ist der fehlende Rechtsgüterschutz. Das Ausgleichsprinzip setzt erst bei Entstehung des Schadens an, gewährt damit jedoch den Rechtsgütern des einzelnen über den Wiederherstellungsanspruch nach § 249 BGB hinaus keinen Schutz. Damit trägt das Ausgleichsprinzip der Aufgabe des Schutzes individueller Rechte und Rechtsgüter nur unzureichend Rechnung.[505] Dieser Rechtsgüterschutz ist nur adäquat gewährleistet, wenn dem Recht eine Präventionsfunktion zugebilligt wird.

Folglich kommt dem Zivilrecht aus rechtlicher Sicht gesellschaftlich sowohl die Aufgabe des Schadensausgleichs als auch der Schadensvermeidung zu. Das Ausgleichsprinzip beinhaltet vielfach keine ausreichende Grundlage für das geltende Schadensrecht. In diesem sind viele rechtliche Wertungen nicht Ausdruck des Ausgleichsprinzips, sondern erklären sich erst durch eine Präventionsfunktion des Schadensrechts.

(3) Zwischenergebnis

Die Präventionsfunktion ist aus rechtlicher ebenso wie aus volkswirtschaftlicher Sicht ein zweites legitimes Grundprinzip des Schadens- und Haftungsrechts neben dem Ausgleichsprinzip.

---

501 Landmann/ Rohmer-Hager, UmweltHG § 6 Rn.40; Jagusch, H./ Hentschel, P., StVG § 7 Rn.30.
502 So ausdrücklich für § 6 II UmweltHG: Landmann/ Rohmer-Hager, UmweltHG § 6 Rn.40 und der Gesetzesentwurf der Bundesregierung, vgl. Deutscher Bundestag Drs.11/7104, S.18; a.A. Schmidt-Salzer, J., § 6 Rn.231; vgl. zum präventiven Zusammenwirken von Umweltgefährdungshaftung und Versicherung Japp, K., KritV 1997, 80 (83).
503 Steiner, G., S.133; Weyers, H.-L., S.464.
504 Im Ergebnis ebenso Körner, M., NJW 2000, 241, 246 hinsichtlich des Persönlichkeitsschutzes durch das Haftungsrecht.
505 Schäfer, H.-B./ Ott, C., S.114; Koller, I., VersR 1980, 1 (2 f.).

dd) Zusammenwirken von Präventions- und Ausgleichsfunktion

Somit gilt es, das Zusammenwirken der Ausgleichs- und der Präventionsfunktion des Rechts zu untersuchen. Aus der Präventionsfunktion folgt die Aufgabe der Internalisierung negativer externer Kosten. Dies widerspricht nicht dem Ausgleichsgedanken, da es sich auch bei negativen externen Effekten um real erlittene Nutzenverluste handelt. Soweit sich infolge einer Kosteninternalisierung eine Mehrbelastung des Schädigers ergibt, steht diese nicht im Widerspruch zum Ausgleichsprinzip, da die Geschädigten aus dem Schadensersatz keinen Vorteil gegenüber dem Ausgangszustand ziehen.

Unvereinbar mit dem Ausgleichsgedanken sind jedoch sogenannte „punitive damages". Hierbei handelt es sich um Schadensersatzverpflichtungen, die über den eingetretenen Schaden hinausgehen.[506] Das deutsche Zivilrecht geht von dem Grundsatz aus, daß der Schadensersatz der Höhe nach den Schaden des Anspruchstellers nicht übersteigen darf.[507] Folglich soll der Geschädigte aus dem Schadensereignis grundsätzlich keinen Profit ziehen. Ökonomisch gesehen können „punitive damages" jedoch sinnvoll sein, da es regelmäßig nicht möglich ist, alle Schadensfolgen auf ihren Verursacher zurückzuführen und ein Strafzuschlag zu einer Belastung des Schädigers in Höhe der beim Anspruchsinhaber sowie bei nicht anspruchsberechtigten Dritten tatsächlich eingetretenen Nutzenverlusten führen kann.[508] Zudem ist die Verhinderung eines ausgleichspflichtigen Schadens volkswirtschaftlich regelmäßig billiger als die Abwicklung des Schadensausgleichs, so daß es ökonomisch zweckmäßig ist, einen entsprechenden Vermeidungsanreiz zu setzen.[509] Allerdings hat sich der deutsche Gesetzgeber in § 249 S.1 BGB eindeutig für eine Begrenzung des Schadensersatzes der Höhe nach auf den beim Anspruchsteller tatsächlich eingetretenen Schaden entschieden. Eine richterliche Rechtsfortbildung zugunsten von „punitive damages" scheidet damit aus.

ee) Bedeutung der Präventionsfunktion für die Erfassung ökologischer Schäden

Das Ausgleichsprinzip bezieht sich nur auf bereits eingetretene ökologische Schäden. Dabei bleibt unberücksichtigt, daß es sich bei Umweltschäden allgemein und ökologischen Schäden im besonderen häufig um Allmählichkeitsschäden handelt.[510] Ökologische Schäden sind regelmäßig nicht auf konkret bestimmbare Schadensereignisse zurückzuführen. Vielmehr entwickeln sie sich häufig über einen längeren Zeitraum hin. Beispielsweise wirkt sich die ubiquitäre Schadstoffbelastung der Luft kontinuierlich nachteilig auf die genetische Vielfalt aus. Hierbei handelt es sich um eine prozeßhafte Schadensentstehung über einen längeren Zeitraum. Ebenso ist die Abnahme bestimmter Arten in einem Gebiet aufgrund der Schadstoffbelastung nicht ein plötzliches Ereignis sondern ein länger fortdauernder Prozeß. Schadenser-

---

506 Adams, M., S.46.
507 Vgl. BGHZ 118, 312, 338 f. mit kritischer Anmerkung Körner, M., NJW 2000, 421 ff.; Adams, M., S.46.
508 Vgl. Schäfer, H.-B./ Ott, C., S.359 f.
509 Vgl. Kötz, H./ Schäfer, H.-B., AcP 189, 501 (502).
510 Vgl. Hohloch, G., S.241 für Waldschäden; zum Begriff des Allmählichkeitsschadens vgl. OGH Wien VersR 1994, 582 (584).

eignisse wie der Sandoz-Unfall sind eher die Ausnahme. Anders als das nachsorgende Ausgleichsprinzip setzt die Präventionsfunktion des Rechts vor der Schadensentstehung ein, um den Schaden durch Vorsorgemaßnahmen auf ein ökonomisch effizientes Niveau zu begrenzen.

Ein solches Ansetzen vor der Schadensentstehung ist bei ökologischen Schäden auch deshalb sinnvoll, weil sie häufig irreversibel sind.[511] Das Aussterben einer Art kann ebensowenig rückgängig gemacht werden wie die Verminderung der genetischen Diversität oder die Zerstörung eines Hochmoores.[512] Die Folgen eines ökologischen Schadens lassen sich nach seinem Eintritt allenfalls begrenzen, etwa durch eine Neuansiedlung von Arten (Wiederaufforstung von Wäldern, Neubesatz von Fischen, etc.), eine adäquate Wiederherstellung der Natur durch den Menschen scheidet aber regelmäßig aus. Hinsichtlich der dann verbleibenden Möglichkeit einer Schadenskompensation stellt sich das Problem der monetären Bewertbarkeit.[513]

Eine präventives Schadens- und Haftungsrecht birgt mithin weitaus bessere Chancen für die Bewahrung der Natur als ein auf den bloßen Schadensausgleich gerichtetes Rechtssystem. Letzteres kann dem Schutz der Natur nicht in angemessener Weise Rechnung tragen. Im Rahmen der Präventionsfunktion können ökologische Ziele bei der Bestimmung von Sorgfaltsanforderungen bzw. Verkehrspflichten einbezogen werden. Allerdings besteht auch bei einer Präventionsfunktion des Rechts das Problem, daß ein ökonomisch rational handelnder, potentieller Schädiger einen ökologischen Schaden gegebenenfalls in Kauf nehmen wird. Dies gilt einerseits dann, wenn das präventiv festgelegte Sorgfaltsniveau den ökologischen Wert nicht berücksichtigt und zum anderen dann, wenn bei einer Verschuldenshaftung das Sorgfaltsniveau aus ökologischen Motiven so hoch angesetzt wird, daß ein rational handelnder Schädiger sich auf die ökonomisch rationale Schadensvorsorge beschränkt und die eintretenden Schäden trägt.[514] Folglich ist die Berücksichtigung ökologischer Leitbilder bei der präventiven Festlegung von Sorgfaltsanforderungen zwar möglich, jedoch nur in einem begrenzten Rahmen.

d) Zwischenergebnis

Die tragenden Grundprinzipien des Schadensrechts sind die Ausgleichs- und die Präventionsfunktion. Dies entspricht ökonomischen wie rechtlichen Erwägungen. Mit der Gleichrangigkeit von Ausgleichs- und Präventionsfunktion wird ein umfassender Schutz des Interesses des potentiell Geschädigten erreicht und zugleich der gesellschaftlichen Funktion des Zivilrechts bei der Regelung des gesellschaftlichen Miteinanders der einzelnen Gesellschaftsmitglieder in einer gesellschaftlich effizienten Weise Rechnung getragen. Durch richterliche Rechtsfortbildung kann die

---

511 Vgl. Hampicke, U., S.87 f.
512 Vgl. zum Zeithorizont einer solchen Hochmoorregeneration Kaule, G., ANL, S.16; Ellenberg, H., S.70 ff.; zur Entstehungsgeschichte vgl. Lang, G., S.221 ff.
513 Vgl. zu den Bewertungsmöglichkeiten und -grenzen Teil C.III.
514 Vgl. Schäfer, H.-B./ Ott, C., S.160.

Präventionsfunktion berücksichtigt werden. Lediglich einer Präventionswirkung durch „punitive damages" steht das geltende Recht entgegen.

In bezug auf ökologische Schäden bedeutet dies, daß es Aufgabe des Schadens- und Haftungsrechts ist, sie, soweit dies effizient ist, zu verhindern und gegebenenfalls auszugleichen. Der Schutz der Natur wird bei einer Präventionsfunktion des Schadens- und Haftungsrechts verbessert. Ökologische Schäden sind häufig Allmählichkeitsschäden. Oftmals sind ökologische Schäden auch nicht restituierbar. Geboten ist daher eine Schadensvermeidung von ökologischen Schäden und kein bloßer Schadensausgleich. Ökologische Schäden, die keinen zivilrechtlichen Schaden beinhalten, fallen jedoch von vornherein aus dem Regelungsbereich des Privatrechts heraus. Nicht individualisierbaren ökologischen Gütern kommt die Präventionsfunktion des Schadens- und Haftungsrechts jedoch zugute, soweit die Schadensvorsorge zugleich den Eintritt solcher Allgemeingutschäden verhindert.

Durch die Präventionsfunktion des Schadens- und Haftungsrechts kann dem gesellschaftlichen Ziel des Schutzes der Natur durch die Zivilgerichte angemessener Rechnung getragen werden, als dies bislang der Fall ist.

2. Grundsätze des haftungsrechtlichen Rechtsgüterschutzes

a) Vorbemerkung

Entscheidend für die Möglichkeiten einer Erfassung von individuell zuordenbaren ökologischen Schäden ist der Umfang des haftungsrechtlichen Rechtsgüterschutzes. Nur soweit ökologische Schäden hiervon erfaßt werden, besteht die Möglichkeit einer zivilrechtlichen Regulierung dieser Schäden. Diese hängt wiederum maßgeblich von den Grundsätzen und Funktionen des Rechtsgüterschutzes ab. Auch die Diskussion um eine Erweiterung des Rechtsgüterschutzes muß sich letztlich an den Grundsätzen und Funktionen messen lassen.

Die zentrale Aufgabe des haftungsrechtlichen Rechtsgüterschutzes ist der Schutz individueller Rechte und Rechtsgüter vor widerrechtlichen Eingriffen, das heißt Verletzungen der individuellen Rechtssphäre durch Dritte außerhalb von Sonderbeziehungen, insbesondere Verträgen.[515] Mit dieser Individualrechtsbezogenheit erfüllt das Haftungsrecht nicht nur eine Schutzfunktion für die Rechtssphäre des einzelnen, sondern leistet zugleich einen Beitrag zur gesellschaftlichen Ordnungsfunktion des Zivilrechts.[516] Die Ordnungsfunktion des Haftungsrechts hat ein ökonomisches und ein gesellschaftliches Element. Zum einen ist ein individualisierter haftungsrechtlicher Rechtsgüterschutz notwendige Voraussetzung einer kapitalistischen, marktbezogenen Wirtschaftsordnung und zum anderen bedarf es in einer Grundrechtsdemokratie einer Abgrenzung der Freiheitsrechte und Handlungsbefugnisse zwischen den verschiedenen Rechtsträgern.

Die Festlegung und Begrenzung von Freiheitsräumen und Handlungsbefugnissen jedes einzelnen in Abgrenzung zu Dritten durch das Haftungs- und Schadens-

---

515 Baumann, P., JuS 1989, 433; Medicus, D., JZ 1986, 778; Palandt-Thomas Einf v § 823 Rn.1.
516 Vgl. Großfeld, B., S.82.

recht führt notwendigerweise zu einem individualisierten Rechtsgüterschutz. Welche Rechte und Rechtsgüter dem haftungsrechtlichen Rechtsgüterschutz unterliegen, wird im Gesetz festgelegt. Die zentrale Bestimmung für den haftungsrechtlichen Rechtsgüterschutz ist dabei § 823 I BGB.

Grundvoraussetzung eines haftungsrechtlichen Schadensersatzanspruchs ist die Verletzung gesetzlich geschützter subjektiver Rechte oder Rechtsgüter. Unter einem subjektiven Recht ist die einer Person durch das objektive Recht eingeräumte Willensmacht zur Befriedigung ihrer subjektiven Interessen, zu verstehen.[517]

An der Zuordnung von subjektiven Rechten zu Personen zeigt sich die anthropozentrische Ausrichtung und Funktion des Rechts.[518] Als Rechtssubjekte kommen nur Menschen und juristische Personen in Betracht. Bei Pflanzen und Tieren kann es sich allenfalls um Rechtsobjekte handeln, das heißt sie können Gegenstand subjektiver Rechte sein. So sind Pflanzen, ebenso wie beispielsweise Steine, Autos und Kühlschränke, Sachen nach § 90 BGB. Tiere sind zwar seit 1990 nach § 90a Satz 1 BGB keine Sachen, werden jedoch nach § 90a Satz 3 BGB wie Sachen behandelt, sofern nichts anderes bestimmt ist. Dies führt zwar dazu, daß sie als körperliche Gegenstände eigener Art anzusehen sind, ohne daß damit jedoch eine Änderung der Rechtslage im Vergleich zu einer Einordnung als Sachen nach § 90 BGB verbunden wäre.[519]

Folglich bezieht sich der haftungsrechtliche Rechtsgüterschutz auf den Schutz individueller Rechte und Rechtsgüter, die Verletzung und den Ausgleich derselben sowie auf individualisierbare Beteiligte. Einbußen, die keinem Individuum bzw. Rechtssubjekt zuzuordnen sind, werden ebensowenig erfaßt wie individuelle Einbußen aus dem Wegfall von Nutzungen, die nicht Gegenstand individueller Rechte sind, etwa Verluste an individuellen Wohlfahrtsgewinnen aus der Nutzung von Allgemeingütern.[520] Bei ersteren handelt es sich etwa um die Zerstörung einer herrenlosen Sache - sofern die Zerstörung nicht bereits als Aneignung gewertet wird - oder auch Beeinträchtigungen des regionalen Klimas. Nicht Gegenstand des Haftungsrechts ist somit der Schutz und die Nutzung gesellschaftlich frei nutzbarer Güter, auch wenn sie mit individuellen Nutzengewinnen verbunden sind. Ein Schutz dieser Güter durch das Haftungsrecht würde voraussetzen, daß sie Gegenstand individueller Rechte sind bzw. dem Schutzbereich derselben unterfallen und dadurch einem Individualrechtsträger zugeordnet werden.[521] Mit einer solchen Zuordnung erlangt der betroffene Individualrechtsträger jedoch eine Vorzugsposition gegenüber anderen Rechtsträgern und zwar dergestalt, daß er diese anderen Rechtsträger von der Nutzung des zuvor frei zugänglichen Gutes, soweit es seiner Rechtssphäre unterliegt, ausschließen kann. Daher bedarf es einer sorgfältigen Abwägung der jeweils betroffenen Interessen, bevor an Allgemeingütern individuelle Rechtspositionen spezifiziert werden.[522]

---

517 Vgl. Brox, H., Rn.568 bis 571; Enneccerus, L./ Lehmann, H., S.438.
518 Vgl. Teil B.I.5. sowie ähnlich Möllers, T., S.28.
519 Palandt-Heinrichs § 90a Rn.1; MünchKomm-Holch § 90a Rn.11.
520 Ott, C./ Schäfer, H.-B., S.231.
521 Vgl. v.Bar, C., KF, S.4.
522 Vgl. Teil B.II.2.d) und Teil B.III.4. sowie Wolf, M., UTR, S.247.

b) Rechtsgüterschutz durch § 823 I BGB

Die Vorschrift des § 823 I BGB bezweckt den Schutz des einzelnen Rechtsträgers in bestimmten Rechten und Rechtsgütern. In diesen soll er durch widerrechtliche Eingriffe anderer Personen grundsätzlich nicht beeinträchtigt werden. Daher benennt § 823 I BGB aus der Vielzahl individueller Nutzeninteressen bestimmte Güter und Rechtspositionen, die gegenüber Dritten geschützt werden sollen und sanktioniert ihre Verletzung bei Vorliegen der weiteren Anspruchsvoraussetzungen (Kausalität, Verschulden) durch die Schadensverlagerung vom Geschädigten auf den Schädiger.

Bei den in § 823 I BGB angeführten Rechtsgütern Leben, Körper, Gesundheit und Freiheit handelt es sich um die vitalen Lebensinteressen des Menschen.[523] Beeinträchtigungen dieser Rechtsgüter sind für die haftungsrechtliche Erfassung ökologischer Schäden ohne Bedeutung, so daß die Untersuchung auf die durch § 823 I BGB geschützten Rechte, dem Eigentum und den sonstigen Rechten, beschränkt werden kann. Der Unterschied zu den Rechtsgütern besteht in der Möglichkeit der Rechtsübertragung, welche bei Rechtsgütern wegen ihrer unveränderlichen Zuweisung zu ihrem Rechtsträger nicht gegeben ist.[524]

Ausdrücklich genannt wird von den geschützten Rechten in § 823 I BGB nur das Eigentum als das wichtigste materielle Recht. Bei einer Eigentumsverletzung kann es sich um eine Zerstörung, Beeinträchtigung, Verunstaltung oder aber Entziehung der Sache handeln, wobei unerheblich ist, ob dies durch eine tatsächliche Einwirkung oder in anderer Weise erfolgt.[525] Eine Einwirkung auf die Sachsubstanz ist nicht erforderlich. Der Schutzbereich des Eigentums umfaßt den mit einer Sache verbundenen Freiheitsbereich des Eigentümers. Geschützt wird somit das Eigentum vor jeglicher physischen Einwirkung, die die Verwendbarkeit im Sinne der Zwecke des Eigentümers herabsetzt.[526] Dabei kann es sich auch um Wertschätzungen kultureller oder ideeller Art handeln.

Bei den durch § 823 I BGB geschützten sonstigen Rechten handelt es sich grundsätzlich um andere absolute Rechte. Allerdings hat die Rechtsprechung mit dem Recht am eingerichteten und ausgeübten Gewerbebetrieb und dem allgemeinen Persönlichkeitsrecht zwei weitere sonstige Rechte anerkannt, bei denen es sich nicht um absolute Rechte handelt. Im übrigen handelt es sich bei den sonstigen Rechten um absolute Rechte, wie beispielsweise den Besitz §§ 854 ff. BGB, das Namensrecht § 12 BGB oder auch bestimmte Familienrechte.[527] Geschützt werden zudem Aneignungsrechte wie das Jagd-, Jagdausübungs- und Fischereirecht sowie Wasserbenutzungsrechte. Diese letztgenannten Rechte sind für die haftungsrechtliche Erfassung ökologischer Schäden relevant, da sie sich auf Naturgüter beziehen. Hingegen wird das Vermögen als solches nicht geschützt.[528] Es besteht jedoch ein

---

523 Vgl. Soergel-Zeuner § 823 Rn.15 ff.
524 Vgl. Deutsch, E., „Unerlaubte Handlungen", Rn.176; Fikentscher, W., Rn.1205.
525 Vgl. Palandt-Thomas § 823 Rn.8; RGRK-Steffen § 823 Rn.20.
526 Vgl. Wolf, M., UTR, S.253; Engelhardt, W., S.130; MünchKomm-Mertens § 823 Rn.71 und 112.
527 Vgl. Palandt-Thomas § 823 Rn.11 ff.; Deutsch, E., „Unerlaubte Handlungen" Rn.189 ff.
528 Brüggemeier, G., Rn.330.

mittelbarer Schutz bei Vermögensschäden infolge der Verletzung eines geschützten Rechts oder Rechtsguts. Ein unmittelbarer Vermögensschutz besteht nur bei vorsätzlichen Schädigungen nach § 826 BGB sowie nach § 823 II BGB bei Verletzung eines Schutzgesetzes.

c) Richterrechtlich anerkannte Erweiterungen des sonstigen Rechts i.S.v. § 823 I BGB

Der Schutzbereich des § 823 I BGB ist durch richterliche Rechtsfortbildung im Laufe der Zeit erweitert worden. Mit dem Recht am eingerichteten und ausgeübten Gewerbebetrieb und dem allgemeinen Persönlichkeitsrecht wurden zwei sogenannte Rahmenrechte als sonstige Rechte anerkannt. Diese werden als Rahmenrechte bezeichnet, da es sich um offene Tatbestände handelt, bei denen nicht jede Rechtsbeeinträchtigung widerrechtlich ist, sondern es vielmehr bei der Frage der Rechtswidrigkeit des Eingriffs einer Abwägung der jeweils betroffenen Interessen bedarf.[529] Mithin handelt es sich nicht um absolute Rechte.

Die Ausweitung des Rechtsgüterschutzes des § 823 I BGB war die Folge des als unzureichend empfundenen Schutzes durch das Deliktsrecht bei bestimmten schuldhaften Verletzungstatbeständen, die nicht durch die Berufung auf die allgemeine Handlungsfreiheit legitimiert werden konnten.

Die Einbeziehung des allgemeinen Persönlichkeitsrechts unter die sonstigen Rechte nach § 823 I BGB beruht auf den Unzulänglichkeiten des zivilrechtlichen Persönlichkeitsschutzes im Vergleich zu dem im Grundgesetz verankerten Schutz der Persönlichkeit. Durch den Schutz der Menschenwürde in Art.1 GG und den Schutz der freien Entfaltung der Persönlichkeit in Art.2 I GG ist das allgemeine Persönlichkeitsrecht umfassend in der Verfassung verankert. Durch die mittelbare Wirkung der Grundrechte auf das Zivilrecht und dort insbesondere auf die Generalklauseln, ist der Schutz der sich frei entfaltenden menschlichen Persönlichkeit und ihrer Würde in der Gesellschaft, bei der Normanwendung und Auslegung zu berücksichtigen.[530] Die Funktion des allgemeinen Persönlichkeitsrecht ist es sicherzustellen, daß der einzelne grundsätzlich selbst entscheiden kann, wie er sich in der Gesellschaft oder Dritten gegenüber darstellt und in welchem Umfang über seine Persönlichkeit verfügt wird,[531] ohne daß dies auf die Privatsphäre beschränkt ist.[532] Zur Konkretisierung der Reichweite des allgemeinen Persönlichkeitsrechts bedarf es jedoch einer Güter- und Interessenabwägung.[533] Insofern bleibt der deliktische Schutz durch das allgemeine Persönlichkeitsrecht hinter dem, der in § 823 I BGB ausdrücklich genannten Rechte und Rechtsgüter zurück. Es handelt sich allerdings auch um ein sehr viel umfassenderes Recht.[534]

---

529 Vgl. zur Abwägung beim allgemeinen Persönlichkeitsrecht Schäfer, H.-B./ Ott, C., S.279 f.
530 Vgl. BVerfGE 7, 198 (205); 34, 269 (281).
531 BVerfGE 34, 269 (281).
532 BGH NJW 1987, 2667 (2668); Erman-Ehmann Anhang zu § 12 Rn.28.
533 BGHZ 24, 72 (77).
534 Erman-Schiemann § 823 Rn.48.

Das Recht am eingerichteten und ausgeübten Gewerbebetrieb hat ebenso wie das allgemeine Persönlichkeitsrecht eine Ergänzungsfunktion mit dem Ziel der erweiterten Einbeziehung von Vermögensschäden in das Haftungsrecht, die vom geltenden Recht ansonsten nicht erfaßt werden würden. Insbesondere sollen Lücken im gewerblichen Rechtsschutz, die nicht unter die §§ 823 II, 824, 826 BGB oder die Regelungen des UWG fallen, geschlossen werden.[535] Dieses Recht wurde bereits vor dem Inkrafttreten des BGB vom Reichsgericht[536] anerkannt und ist im Laufe der Jahrzehnte in das Deliktsrecht integriert worden.[537] Insofern ist das Recht am eingerichteten und ausgeübten Gewerbebetrieb als Gewohnheitsrecht bezeichnet worden.[538] Es beinhaltet den Schutz dessen, was den wirtschaftlichen Wert eines Betriebes ausmacht, das heißt den Tätigkeitskreis, den Bestand, die Organisationsstruktur, die Erscheinungsform oder auch den Kundenstamm.[539] Dem Betriebsinhaber wird gewährleistet, daß er den Betrieb auf der Grundlage der bestehenden betrieblichen Dispositionen fortsetzen kann. Wegen der weiten Schutzrichtung dieses Rechts bestand jedoch in hohem Maße die Gefahr, daß das Recht am eingerichteten und ausgeübten Gewerbebetrieb über den bloßen Rechtsgüterschutz, wie er in § 823 I BGB angelegt ist, hinaus, einen allgemeinen Schutz des Unternehmervermögens zur Folge haben könnte. Daher ist von der Rechtsprechung versucht worden, das Recht am eingerichteten und ausgeübten Gewerbebetrieb einzugrenzen. Dies geschah etwa durch das Prinzip der Subsidiarität gegenüber anderen Vorschriften. Aus diesem folgt einerseits, daß es an der notwendigen Regelungslücke als Anwendungsvoraussetzung fehlt, sofern ein ausreichender Schutz durch andere Vorschriften gegeben ist und andererseits, daß eine Anwendung ebenfalls ausgeschlossen ist, wenn andere Vorschriften eine Rechtsfrage abschließend regeln.[540] Des weiteren muß es sich um betriebsbezogene Eingriffe handeln, das heißt sie müssen sich spezifisch gegen den betrieblichen Organismus oder die unternehmerische Entscheidungsfreiheit richten und nicht nur vom Betrieb ohne weiteres ablösbare Rechte betreffen.[541] Eine dritte Eingrenzung erfolgt durch die Notwendigkeit einer umfassenden Güter- und Interessenabwägung im Rahmen der Rechtswidrigkeit.[542] Herausgebildet hat sich somit ein gewohnheitsrechtlich entstandener Auffangtatbestand, der im Laufe der letzten 100 Jahre stetig weiterentwickelt wurde, was zu vielfältigen Konkretisierungen und Spezifizierungen geführt hat. Damit wurde nach Ansicht des BVerfG den Geboten der Berechenbarkeit des Rechts, der Rechtsklarheit sowie der Rechtssicherheit ausreichend Genüge getan.[543]

---

535 Vgl. BGHZ 43, 359 (361); 45, 296 (307); BGH NJW 1981, 1089; Staudinger-Hager § 823 Rn.D2.
536 Vgl. z.B. RGZ 28, 238 ff. vom 25.06.1890 und 45, 59 ff. vom 09.12.1899.
537 Vgl. zur Rechtsgeschichte und Entwicklung: Staudinger-Hager § 823 Rn.D1; Soergel-Zeuner § 823 Rn.106 f.; Meyer-Abich, J., S.78 ff.
538 Erman-Schiemann § 823 Rn.50.
539 Palandt-Thomas § 823 Rn.20.
540 Vgl. BGHZ 43, 359 (361); BGH VersR 1983, 346; Erman-Schiemann § 823 Rn.61; Staudinger-Hager § 823 Rn.D20 ff. und 157 ff.
541 BGH NJW 1985, 1620; BGHZ 86, 152 (156).
542 BGHZ 45, 296 (307); BGH NJW 1981, 1089 f.
543 Vgl. BVerfGE 66, 116 (138).

Allerdings wird an der Einordnung des allgemeinen Persönlichkeitsrechts und des Rechts am Gewerbebetrieb als sonstiger Rechte im Sinne von § 823 I BGB kritisiert, daß in der Kategorie des sonstigen Rechts nach der Intention des Gesetzgebers keine richterliche Ermächtigung zu einer generalklauselartigen Erweiterung des Schutzumfangs des § 823 I BGB gelegen habe. Genau dies sei aber die Folge der Anerkennung des Rechts am Gewerbebetrieb und des allgemeinen Persönlichkeitsrechts und wäre zudem verbunden mit einer Beschränkung der allgemeinen Handlungsfreiheit.[544] Somit handele es sich entgegen der herrschenden Meinung nicht um sonstige Rechte.

Somit ist - vor dem Hintergrund einer möglichen Ausweitung der sonstigen Rechte für die haftungsrechtliche Erfassung ökologischer Schäden - zu erörtern, ob sich aus den dargestellten Bedenken durchgreifende Zweifel an der Zulässigkeit einer Erstreckung des sonstigen Rechts auf derartige Rechtspositionen ergeben. Beide Rahmenrechte sind in ihrem Schutzbereich weit ausgestaltet und werden erst im Rahmen der Rechtswidrigkeit im Einzelfall präzisiert. Das hat zur Folge, daß der Anwendungsbereich beider Rechte letztlich zum Teil sehr unpräzise und wenig faßbar ist. Auch wird vielfach eingeräumt, daß beide Rechte einen generalklauselartigen Charakter haben.[545] Dieser steht im Widerspruch zum Willen des Gesetzgebers, der sich bei der Entstehung des BGB explizit gegen eine deliktische Generalklausel entschieden hat.[546] Die Rechtsprechung und die herrschende Lehre versuchen daher einer generalklauselartigen Anwendung durch die bereits dargestellten Beschränkungen der Anwendung (offene Tatbestände, Subsidiarität, Betriebsbezogenheit des Eingriffs) entgegenzuwirken. Letztendlich entspricht die richterrechtliche Ausweitung der sonstigen Rechte in § 823 I BGB zwar nicht der Intention des Gesetzgebers bei Inkrafttreten des BGB, jedoch erscheint es aufgrund der im Grundgesetz in Art.1, 2 bzw. Art.14 GG zum Ausdruck kommenden Wertungen, diese Rechte als schutzbedürftig einzuordnen[547] und der restriktiven Anwendung der Rahmenrechte, gerechtfertigt, schwerwiegendere Verletzungen des Rechts am Gewerbebetrieb und schwerwiegendere Verletzungen des allgemeinen Persönlichkeitsrechts durch § 823 I BGB zu erfassen.

Neben diesen, in der Rechtsprechung und der Lehre überwiegend anerkannten, durch Rechtsfortbildung geschaffenen „sonstigen" Rechten, werden in der juristischen Literatur die Möglichkeiten einer weiteren Ausweitung der sonstigen Rechte im Hinblick auf den Schutz der Umweltgüter diskutiert.

---

544 MünchKomm-Mertens § 823 Rn.124; zur rechtsdogmatischen Kritik des Rechts am Gewerbebetrieb vgl. auch Erman-Schiemann § 823 Rn.50 ff.; Staudinger-Hager § 823 Rn.D23.
545 Vgl. Schäfer, H.-B./ Ott, C., S.272; Esser, J./ Weyers, H.-L., II 2, S.145.
546 Vgl. MünchKomm-Mertens Vor §§ 823 - 853 Rn.2; Canaris, C.-W., S.35.
547 Vgl. BGHZ 45, 296 (307); Meyer-Abich, J., S.79 ff.; Palandt-Thomas § 823 Rn.176 f.; Deutsch, E., „Unerlaubte Handlungen", Rn.201 ff.

d) Diskussionsstand einer umweltbezogenen Erweiterung der sonstigen Rechte

aa) Diskussionsstand

In der juristischen Lehre wird seit Ende der 60er Jahre über eine Ausweitung des haftungsrechtlichen Individualschutzes zum Schutze vor Umweltbelastungen nachgedacht. Dabei wurde zum einen vorgeschlagen, ein Recht auf saubere Umwelt als Teil des allgemeinen Persönlichkeitsrechts dem deliktischen Schutz durch § 823 I BGB zu unterwerfen,[548] und zum anderen ein Recht am Gemeingebrauch einer sauberen Umwelt als sonstiges Recht im Sinne von § 823 I BGB anzuerkennen.[549]

(1) Ausweitung des allgemeinen Persönlichkeitsrechts

Zur Begründung für eine Ausweitung des allgemeinen Persönlichkeitsrechts wurde angeführt, die Begrenzung von Ausgleichsansprüchen und Abwehrrechten bei Umweltbeeinträchtigungen auf Grundstücksbesitzer in §§ 906, 1004 BGB sei nicht sachgerecht.[550] Aufgrund der mit Umweltbeeinträchtigungen einhergehenden, erheblichen Eingriffe in die Persönlichkeitssphäre sei ein umfassender Schutz der Persönlichkeit unabhängig von Immobilien geboten. Daher sollte die Grundstücksbezogenheit der Ausgleichsansprüche durch eine Ausweitung des allgemeinen Persönlichkeitsrechts überwunden werden.[551]

Teile der Lehre bestreiten demgegenüber, daß mit Umweltbeeinträchtigungen regelmäßig schwerwiegende Eingriffe in die Persönlichkeit verbunden sind.[552] Dem könnte entgegengehalten werden, daß von Umweltbelastungen erhebliche Beeinträchtigungen der Lebensqualität bis hin zu Gesundheitsgefährdungen ausgehen können. Als Beispiel sei hier auf die von Autoabgasen ausgehenden gesundheitlichen Risiken für die an größeren Straßen spielenden Kindern hingewiesen. Allerdings wird der Schutz der körperlichen Integrität bereits durch den Schutz der Gesundheit gewährleistet. Unterhalb der Schwelle der Gesundheitsverletzung handelt es sich primär um Formen der Belästigung, die zwar für die Natur schädlich sein können, jedoch für den Menschen in erster Linie störend, aber nicht unmittelbar schädigend sind.[553]

Aus rechtsdogmatischer Sicht wurde zu Recht die Konturlosigkeit eines so ausgeweiteten allgemeinen Persönlichkeitsrechts kritisiert.[554] Das allgemeine Persönlichkeitsrecht ist bereits in seinem jetzigen Verständnis relativ unpräzise im Hinblick auf die Tatbestände, die als Rechtsverletzung zu werten sind. Insofern würde eine Ausweitung einen weiteren Schritt zu einem generalklauselartigen Verständnis des § 823 I BGB bedeuten. Die Folge wäre im Ergebnis eine umweltrechtliche Popularklage, da speziell persönlichkeitsverletzende Aspekte bei Umweltbeeinträchtigungen eher selten sind und häufig von den bereits geschützten Rechten

---

548 Forkel, H., S.24 f., 52 und 92; ähnlich Roth, G., NJW 1972, 921 (922).
549 Köndgen, J., UPR 1983, 345 (348 f.).
550 Ebenso Köndgen, J., UPR 1983, 345 (348).
551 Vgl. Forkel, H., S.47 ff.
552 Vgl. Diederichsen, U., DJT, L 72 und 75 f.; Köndgen, J., UPR 1983, 345 (348).
553 Vgl. Möllers, T., S.33 und 37.
554 Vgl. Medicus, D., JZ 1986, 778 (780); Marburger, P., DJT, C 120 f.; Diederichsen, U., DJT, L 74; Hübner, U., NJW 1988, 441 (450) ; Taupitz, J., S.34; Selmer, P., S.18.

umfaßt werden, so daß eine Erweiterung die Einbeziehung aller Störungen, die sich nicht in einer bloßen Belästigungen erschöpfen, bedeutet.[555]

Des weiteren ist noch auf die unterschiedliche Schutzrichtung des Schutzes der Umweltmedien Wasser, Boden, Luft, Klima, der Tier- und Pflanzenwelt auf der einen und des Schutzes der Persönlichkeit auf der anderen Seite hinzuweisen. Das allgemeine Persönlichkeitsrecht schützt den Individualbereich seines Rechtsträgers. Der Mensch bzw. sein Wohlbefinden steht somit im Zentrum der Betrachtung.[556] Umweltbeeinträchtigungen bzw. ökologische Schäden richteten sich häufig gegen Allgemeingüter. Zudem ist die Umwelt in ihren ökologischen Funktionen betroffen, was nicht gleichbedeutend ist mit einem Eingriff in die unmittelbare Lebenswirklichkeit des Menschen. Beispielsweise führen Waldschäden nicht notwendigerweise zu einer Beeinträchtigung der Erholungsfunktion des Waldes für den Menschen.[557] Dies gilt zum Teil sogar dann, wenn den hierzu Befragten die Schäden aufgrund des Schädigungsgrades bereits aufgefallen waren.[558] Des weiteren nimmt die ökologische Bedeutung von Wäldern mit der Zunahme der Erholungsuchenden eher ab, da sich hieraus Beeinträchtigungen der Lebensräume der dortigen Tierwelt ergeben können. Daher siedeln sich in von Menschen wenig frequentierten Gebieten häufig seltene Arten an. Zwischen Einbußen am menschlichem Wohlbefinden und ökologischen Schäden gibt es somit keinen zwingenden unmittelbaren Zusammenhang. Es wäre demnach zweifelhaft, ob über diesen Weg ein wirksamer Beitrag des Haftungsrechts zum Umweltschutz geleistet werden kann.[559] Auch läßt sich die umweltbezogene, persönliche Lebensempfindung des einzelnen nicht zu einem individuellen Anspruch verdichten.[560]

Somit ist ein Schutz der Umwelt über eine Ausweitung des allgemeinen Persönlichkeitsrechts schon wegen der Unbestimmbarkeit eines solchen Rechts sowie der damit verbundenen Anwendungsschwierigkeiten abzulehnen.

(2) Recht am Gemeingebrauch von Umweltgütern

Nachdem sich der Vorschlag die Umwelt zum Teil über das allgemeinen Persönlichkeitsrechts zu schützen, nicht durchsetzen konnte, hat Köndgen vorgeschlagen, die Umweltgüter, etwa in Form eines Rechts auf saubere Luft, sauberes Wasser oder auch Lärmfreiheit als Gegenstand sonstiger Rechte im Sinne des § 823 I BGB anzuerkennen.[561] Einen vergleichbaren Tatbestand gebe es im anglo-amerikanischen Recht unter der Bezeichnung des „public nuisance".[562] Dabei handelt es sich um den deliktischen Schutz vor individuellen Nutzenverlusten infolge der Verletzung

---

555 Vgl. Köndgen, J., UPR 1983, 345 (348 f.).
556 Ebenso Kadner, T., S.82.
557 Vgl. Elsasser, P./ Thoroe, C., S.236 f.
558 Elsasser, P./ Thoroe, C., S.237 m.w.N.
559 Vgl. Wolf, M., UTR S.247.
560 Ebenso Taupitz, J., S.34 f.; Medicus, D., JZ 1986, 778 (780); Gerlach, J., S.286.
561 Köndgen, J., UPR 1983, 345 (348 f.).
562 Vgl. Köndgen, J., UPR 1983, 345 (349) m.w.N.

oder zumindest Gefährdung gesellschaftlicher Güter.[563] Ein solches „public nuisance" schützt mithin den Gemeingebrauch der Umweltgüter. Die hierdurch geschützten Nutzeninteressen unterscheiden sich nach Köndgen von dem klassischen Verständnis absoluter Rechte darin, daß Dritte oder die Allgemeinheit nicht von einer gleichartigen Nutzung ausgeschlossen werden können.[564] Es gebe zahlreiche individuelle Nutzengewinne aus der Nutzung gesellschaftlicher Güter, die dem Deliktsrecht zugänglich gemacht werden könnten.

Durch Rechte an der Nutzung gesellschaftlicher Güter würde es nach Ansicht von Köndgen auch nicht zu einer uferlosen Geltendmachung von Ansprüchen kommen, da Unterlassungsklagen wegen der fehlenden Ausschlußfunktion ausgeschlossen sind und eine Klage nach dieser Konzeption stets einen Vermögensschaden als Voraussetzung habe.[565] Zudem wären die Umweltgüter mit einer, den in § 823 I BGB ausdrücklich aufgeführten Rechte und Rechtsgüter entsprechenden, sozialen Evidenz ausgestattet,[566] so daß eine ökonomisch und sozial abzulehnende Verhaltenssteuerung durch die Ausweitung um ein Recht auf die Umweltgüter nicht zu erwarten wäre.[567]

Auch dieser Vorschlag konnte sich bisher nicht durchsetzen. Dabei wurden im wesentlichen rechtssystematische Bedenken geltend gemacht. Demnach würde eine Anerkennung der Umweltgüter als subjektive Rechte auf eine Rationierung derselben hinauslaufen.[568] Subjektive Rechtspositionen seien unvereinbar mit von jedermann nutzbaren und frei zugänglichen Gütern. Auch hätten sonstige Rechte an den Umweltgütern eine Verschiebung weg von einem auf Rechte und Rechtsgüter bezogenen Schutz hin zu einem allgemeinen Vermögensschutz zur Folge.[569] Dies würde eine Vorverlagerung des Vermögensschutzes in § 823 I BGB, entgegen der gesetzlichen Systematik und gesetzgeberischen Intention bedeuten, nach der der Vermögensschutz außer bei vorsätzlichen Schädigungen nach § 826 BGB grundsätzlich vom Bestehen eines Schutzgesetzes nach § 823 II BGB abhängen soll.

Weiter wird die in § 823 I BGB systemtypische soziale Evidenz solcher sonstigen Rechte bezweifelt. Beispielsweise brauche jedermann Luft und Wasser. Die Streitfälle wären typischerweise Benutzungserschwerungen und nur in Ausnahmefällen Benutzungsentziehungen. Es könne kaum festgestellt werden, wo die Grenze liege, bis zu der ein Umweltgut in Anspruch genommen werden dürfe und wo ein, eine Ersatzpflicht begründender Mißbrauch anfange. Von einer aufgrund unserer Sozial- und Kulturauffassung selbstverständlichen Erkennbarkeit des Rechtsguts, könne somit nicht gesprochen werden.[570] Es fehle mithin an der sozialen Evidenz

---

563 Köndgen selbst spricht von öffentlichen Gütern, ohne daß dies mit einer Differenzierung zu Kollektivgütern verbunden wird, vgl. Teil B.III.4.b). Aus Gründen der begrifflichen Klarheit wird hier daher der allgemeinere Begriff der gesellschaftlichen Gütern verwendet.
564 Köndgen, J., UPR 1983, 345 (349).
565 Köndgen, J., UPR 1983, 345 (350).
566 Vgl. hierzu Fabricius, F., AcP 160, 273 (290 ff.).
567 Köndgen, J., UPR 1983, 345 (350).
568 Wolf, M., UTR, S.247; Marburger, P., DJT, C 120; Medicus, D., JZ 1986, 778 (779); Diederichsen, U., DJT, L 75; Taupitz, J., S.33 f.; Selmer, P., S.18.
569 Marburger, P., DJT, C 120.
570 Medicus, D., JZ 1986, 778 (779); ähnlich Lytras, T., S.110; Taupitz, J., S.33.

dieser Güter. Zudem würden durch Rechte an den Umweltgütern nur ein Teil der Umwelt haftungsrechtlich erfaßt und geschützt. Dies könne vom Grundsatz her auch nicht durch eine Ausweitung des sonstigen Rechts geändert werden.[571] Die herrschende Meinung lehnt daher die von Köndgen erwogene Erweiterung der sonstigen Rechte in § 823 I BGB um ein Rechts auf Gemeingebrauch der Umweltgüter im Sinne eines Rechts am Gemeingebrauch („public nuisance") von sauberem Wasser, sauberer Luft oder auch Lärmfreiheit ab.

bb) Stellungnahme zur Möglichkeit eines Rechts am Gemeingebrauch an Umweltgütern

Die Einführung eines Rechts am Gemeingebrauch („public nuisance") an bestimmten Umweltgütern im Sinne des dargestellten Vorschlags von Köndgen setzt voraus, daß ein solches Recht mit der bestehenden gesetzlichen Systematik des § 823 I BGB vereinbar ist und, daß es sich um eine ökonomisch sinnvolle und durch eine Verbesserung des Naturschutzes gerechtfertigte Erweiterung des Rechtsgüterschutzes handelt. Dabei ist zu beachten, daß der Vorschlag auf eine Rechtsstellung einzelner an Kollektivgütern[572] abzielt. Der Kollektivgutcharakter basiert auf der von Köndgen konstatierten fehlenden Ausschlußmöglichkeit Dritter von der Nutzung der Güter.[573] Weiter ist zu berücksichtigen, daß es Köndgen nur um den Ausgleich von Vermögensschäden infolge von Beeinträchtigungen der Natur bzw. ökologischen Schäden geht, ohne daß damit ein Unterlassungsanspruch verbunden ist.

Jede Erweiterung der sonstigen Rechte muß sich an der dargelegten Schutzrichtung des Rechtsgüterschutzes in § 823 I BGB sowie den Begründungen für die Erweiterung dieses Rechtsgüterschutzes durch das allgemeinen Persönlichkeitsrecht und dem Recht am eingerichteten und ausgeübten Gewerbebetrieb messen lassen. Dabei ist zu berücksichtigen, daß zwar der Schutz der Natur vor dem Hintergrund der bestehenden ökologischen Situation unzureichend ist, es sich hierbei jedoch nicht vorrangig um eine Frage des fehlenden Individualrechtsschutzes handelt, wie dies beim allgemeinen Persönlichkeitsrecht und dem Recht am eingerichteten und ausgeübten Gewerbebetrieb der Fall war. Die Verankerung des allgemeinen Persönlichkeitsrechts in § 823 I BGB war notwendig, um den Unzulänglichkeiten des grundgesetzlich gebotenen Persönlichkeitsschutzes Rechnung zu tragen. Ähnliches gilt für das Recht am eingerichteten und ausgeübten Gewerbebetrieb, wobei dieses Recht bereits vor Inkrafttreten des BGB und des GG höchstrichterlich anerkannt war, so daß es hier nur eingeschränkt als Erweiterungsmaßstab herangezogen werden kann. Der Schutz der Natur hat jedoch keinen spezifisch individuellen Bezug. Eine Beeinträchtigung der Natur, das heißt ein ökologischer Schaden, ist nicht unbedingt ein Eingriff in die Rechtssphäre des einzelnen. Ebensowenig handelt es sich bei denjenigen ökologischen Schäden, die zugleich zivilrechtliche Schäden sind, stets um schwerwiegende Eingriffe in die Rechtssphäre des einzelnen. Zwar hat der einzelne ein Interesse am Gemeingebrauch der Umweltgüter, der fehlende Indivi-

---

571 Diederichsen, U., DJT, L 75.
572 Vgl. zur Abgrenzung von Kollektivgütern und öffentlichen Gütern anhand des Ausschluß-barkeitskriteriums Teil B.III.4.b).
573 Vgl. Köndgen, J., UPR 1983, 345 (349).

dualrechtsschutz im Hinblick auf diesen Gemeingebrauch ist aber - anders als bei der Anerkennung des allgemeinen Persönlichkeitsrechts und dem Recht am eingerichteten und ausgeübten Gewerbebetrieb- kein zivilrechtlich unhaltbarer Zustand. Mithin liegt keine Situation vor, die einen weitergehenden Schutz vor primären Vermögensschäden in § 823 I BGB entgegen der gesetzlichen Konzeption rechtfertigen würde. Als Normen für die Erfassung dieser Vermögensschäden hat der Gesetzgeber im Deliktsrecht §§ 823 II und 826 BGB vorgesehen.[574]

Zudem müßte auf das Verschuldenserfordernis verzichtet werden, da die meisten Umweltschäden aus dem genehmigten Normalbetrieb resultieren,[575] bei denen ein Verschulden des Verursachers nur bei Hinzutreten besonderer Umstände gegeben ist.[576] Der Gesetzgeber hat Gefährdungshaftungen jedoch bisher nur dann normiert, wenn von bestimmten Handlungen oder Anlagen besondere Risiken ausgehen, wie etwa die Haftung für gentechnische Arbeiten in § 32 I GentG, die Haftung für Gewässerverunreinigungen in § 22 I WHG[577] sowie die anlagenbezogenen Haftungen in §§ 25 ff. AtomG, § 22 II WHG oder auch § 1 UmweltHG. Eine am Schadensobjekt orientierte Gefährdungshaftung besteht bis jetzt nicht. Sie würde auch dem Ansatz einer Gefährdungshaftung widersprechen, nachdem derjenige, der andere zu seinen Gunsten einem besonderen Risiko aussetzt, für die Realisierung dieses Risikos einzustehen hat. Einen solchen Bezug zu einer bestimmten Schädigergruppe oder bestimmten Schädigungshandlungen ist bei einer auf ein bestimmtes Schadensobjekt ausgerichteten Gefährdungshaftung nicht möglich.

Daneben überzeugt das Argument der fehlenden sozialtypischen Offenkundigkeit eines sonstigen Rechts am Gemeingebrauch. Für den potentiellen Schädiger sind weder die Folgen seines Handelns vollständig erfaßbar noch der Kreis der potentiell Geschädigten. Der besondere Schutz von Rechten und Rechtsgütern in § 823 I BGB resultiert aber aus genau dieser Offenkundigkeit für den Schädiger.

Folglich ist ein Recht am Gemeingebrauch von Umweltgütern im Sinne eines sonstigen Rechts auf saubere Luft, sauberes Wasser, Lärmfreiheit etc. aus rechtlicher Sicht abzulehnen. Aber auch ökonomische und sogar ökologische Gesichtspunkte sprechen gegen ein solches Recht.

Rechte auf sauberes Wasser, saubere Luft oder auch Lärmfreiheit sind unter Effizienzgesichtspunkten nur dann sinnvoll, wenn es durch sie gelingt, knappe Ressourcen effektiver im Sinne einer gesamtgesellschaftlichen Wohlfahrtssteigerung einzusetzen.

Von einer Knappheit bei den ökologischen Ressourcen des Naturhaushaltes ist angesichts der bestehenden ökologischen Krise auszugehen.[578] Die Belastung der Luft etwa überschreitet bei den meisten Stoffen den Critical Level, bis zu dem eine Einbeziehung der Schadstoffe in natürliche Kreisläufe möglich ist.[579] Ebenso hat

---

574 Ebenso Gerlach, J., S.287.
575 Vgl. Schulte, H., S.18; Weidner, H., Kriminalsoziologie Bibliografie 1987, Heft 55, S.51; Nawrath, A., S.64 ff.; v.Bar, C., KF, S.6.
576 Vgl. BGHZ 92, 143 (151 f.).
577 Vgl. zur Umwelthaftung nach § 22 WHG Vogt, U., S.43 ff.
578 Ebenso Großmann, P., S.11.
579 Vgl. Umweltbundesamt Jahresbericht 1994, S.111 für Stickstoff.

oder hatte die Belastung vieler Flüsse mit Schadstoffen zwischenzeitlich ein auch für den Menschen relevantes Ausmaß erreicht. Beispielsweise konnten Fische aus der Elbe lange Zeit nicht als Nahrungsmittel angeboten werden. Um das Baden in der Elbe mittelfristig wieder zu ermöglichen, werden im Rahmen des Elbe-Entlastungskonzepts zahlreiche Maßnahmen von seiten der Freien und Hansestadt Hamburg getroffen.[580] Des weiteren zeigt sich der Bedarf nach sauberer Umwelt an der Nachfrage nach Wohnraum mit geringer Verkehrs- und Lärmbelastung.[581] Aus diesen Beispielen ist zu schließen, daß die Nachfrage nach einer sauberen Umwelt die vorhandene, intakte Natur übersteigt.

Ein neues privates Recht am Naturhaushalt bzw. seinen Bestandteilen kann aber nur dann zur Erreichung von Allokationseffizienz beitragen, wenn es sich um ein tauschbares Recht handelt. Ist dies nicht der Fall, kann der Ressource kein Marktwert zukommen. Ein gesellschaftlich unter Effizienzgesichtspunkten optimaler Ressourceneinsatz über eine Verhaltenssteuerung, die nicht staatlich reguliert wird sondern auf dem Eigeninteresse der Marktteilnehmer beruht, ist ohne einen Markt nicht möglich. Die vorgeschlagenen Rechte an der Natur haben jedoch keine Ausschließbarkeitsfunktion. Es besteht weder ein Unterlassungsanspruch bei fortwährenden Rechtsverletzungen, noch kann auf das Recht gegen Entgelt verzichtet werden. Daher ist es zum Beispiel nicht möglich, auf ein Recht am Gemeingebrauch eines Umweltgutes gegen Zahlung einer den individuellen Präferenzen entsprechenden Summe zu verzichten, um einem Industriebetrieb eine, für den Betrieb unvermeidbare Emissionssituation zu ermöglichen. Eine allokationseffiziente Ressourcennutzung ist unter diesen Voraussetzungen nicht möglich.

Auch würde ein Recht am Gemeingebrauch sauberer Umweltgüter sich erheblich auf das gesellschaftliche und wirtschaftliche Leben auswirken. Beispielsweise wohnen zahlreiche Menschen an Hauptverkehrsstraßen und sind erheblichen Schadstoffbelastungen durch den motorisierten Verkehr ausgesetzt. Da diese Belastung die Wohnqualität erheblich vermindert, liegt ein individueller Nutzenverlust eines individuell Berechtigten und mithin ein wirtschaftlicher Schaden vor. Ein Recht am Gemeingebrauch sauberer Umweltgüter würde wahrscheinlich zu erheblichen Verkehrsbeschränkungen auf allen derzeit viel befahrenen Straßen führen. Ebenso könnten Spaziergänger gegen die Gülleausbringung auf Ackerflächen vorgehen oder ihr Recht auf Lärmfreiheit gegen Militärübungen einsetzen. Zwar mag dieser Kritik mit dem objektiv-summativen Vermögensbegriff entgegengehalten werden, daß nur Vermögensschäden ersetzt werden und es sich nicht um Vermögensschäden handele. Jedoch ist zu bedenken, daß die Grenze zwischen materiellen und immateriellen Schäden nach diesem Vermögensbegriff fließend ist und zudem bereits verschiedene Ansätze für eine monetäre Bewertung derartiger Beeinträchtigungen bestehen.[582] Wenn aber das Bewertungsproblem gelöst werden kann und das Recht am Gemeingebrauch zudem eine individuelle Berechtigung zur Folge hat, besteht die Möglichkeit einer umweltrechtlichen Popularklage, mit deren Hilfe erhebliche Eingriffe in die Verfügungsbefugnisse Dritter möglich wären. Gleichzei-

---

580 Vgl. Senat der FHH, Bürgerschaftsdrucksache 15/1775, S.5 ff.
581 Vgl. zur Wertermittlung anhand der Hedonischen Preisermittlung Teil C.III.3.d).
582 Vgl. hierzu Teil C.III.3.

tig wäre es aber zivilrechtlich weiterhin möglich, die Natur an Orten, die im Eigentum des Handelnden stehen und an denen kein Mensch in seinem Gemeingebrauch beeinträchtigt wird, sanktionslos zu zerstören, da der Eigentümer weiterhin das Recht hat, mit seinem Eigentum so zu verfahren, wie er es für richtig hält.

Daher ist es keinesfalls selbstverständlich, daß ein Recht am Gemeingebrauch sauberer Umweltgüter auch tatsächlich zu einer Verbesserung des Schutzes der Natur führt. Beispielsweise führt die durch den Nitratgehalt der Luft hervorgerufene Überdüngung der Natur nicht unbedingt zu einem individuellen Nutzenverlust bei Spaziergängern.[583] Bäume wachsen schneller, wirken kräftiger und sehen zum Teil grüner aus, und der bodennahe Bewuchs in Wäldern nimmt zu. Ökologisch wirkt sich diese Überdüngung aber spürbar aus: die ökologische Widerstandsfähigkeit der Wälder nimmt ab, Arten, die nährstoffarme Verhältnisse bevorzugen, werden verdrängt,[584] etc.

Ebenso gibt es keinen direkten Zusammenhang zwischen der ökologischen Relevanz eines Naturgutes und dem Wert eines individuellen Nutzenverlustes.[585] Folglich kann ein erheblicher ökologischer Schaden keinen oder einen nur geringen Vermögensschaden beinhalten. Einen Verzicht der Beschränkung auf Vermögensschäden hält jedoch auch Köndgen wegen der Konturlosigkeit eines solchen Rechts für bedenklich.[586]

Eine Erweiterung des haftungsrechtlichen Schutzes der Sphäre des einzelnen kann der Schutz der Natur aber nur begründen, sofern ein Zusammenhang zwischen dieser Erweiterung und dem Schutz der Natur besteht. Dies ist jedoch nicht automatisch der Fall, sondern hängt von einem eher zufälligen Zusammentreffen von individuellen Nutzeninteressen mit ökologischen Interessen (Biodiversität, Nachhaltigkeit) ab. Mithin kann die mit einem Recht am Gemeingebrauch einhergehende Vorverlagerung des deliktischen Integritätsschutzes zu Lasten der allgemeinen Handlungsfreiheit nicht mit einer systematischen Verbesserung des Schutzes der Natur gerechtfertigt werden. Daher ist der Vorschlag eines Rechts am Gemeingebrauch sauberer Umweltgüter aus rechtsdogmatischen und aus ökonomischen Gründen abzulehnen. Aber auch unter ökologischen Gesichtspunkten ist der Vorschlag nicht überzeugend.

cc) Zwischenergebnis

Die Einführung eines Rechts am Gemeingebrauch sauberer Umweltgüter, wie es von Köndgen vorgeschlagen wurde, ist weder unter ökonomischen, ökologischen noch unter rechtlichen Gesichtspunkten zu befürworten.

Eine Steuerung des Verbrauchs natürlicher Ressourcen unter Effizienzgesichtspunkten scheidet in Ermangelung der Möglichkeit eines Marktes für die Rechtsposition aus. Eine allokationseffiziente Ressourcennutzung durch die Selbstregulierung des Marktes ist unter diesen Voraussetzungen von vornherein ausgeschlossen.

---

583 Vgl. Hampicke, U., S.115; Elsasser, P./ Thoroe, C., S.236 ff. zu den Auswirken von Beeinträchtigungen der Natur auf den Erholungswert.
584 Ellenberg, H./ Kreft, S./ Nettels, T., S.165 f.
585 Ähnlich Kadner, T., S.81.
586 Köndgen, J., UPR 1983, 345 (350).

Rechtlich gesehen besteht keine Rechtfertigung einer Ausweitung der Rechtssphäre des einzelnen durch den gebotenen Schutz der Natur, da nicht systematisch sichergestellt werden kann, daß die Rechtsausweitung tatsächlich der Natur zugute kommt. Der Schutz der Natur wäre ein zufälliges Nebenprodukt der Rechtsdurchsetzung, da kein Zusammenhang zwischen der Intensität einer Beeinträchtigung des Naturhaushaltes und dem Ausmaß individueller Nutzenverluste besteht.

Weiter steht ein Recht am Gemeingebrauch im Widerspruch zur gesetzlichen Systematik der §§ 823 ff. BGB. Es würde sich weder um ein absolutes Recht handeln, noch liegt eine Schutzlücke in der Rechtssphäre des einzelnen vor, die eine weitere Ausweitung der sonstigen Rechte in § 823 I BGB rechtfertigen würde. Auch fehlt es an der sozialtypischen Offenkundigkeit eines solchen Rechts.

e) Rechtsgüterschutz durch Gefährdungshaftungen

Der deliktische Rechts- und Rechtsgüterschutz der §§ 823 ff. BGB wird ergänzt durch spezifische, risikobezogene und verschuldensunabhängige Haftungstatbestände, die allgemein als Gefährdungshaftungen bezeichnet werden. Die Einführung von Gefährdungshaftungen wurde notwendig durch die Zunahme nicht vollständig beherrschbarer aber erlaubter Tätigkeiten, die mit zum Teil beträchtlichen Risiken für Dritte verbunden sind.

Eine besondere Relevanz für Umweltschäden haben insbesondere die Haftungstatbestände nach § 1 UmweltHG, § 22 I und II WHG sowie § 32 GentG. Diese unterscheiden sich außer im Haftungsgrund, auch im Hinblick auf die jeweils geschützten Rechte und Rechtsgüter. Beeinträchtigungen der Umweltmedien begründen jedoch als solche, ohne daß eine Rechtsverletzung vorliegt, in keinem Fall eine Schadensersatzverpflichtung.

Das UmweltHG normiert in § 1 UmweltHG eine Haftung für bestimmte Anlagen, die in Anhang 1 zu § 1 UmweltHG abschließend aufgelistet werden.[587] Aus dem Grundsatz der Anlagenhaftung folgt, daß es sich gemäß dem Grundsatz der sozialen Verantwortung für eigene Wagnisse um eine Haftung für die Realisierung der Risiken einer besonderen Gefahrenquelle handelt.[588] Die Haftung bezieht sich auf die Verletzung bestimmter Rechtsgüter, nämlich eine Verletzung des Körpers, der Gesundheit, des Lebens durch Tod eines Menschen oder die Beschädigung einer Sache. Ebenso wie bei § 823 I BGB soll die Notwendigkeit einer solchen Rechtsgutsverletzung sicherstellen, daß es nicht zu einem Ersatz primärer Vermögensschäden kommt,[589] wobei es keine Kategorie des sonstigen Rechts gibt und die Aufzählung der Rechtsgüter in § 1 UmweltHG abschließend ist.[590] Als Rechtsver-

---

587 Paschke, M., § 1 Rn.6; vgl. dort Rn.8 ff. zu den Erfassungskriterien.
588 Landsberg, G./ Lülling, W., UmweltHG §§ 1, 3 Rn.6 und 11
589 Landsberg, G./ Lülling, W., UmweltHG § 1 Rn.15; Landmann/ Rohmer-Rehbinder, UmweltHG § 1 Rn.33.
590 Vgl. Paschke, M., § 1 Rn.22; Salje, P., §§ 1, 3 Rn.87.

letzungen kommen dabei auch Beeinträchtigungen oder Zerstörungen der ökologischen Funktionsfähigkeit in Betracht, wie sich aus § 16 I UmweltHG ergibt.[591]

§ 22 WHG schützt Gewässer vor Änderungen der physikalischen, chemischen oder physikalischen Beschaffenheit. Wer eine solche Änderung durch zweckgerichtete Einleitung oder Einbringung von Stoffen herbeiführt, haftet nach § 22 I WHG verschuldensunabhängig für die daraus resultierenden Personen-, Sach- oder Vermögensschäden.[592] § 22 II WHG regelt parallel dazu eine besondere Zustandshaftung des Anlageninhabers wassergefährdender Anlagen.[593] Anders als die rechtsgüterbezogenen Ansprüche des § 823 I BGB und § 1 UmweltHG werden nach § 22 WHG nicht nur Personen- und Sachschäden sondern auch Vermögensschäden ersetzt. Ersatzansprüche sind nach § 22 I und II WHG auf die Schäden der unmittelbar betroffenen Gewässerbenutzer begrenzt,[594] so daß mittelbare Vermögensschäden infolge einer Gewässerverunreinigung, etwa Einbußen der an einem verschmutzten Fluß ansässigen Gastronomie, nicht ausgeglichen werden.

Nach § 32 I GentG besteht ein verschuldensunabhängiger Schadensersatzanspruch bei Sach- und Personenschäden durch gentechnische Arbeiten. Primäre Vermögensschäden werden nicht ersetzt. Nach § 32 VII GentG werden entsprechend der Regelung des § 16 I UmweltHG auch ökolgische Beeinträchtigungen von Natur oder Landschaft, die mit einer Sachbeschädigung einhergehen erfaßt.

Die dargestellten Gefährdungshaftungen setzen, soweit es um Schäden am Naturhaushalt geht, eine Sachbeschädigung voraus. Dies gilt, soweit es sich bei Gewässern um eine Sache im Sinne des BGB handelt,[595] auch für den Vermögensschutz in § 22 WHG, da stets eine Einwirkung auf ein Gewässer Voraussetzung ist. Eine Sachbeschädigung ist gleichbedeutend mit einer Eigentumsverletzung oder der Verletzung eines eigentumsähnlichen Rechts, da nur der an dieser Sache Berechtigte einen Anspruch hat. Folglich geht der Rechtsgüterschutz durch diese Gefährdungshaftungen insoweit nicht über den Schutz des Eigentums und eigentumsähnlicher Rechte in § 823 I BGB hinaus.

f) Der ökologische Schaden im haftungsrechtlichen Rechtsgüterschutz

Für die haftungsrechtliche Erfassung ökologischer Schäden ist nach Maßgabe der Erörterung des haftungsrechtlichen Rechtsgüterschutzes festzustellen, daß ökologische Schäden nur erfaßt werden können, wenn individuelle Rechte natürlicher oder juristischer Personen betroffen sind.[596] In Betracht kommen hier das Eigentum sowie sonstige eigentumsähnliche Rechtspositionen. Soweit keine individuellen Rechte durch ökologische Schäden verletzt werden, scheidet ein privatrechtlicher

---

591 Landmann/ Rohmer-Rehbinder, UmweltHG § 1 Rn.42; Salje, P., §§ 1, 3 Rn.94; eine praktische Bedeutung hat die Norm bisher nicht erlangt, vgl. Salje, P., VersR 1998, 797 ff.
592 Seibt, C., S.34.
593 BGHZ 124, 394 (397); Versen, H., S.203; Czychowski, M., § 22 Rn.4.
594 Erichsen, S., S.167.
595 Vgl. hierzu Teil B.III.1.b)aa)(2)(a).
596 Ebenso Henseler, P., UTR, S.228; v.Bar, C., KF, S.4; Kloepfer, M., ZfU 1988, 243 (250); Taupitz, J., Jura 1992, 113 (118); Leonhard, M., S.50.

Schadensersatzanspruch aus. Die Umweltgüter als solche werden durch das Haftungsrecht nicht unmittelbar geschützt.

Somit ist im Rahmen der folgenden Erörterung des ökologischen Schadens im zivilrechtlichen Haftungssystem zu prüfen, in welchem Umfang ökologische Schäden durch individuelle Rechte erfaßt werden können.

III. Ökologische Schäden im zivilrechtlichen Haftungssystem

Zu untersuchen ist, als Teil welcher individuellen Rechtspositionen ökologische Schäden Gegenstand des Haftungsrechts werden können. In Betracht kommen dabei de lege lata eine Verletzung des Eigentums sowie die Verletzung von Aneignungs- und Benutzungsrechten. Weiter ist zu untersuchen, ob weitere Individualrechte herausgebildet werden können, durch die ein weiterer Teil der ökologischen Schäden haftungsrechtlich erfaßt werden könnte. Letzteres ist auf der Grundlage des property rights-Ansatzes zu erörtern.

1. Verletzungen des Eigentums

a) Zivilrechtlicher Eigentumsschutz

Grundsätzlich ist zwischen dem Verständnis des Eigentums im Zivilrecht und dem des öffentlichen Rechts, insbesondere in Art.14 GG, zu differenzieren. Das bürgerliche Recht versteht unter Eigentum das umfassende Voll- oder auch Herrschaftsrecht an einer Sache, wobei es sich sowohl um bewegliche wie um unbewegliche Sachen handeln kann, nicht jedoch um unkörperliche Gegenstände.[597]

Demgegenüber ist der Eigentumsbegriff in Art.14 GG zum Teil sehr viel umfassender.[598] Er beinhaltet im Rahmen der Bestandsgarantie jede konkrete und vermögenswerte Rechtsposition,[599] einschließlich öffentlich-rechtlicher Vermögenspositionen[600] sowie vermögenswerter Befugnisse des Urhebers an seinem Werk, das heißt geistiges Eigentum.[601] Das Vermögen als solches wird jedoch nicht geschützt.[602] Anders als die Bestandsgarantie bezieht sich die Institutsgarantie in Art.14 I 1 GG nur auf einen Mindeststandard an vermögenswerten Rechten des einzelnen zur Gewährleistung eines Freiraumes für vermögensrechtliche Aktivitäten. Den Verständnissen des Eigentums im öffentlichen wie im bürgerlichen Recht ist jedoch gemein, daß Eigentum als eine Grundbedingung der individuellen Freiheitsverwirklichung verstanden wird.[603]

---

597 BGHZ 44, 288 (294); Palandt-Bassenge § 903 Rn.2; vgl. zur geschichtlichen Entwicklung des zivilrechtlichen Eigentumsbegriffs Olzen, D., JuS 1984, 328 ff.
598 Vgl. kritisch Mayer-Maly, T., S.158.
599 Staudinger-Seiler Vorbem v § 903 Rn.25; Soergel-Baur § 903 Rn.1.
600 BGHZ 6, 270 (278); 27, 69 (73); 83, 1 (3).
601 Staudinger-Seiler Vorbem v § 903 Rn.17.
602 BVerfGE 78, 232 (243).
603 Staudinger-Seiler Vorbem v § 903 Rn.19; Erman-Hagen Vor § 903 Rn.1; MünchKomm-Säcker § 903 Rn.3; Meier-Hayoz, A., S.171; Rosenbach, A., S.132; vgl. grundlegend Meyer-Abich, J., S.58 ff.

Für die haftungsrechtliche Erfassung ökologischer Schäden ist der Eigentumsbegriff des bürgerlichen Rechts maßgeblich, wie er insbesondere in § 903 BGB zum
Ausdruck kommt. Aus dem hierin normierten Herrschaftsrecht folgt, wie bei anderen absoluten Rechten auch, eine interne und eine externe Rechtsmacht, nämlich
einerseits die Befugnis mit der Sache nach Belieben zu verfahren und andererseits
das Recht, Dritte von der Einwirkung auf die Sache auszuschließen.[604] Dem Eigentümer steht folglich eine umfassende rechtliche und tatsächliche Verfügungsmacht
zu, wobei letztere neben dem Besitzen und Benutzen der Sache auch ihre Veränderung umfaßt, was die Möglichkeit einer Zerstörung einschließt. Die Zwecke der
Nutzung stehen dabei im Rahmen der Schranken der Rechtsordnung im Belieben
des Eigentümers, je nachdem welches menschliche Bedürfnis er mit dem Gebrauch
der Sache verbindet.[605] Daß die Nutzung Teil des Eigentumsrechts ist, ergibt sich
aus der Regelung des § 906 BGB, die den Umfang der zulässigen Nutzungsbeeinträchtigungen normiert.[606] Somit unterscheidet sich das Eigentum von anderen
dinglichen Rechten durch seinen umfassenden Charakter. Darüber hinaus sind andere dingliche Rechte, wie etwa der Besitz oder der Nießbrauch, abschließend gesetzlich geregelt.[607]

Kennzeichnend für das Verständnis des Eigentums als Herrschaftsrecht ist zudem, daß, soweit eine Beschränkung des Eigentums nicht festgestellt werden kann,
seine Nichtbeschränktheit vermutet wird. Sofern eine Beschränkung des Eigentums
aufgehoben wird, konsolidiert sich das Eigentum wieder.[608] Ein weiteres Merkmal
ist die Gleichwertigkeit des Eigentums, das heißt der Inhalt des Eigentumsrechts
hängt nicht von der Sache selbst ab, auch wenn die Rechtsordnung je nachdem, um
was für eine Sache es sich handelt, durchaus sehr unterschiedliche Eigentumsbe-
schränkungen normiert.[609] Somit ist Eigentum im Sinne des Zivilrechts das umfassende Herrschaftsrecht an einer Sache.

Eine Verletzung des Eigentums ist jede Beschädigung oder Zerstörung der Sache, eine Sachentziehung von zumindest einer gewissen Dauer sowie sonstige Einwirkungen auf die Sache, auch ohne daß es zu einer Substanzeinwirkung kommt.[610]
Eine Beschädigung kann dabei definiert werden als jede nachteilige Einwirkung auf
die Sachsubstanz.[611] Eine Nutzungsentziehung liegt demgegenüber unter anderem
vor, wenn zwar nicht die Sachsubstanz aber die Dispositionsbefugnis des Eigentümers beeinträchtigt und somit die Verwendbarkeit der Sache im Sinne der von ihm
verfolgten Zwecke nicht mehr gegeben ist.[612] Hierunter fallen beispielsweise sach-
bezogene Funktionsstörungen.

---

604 Staudinger-Seiler § 903 Rn.2; Palandt-Bassenge § 903 Rn.5 f.; ebenso für die Schweiz vgl.
     Meier-Hayoz, A., S.174 f.
605 Vgl. schon RGZ 6, 217 (219) vom 29.03.1882.
606 Boecken, W., S.184.
607 Soergel-Baur § 903 Rn.5.
608 Staudinger-Seiler § 903 Rn.4.
609 Vgl. Soergel-Baur § 903 Rn.22 m.w.N.
610 RGRK-Steffen § 823 Rn.18; Soergel-Zeuner § 823 Rn.32 f.
611 Vgl. RGRK-Steffen § 823 Rn.19 f.
612 BGHZ 67, 129 (134); MünchKomm-Mertens § 823 Rn.112; Boecken, W., S.180.

Hingegen liegt ein Eingriff nicht bereits in einer Beeinflussung von Bewertungsfaktoren, die nicht in der Sache selbst angelegt sind, wie zum Beispiel einem Konkurrenzangebot eines Dritten zu einem niedrigeren Preis. Insofern hat jede Eigentumsverletzung einen spezifischen Objektsbezug.

b) Ökologische Schäden als Eigentumsverletzung

Zu untersuchen ist, in welchem Umfang ökologische Schäden, verstanden als negativ bewertete Veränderungen des Naturhaushaltes, vom haftungsrechtlichen Eigentumsschutz erfaßt werden. Es kommt mithin darauf an, wann ein ökologischer Schaden gleichbedeutend mit einer Eigentumsverletzung ist.

Mögliche Objekte eines ökologischen Schadens sind Wasser, Boden, Luft, Klima, die Tier- und Pflanzenwelt mitsamt ihren jeweiligen Wechselwirkungen. An der freien Luft und dem Klima sowie zumindest teilweise auch am Wasser, etwa der Hohen See, sind von vornherein keine Eigentumsverletzungen möglich. Es handelt sich hierbei nicht um Sachen im Sinne von § 90 BGB, da es ihnen an der notwendigen Beherrschbarkeit durch den Menschen sowie an der körperlichen Abgrenzbarkeit fehlt.[613] Bei diesen Gütern kann es allenfalls zu einem mittelbaren Schutz durch das Haftungsrecht kommen, sofern aus Beschaffenheitsveränderungen der Luft, des Wassers oder Veränderungen des Klimas Folgeschäden resultieren, die haftungsrechtlich erfaßt werden.[614] Hingegen ist bei Pflanzen, Tieren und dem Boden sowie eingeschränkt beim Wasser, eine eigentumsrechtliche Erfassung möglich. Folglich können ökologische Schäden nur dann eine Eigentumsverletzung beinhalten, wenn sie eine Einwirkung auf die Substanz dieser Naturgüter beinhalten oder eine Entziehung der Nutzung dieser Naturgüter, etwa im Rahmen der Regenerationsphase des beeinträchtigten Bestandteils des Naturhaushaltes, gegeben ist und das Naturgut im Eigentum eines Rechtssubjekts steht.

Somit ist für die Naturgüter Boden, Wasser, Pflanzen und Tiere zu erörtern, wann ihre ökologische Beeinträchtigung, im Sinne einer Beeinträchtigung der Biodiversität oder der Nachhaltigkeit, eine Verletzung des Eigentums ist. Ein wesentlicher Unterschied zwischen diesen Gütern ist aus rechtlicher Sicht, daß es sich bei Tieren um körperliche Gegenstände eigener Art handelt, auf die die Regelungen für bewegliche Sachen Anwendung finden, wohingegen der Boden, Gewässer und regelmäßig auch Pflanzen unbewegliche Sachen sind.

aa) Unbewegliche Sachen

Zu prüfen ist, inwieweit ökologische Schädigungen von Boden, Wasser und Pflanzen als Verletzung individueller Rechtspositionen an unbeweglichen Sachen erfaßt werden können. Dabei ist wiederum zwischen Grundstücksrechten, die den Boden und die Mehrzahl der Pflanzen betreffen, auf der einen und Gewässern auf der anderen Seite, zu unterscheiden.

---

613 Vgl. Erman-Michalski § 90 Rn.4; Palandt-Heinrichs Überbl v § 90 Rn.8; eine Ausnahme besteht nur für Luft in geschlossenen Behältnissen, vgl. Staudinger-Dilcher Vorbem zu §§ 90 ff. Rn.28; RGRK-Kregel § 90 Rn.12.
614 Vgl. Seibt, C., S.27; Soergel-Mertens § 249 Rn.4.

(1) Grundstücke

Für die Erfassung ökologischer Schäden durch das Grundstückseigentum kommt es zunächst darauf an, welche Güter Bestandteil einer solchen Eigentumsposition sind. Vom Eigentum an einem Grundstück werden zunächst alle leblosen Bodenbestandteile erfaßt, aus denen der Boden unmittelbar besteht.[615] Dies sind etwa Steine, Erde, Sand oder auch Ton, soweit sie auf dem jeweiligen Grundstück vorkommen.

Das Eigentum an Grundstücken beschränkt sich jedoch nicht auf das Eigentum an Grund und Boden. Nach § 94 I 1 BGB gehören daneben Sachen, die mit dem Grund und Boden fest verbunden sind, als wesentliche Bestandteile zu dem Grundstück, mit dem sie verbunden sind. Dies gilt für ein Haus ebenso wie für die Pflanzen, die auf einem Grundstück wachsen. Dies folgt aus § 94 I 2 BGB, wonach Pflanzen mit dem Einpflanzen wesentliche Bestandteile des Grundstücks werden.[616] Somit beinhaltet das Eigentum an einem Grundstück auch das Eigentum an den Pflanzen, die mit diesem Grundstück verwurzelt sind. Mit den Pflanzen und dem Boden werden Teile des Naturhaushaltes durch das Zivilrecht geschützt.

Des weiteren wird das Herrschaftsrecht des Grundstückseigentümers durch § 905 BGB erweitert. Der Schutz des § 905 BGB bezieht sich auf die Interessenssphäre des Grundstückseigentümers.[617] Daher besteht ein Ausschließungsrecht des Eigentümers gegenüber Dritten, soweit ein schutzwürdiges Interesse bei ihm gegeben ist. Allerdings begründet diese Norm kein Eigentum des Grundstückseigentümers an der Luftsäule über dem Grundstück oder dem gesamten Erdkörper unter dem Grundstück.[618] Bei der Luftsäule ergibt sich dies im übrigen aus ihrer tatsächlichen Unbegrenztheit und ihrer Unbeherrschbarkeit durch den Menschen, die einer rechtlichen Einordnung als Sache entgegenstehen.[619] Zudem wird das Grundwasser nicht vom Herrschaftsrecht des Grundstückseigentümers erfaßt.[620]

Jede gegen den Eigentümerwillen vorgenommene Änderung der materiellen Substanz oder der Funktionen eines Grundstücks ist eine Eigentumsverletzung. Grundsätzlich steht dem Grundstückseigentümer die Art der Nutzung seines Eigentums frei.[621] Verfolgt ein Eigentümer ökologische Belange bei der Grundstücksnutzung, so stellt jede Einwirkung auf das Grundstück einschließlich der darüber liegenden Luftsäule, die einer solchen Nutzung entgegensteht, eine Eigentumsverletzung dar.[622] Wird beispielsweise durch die Immissionssituation auf einem Grundstück die ökologische Stabilität der Pflanzen auf dem Grundstück gemindert, liegt durch die damit verbundene Beeinträchtigung der Pflanzensubstanz eine Eigentumsverletzung der für die Immissionssituation verantwortlichen Emittenten vor, die zugleich ein ökologischer Schaden ist.

---

615 Seibt, C., S.14.
616 Vgl. OLG Köln NuR 1995, 496.
617 Erman-Hagen § 905 Rn.1; Staudinger-Roth § 905 Rn.2.
618 Staudinger-Roth § 905 Rn.2; Engelhardt, W., S.130 f.
619 Vgl. Erman-Michalski § 90 Rn.4; Palandt-Heinrichs Überbl v § 90 Rn.8.
620 BVerfGE 58, 300 ff. = NJW 1982, 745 ff.; Staudinger-Hager § 823 Rn.B 59; Palandt-Bassenge § 905 Rn.2.
621 Vgl. OLG Düsseldorf NJW-RR 1995, 1482 (1484); BGHZ 90, 255 (261) = NJW 1984, 2207 ff.
622 Ähnlich Engelhardt, W., S.130 f.

Ökologische Schäden wirken sich stets auf die Nutzbarkeit des Bodens, etwa als Grünfläche, sowie zumeist auch auf die Sachsubstanz des Bodens oder der auf ihm wachsenden Pflanzen aus. Mithin ist jede ökologische Schädigung von Pflanzen und Boden durch Dritte eine Verletzung des Grundstückseigentums.

Dies läßt sich anhand von zwei Beispielen darstellen:
Eine Einwirkung auf die Substanz des Bodens ist gegeben, wenn auf diesen über die Luft oder über Niederschläge durch den Eintrag von persistenten, das heißt nicht abbaubaren Schadstoffen wie Schwermetallen oder Chlorkohlenwasserstoffen, eingewirkt wird. Dabei akkumulieren sich diese Schadstoffe im Boden, was die Benutzung des Bodens etwa für den Obst- und Gemüseanbau beeinträchtigen oder sogar ausschließen kann. Der Entwurf-BBodSchG sieht daher die Möglichkeit von Nutzungsbeschränkungen für die Land- und Forstwirtschaft bei Vorliegen einer bestimmten Bodenbelastung mit Schadstoffen, infolge der wirtschaftlichen Nutzung des Grundstücks aber auch infolge des Schadstoffeintrags aus der Luft vor.[623] Durch die dauerhafte Schadstoffakkumulation wird die ökologische Funktion des Bodens als Lebensgrundlage von Pflanzen beeinträchtigt. Zudem wirken sich Schadstoffe regelmäßig negativ auf die genetische Diversität aus.[624] Es handelt sich folglich sowohl um eine Eigentumsverletzung wie um einen ökologischen Schaden.

Auch die Überdüngung des Bodens durch die ubiquitäre Nitratbelastung der Luft ist eine Eigentumsverletzung. Diese hat etwa zur Folge, daß Bäume schneller wachsen, aber - ähnlich den Zivilisationskrankheiten bei übergewichtigen Menschen - bei abnehmender Lebenserwartung viel anfälliger für Windbruch, Borkenkäfer und andere Außeneinflüsse sind.[625] Der ökologische Schaden liegt bei Waldschäden außerdem in der Beschädigung der Wurzeln und der Veränderung des pflanzlichen Artenspektrums im Wald.[626] Daher handelt es sich etwa bei den sogenannten neuartigen, das heißt emittentenfernen, Waldschäden infolge der flächendeckenden Überdüngung des Bodens durch Nitratimmissionen um einen ökologischen Schaden und eine Eigentumsverletzung. Außerdem verändern sich durch den Nitrateintrag die Lebensbedingungen für Pflanzen, was bedeuten kann, daß bestimmte Pflanzen nicht mehr auf einem Grundstück wachsen. Eine solche Beeinträchtigung der Nutzbarkeit eines Grundstücks ist eine Eigentumsverletzung. Sie ist aber zugleich ein ökologischer Schaden, da mit der Entziehung der natürlichen Lebensgrundlage dieser Pflanzen die natürliche Vielfalt beeinträchtigt wird.

Die Möglichkeiten einer haftungsrechtlichen Erfassung ökologischer Schäden an Böden und Pflanzen durch das Eigentum zeigt sich auch in der Rechtsprechung. Diese hat vielfältige, für ökologische Schäden an Boden und Pflanzen relevante Konstellationen als Verletzungen des Eigentums an einem Grundstück gewertet:
Eine Eigentumsverletzung durch die Einwirkung auf die Sache wird bei Grundstücken unter anderem in der Beeinträchtigung durch Wasserzuführung gesehen.

---

623 Vgl. Peine, F.-J., UPR 1997, 53 (59).
624 Vgl. Umweltbundesamt Jahresbericht 1991, S.84.
625 Vgl. Zuber, M., BiuZ 1994, 144 (150); Süddeutsche Zeitung vom 10.09.1996, S.5; Ulrich, B., Süddeutsche Zeitung vom 24.10.1996, S.11; Krug, A., Natur und Umwelt 4/94, S.27.
626 Vgl. Ellenberg, H., S.91 ff. zu den Ursachen und Folgen von Waldschäden.

Kommt es durch eine Überschwemmung eines Grundstücks zu einer Beeinträchtigung einer landwirtschaftlichen Nutzung, so liegt eine Eigentumsverletzung vor.[627] Generell ist die Überschwemmung von zuvor trockenen Grundstücken, als Eigentumsverletzung zu werten.[628] Ökologisch gesehen kann eine Überschwemmung eine wesentliche Veränderung der Lebensbedingungen von Pflanzen bis hin zum Wegfall des Lebensraumes zur Folge haben. Sofern keine neuen gleichermaßen wertvollen Lebensräume geschaffen werden, handelt es sich um einen ökologischen Schaden. Das gleiche gilt, wenn durch die Überschwemmung nachhaltige Wirkungszusammenhänge beeinträchtigt werden.

Ebenso ist der Entzug von Wasser regelmäßig eine Eigentumsverletzung, sofern er sich auf die Nutzbarkeit des Grundstücks auswirkt oder zu einer Schädigung der auf dem Grundstück wachsenden Pflanzen führt.[629] Dabei ist jedoch zu beachten, daß das Grundwasser nicht Teil des Grundstückseigentums ist.[630] Mithin liegt in der Einwirkung auf das Grundwasser nur dann eine Eigentumsverletzung des Grundstücks, wenn diese sich auf den Boden oder die Pflanzen auswirkt.

Zudem ist die Verschmutzung eines Grundstücks eine Eigentumsverletzung.[631] Bei einer erheblichen Verschmutzung handelt es sich sogar nicht nur um eine Nutzungsentziehung sondern auch um eine Substanzbeeinträchtigung.[632] Insbesondere erhebliche Verschmutzungen können die Vegetation auf einem Grundstück beeinträchtigen, so daß ein ökologischer Schaden vorliegt.

Eine Eigentumsverletzung liegt zudem bei vielfältigen Formen der Einwirkung auf den Grund und Boden vor. Zu nennen ist hier unter anderem die Kontamination des Bodens mit einem Schadstoff, insbesondere Öl,[633] aber auch Summationsschäden durch eine Bleiakkumulation.[634] Ebenfalls eine Verletzung der Sachsubstanz des Grundstückseigentums ist gegeben bei Maßnahmen zur Verfestigung des Bodens eines Grundstücks.[635] Das OLG Köln hat auch die Beeinträchtigung der Nutzung eines Grundstücks durch die Wurzeln eines Baumes, der auf einem anderen Grundstück steht, als Eigentumsbeeinträchtigung angesehen.[636] Dies entspricht auch der Regelung des § 910 BGB, nach der von anderen Grundstücken eindringende Wurzeln beseitigt werden dürfen, sofern sie die Benutzung des Grundstücks beeinträchtigen. Gedacht ist dieses Selbsthilferecht insbesondere für Fälle, in denen Wurzeln Wasserleitungen verstopfen.[637] Mithin stellt jede Einwirkung auf die Substanz des Bodens eine Verletzung des Grundstückseigentums dar. Folglich wird auch jede

---

627 OLG Nürnberg RdL 1970, 317 (318); ähnlich RGZ 157, 272 (278) vom 07.04.1938.
628 Vgl. RGZ 106, 283 (286) vom 10.02.1923; BGH MDR 1961, 586 f.
629 Vgl. RGRK-Steffen § 823 Rn.20.
630 Vgl. BVerfGE 58, 300 ff. sowie BGHZ 69, 1 ff. und BGH NJW 1966, 1360.
631 BGH MDR 1966, 311 = BB 1966, 99 = LM § 823 Dc Nr.75; OLG Köln VersR 1983, 287; vgl. auch BGH NJW 1968, 1281 (1284); BGH WM 1983, 155 ff.
632 OLG Köln VersR 1983, 287.
633 BGH VersR 1972, 67 (69) und 274 (275); vgl. auch BGH NJW 1983, 1108 ff.; 1984, 233 f.; BGH VersR 1985, 575 f.
634 LG Hechingen NJW 1987, 2749.
635 OLG Düsseldorf VersR 1974, 439.
636 OLG Köln NuR 1995, 496.
637 Staudinger-Roth § 910 Rn.3.

ökologisch relevante Veränderung des Bodens vom Eigentumsrecht am Grundstück erfaßt.

Weiter handelt es sich bei der Einwirkung auf Pflanzen um eine Eigentumsverletzung des Grundstückseigentums. Dies ist nicht nur der Fall, wenn durch die Einwirkung Anpflanzungen vernichtet werden,[638] sondern auch schon dann, wenn die organischen Wachstumsprozesse gestört werden.[639] Im übrigen wird sogar in der Verfärbung der Blätter von Rosenkulturen eine wesentliche Beeinträchtigung des Eigentums gesehen,[640] ohne daß es auf die ökologische Relevanz der Verfärbung ankommt. Somit sind ökologische Schäden an Pflanzen, etwa die Abnahme der Stabilität oder der genetischen Vielfalt oder auch die Entziehung der notwendigen Lebensgrundlagen für Arten zugleich eine Verletzung des Grundstückseigentums.

Folglich stellen vielfältige Formen der Einwirkung auf Grundstücke, welche sich auf die ökologische Nutzbarkeit bzw. die Lebensräume von Arten auswirken, eine Eigentumsverletzung dar. Nahezu jede Veränderung der Bodenbeschaffenheit, sei es eine Verfestigung, der Eintrag eines Schadstoffs oder auch eine Vernässung, ist eine Eigentumsverletzung. Das gleiche gilt für Veränderungen der Lebensbedingungen von Pflanzen, auch wenn die Ursachen hierfür sich nicht auf den Boden auswirken. Daher sind ökologische Schädigungen von Pflanzen und Boden zugleich Verletzungen des Grundstückseigentums, ohne daß aber eine Verletzung des Grundstückseigentums stets eine ökologische Schädigung beinhalten muß.[641]

Keine Eigentumsverletzungen sind hingegen die Einwirkungen des Grundstückseigentümers auf Boden und Pflanzen, auch wenn es sich um einen ökologischen Schaden handelt. Dem Eigentümer steht es beispielsweise zivilrechtlich frei, sein Grundstück zu asphaltieren, selbst wenn auf dem Grundstück eine weltweit einzigartige Orchideenart wächst. Alle anderen Einwirkungen auf die ökologische Nutzbarkeit eines Grundstücks und die Lebensräume von fest mit dem Boden verbundenen Arten sind jedoch Eigentumsverletzungen, da sie sich entweder auf die Substanz des Bodens und/oder die Substanz der auf diesem wachsenden Pflanzen auswirken und/oder aber den Eigentümer in seinen ökologischen Nutzungsmöglichkeiten des Grundstücks einschränken. Letzteres ist z.B. der Fall, wenn die Schadstoffbelastung der Luft die Anpflanzung bestimmter Arten ausschließt, die der Eigentümer anpflanzen möchte. Allerdings ist hierbei zu berücksichtigen, daß Eigentumsverletzungen, die im Rahmen des nach § 906 BGB zumutbaren liegen, nicht rechtswidrig sind und mithin ein Ersatzanspruch aus diesem Grund nicht besteht.[642] Auch fehlt es oftmals am Verschulden,[643] weswegen der Gesetzgeber etwa

---

638 Vgl. BGHZ 90, 255 (257).
639 BGH NJW-RR 1993, 793 f. = BGH NJW-RR 1993, 1113 = BGH VersR 1993, 1367 f.
640 OLG Düsseldorf NJW-RR 1995, 1482 (1483 f.) m.Anm. Hermann, E., NJW 1997, 153 (157 f.).
641 Im Ergebnis wohl auch Engelhardt, W., S.130; Klass, J., JA 1997, 509 (513 f.).
642 BGHZ 90, 255 (258) = NJW 1984, 2207 ff.; BGH NJW 1987, 2810 (2811); BGH NJW 1997, 2748 (2749); Staudinger-Roth § 906 Rn.57; vgl. zusammenfassend Boecken, W., S.77 f.; bei Ansprüchen nach § 1 UmweltHG gilt § 906 BGB nicht unmittelbar, es kommt aber eine Einbeziehung über eine analoge Anwendung von § 114 II Nr.3 BBergG in Betracht, vgl. Petersen, J., NJW 1998, 2099 (2100).
643 Vgl. z.B. LG Hechingen NJW 1987, 2749; OLG Düsseldorf NJW-RR 1995, 1482 (1483) = RdL 1995, 228.

das Selbsthilferecht des § 910 BGB normiert hat.[644] Eine weitere Einschränkung liegt darin, daß es einem Eigentümer freisteht, ob er seinen Schaden geltend macht.

(2) Gewässer

Bei der Möglichkeit der Erfassung ökologischer Schäden durch das Eigentum an Gewässern stellt sich zunächst die Frage, welche Gewässer überhaupt dem zivilrechtlichen Eigentum zugänglich sind. Hierbei bedarf es vielfältiger Differenzierungen. Wasser ist nur dann als Eigentum im Sinne von §§ 903 ff. BGB erfaßbar, wenn es sich um eine Sache im Sinne von § 90 BGB, das heißt um körperliche Gegenstände[645] handelt. In Betracht kommen in diesem Zusammenhang auch Eigentumspositionen am Gewässerboden sowie an Stränden.

(a) Zivilrechtliches Eigentum an Gewässern

Hinsichtlich der Eigentumsfähigkeit ist zwischen Meeren, Küstengewässern und dem Grundwasser, der fließenden Welle in Flüssen und anderen Binnengewässern sowie Stränden und Gewässerböden zu unterscheiden.

(aa) Eigentumsfähigkeit von Meeren, Küstengewässern und Grundwasser

Das freie Wasser ist keine Sache im Sinne des bürgerlichen Rechts, da es an der für die Sachqualität notwendigen Abgrenzbarkeit fehlt, und somit auch nicht eigentumsfähig ist. Dies gilt sowohl für die Hohe See wie auch für Küstengewässer.

Das Grundwasser wurde hingegen lange Zeit dem Grundstückseigentum zugeordnet. Die Verfügungsbefugnis des Grundstückseigentümers wurde aus dem Schutz der Interessenssphäre des Grundstückseigentümers in § 905 BGB hergeleitet. Diese Rechtsauffassung wurde von den Zivilgerichten bis hin zum BGH[646] im Zusammenhang mit der Naßauskiesungsentscheidung des BVerfG[647] aufgegeben. Folglich ist das Grundwasser zivilrechtlich nicht über den Schutz des Eigentums erfaßbar.

(bb) Eigentumsfähigkeit der fließenden Welle sowie Binnengewässer

Allgemein als eigentumsfähig anerkannt sind stehende Binnengewässer. Auf diese finden die Bestimmungen des bürgerlichen Rechts Anwendung.[648] An ihnen besteht ein umfassendes Eigentum des Grundstückseigentümers, welches auch die im Gewässer befindlichen Wassertiere einschließt. Der Grund für die Eigentumsfähigkeit liegt in der räumlichen Abgrenzbarkeit dieser Gewässer.

Die Eigentumsfähigkeit an der fließenden Welle ist hingegen umstritten. Insbesondere Ladeur hatte die Eigentumsfähigkeit der fließenden Welle im Zusammenhang mit zivilrechtlichen Ersatzansprüchen des Bundes für die Rheinverschmut-

---

644 Staudinger-Roth § 910 Rn.29.
645 Anders ist dies z.B. im belgischen Recht, bei dem es auf die Zuordnung zu einem Rechtsträger und nicht auf die Körperlichkeit ankommt, vgl. Van Neste, F., S.9.
646 Vgl. BGHZ 84, 223 (226 f.).
647 BVerfGE 58, 300 (333).
648 Staudinger-Dilcher Vorbem zu §§ 90 ff. Rn.30; RGRK-Kregel § 90 Rn.12; Seibt, C., S.23.

zung infolge des Sandoz-Unfalls vom November 1986 befürwortet.[649] Als Begründung wird angeführt, auch in stehenden Gewässern gebe es Austauschprozesse, etwa durch Verdunstung. Fließende Gewässer hätten zudem eine gewisse Konstanz durch die vielfältigen ökosystemaren Wechselwirkungen zwischen den einzelnen Gewässerkomponenten.[650] Die herrschende Meinung lehnt die Eigentumsfähigkeit der fließenden Welle jedoch mit dem Hinweis auf ihre Unbeherrschbarkeit und der daraus folgenden fehlenden Sachqualität ab.[651]

Gegen das Eigentum an der fließenden Welle spricht, daß auch bei der freien Luft ähnlich argumentiert werden könnte. Auch hier gibt es einen gewissen chemischen Zusammenhalt, der jedoch nach einhelliger Meinung nicht dazu führt, daß der Luft die Sachqualität zukommt. Vielmehr gibt es sowohl in der Luft wie auch im Wasser vielfältige Austauschprozesse. Diese lassen eine Erfaßbarkeit einzelner Wasserteile außerhalb von stehenden Gewässern nicht zu. Die fließende Welle der Elbe läßt sich beispielsweise nicht von der Nordsee abgrenzen. Schon aufgrund der Tide finden hier mehrfach täglich Austausch- und Vermischungsprozesse statt. Mit der sachenrechtlichen Dogmatik ist es nicht vereinbar, daß derselbe Tropfen Wasser als Teil der Elbe einem Eigentümer gehört und später als Teil der Nordsee jedermann zur Aneignung freisteht, ohne daß der vorherige Eigentümer sein Eigentum nach § 959 BGB aufgegeben hat. Ebenso stünde das Eigentum an der fließenden Welle im Widerspruch zur Körperlichkeitsanforderung des § 90 BGB und der gesetzgeberischen Entscheidung kein Alleineigentum an Sachteilen zuzulassen.[652] Daher ist die Eigentumsfähigkeit der fließenden Welle abzulehnen.

(cc) Eigentumsfähigkeit von Stränden und Gewässerböden

Von der Diskussion der Eigentumsfähigkeit des Wassers bzw. der fließenden Welle ist die Frage der Eigentumsfähigkeit von Gewässerböden zu trennen. Das Gewässerbett ist als Sache im Sinne von § 90 BGB eigentumsfähig.[653] Es beinhaltet den Gewässerboden bis hin zur Gewässergrenze an den Ufern, welche über die Höhe des mittleren Hochwassers bestimmt wird.[654] Vom Eigentum am Gewässerbett werden zudem alle fest mit diesem verbundenen Wasserpflanzen erfaßt. Eigentümer ist bei den Bundeswasserstraßen nach Art. 89 I GG der Bund.[655] Die Eigentumsverhältnisse bei anderen Binnengewässern werden im jeweiligen Landesrecht geregelt. Es handelt sich grundsätzlich um Eigentum im Sinne der §§ 903 ff. BGB.[656] Begrenzt wird diese Eigentümerstellung durch die eigentumsbeschränkenden Rege-

---

649 Ladeur, K.-H., NJW 1987, 1236 (1237); ebenso für Küstengewässer Harders, E., Jura 1991, 63 (65).
650 Ladeur, K.-H., NJW 1987, 1236 (1237).
651 Knopp, G.-M., ZfW 1988, 261 (269); Staudinger-Dilcher Vorbem zu §§ 90 ff. Rn.29; Schulte, H., JZ 1988, 278 (282); Leonhard, M., S.65.
652 Vgl. Soergel-Baur § 903 Rn.4; Staudinger-Seiler Vorbem zu §§ 903 ff. Rn.2.
653 Knopp, G.-M., ZfW 1988, 261 (269); Seibt, C., S.15; Staudinger-Dilcher Vorbem zu §§ 90 ff. Rn.29.
654 BGHZ 102, 1 (3).
655 BGH MDR 1982, 827 = JZ 1982, 809.
656 BGHZ 47, 117 (119); Harders, E., Jura 1991, 63 (65 f.); Staudinger-Dilcher Vorbem zu §§ 90 ff. Rn.29.

lungen im WHG,[657] sonstige öffentlich-rechtliche Beschränkungen sowie landesrechtliche Sonderregelungen.

Des weiteren erstreckt sich der Eigentumsschutz entsprechend dem Rechtsgedanken des § 905 BGB auf den Raum über dem Gewässerbett. Dieser Eigentumsschutz beinhaltet, daß alle Tätigkeiten untersagt werden können, die sich im Raum, den das Flußwasser füllt, abspielen, soweit sie nicht durch den Gemeingebrauch[658] gedeckt sind.[659]

Die Eigentumsfähigkeit des Gewässerbetts gilt jedoch nicht für den Meeresgrund.[660] Dieser gehört grundsätzlich niemandem, was öffentlich-rechtliche Reglementierungen nicht ausschließt. Im öffentlich-rechtlichen Eigentum des Staates steht demgegenüber der Meeresstrand. Der Meeresstrand ist definiert als die Fläche zwischen der Niedrigwasserlinie und dem höchsten Flutstand, an dem regelmäßig der Grasbewuchs einsetzt.[661] Es handelt sich aber nicht um Grundstückseigentum im Sinne des bürgerlichen Rechts,[662] da nach Art. 65 EGBGB den Ländern die Regelungskompetenz in dieser Frage zusteht, und den landesrechtlichen Regelungen kein Verweis auf das BGB zu entnehmen ist. Dies hat zur Folge, daß eine privatrechtliche Aneignung des Meeresstrandes von vornherein ausgeschlossen ist.[663] Soweit Strand dauerhaft trockengelegt ist, handelt es sich um eine herrenlose Fläche im Sinne des BGB. Es besteht jedoch ein Aneignungsrecht des Bundes nach § 928 II BGB i.V.m. Art. 190 EGBGB an dieser Fläche.[664]

(dd) Zwischenergebnis

Zivilrechtlich eigentumsfähig sind stehende Binnengewässer und das Gewässerbett von Wasserstraßen sowie die mit diesem fest verbundenen Wasserpflanzen. Zudem wird der Interessenbereich des Gewässerbetteigentümers entsprechend der Regelung des § 905 BGB vom Eigentumsrecht geschützt. Nicht eigentumsfähig im Sinne des Zivilrechts sind hingegen die fließende Welle, das Grundwasser, die Hohe See, Küstengewässer, der Meeresgrund sowie der Meeresstrand.

(b) Ökologische Schäden und Gewässereigentum

Ökologische Schäden an Gewässern sind somit nur zivilrechtlich erfaßbar, wenn sie stehende Binnengewässer oder das Gewässerbett von Wasserstraßen betreffen.

Bei Störungen des Ökosystems einer Wasserstraße, hängt die Möglichkeit eines Schadensausgleichs nach bürgerlichem Recht über einen Ersatzanspruch des Ge-

---

657 Vgl. hierzu Staudinger-Seiler § 903 Rn.20 m.w.N.
658 Vgl. zu öffentlichen Sachen und ihrem Eigentumsschutz Teil B.III.1.b)cc).
659 BGHZ 28, 34 (38); Staudinger-Dilcher Vorbem zu §§ 90 ff. Rn.29; Engelhardt, W., S.134.
660 BGHZ 44, 27 (30) = BGH NJW 1965, 1712 ff.; Staudinger-Dilcher Vorbem zu §§ 90 ff. Rn.31; Soergel-Mühl Vor § 90 Rn.33; Gerlach, J., S.287; Leonhard, M., S.61; a.A. Harders, E., Jura 1991, 63 (65); Engelhardt, W., S.135.
661 Staudinger-Dilcher Vorbem zu §§ 90 ff. Rn.30.
662 BGHZ 44, 27 (30) = BGH NJW 1965, 1712 ff.; Soergel-Mühl Vor § 90 Rn.33; RGRK-Kregel § 90 Rn.25; a.A. Harders, E., Jura 1991, 63 (65); Seibt, C., S.20 bis 22, Engelhardt, W., S.137.
663 Staudinger-Dilcher Vorbem zu §§ 90 ff. Rn.30.
664 BGH NJW 1989, 2467; Harders, E., Jura 1991, 63 (68).

wässereigentümers davon ab, ob das Gewässerbett beeinträchtigt wurde oder eine nach § 905 BGB untersagbare Tätigkeit gegeben ist. Eine Beeinträchtigung des Gewässerbetts liegt vor, soweit es zu Auswirkungen auf den Gewässerboden oder die mit dem Boden fest verbundene Gewässerflora kommt. Mithin ist etwa die Eutrophierung eines Gewässers sowohl ein ökologischer Schaden, da es zu einer Verschlickung des Gewässerbodens kommt und den dort wachsenden Pflanzen ihr Lebensraum entzogen wird, als auch eine Verletzung des Eigentums am Gewässerbett, da sich eine Verschlickung, ebenso wie eine Grundstücksverschmutzung, sowohl auf den Boden als auch auf die mit dem Boden fest verbundenen Pflanzen in ihrer Substanz auswirkt. Das gleiche gilt für Veränderungen der Lebensbedingungen von Pflanzen, selbst wenn die Ursachen hierfür die Substanz des Bodens unberührt lassen.

Das Wasser wird als solches in Wasserstraßen jedoch nicht geschützt, wobei sich Veränderungen des Gewässers aber im Regelfall auch auf den Gewässerboden oder die mit diesem verbundene Pflanzenwelt auswirken, so daß eine mittelbare Erfaßbarkeit des Wassers in Wasserstraßen gegeben sein kann.

Nicht erfaßt werden zudem bei Wasserstraßen Eingriffe, die auf die Gewässerfauna begrenzt sind,[665] sowie Beeinträchtigungen der nicht fest mit dem Boden verbundenen Gewässerpflanzen, wie z.B. einigen Algenarten. Ein solcher nicht erfaßbarer Eingriff liegt etwa vor, wenn die Zuführung eines Schadstoffs ein Gewässer als Lebensraum für die Tierwelt zerstört, ohne daß sich dies auf die Gewässerflora am Gewässerboden auswirkt. Ein derartiger ökologischer Schaden berührt nicht die zivilrechtlich unmittelbar geschützte Eigentümerstellung des Eigentümers des Gewässerbodens. Allerdings kann die Gewässerfauna im Rahmen der Tätigkeitsuntersagungsmöglichkeit entsprechend § 905 BGB mittelbar dem Eigentumsschutz unterliegen.[666] Dabei ist jedoch zu bedenken, daß Wasserstraßen regelmäßig dem Bund gehören und als öffentliche Sachen einer bestimmten Widmung unterliegen, die den Eigentumsschutz beschränken kann.[667] Eine Eigentumsverletzung scheidet daher bei einer widmungsgemäßen ökologischen Schädigung aus.

Wesentlich weitergehender ist der Eigentumsschutz bei stehenden Gewässern. Ebenso wie bei Grundstücken stellt nahezu jede ökologische Beeinträchtigung der Flora in stehenden Gewässern eine Eigentumsverletzung dar. Zudem umfaßt das Eigentum an stehenden Binnengewässern auch die in diesen Gewässern lebende Tierwelt, so daß auch Einwirkungen auf diese als Eigentumsverletzung haftungsrechtlich erfaßbar sind. Für die Annahme einer Eigentumsverletzung gelten jedoch die gleichen Einschränkungen hinsichtlich der Dispositionsfreiheit des Eigentümers, der Rechtswidrigkeit der Verletzung, etc., wie beim Grundstückseigentum.

Ökologische Schädigungen der Artenvielfalt eines stehenden Gewässers infolge des Eintrags eines Schadstoffs, beispielsweise einer Versauerung des Gewässers

---

665 Anders ist dies im schweizerischen Recht, vgl. Kadner, T., S.66 f. und Rehbinder, E., NuR 1988, 105 (113); grundsätzlich ablehnend hingegen Henseler, P., UTR, S.228.

666 Ebenso Engelhardt, W., S.134; ähnlich Rehbinder, E., NuR 1988, 105 (108).

667 Vgl. § 6 WaStrG zu öffentlichen Sachen und ihrem Eigentumsschutz Pappermann, E., JuS 1979, 794 (798 f.) sowie Teil B.III.1.b)cc).

oder auch infolge einer Eutrophierung sind mithin ebenso ökologische Schäden wie auch Eigentumsverletzungen.

bb) Bewegliche Sachen

Bei den beweglichen Sachen, an denen es zum Eintritt eines ökologischen Schadens kommen kann, handelt es sich um diejenigen Bestandteile des Naturhaushaltes, die nicht fest mit dem Boden verbunden sind. An einer solchen Bindung fehlt es bei Tieren. Zu untersuchen ist daher, wann Beeinträchtigungen der Tierwelt eine Eigentumsverletzung bedeuten und was der dabei ermittelte Eigentumsschutz der Tierwelt für die Erfaßbarkeit ökologischer Schäden an der Tierwelt bedeutet.

(1) Eigentumsschutz der Tierwelt

(a) Eigentum an Tieren

Zu beachten ist, daß Tiere nach § 90a BGB keine Sachen im Sinne des BGB sind. Als körperliche Gegenstände eigener Art[668] finden die Regelungen über Sachen auf sie entsprechende Anwendung. Die Einführung von § 90a BGB war eine rechtspolitische Entscheidung aus Achtung vor anderen Lebewesen, wobei diese Achtung nur der Tierwelt entgegengebracht wurde. Pflanzen gelten weiterhin als Sachen. Für die Tiere hat sich aber durch diese Neuregelung letztlich de facto rechtlich nichts geändert.[669] Tiere werden als körperliche Gegenstände eigener Art ebenso wie bewegliche Sachen behandelt und sind auch wie diese eigentumsfähig.

Eine Eigentumsverletzung setzt jedoch stets voraus, daß es einen Eigentümer an der fraglichen Sache bzw. dem Tier gibt, was etwa bei Haustieren der Fall ist. Wilde Tiere sind hingegen nach § 960 I 1 BGB grundsätzlich herrenlos, solange sie sich in Freiheit befinden. Hierbei handelt es sich um diejenigen Tiere, die ihrer Art bzw. ihrem natürlichen Verhalten nach, keiner menschlichen Herrschaft unterliegen.[670] Dies ist bei Tieren, die in der freien Natur leben, regelmäßig der Fall. Grashüpfer, Füchse, Eichhörnchen, Igel, Krähen oder auch Wildschweine werden nicht vom Menschen beherrscht, sondern leben regelmäßig frei und entsprechend ihren jeweiligen Instinkten.

Erst wenn ein solches Tier von einem Menschen nach § 958 I BGB in Eigenbesitz genommen wird, ist es nicht mehr herrenlos, sondern geht in das Eigentum des Inbesitznehmenden über.[671] Eine solche Inbesitznahme kann etwa in einer Zähmung (§ 960 III BGB) oder auch in einer Unterwerfung des Tieres unter die räumliche Kontrolle eines Menschen (§ 960 II BGB) liegen. Letzteres ist bei Fischen in einem abgeschlossenen Privatgewässer oder bei Wild in einem abgeschlossenen, überschaubaren Privatgehege der Fall, wobei das Gehege bzw. der Tierpark einen direkten Zugriff des Eigentümers ermöglichen muß, so daß das Wild in größeren

---

668 MünchKomm-Holch § 90a Rn.5.
669 MünchKomm-Holch § 90a Rn.11; Hammer, W., NuR 1992, 62 (63); Palandt-Heinrichs § 90a Rn.1.
670 Staudinger-Grunsky § 960 Rn.1; Palandt-Bassenge § 960 Rn.1; Avenarius, M., NJW 1993, 2589 (2590).
671 Hammer, W., NuR 1992, 62 (63); Seibt, C., S.13.

Gehegen wegen des eher jagdähnlichen Zugriffs nicht vom Eigentum erfaßt wird.[672] Tiere in größeren Gehegen sind, wie sich auch aus § 7 III BJagdG ergibt, weiterhin herrenlos, wobei jedoch Aneignungsrechte des Jagdberechtigten bestehen können.[673] Des weiteren unterfallen alle diejenigen Tiere der Herrenlosigkeit, die sich zwar in einem Gehege aufhalten, aber dieses jederzeit wieder verlassen können, wie etwa Vögel oder auch Tiere, die die Einzäunung durch Klettern überwinden oder durch die Einzäunung durchschlüpfen können. Sie unterliegen keiner räumlichen Kontrolle.[674]

Aus der Herrenlosigkeit folgt, daß es sich bei diesen wilden Tieren zwar um eigentumsfähige körperliche Gegenstände eigener Art handelt, an ihnen jedoch niemand Eigentum hat und folglich eine Schädigung wilder Tiere nicht zu einer Schädigung eines Rechtssubjekts führt. Die Tiere selbst sind keine Rechtssubjekte, sondern Rechtsobjekte, da sie nicht Träger von Rechten und Pflichten sein können, sondern nur als Gegenstand von Rechten in Betracht kommen.[675] Dies würde bedeuten, daß ökologische Schäden an der herrenlosen Tierwelt zwar theoretisch als Eigentumsverletzungen haftungsrechtlich erfaßt werden können, es jedoch an einem Rechtsträger fehlt und daher eine Eigentumsverletzung nicht gegeben ist.

(b) Tiere und Grundstückseigentum

Zu erörtern ist, ob Tiere unter bestimmten Umständen dem Grundstückseigentum an dem Grundstück, auf dem sie leben, zugerechnet werden können. Insbesondere bei Kleinlebewesen und Mikroorganismen wird die Ansicht vertreten, es handele sich um natürliche Bestandteile des Bodens, die nicht sinnvoll von diesem und damit dem Grundstückseigentum abtrennbar seien.[676] Die verschiedenen Bodenschichten eines Grundstücks enthalten notwendigerweise Bakterien, kleine Würmer etc., und auf dem Boden befinden sich Ameisen, Käfer sowie sonstige Insekten. Zwischen diesen Tieren und dem Grundstückseigentum besteht ein untrennbarer ökologischer Zusammenhang. Selbiges gilt für Gewässer. Ein Gewässer ist ohne Kleinstlebewesen und Mikroorganismen nicht vorstellbar, von ihnen ernähren sich etwa Fische und Wasserpflanzen. Die rechtliche Differenzierung zwischen diesen Tieren und dem jeweiligen Grundstückseigentum steht nach diesem Verständnis im Widerspruch zu den natürlichen Beziehungen und Wechselwirkungen innerhalb des Naturhaushaltes.[677] Zudem schließe die Befugnis des Grundstückseigentümers, das Grundstück zu den von ihm frei bestimmbaren Zwecken zu nutzen, den Schutz einer nutzungsnotwendigen Tierwelt mit ein.[678] Würde beispielsweise ein Grundstückseigentümer ein Grundstück für ein Feuchtbiotop nutzen, wäre jeder dieser Nutzung zuwiderlaufende Eingriff in die Tierwelt eine Eigentumsverletzung.[679]

---

672 Soergel-Mühl § 960 Rn.2; Erman-Hefermehl § 960 Rn.2; Staudinger-Grunsky § 960 Rn.6; a.A. RGSt 42, 75 (77).
673 Vgl. Hammer, W., NuR 1992, 62 (63) sowie Teil B.III.2.a).
674 Staudinger-Grunsky § 960 Rn.7.
675 Vgl. Teil B.I.5. sowie MünchKomm-Holch § 90a Rn.3; Staudinger-Dilcher § 90a Rn.2.
676 Baumann, P., JuS 1989, 433 (439); Gerlach, J., S.290 f.; Engelhardt, W., S.131 ff.
677 Engelhardt, W., S.132.
678 Engelhardt, W., S.133 f.
679 Engelhardt, W., S.132 f.

Eine andere Ansicht behauptet demgegenüber, der Liebhaber von Singvögeln könnte deren Nester im eigenen Garten nicht einmal vor den Katzen der Nachbarn privatrechtlich schützen.[680] Eine Verletzung des Eigentums wäre nicht gegeben, da diese nicht dem Schutz durch eine Eigentumsposition unterliegen würden.

Der letzteren Ansicht ist im wesentlichen zuzustimmen. Singvögel in einem Garten sind nach § 960 I 1 BGB grundsätzlich herrenlos und unterliegen nicht dem Eigentum des Grundstücksbesitzers. Allerdings hat der Grundstücksbesitzer das Recht, sein Grundstück nach seinem Belieben zu nutzen. Wird er darin von einem Dritten durch eine Einwirkung gehindert, liegt eine Eigentumsverletzung am Grundstück vor,[681] deren Fortdauer er nach § 1004 BGB unterbinden lassen kann, so daß insoweit ein mittelbarer Schutz bestehen kann, etwa bei einer Grundstücksnutzung als Vogelbrutstätte, wobei jedoch für die Rechtswidrigkeit § 906 BGB zu beachten ist.

Ein unmittelbarer Schutz wilder Tiere über das Eigentum scheitert jedoch an der gesetzlichen Regelung des § 960 BGB und der darin enthaltenen eindeutigen Wertung des Gesetzgebers. Danach sind auch Regenwürmer und Ameisen wilde Tiere, da sie sich frei bewegen können und auch eine Einzäunung sie nicht in ihrem Bewegungsdrang hindern könnte. Zudem ist wegen ihrer Körpergröße nie eine unmittelbare, nicht bloß zufällige Zugriffsmöglichkeit eines Menschen gegeben. Folglich scheitert ein Schutz dieser Tiere über das Eigentum an dem Grundstück auf dem sie leben schon an der Wertung des § 960 BGB.

(2) Ökologische Schäden als Verletzung des Eigentums an Tieren

Eine Schädigung der Tierwelt ist regelmäßig keine Eigentumsverletzung, da sich nur ein kleiner Teil dieser Tierwelt im zivilrechtlichen Eigentum eines einzelnen befindet. Zwar sind Tiere grundsätzlich eigentumsfähig, nach § 960 BGB sind sie jedoch zumeist herrenlos, mit der Folge, daß mit einer Verminderung oder Zerstörung der herrenlosen Tierwelt in einem Gebiet keine Eigentumsverletzung einhergeht.

Lediglich Haustiere sowie Tiere in übersichtlichen Gehegen stehen im Eigentum eines einzelnen. Allerdings liegt in dem Tod von Haustieren regelmäßig kein ökologischer Schaden. Eine Beeinträchtigung der natürlichen Vielfalt der Tierwelt im Sinne des ökologischen Leitbildes Biodiversität ist weder der Tod eines Schoßhundes noch der Tod von Schweinen auf einem Bauernhof. Lediglich bei Tieren die sich in ihrer Umgebung selbst ernähren oder sich zumindest eigenständig ernähren können und mithin selbständig lebensfähig sind, handelt es sich um einen Fall der natürlichen Vielfalt. Zu nennen sind hier beispielsweise Katzen auf einem Bauernhof, die sich von den Mäusen der Umgebung ernähren oder Schildkröten im Garten, die von Regenwürmern sowie Löwenzahn und anderen Pflanzen leben können. Der Beseitigung dieser Arten führt zu einer Verminderung der natürlichen Vielfalt und damit zu einem ökologischen Schaden. Der Tod eines einzelnen Tieres unter vielen ist jedoch kein ökologischer Schaden, da die Art als solche fortbesteht.

---

680 Diederichsen, U., UTR, S.195; ähnlich Schulte, H., JZ 1988, 278 (279 i.V.m. 282).
681 Vgl. BGHZ 90, 255 ff.; allgemein Boecken, W., S.186.

Der haftungsrechtliche Schutz der Tierwelt ist folglich im Hinblick auf die Erfassung ökologischer Schäden äußerst gering. Tiere unterliegen nur ausnahmsweise dem zivilrechtlichen Eigentum, wobei diese Tiere wiederum in aller Regel nicht Bestandteil der natürlichen Vielfalt sind.

Ein mittelbarer Eigentumsschutz der Tierwelt besteht lediglich dadurch, daß eine Schädigung von Mikroorganismen und Kleinstlebewesen auf oder in einem Grundstück regelmäßig mit einer Verletzung des Grundstückseigentums einhergeht, da, etwa bei einer Bodenkontamination mit Öl, ihre Schädigung ohne eine Schädigung des Bodens kaum vorstellbar ist. Eine Restitutionsmaßnahme - in diesem Fall das Auswechseln des Bodens - führt regelmäßig zur Wiederansiedlung der geschädigten Population, etwa als Teil des Austauschbodens oder aber durch Einwanderung aus benachbarten Habitaten. Eine Beeinträchtigung der Mikroorganismen und Kleinstlebewesen hat angesichts der ökologischen Bedeutung dieser Tiere[682] regelmäßig Auswirkungen auf den Grund und Boden, insbesondere auf seine Nutzbarkeit, und ist somit eine Eigentumsverletzung. Auch wenn es sich um eine Kettenreaktion infolge der Beeinträchtigung von Mikroorganismen und Kleinstlebewesen handelt, steht dies einer Eigentumsverletzung nicht entgegen.[683]

cc) Sonderfall: Eigentum der öffentlichen Hand

Wie bereits bei der Diskussion um das Eigentum bei Wasserstraßen und Meeresstränden gezeigt, kann Eigentum der öffentlichen Hand zwar bedeuten, daß es sich um öffentlich-rechtliches Eigentum im Sinne von Art.14 GG handelt, es muß sich jedoch nicht um bürgerlich-rechtliches Eigentum im Sinne der §§ 903 ff. BGB handeln.

Ein privatrechtlicher Schutz des Eigentums der öffentlichen Hand kommt nur in Betracht, sofern es sich um bürgerlich-rechtliches Eigentum handelt.[684]

Bei Sachen des Finanzvermögens der öffentlichen Hand ist ausschließlich bürgerliches Recht anwendbar, Rechtsstreitigkeiten sind den ordentlichen Gerichten zugewiesen.[685] Dabei handelt es sich um die Sachen, die dem öffentlichen Gemeinwesen nur mittelbar über die Erwirtschaftung von Erträgen oder durch ihr bloßes Vorhandensein dienen.[686] Hiervon sind öffentliche Sachen zu unterscheiden. Öffentliche Sachen setzen eine öffentliche Zweckbestimmung sowie öffentlich-rechtliche Sachherrschaft voraus. Ihren Status erlangen sie durch einen Rechtsakt bzw. eine Widmung. Auch an ihnen kann privatrechtliches Eigentum bestehen, sofern es sich um Sachen im Sinne von § 90 BGB handelt, was wegen der nicht notwendigen Körperlichkeit öffentlicher Sachen nicht zwingend ist.[687] Soweit Privateigentum möglich ist, wird es nach der Theorie des modifizierten Privateigentums mit der Widmung der öffentlichen Sache belastet.[688] Die privatrechtliche Ei-

---

682 Vgl. hierzu am Beispiel Wald: Beck, L., BiuZ 1993, 286 (287 ff.).
683 Vgl. BGHZ 41, 123 (125).
684 Engelhardt, W., S.136; Kadner, T., S.64.
685 Vgl. Papier, H.-J., Jura 1979, 93; Pappermann, E., JuS 1979, 794 (795).
686 Vgl. Papier, H.-J., Jura 1979, 93.
687 Vgl. Pappermann, E., JuS 1979, 794 (797).
688 Papier, H.-J., Jura 1979, 93 (94); MünchKomm-Holch § 90 Rn.28.

gentumsordnung besteht daher fort, soweit sie mit der öffentlich-rechtlichen Widmung der Sache vereinbar ist. Folglich kommt eine Eigentumsverletzung nur in Betracht, soweit die Handlung auch im Widerspruch zu der öffentlichen Widmung der Sache steht.

Wird beispielsweise ein Geländeweg zur Nutzung als Motorcrossrennstrecke für die Allgemeinheit gewidmet, so stellen die Beschädigungen des Weges oder Schädigungen der Pflanzenwelt an der Strecke, die natürlicherweise mit dieser Betätigung verbunden sind, keine Eigentumsverletzung dar, da sie von der widmungsmäßigen Nutzung gedeckt werden. Hingegen wäre das Betreten eines Naturschutzgebietes, daß sich im (privatrechtlichen) Eigentum der öffentlichen Hand befindet, außerhalb der für Besucher vorgesehenen Wege eine Eigentumsverletzung des Grundstückseigentums.

Eine Ausnahme gilt jedoch, soweit sich Bundesländer dazu entschieden haben, öffentliches Eigentum zu begründen. So schreibt § 4 I HmbWegeG fest, daß Grundflächen, die als öffentliche Wege gewidmet sind, im öffentlichen Eigentum der Freien und Hansestadt Hamburg stehen. Sie sind dem Rechtsverkehr entzogen und unterliegen der hoheitlichen Sachherrschaft. Die Regelungen des BGB, insbesondere des Eigentums und des Besitzes, sind nicht anwendbar.[689] Soweit derartige Regelungen bestehen, gilt die Theorie des modifizierten Privateigentums nicht, ein privatrechtlicher Schutz dieses Eigentums ist ausgeschlossen.[690]

c) Zwischenergebnis

Das zivilrechtliche Eigentum beinhaltet eine umfassende rechtliche und tatsächliche Verfügungsmacht des Eigentümers. Hieraus folgt die grundsätzlichen Dispositionsfreiheit des Eigentümers im Hinblick auf die Nutzung der Sache. Ein vom Eigentümer verursachter ökologischer Schaden - etwa die Zerstörung eines verwilderten Obstgartens, um diesen anschließend als private Minigolfanlage zu nutzen - kann daher haftungsrechtlich nicht erfaßt werden, da der Eigentümer in der Wahl seiner Nutzung grundsätzlich frei ist.

Eine Verletzung des Eigentums durch Dritte kann einerseits in einer Einwirkung auf die Sachsubstanz und andererseits in einer Nutzungsentziehung liegen.

Das wesentliche Problem des Eigentumsschutzes ökologischer Güter liegt in ihrer nur eingeschränkten Erfassung durch das Eigentum. Zahlreiche ökologische Güter sind nicht eigentumsfähig, da sie weder abgrenzbar noch beherrschbar sind oder zivilrechtliches Eigentum aus anderen Gründen nicht an ihnen begründet werden kann. Dies gilt für das Klima, die Luft, die Hohe See, Küstengewässer, das Grundwasser, Meeresstrände, den Meeresboden sowie die fließende Welle in Gewässern.

Zudem besteht für die Tierwelt nur ein stark eingeschränkter Eigentumsschutz. Tiere sind zwar eigentumsfähig jedoch nach § 960 BGB zumeist herrenlos, was zur Folge hat, daß an ihnen zwar zivilrechtliche erfaßbare Schäden eintreten können, es

---

689 Vgl. hierzu Pappermann, E., JuS 1979, 794 (799).
690 Vgl. zu weiteren solcher Regelungen Engelhardt, W., S.138.

jedoch an einem individuell Geschädigten fehlt. Soweit es um Kleinlebewesen oder Mikroorganismen geht, liegt bei ihrer Schädigung jedoch regelmäßig daneben eine Eigentumsverletzung am Grundstück vor, so daß insoweit mittelbar eine haftungsrechtliche Erfaßbarkeit gegeben ist.

Lediglich der Boden, Pflanzen, der Gewässerboden, stehende Binnengewässer sowie Haustiere und Tiere in übersichtlichen, für sie abgeschlossenen Gehegen unterliegen dem unmittelbaren Schutz des zivilrechtlichen Eigentums.

Für Haustiere gilt jedoch, daß sie zwar im Eigentum eines einzelnen stehen, sie sind aber nur dann Bestandteil der natürlichen Vielfalt, wenn sie selbständig lebensfähig sind. Zudem ist der Tod eines einzelnen Tieres regelmäßig kein ökologischer Schaden, sofern die Art als solche in dem Gebiet erhalten bleibt.

Einwirkungen Dritter auf Grundstücke, die sich nachteilig auf die Lebensbedingungen der Pflanzenarten auf diesem Grundstück bzw. allgemein die ökologische Nutzbarkeit des Grundstücks auswirken, sind stets Eigentumsverletzungen, da sie eine Einwirkung auf die Sachsubstanz sowie häufig eine Nutzungsbeeinträchtigung beinhalten. Ebenso weitreichend ist der Schutz des Eigentums bei stehenden Binnengewässern. Auch hier ist jeder ökologische Schaden durch Dritte eine Eigentumsverletzung.

Darüber hinaus wird die Interessenssphäre des Grundstückseigentümers sowie des Gewässerbodeneigentümers nach § 905 BGB geschützt. Durch den in dieser Norm enthaltenen Interessensschutz bezüglich der Luftsäule bzw. der Wassersäule bei Gewässerböden von Wasserstraßen und der unteren Bodenschichten mit Ausnahme des Grundwassers, besteht ein relativ umfassender Eigentumsschutz für Grundstücke und Gewässerböden.

Dies bedeutet jedoch nicht, daß auch ein Schadensersatzanspruch besteht. Insbesondere die Konkretisierung der Rechtswidrigkeit durch § 906 BGB sowie das Verschuldenserfordernis stehen oftmals bei Vorliegen einer Eigentumsverletzung einem Ersatzanspruch entgegen.

Bei einem ökologischen Schaden an öffentlichen Sachen, die nicht im öffentlichen Eigentum stehen, wird der bürgerlich-rechtliche Eigentumsschutz zudem eingeschränkt durch die öffentlich-rechtliche Widmung der Sache. Neben einem Verstoß gegen die bürgerlich-rechtliche Eigentumsordnung muß auch ein Verstoß gegen die öffentlich-rechtliche Widmung der Sache gegeben sein. Eine widmungsgemäße ökologische Schädigung einer öffentlichen Sache im privatrechtlichen Eigentum des Staates ist daher zwar ein ökologischer Schaden aber keine Eigentumsverletzung.

Im Zentrum der haftungsrechtlichen Erfaßbarkeit ökologischer Schäden steht folglich im Hinblick auf den Eigentumsschutz das Grundstückseigentum. Eine ökologische Schädigung des Bodens, der auf diesem wachsenden Pflanzen oder von stehenden Gewässern auf dem Grundstück durch Dritte ist stets eine Eigentumsverletzung.

2. Verletzungen von eigentumsähnlichen Rechtspositionen

Außer über das Eigentum könnte ein Teil der ökologischen Schäden durch das Bestehen anderer eigentumsähnlicher Rechtspositionen haftungsrechtlich erfaßbar sein. In Betracht kommt eine Verletzung des Jagd- bzw. Jagdausübungsrechts, des Wasserbenutzungsrechts sowie des Fischereirechts. Diese Rechtspositionen sind als eigentumsähnliche absolute Rechte sonstige Rechte im Sinne von § 823 I BGB.[691]

a) Das Jagd- bzw. Jagdausübungsrecht

aa) Inhalt des Jagd- bzw. Jagdausübungsrechts

Beim Jagdrecht handelt es sich nach § 1 I 1 BJagdG um das Recht des Grundstückseigentümers auf seinem Grundstück die Jagd auszuüben, sich das Wild anzueignen[692] sowie Wild zu hegen. Welche Tierarten als wildlebend dem Jagdrecht unterliegen, ist in § 2 I BJagdG geregelt, wobei die Bundesländer nach § 2 II BJagdG weitere Tierarten dem Jagdrecht unterwerfen können. Ob das Jagdrecht als Teil des Eigentumsrechts anzusehen ist, ist umstritten.[693] Unstreitig ist das Jagdrecht untrennbar mit dem Grundstückseigentum verbunden, eine isolierte Übertragung ist ausgeschlossen.[694] Daher ist beispielsweise der Bund Jagdberechtigter auf den Bundeswasserstraßen.[695] Demgegenüber ist das Jagdausübungsrecht die aus einer gesetzlichen Regelung oder einem Rechtsgeschäft folgende Befugnis, in einem bestimmten Jagdbezirk zu jagen,[696] was die Befugnis, fremde Grundstücke, soweit dies nötig ist, zu betreten, mit einschließt.[697]

Das Jagd- bzw. Jagdausübungsrecht beinhaltet auch den allgemeinen Schutz des Wildbestandes.[698] Die Einordnung des Jagd- und Jagdausübungsrechts als absolutes Recht ist entgegen einer früher vertretenen Auffassung nicht auf das Aneignungsrecht begrenzt.[699] Kommt es somit durch eine Störung zu einer Beeinträchtigung der Jagdmöglichkeiten - etwa durch Änderung des Wildbestandes, Beschränkungen der Schußrichtung, Abwanderung bestimmter Arten, Einschränkungen des Wildwechsels, etc. - so handelt es sich um einen Eingriff in das Jagd- bzw. Jagdausübungsrecht,[700] sofern es sich nicht um die mittelbare Folge der zulässigen Nutzung eines benachbarten Grundstücks handelt.[701]

---

691 Vgl. OLG Düsseldorf NJW-RR 1988, 526; BGH VersR 1969, 928 (929); Seibt, C., S.28 ff.
692 Vgl BGH LM § 823 (F) Nr.10 = RdL 1958, 119 ff. = MDR 1958, 325.
693 Vgl. die Streitdarstellung bei Meyer-Ravenstein, D., 23 ff.
694 BGH JZ 1982, 647; Lorz, A., BJagdG § 1 Anm.1 und § 3 Anm.1; Seibt, C., S.28.
695 Staudinger-Mayer EGBGB Art.65 Rn.5.
696 Vgl. Seibt, C., S.28 f.; zur Abgrenzung vgl. Meyer-Ravenstein, D., S.37; Recken, J., AgrarR 1977, 250 (251); zu den verschiedenen Jagdbezirken vgl. Leisner, W., NuR 1981, 11 (12 ff.).
697 Lorz, A., BJagdG § 3 Anm. 3.b).
698 BGH JZ 1982, 647; Seibt, C., S.29; a.A. VG Kassel AgrarR 1979, 291 (292).
699 BGH JZ 1982, 647; OLG Düsseldorf NJW-RR 1988, 526; Staudinger-Hager § 823 Rn.B136; a.A. VG Kassel AgrarR 1979, 291 (292).
700 Vgl. BGH JZ 1982, 647; Degener, U., AgrarR 1978, 328 (331) mit weiteren Beispielen.
701 Vgl. zu dieser Konstellation OLG Hamm AgrarR 1995, 414.

bb) Ökologische Schäden als Verletzung des Jagd- bzw. Jagdausübungsrechts

Ökologische Schäden sind durch das Jagd- bzw. Jagdausübungsrecht individualisierbar und damit haftungsrechtlich erfaßbar, wenn es zu einer Verminderung oder Verdrängung von Arten kommt, die in § 2 I BJagdG oder einer darüber hinausgehenden landesrechtlichen Regelung aufgeführt sind. Damit schützen das Jagd- und das Jagdausübungsrecht den Bestand jagdbarer Arten und mithin einen Teil der natürlichen Vielfalt. Mittelbar wird zudem der für die Arten notwendige Lebensraum geschützt. Allerdings handelt es sich nicht um einen primär auf den Arterhalt ausgerichteten Schutz. Das Jagd- und Jagdausübungsrecht setzen lediglich einen gewissen Bestand an einer jagdbaren Art voraus. Folglich ist der Schutz der Biodiversität durch das Jagd- und Jagdausübungsrecht ein zufälliges Nebenprodukt der Notwendigkeit jagdbaren Wildes. Der fehlende unmittelbare Zusammenhang zwischen dem Schutz der Biodiversität und Jagdrechten zeigt sich auch daran, daß es für eine naturnahe Waldentwicklung in Mischwäldern regelmäßig einer Reduktion des Jagdwildbestandes bedarf.[702]

Irrelevant für das Jagd- und das Jagdausübungsrecht sind hingegen Veränderungen des Naturhaushaltes, die allein nach dem Kriterium der Nachhaltigkeit als ökologischer Schaden zu werten sind. Ebenso werden Schädigungen der natürlichen Vielfalt nicht erfaßt, soweit sie nicht die Jagdausübung beeinträchtigen.

b) Das Fischereirecht

aa) Inhalt des Fischereirechts

Im Fischereirecht ist grundsätzlich zwischen dem Fischen in Binnengewässern und der Küstengewässer- und Hochseefischerei zu differenzieren. Während erstere nach Art. 69 EGBGB dem Vorbehalt landesrechtlicher Regelungen unterliegen, sind letztere Gegenstand der konkurrierenden Gesetzgebung und als solche auch der Gesetzgebungskompetenz des Bundes unterworfen.[703]

Die Hochseefischerei ist Gegenstand vielfältiger völkerrechtlicher Regelungen und dem nationalen Recht nicht zugänglich. Demgegenüber besteht bei der Küstenfischerei unter bestimmten Voraussetzungen der freie Fischfang. Hierbei ist jedoch zu beachten, daß es sich nicht um ein privates vermögenswertes Recht des Fischereiwilligen handelt, welches folglich auch dem Schutz von Art. 14 GG unterfallen würde, sondern um eine allgemeine Nutzungsbefugnis ähnlich dem Gemeingebrauch öffentlicher Sachen.[704]

Von einem Fischereirecht als Teil eines, an individuellen Rechten eines Rechtsträgers anknüpfenden Schadensausgleichssystems kann folglich nur gesprochen werden, soweit es sich um das Fischen in Binnengewässern handelt. Das Fischereirecht in Binnengewässern kann von den Ländern sehr unterschiedlich ausgestaltet sein. Möglich ist sowohl eine Anbindung an das Grundstückseigentum als

---

702 Vgl. Meister, G., S.212; Emmert-Straubinger, E., S.157 ff.
703 Vgl. Lorz, A., NuR 1984, 41; ders. RdL 1980, 199 (199 f.); Staudinger-Mayer EGBGB Art.69 Rn.28 ff.
704 Seibt, C., S.30 m.w.N.

auch die Schaffung eines selbständigen, übertragbaren und vererblichen Rechts.[705] Zudem ist das Fischereirecht begrifflich abzugrenzen vom Fischereiausübungsrecht, etwa eines Pächters, auch wenn mit der Abgrenzung nicht notwendig eine Beschränkung der rechtlichen Befugnisse beim Fischen einhergeht.[706] Sofern es zu Überschneidungen des Fischereirechts mit dem Jagdrecht kommt, hat letzteres den Vorrang.[707] Dies kann bei Warmblütern, die im Wasser leben, etwa bei Wasservögeln und Fischottern, der Fall sein.[708]

Unter Fischen ist allgemein der Zugriff auf nutzbare Wassertiere zu verstehen.[709] Es muß sich hierbei nicht zwangsläufig um Fische handeln. Gegenstand der Fischerei können auch Krebse, Muscheln, Schildkröten, Frösche, Laich und sogar Seemoos sein.[710] Voraussetzung ist nur, daß es sich um wildlebende[711] Wassertiere[712] handelt und ihre Nutzbarkeit gegeben ist. Das Fischereirecht ist zwar in erster Linie ein Aneignungsrecht, beinhaltet jedoch daneben auch die Fischhege im Sinne des Schutzes und der Pflege wildlebender Tiere mit dem Ziel der Bestandssicherung, Bestandsvermehrung oder Bestandsschaffung.[713] Eine Verletzung des Fischereirechts in Binnengewässern ist allerdings nur möglich, soweit die landesrechtlichen Regelungen bestimmte Arten dem Fischereirecht zugeordnet haben.[714] Des weiteren ist zu beachten, daß sich das Fischereirecht an die natürlichen Veränderungen des Wasserlaufs, an dem das Recht besteht, anpaßt.[715]

bb) Ökologische Schäden als Verletzung des Fischereirechts

Eine Verletzung des Fischereirechts, die zugleich ein ökologischer Schaden ist, liegt in der Einleitung von Schadstoffen in ein Gewässer, mit der Folge des Rückgangs der Artenzahl oder der relativen Häufigkeit einer Art, die dem Fischereirecht unterliegt.[716] Dies ist eine Verletzung des Fischereirechts, die einen Schadensersatzanspruch zur Folge hat.[717] Gleiches gilt, wenn durch den Entzug des Wassers Fische zugrunde gehen.[718] Es kommt nicht darauf an, ob unmittelbar auf die Tiere eingewirkt wird, es reicht auch eine Schädigung der Lebensräume. Eine Verletzung des Eigentums liegt demgegenüber - außerhalb von stehenden Gewässern - nicht vor, da die Fische nach § 960 I 1 BGB herrenlos sind, solange sie in Freiheit leben.[719]

---

705 Staudinger-Mayer EGBGB Art.69 Rn.39.

706 Vgl. BGH VersR 1969, 928 (929); Lorz, A., NuR 1984, 41 (42).

707 Staudinger-Mayer EGBGB Art.69 Rn.33; Lorz, A., RdL 1980, 199 (202).

708 Lorz, A., NuR 1984, 41.

709 Vgl. Staudinger-Mayer EGBGB Art.69 Rn.33; Lorz, A., RdL 1980, 199 (200); ders. NuR 1984, 41.

710 Vgl. im einzelnen Lorz, A., RdL 1980, 199 (202).

711 Staudinger-Mayer EGBGB Art.69 Rn.34; a.A. Seibt, C., S.30.

712 Bei Seemoos handelt es sich nicht um eine Pflanze, sondern um das Skelett eines in der Nordsee häufigen Hydropolypen.

713 Vgl. BGH VersR 1969, 928 (929); OLG Frankfurt NJW 1959, 2218 (2219); Lorz, A., RdL 1980, 199 (201).

714 Lorz, A., RdL 1980, 199 (200).

715 Wiedmann, G., S.118.

716 Vgl. auch Leonhard, M., S.256 f.

717 Vgl. BGH VersR 1969, 928 f.; OLG Frankfurt NJW 1959, 2218 f.; Seibt, C., S.30.

718 Vgl. BayObLGZ 1962, 196 (198).

719 OLG Frankfurt NJW 1959, 2218 (2219).

Mithin schützt das Fischereirecht den Bestand an Tieren, die dem Fischereirecht unterliegen sowie den für diese Arten notwendigen Lebensraum. Eine ökologische Schädigung der Lebensräume oder der Arten ist aber nur dann zugleich eine Verletzung des Fischereirechts, sofern sie sich auf das Fischen nachteilig auswirkt. Hieran fehlt es etwa bei einer Schädigung der genetischen Vielfalt einer fischbaren Art. Ebenso wie beim Jagdrecht bezieht sich der Schutz des Fischereirechts auf die Voraussetzungen, die zur Ausübung des Rechts notwendig sind. Es handelt sich folglich um den Schutz eines Teils der natürlichen Vielfalt, ohne daß die Erhaltung der natürlichen Vielfalt das primäre Ziel des Fischereirechts ist.

c) Wasserbenutzungsrechte

aa) Inhalt von Wasserbenutzungsrechten

Bei Wasserbenutzungsrechten handelt es sich um Nutzungsrechte am Wasser, die über den bloßen Gemeingebrauch des Wassers im Sinne der §§ 23 ff. WHG hinausgehen und auch nicht unter den Eigengebrauch fallen.[720] Derartige Wasserbenutzungsrechte beruhen auf Bewilligungen oder Befugnissen nach §§ 8, 15 WHG.

Bewilligungen nach § 8 WHG beinhalten das subjektive öffentliche Recht, ein Gewässer in einer bestimmten Art und Weise zu nutzen. Ihnen kann, soweit entsprechende landesrechtliche Regelungen bestehen, ein dem Eigentum entsprechender Schutz zukommen. Bestehen derartige Regelungen nicht, werden diese Bewilligungen jedenfalls als sonstiges Recht im Sinne des § 823 I BGB geschützt.[721]

Demgegenüber regelt § 15 WHG Benutzungsrechte, die bereits vor dem Inkrafttreten des WHG am 01.03.1960 bestanden haben.[722] Hierzu zählen beispielsweise Grundwasserförderungsrechte oder auch Staurechte aufgrund des PrWassG.[723] Auch hier handelt es sich um sonstige Rechte im Sinne von § 823 I BGB.[724]

bb) Ökologische Schäden als Verletzung von Wasserbenutzungsrechten

Die haftungsrechtliche Erfaßbarkeit ökologischer Schäden durch Wasserbenutzungsrechte hängt wesentlich von der Ausgestaltung der Wasserbenutzungsrechte im Einzelfall ab. So ergibt sich etwa aus dem Recht, Wasser zu fördern nicht automatisch das Recht auf Grundwasserzufluß in bestimmter Menge in einer bestimmten Beschaffenheit.[725] Folglich beinhaltet das Benutzungsrecht nicht automatisch einen Anspruch auf Aufrechterhaltung der Umstände, die eine Benutzung voraussetzt.

Wasserbenutzungsrechte können ökologische Schäden in erster Linie dann erfassen, wenn sie einen Anspruch auf Erhaltung eines Gewässerzustandes beinhalten, da sie dadurch die natürliche Lebensbedingungen der Gewässerflora und

---

720 Vgl. Seibt, C., S.30 f.
721 Landmann/ Rohmer-Pape, WHG § 8 Rn.31; Tettinger, P., ZfW 1991, 1 (7).
722 Vgl. die Darstellung bei Czychowski, M., § 15 Rn.2 ff.
723 Vgl. BGHZ 69, 1 (4); BGH ZfW 1979, 159 (161); BGH MDR 1977, 124.
724 BGHZ 69, 1 (4); Seibt, C., S.31.
725 BGHZ 69, 1; vgl. zum Recht auf Wasserzufluß Czychowski, M., § 15 Rn.12e.

-fauna schützen. Allerdings setzt eine Wasserbenutzung häufig nicht die Fortschreibung der bestehenden ökologischen Rahmenbedingungen voraus. Beispielsweise kann sich die Erhöhung der Fließgeschwindigkeit eines Gewässers negativ auf den Lebensraum von Arten auswirken, ohne daß die Gewässernutzung beeinträchtigt wird. So besteht bei der derzeit geplanten Vertiefung der Elbe das Risiko, das mit dem Schierlings-Wasserfenchel eine seltene und sehr gefährdete Art ausstirbt,[726] obwohl sich die Fließgeschwindigkeit der Elbe nicht wesentlich erhöht und die Veränderung der Gezeiten gering ist,[727] eventuelle Wasserbenutzungsrechte folglich nicht beeinträchtigt wären.

Ein unmittelbarer Zusammenhang zwischen ökologischen Schäden und einer Verletzung von Wasserbenutzungsrechten besteht nicht. Es kann jedoch nicht ausgeschlossen werden, daß in Ausnahmefällen die Verletzung eines Wasserbenutzungsrechts mit einem ökologischen Schaden zusammenfällt.

3. Ökologische Schäden und Verletzung eines Schutzgesetzes

Fraglich ist, ob über § 823 II BGB weitere individuelle Rechtspositionen geschützt werden, die eine haftungsrechtliche Erfassung ökologischer Schäden zulassen. In Betracht kommen hierbei über die bereits dargestellte Erfassung durch absoluter Rechte hinaus in erster Linie Vermögensschäden.[728] Diese könnten insbesondere als Folge der Verletzung von Normen des öffentlich-rechtlichen Umweltrechts, die auf eine Vermeidung von Umweltschäden abzielen - etwa §§ 5, 22 BImSchG mit den entsprechenden Durchführungsverordnungen oder auch § 8 BNatSchG - in Verbindung mit § 823 II BGB einem privatrechtlichen Ersatzanspruch unterliegen. Soweit es durch einen Verstoß gegen Schutzgesetze des öffentlichen Umweltrechts zu einer Verletzung des Eigentums oder eines eigentumsähnlichen sonstigen absoluten Rechts kommt, tritt § 823 II BGB neben § 823 I BGB.

Entscheidend für die Einbeziehung öffentlich-rechtlicher Verhaltensnormen in das Deliktsrecht über § 823 II BGB ist, daß es sich bei der fraglichen Norm um Schutzgesetze handelt. Dies ist der Fall, wenn die Norm zumindest den Schutz eines Rechtsguts einer Person bezweckt, wobei, wenn eine Norm eine Sache schützt, diejenige Person geschützt wird, der die Sache rechtlich zugeordnet ist.[729]

Die TA Luft scheidet als Schutzgesetz aus, da es sich um eine behördeninterne Regelung zur Ermessensausübung handelt und nicht um eine Rechtsnorm nach Art. 2 EGBGB.[730] Ob es sich bei öffentlich-rechtlichen Normen um Schutzgesetze i.S.v. § 823 II BGB handelt, hängt maßgeblich vom drittschützenden Charakter

726 Vgl. Bolesch, B., Süddeutsche Zeitung vom 15.10.1997, S.6.; Hamburger Abendblatt vom 11.10.1997, S.11; Hamburger Morgenpost vom 14.10.1997, S.12.

727 Vgl. Hamburger Abendblatt vom 11.10.1997, S.11; Hamburger Abendblatt vom14.06.1997, S.18.

728 Vgl. Leonhard, M., S.60 f.; Brüggemeier, G., Rn.806; Honsell, T., JA 1983, 101 (102); Schmidt, K., S.260; vgl. zum Begriff des Vermögensschadens auch Teil A.II.2.c).

729 Vgl. Bistritzki, W., Rn.45 ff.; Honsell, T., JA 1983, 101 (102 ff.).

730 H.M.: Medicus, D., JZ 1986, 778 (783); MünchKomm-Mertens § 823 Rn.183; Endres, An., S.217; Schmidt, H., S.146; Raschke-Kessler, H./ Hamm, R./ Grüter, K. Rn.89; a.A. Köndgen, J., UPR 1983, 345 (351).

dieser Normen ab sowie davon, ob es sich um ein Ge- bzw. Verbot handelt. Zum Teil wird sogar ausschließlich auf den Drittschutz abgestellt.[731] Der BGH sieht den Drittschutz zwar auch als ein wichtiges Indiz an, ohne jedoch von einem Automatismus zwischen der Annahme des Drittschutzes und dem Bestehen eines Schutzgesetzes auszugehen.[732] Für letztere Position spricht, daß auch Normen nachbarschützend sein können, in denen kein Ge- oder Verbot enthalten ist.[733] Ein Beispiel hierfür ist § 1 BImSchG.[734] Insofern ist der Begriff des Schutzgesetzes enger als der des Drittschutzes. Jedenfalls scheidet eine Norm als Schutzgesetz aus, sofern es an ihrem drittschützenden Charakter fehlt, da sie in diesem Fall allein Allgemeininteressen, nicht aber den Schutz der Rechtssphäre einzelner Personen im Auge hat.[735]

Als drittschützend werden im Immissionsschutzrecht nach herrschender Meinung die Vermeidungspflichten nach §§ 5 I Nr.1 und 22 BImSchG angesehen,[736] die dem Schutz vor schädlichen Umwelteinwirkungen dienen. Hingegen lehnt die h.M diese Wirkung bei den Vorsorgepflichten nach §§ 5 I Nr.2, 22 BImSchG, welche das Entstehen schädlicher Umwelteinwirkungen bereits im Vorfeld unterbinden sollen, ab.[737] Somit ist für Ansprüche nach § 823 II BGB diejenige Norm ohne Bedeutung, die es der Genehmigungsbehörde ermöglicht, Emittenten Maßnahmen aufzuerlegen, wenn die Immissionsverhältnisse noch nicht als schädliche Umwelteinwirkungen zu bewerten sind. Die Vermeidungspflichten nach §§ 5 I Nr.1 und 22 BImSchG haben demgegenüber keine Präventionsfunktion.

Die gleiche Differenzierung wie zwischen § 5 I Nr.1 und Nr.2 BImSchG besteht auch bei den Durchführungsverordnungen zum BImSchG. Soweit in diesen die Vorsorgepflicht nach § 5 I Nr.2 BImSchG konkretisiert wird, liegt kein taugliches Schutzgesetz vor. Wird jedoch die Vermeidungspflicht nach § 5 I Nr.1 BImSchG konkretisiert, kommen auch diese Regelungen als Schutzgesetze i.S.v. § 823 II BGB in Betracht. Daher handelt es sich etwa bei der Großfeuerungsanlagenverordnung (13.BImSchV) als Konkretisierung von § 5 I Nr.2 BImSchG nicht um ein Schutzgesetz.[738] Hingegen kommen die Normen der 22.BImSchV über Immissionswerte als Schutzgesetze in Betracht, da sie die Vermeidungspflichten nach § 5 I Nr.1 BImSchG konkretisieren.[739]

---

731 Palandt-Bassenge § 903 Rn.24; Diederichsen, U., DJT, L 57.
732 Vgl. BGH NJW 1993, 1580; ähnlich Endres, An., S.71 f.; Marburger, P., DJT, C 122; Schmidt, H., S.148.
733 Vgl. Endres, An., S.72.
734 Lytras, T., S.124; Endres, An., S.83.
735 A.A. wohl Lytras, T., S.122 f.
736 BGH NJW 1995, 714 (715) und BGHZ 122, 1 (4 f.); Sellner, D., NJW 1980, 1255 (1261).
737 BVerwGE 65, 313 (320), VG Berlin UPR 1982, 312; Feldhaus, G., NVwZ 1995, 963 (970); Breuer, R., DVBl 1986, 849 (855); Schröder, M., UPR 1989, 49 (58); Schmidt, R./ Müller, H., § 3 Rn.12; Jarass, H., § 5 Rn.121; Sellner, D., NJW 1980, 1255 (1261); Marburger, P., DJT, C 122; dagegen für das Vorliegen eines Schutzgesetzes OVG Münster NJW 1976, 2360; Versen, H., S.90 f.; Leisner, W., S.18 m.w.N.; wohl auch Schmidt, H., S.144.
738 Vgl. Endres, An., S.112; a.A. Schmidt, H., S.146.
739 Vgl. Landmann/ Rohmer-Hansmann, Vorbem v 22.BImSchV Rn.3 und 8; Jarass, H., § 22 Rn.39 und § 48a Rn.10.

Umstritten ist, ob §§ 5 I Nr.1, 22 BImSchG unmittelbare Geltung haben[740] oder ob ein Anspruch aus § 823 II BGB i.V.m. §§ 5 I Nr.1, 22 BImSchG eine Konkretisierung der Schutzpflicht durch eine Genehmigung, behördliche Auflage, nachträgliche Anordnung oder Rechtsverordnung nach § 7 BImSchG voraussetzt.[741] Hiervon hängt ab, ob der Anlagenbetreiber das Risiko trägt, sich rechtzeitig an die technische Entwicklung anzupassen. Ist für ihn erkennbar, daß die behördlichen Auflagen zur Schadensverhütung unzureichend sind, so haftet er bei einer unmittelbaren Geltung unabhängig vom behördlichen Tätigwerden.[742]

Die Möglichkeiten, über § 823 II BGB eine über den Schutz des Eigentums sowie eigentumsähnlicher Rechte hinausgehende haftungsrechtliche Erfassung von vermögenswerten ökologischen Schäden zu bewirken, sind somit skeptisch zu beurteilen.[743] Dies liegt einerseits an dem Umstand, daß ökologische Schäden zwar Vermögensschäden sein können, jedoch eine Bewertung nach dem objektiv-summativen Vermögensbegriff über einen Markt nur in Ausnahmefällen möglich sein dürfte und andererseits an der sehr beschränkten Schutzgesetzeigenschaft von öffentlich-rechtlichen Normen zum Schutze der Natur. Dient eine Norm ausschließlich dem Schutz der Natur, wie z.B. § 8 BNatSchG,[744] scheidet ein Anspruch in Verbindung mit § 823 II BGB aus. Ein hinreichender Pflanzenschutz wird zudem gegenwärtig nicht einmal über das Vorsorgegebot in § 5 I Nr.2 BImSchG gewährleistet. Die Gefahrvermeidungspflicht nach § 5 I Nr.1 BImSchG reicht jedoch nur soweit, wie eine Anlage nachweisbar schädliche Umwelteinwirkungen zumindest mitverursacht. Dieser Nachweis ist regelmäßig nicht möglich, da es sich zumeist um Summations- und/ oder Distanzschäden handelt. Daher wurden etwa Maßnahmen zur Bekämpfung der neuartigen, emittentenfernen Waldschäden gegenüber den Emittenten auf das Vorsorgegebot gestützt.[745] Zudem ist beim Vorliegen einer schädlichen Umwelteinwirkung und einem daraus resultierenden Vermögensschaden regelmäßig eine Eigentumsverletzung gegeben, so daß eine haftungsrechtliche Erfassung über § 823 II BGB nicht über die Möglichkeit einer Erfassung nach § 823 I BGB hinausgehen würde.

Eine Erweiterung der haftungsrechtlichen Erfaßbarkeit ökologischer Schäden über die in § 823 I BGB geschützten Rechte hinaus durch § 823 II BGB ist daher nicht ersichtlich. Es fehlt bereits regelmäßig an einem Schutzgesetz.

---

740 So Versen, H., S.81 ff.; Marburger, P., DJT, C 122; Marburger, P., UTR, S.138; Balensiefen, G., S.186 f.; Lytras, T., S.121; differenzierend Schmidt, K., S.273.

741 So die herrschende Meinung: Landmann/ Rohmer-Kutscheidt, BImSchG Vor § 4 Rn.44 und § 5 Rn.29; Köndgen, J., UPR 1983, 345 (351); im Grundsatz ebenso Medicus, D., JZ 1986, 778 (783), jedoch für §§ 5, 22 BImSchG offen gelassen; gänzlich offen gelassen Jarass, H., § 5 Rn.125.

742 Versen, H., S.76; Marburger, P., DJT, C 122 .

743 Im Ergebnis ebenso Meyer, T., S.157 f.

744 Gassner, E., ANL, S.44; vgl. etwa BVerwGE 74, 308 (309 f.) zur Funktion der Eingriffsregelung im LandesNatSchG Baden-Württemberg.

745 Vgl. BVerwGE 69, 37 (45); Petersen, F., S.347.

4. Verletzungen eines anderen Individualrechts

Zu erörtern ist, ob neben den Möglichkeiten der Erfassung von ökologischen Schäden durch das Eigentum sowie eigentumsähnlichen Rechtspositionen eine Erfassung ökologischer Schäden durch andere individuelle Rechtspositionen möglich ist. Derartige Rechtspositionen können sowohl durch Rechtsfortbildung als auch de lege ferenda geschaffen werden. Es kann sich um absolute Rechte handeln. In Betracht kommen aber auch Rechte, die Gegenstand von Schutzgesetzen sein können. Für eine erweiterte haftungsrechtliche Erfassung ökologischer Schäden kommt es entscheidend auf die Individualisierbarkeit von Nutzeninteressen einzelner Rechtssubjekte am Naturhaushalt oder an seinen Bestandteilen an. Nur soweit Beeinträchtigungen des Naturhaushaltes zu abgrenzbaren, individuellen Nutzenverlusten führen, können sie durch eine Erweiterung des zivilrechtlichen Rechtsgüterschutzes erfaßt werden.

Die ökonomische Theorie der property rights[746] befaßt sich mit der hierbei notwendigen Zuordnung von Handlungsrechten in bezug auf die Nutzung von Ressourcen und mit der Frage, unter welchen Voraussetzungen über die Zuordnung von Individualrechten eine effiziente Nutzung erschöpfbarer Ressourcen erreicht werden kann.

Bei der Nutzung von Umweltressourcen treten derzeit infolge des Fehlens individueller Rechtspositionen ökonomisch vielfältige Probleme auf:

Bei Umweltgütern kommt es leicht zu Fehlallokationen durch ineffiziente Ressourcenverwendung oder Übernutzung von Ressourcen, wobei letztere eine vorübergehende oder sogar dauerhafte Schädigung bzw. Zerstörung der Ressourcen zur Folge haben kann.[747] Dies ist bei Umweltressourcen deswegen besonders problematisch, weil es sich teilweise um nicht regenerierbare Ressourcen handelt, wie etwa beim Aussterben bestimmter Arten.[748] Ein typisches Beispiel für eine Fehlallokation bei einer freien Güternutzung ist die Hochseefischerei. Ohne Reglementierungen durch Fangquoten wäre es schon lange zu einer Überfischung der Meere gekommen mit der Folge, daß der Fischbestand dauerhaft gefährdet gewesen wäre. Hier hätte der weitere freie Zugang zu einer Ressource dazu geführt, daß diese in ihrem Bestand geschädigt worden wäre, obwohl die Nutzer auf den Fortbestand der Ressource ökonomisch angewiesen sind.[749] Erst die Nutzungsbeschränkung durch Fangquoten konnte einen ausreichenden Ressourcenerhalt gewährleisten.

Die reale Knappheit von Umweltressourcen führt bei gleichzeitiger freier Nutzung zu einem Anreiz eines möglichst schnellen Zugriffs auf die Ressource, da wegen der Knappheit nicht alle Bedürfnisse befriedigt werden können, so daß nur die Nachfrage derjenigen befriedigt wird, die zuerst da sind.[750] Zudem erfolgt der Ressourcenzugriff so umfassend wie möglich, da ein weiterer Zugriff zu einem späteren Zeitpunkt nicht sicher gestellt werden kann. Mithin orientiert sich die Nut-

---

746 Vgl. Schäfer, H.-B./ Ott, C., S.515 ff.; Wegehenkel, L., 1981, S.114 ff.; Landes, W./ Posner, R., S.29.
747 Vgl. Schäfer, H.-B./ Ott, C., S.519 ff.
748 Vgl. Hampicke, U., S.87 f.
749 Vgl. hierzu auch Foders, F., S.624 f.
750 Schäfer, H.-B./ Ott, C., S.519.

zung weder am tatsächlichen individuellen Bedarf, noch an einem wohlfahrtsmaximierenden Ressourceneinsatz, was regelmäßig eine Ressourcenverschwendung zur Folge hat.[751]

Zudem ist die Nutzung von Umweltressourcen mit vielfältigen negativen externen Effekten verbunden, deren Berücksichtigung bestimmten ressourcenverbrauchenden Handlungsweisen entgegenstehen würde.[752] So hat etwa die Rodung eines Grundstücks im amazonischen Regenwald zur Gewinnung einer Ackerbaufläche für den Landwirt wirtschaftlich einen Nutzengewinn zur Folge. Dabei berücksichtigt er jedoch regelmäßig nicht die Funktion des Waldes für das globale Klima sowie die Bedeutung als Lebensraum bedrohter Arten. Würden beide Aspekte berücksichtigt, etwa indem für alle mit der Rodung verbundenen individuellen Nutzenverluste Schadensersatz zu leisten ist, wäre eine Rodung auch betriebswirtschaftlich nicht effizient.

Durch die Zuordnung von property rights wird versucht, den dargestellten Problemen Rechnung zu tragen. Der property right-Ansatz präferiert dabei die Sicherung einer effektiven Ressourcenverwendung durch die Zuordnung privater Rechte und nicht durch staatliche Reglementierungen.[753] Rechtlich geschützte individuelle Handlungsrechte bzw. property rights[754] begründen einen Anreiz zu einem effizienten Ressourceneinsatz.

a) Die property rights-Theorie

Die property-rights-Theorie begreift Güter als Bündel von Handlungsrechten eines oder mehrerer Rechtsträger.[755] Beispielsweise beinhaltet ein Grundstücksrechtsbündel die Rechte, Dritte vom Betreten auszuschließen, Dritte von der Nutzung des Luftraums über diesem auszuschließen, sowie Dritten die Verschmutzung des Grundstücks zu verbieten.[756] Bei property rights handelt es sich um menschliche Verhaltensoptionen, welche aus der Existenz von Gütern resultieren und die Nutzungsmöglichkeiten dieser Güter im Hinblick auf die erlaubte oder nicht mehr zulässige Schädigung Dritter im Rahmen der Nutzung festlegen.[757] Daher werden Güter als Nutzungsmöglichkeiten angesehen, die jeweils verschiedenen Rechtsträgern zugeordnet werden können.[758] Je mehr die mit dem Gut verbundenen Rechte unter verschiedenen Rechtsträgern verteilt sind, um so verdünnter sind property rights.[759] Property rights begrenzen die Möglichkeiten der Güternutzung im sozialen Leben, indem durch sie bestimmt wird, in welchem Ausmaß das dem property right

---

751 Schäfer, H.-B./ Ott, C., S.519.
752 Vgl. Schäfer, H.-B./ Ott, C., S.524.
753 Vgl. Siebert, H., S.32 ff.; Lehmann, M., „Analyse", S.38 f.; Kaulmann, T., S.24; Großmann, P., S.48.
754 Die Begriffe werden synonym verwendet, vgl. Schäfer, H.-B./ Ott, C., S.515; Hesse, G., S.80 und Häberle, P., S.65.
755 Cooter, R./ Ulen, T., S.72.
756 Beispiel angelehnt an Wegehenkel, L., 1981, S.7; zu beachten ist jedoch bei dem Luftraum die Beschränkung in § 905 BGB.
757 Vgl. Hesse, G., S.80; Gäfgen, G., S.48; Elsner, W., S.332; Landes, W./ Posner, R., S.29.
758 Hutter, M., S.105.
759 Vgl. Schäfer, H.-B./ Ott, C., S.88 f.; Gäfgen, G., S.50.

unterliegende Gut zur Befriedigung der Bedürfnisse des Rechtsträgers beitragen kann.[760]

Durch die rechtliche Zuordnung von spezifizierten Nutzungsrechten wird aus ökonomischer Sicht die Voraussetzung eines möglichst effizienten Einsatzes knapper Ressourcen geschaffen. Besteht in einer Gesellschaft eine Knappheit an einer bestimmten Ressource, kann durch die Institutionalisierung von Rechtspositionen bzw. property rights an der Ressource ein Markt entstehen. Durch die Übertragungsmöglichkeit von Handlungsbefugnissen auf Dritte wird über einen Markt ein optimaler Ressourceneinsatz ermöglicht, weil derjenige, für den die Handlungsoption den größten Wert hat, sie erlangen wird, da es durch einen entsprechenden Kaufpreis für jeden anderen Rechtsinhaber rentabel ist, ihm die Handlungsoption zu verkaufen.

Da property rights die abschließende Zuordnung der Dispositionsbefugnis über eine Ressource zur Folge haben, ist es für den einzelnen nicht mehr möglich, sich eine zuvor freie Ressource in möglichst großem Umfang zu sichern, weil er damit in die geschützte Rechtssphäre Dritter eingreifen würde. Die Herausbildung neuer property rights bietet mithin die Möglichkeit einer Internalisierung externer Effekte. Es besteht folglich ein enger Zusammenhang zwischen einem volkswirtschaftlich effizienten Marktsystem und der Fortentwicklung des in einer Gesellschaft bestehenden Rechtssystems.

Allerdings setzt die Begründung von property rights das Vorliegen bestimmter Umstände voraus. So muß die Möglichkeit gegeben sein, Dritte von der Nutzung des Gutes auszuschließen. Somit handelt es sich um exklusive Nutzungsrechte. Fehlt es an dieser Ausschlußmöglichkeit, verliert das property right seine Bedeutung, da die Ressource unabhängig vom Bestehen eines Rechts genutzt werden kann. Ausdruck dieser Ausschlußmöglichkeit sind im Zivilrecht sachenrechtliche Abwehransprüche (property rules) sowie haftungsrechtliche Ersatzansprüche bei Verletzung der Rechtsposition (liability rules).[761] Zudem setzen property rights die Rivalität der Ressourcennutzung voraus. Nur wenn sich die Ressourcennutzung durch eine Person A auf die Nutzungsmöglichkeiten von Dritten auswirkt, bedarf es eines property rights. Die Grundvoraussetzung für property rights ist jedoch, daß Rechte an dem Gut überhaupt spezifizierbar und individualisierbar sind.[762]

Zu einer staatlichen Regulierung kommt es bei Gesellschaftsgütern nach dem property-rights-Ansatz folglich nur dann, wenn es nicht möglich ist, bestimmte Nutzenfaktoren in einer Gesellschaft zu spezifizieren, zu individualisieren, und als Bestandteil des Marktes zu erfassen.

b) Property rights an Gesellschaftsgütern

Property rights sind an den der Allgemeinheit zugänglichen und von dieser nutzbaren Gütern grundsätzlich möglich. Im Rahmen des property right-Ansatzes kann bei

---

760 Vgl. Lehmann, M., „Analyse", S.32; Hutter, M., S.103 f.; ähnlich Elsner, W., S.330.
761 Schäfer, H.-B./ Ott, C., S.516 f.
762 Vgl. Wegehenkel, L., 1981, S.7 und S.114.

den frei zugänglichen Gütern einer Gesellschaft zwischen Kollektivgütern und öffentlichen Gütern unterschieden werden.

Bei öffentlichen Gütern handelt es sich um diejenigen Güter, die das Kriterium der Rivalität des Konsums nicht erfüllen, jedoch dem Kriterium der Ausschließbarkeit genügen.[763] Güter, die dem Kriterium der Ausschließbarkeit des Konsums nicht genügen, sind demgegenüber Kollektivgüter.[764]

Nicht-Ausschließbarkeit des Konsums ist gegeben, wenn es mit einem vertretbaren Aufwand nicht möglich ist, einen Dritten von dem Konsum des Gutes auszuschließen. Nicht-Rivalität liegt vor, wenn bei einem Preis von Null die Sättigungsnachfrage nach dem Gut befriedigt werden kann, ohne daß es zu einer Knappheit des Gutes bzw. der Ressource kommt. Eine Rivalität des Konsums ist folglich gegeben, wenn die allgemeine Nutzung der Ressource durch eine Person A die Nutzung der Ressource durch eine Person B oder auch alle anderen Personen beeinflußt.

Es liegt somit ein öffentliches Gut im Sinne der genannten Definition vor, wenn die Nutzung durch eine Person nicht dazu führt, daß Dritte beeinträchtigt werden in ihrem Zugriff auf das Gut, und zugleich aber eine Ausschließung Dritter von der Nutzung mit einem ökonomisch vertretbaren Aufwand theoretisch möglich ist.

Ein Kollektivgut liegt demgegenüber vor, wenn es nicht möglich ist, Dritte auszuschließen. Dies beruht regelmäßig auf dem Umstand, daß es ökonomisch nicht vertretbar ist, den hierzu nötigen Aufwand zu betreiben. Die Zuteilung exklusiver Nutzungsrechte durch property rights scheitert folglich daran, daß diese Rechtspositionen nicht vor einer Nutzung durch Nichtberechtigte geschützt werden können. Dies ist insbesondere der Fall, wenn die Knappheit des Gutes sich noch nicht in einem Marktpreis niedergeschlagen hat, der diesen Aufwand rechtfertigen würde.[765] Damit kann durch property rights an Kollektivgütern grundsätzlich keine durchsetzungsfähige Verhaltensbeziehung geschaffen werden. Die Nichtbeachtung der property rights durch Dritte hat keine Sanktion zur Folge.[766] Eine Rechtsdurchsetzung ist tatsächlich nicht möglich, derartige Güter sind daher frei zugänglich. Dies hat praktisch dazu geführt, die durch die Nutzung von Kollektivgütern entstehenden Kosten über Abgaben, Steuern, o.ä. zu finanzieren.[767]

Bei öffentlichen Gütern besteht hingegen kein Problem, sie bei Knappheit durch die Einräumung von property rights einer effizienten Verwendung über einen Markt zuzuführen. Die Eigenschaft der Nicht-Rivalität steht der Entwicklung eines neuen Marktes für Rechte an diesen Gütern nicht entgegen.[768]

---

763 Wegehenkel, L., 1981, S.44; Pethig, R., S.539. Die Begriffsverwendung ist jedoch uneinheitlich. Bei Schäfer, H.-B./ Ott, C., S.524 f. und Behrens, P., S.88 wird zwar tatsächlich, aber nicht begrifflich zwischen Kollektivgütern und öffentlichen Gütern differenziert. Walz, R., S.205 ordnet öffentlichen Gütern sowohl die Nicht-Rivalität wie auch die Nichtausschließbarkeit zu; ähnlich Kaulmann, T., S.26.
764 Vgl. Wegehenkel, L., 1981, S.44; Arnold, V., S.80 bezeichnet diese als öffentliche Konsumgüter.
765 Wegehenkel, L., 1981, S.44.
766 Vgl. hierzu allgemein Hesse, G., S.86.
767 Schäfer, H.-B./ Ott, C., S.524.
768 Wegehenkel, L., 1981, S.44.

c) Möglichkeiten der Herausbildung neuer property rights zur Erfassung ökologischer Schäden

Ökologische Schäden betreffen den Naturhaushalt, das heißt die Umweltmedien Wasser, Boden, Luft, Klima, die Tier- und Pflanzenwelt sowie ihre jeweiligen Wechselwirkungen. Es besteht im geltenden Recht weder ein privatrechtlicher Anspruch auf saubere Luft, noch auf die Sauberkeit des Wassers, noch auf den Fortbestand von biologischer Vielfalt bzw. Biodiversität oder einer nachhaltigen Naturnutzung. Für eine weitergehende haftungsrechtliche Erfassung ökologischer Schäden müssen negativ zu bewertende Veränderungen des Naturhaushaltes gleichbedeutend sein mit einer Verletzung von property rights. Dies setzt voraus, daß individuelle Rechte an den bisher frei nutzbaren Gütern des Naturhaushaltes bestimmt und zugeordnet werden können.

Grundsätzlich ist bei der Erörterung der Möglichkeit neuer property rights zwischen öffentlichen Gütern und Kollektivgütern, jeweils im Sinne der oben genannten Definitionen, zu differenzieren.

aa) Property rights an Kollektivgütern

Bei Kollektivgütern ist die Herausbildung neuer property rights schwierig, da wegen der Nicht-Ausschließbarkeit keine exklusiven Verfügungsrechte des Rechtsinhabers mit einem ökonomisch vertretbaren Aufwand durchgesetzt werden können. Bei den meisten Umweltgütern handelt es sich um Kollektivgüter in diesem Sinne.[769] Beispielsweise ist es mit einem vertretbaren Aufwand nicht möglich, Menschen daran zu hindern, im Meer zu baden oder zu fischen, Luft einzuatmen oder von Luftreinhalteprogrammen zu profitieren. Selbst wenn an diesen Gütern exklusive Nutzungsrechte bestehen würden, könnten sie nicht durchgesetzt werden gegenüber Personen, die kein Recht auf die Nutzung des Gutes hätten, dieses aber tatsächlich doch nutzen könnten und würden (Schwarzfahrerverhalten).[770] Der maximale gesellschaftliche Nutzen ist bei Kollektivgütern nur erreichbar, wenn sich alle Nutzer volkswirtschaftlich korrekt verhalten, was jedoch für sie bedeutet, daß sie die Kosten, die durch den hierfür notwendigen individuellen Aufwand entstehen, selbst zu tragen hätten und einen dem Aufwand entsprechenden Nutzen nur dann bekommen, wenn die anderen Nutzer in gleicher Weise ressourcenschonend vorgehen und es zu keinem Schwarzfahrerverhalten kommt.[771] Dies hat zur Folge, daß sich die Marktteilnehmer strategisch verhalten, wenn es um die Finanzierung des Kollektivgutes geht, so daß ein Markt für die Nutzung derartiger Güter nicht die tatsächlichen Präferenzen der Marktteilnehmer aufzeigen würde, was regelmäßig eine Fehlallokation zur Folge hat.[772]

Die Steuerung der Ressourcenverwendung über einen Markt setzt daher nach dem property rights-Ansatz notwendigerweise die Exklusivität der von den jeweiligen property rights umfaßten Nutzungen voraus.

---

769 Ebenso Wenk, N., S.140.
770 Vgl. Behrens, P., S.184; Wegehenkel, L., 1980, S.70.
771 Vgl. Bonus, H., ZgS 136 (1980), 50 (63 f.).
772 Vgl. Wegehenkel, L., 1981, S.45; Bonus, H., ZgS 136 (1980), 50; Behrens, P., S.89.

Wegehenkel hat zur Lösung des dargestellten Problems in bezug auf kollektive Umweltgüter vorgeschlagen, die property right-Zuordnung relativ grobkörnig nach Nutzenzusammenhängen vorzunehmen, wobei das Recht einer oder mehreren Personen zugeordnet werden kann.[773] Bezogen auf die Luft solle sich die Größe des Nutzenzusammenhangs danach richten, wann dieser für das Marktsystem Relevanz besitzt. Kommt es zu Wechselwirkungen zwischen verschiedenen Umweltnutzungen, müßten die Nutzer, die ein anderes, fremdes Umweltgut in Anspruch nehmen, sich das Recht dieser Nutzung bei den an diesem Umweltgut Berechtigten erkaufen. Die am Wasser Berechtigten beispielsweise würden dann an die Rechtsinhaber am Luftraum entsprechende Wasserverschmutzungsrechte verkaufen, sofern es durch die Verschmutzung der Luft auch zu einer Verschmutzung des Wassers kommt.[774] In gleicher Weise sollen auch grenzüberschreitende Verschmutzungen gelöst werden.

Allerdings ist dem entgegenzuhalten, daß derartige Nutzenzusammenhänge bei Umweltgütern regelmäßig willkürlich eingeteilt werden müßten, da die Zusammenhänge häufig zu weiträumig sind.[775] Als Beispiele sei auf die Verteilung von Schadstoffemissionen in der Luft und auf Schadstoffeinleitungen in größere Flüsse verwiesen. Weder ein Fluß noch die Luft lassen sich in separate Nutzungszusammenhänge aufteilen. Zudem räumt auch Wegehenkel ein, daß ein solches System allenfalls dann funktionieren kann, wenn die Verschmutzungsprozesse mit einem ökonomisch vertretbaren Aufwand technisch nachvollzogen werden können.[776] Dies ist bei Verschmutzungen der Umwelt jedoch zumeist nicht gegeben, besonders soweit es sich um Summations- und Distanzschäden handelt. Die Verbreitung der allgemeinen Luftverschmutzung ist seit Beginn der Politik der hohen Schornsteine flächendeckend. Das zeigt etwa die Säure- und Nitratbelastung der Luft in der Bundesrepublik.[777] Nicht einmal bei der Erforschung der neuartigen, emittentenfernen Waldschäden[778] ist es bisher gelungen, die Schadensverursachung auf spezifische Verursacher zurückzuführen, obwohl diesbezüglich insbesondere im Anschluß an das Waldschadensurteil des BGH[779] ein beträchtlicher Aufwand betrieben wurde. Ein weiteres Beispiel ist die Abnahme der Bleibelastung in der Nordsee nach Einführung des bleifreien Benzins. Der Augenschein spricht hier zwar für einen Zusammenhang, ein exakter naturwissenschaftlicher Nachweis liegt jedoch bis jetzt nicht vor. Die property rights-Inhaber an den Verschmutzungsrechten der Luft hätten sich somit weigern können, bei den property rights-Inhabern der Meere Verschmutzungsrechte zu kaufen, da ihnen die Verschmutzung nicht sicher nachzuweisen gewesen wäre. Selbst die Ölverschmutzung der Meere durch das illegale Durchspülen der Öltanks von Schiffen kann nur in seltenen Fällen dem Verursacher nach-

773 Wegehenkel, L., 1981, S.115; a.A. Großmann, P., S.39 f.
774 Wegehenkel, L., 1981, S.120.
775 Bonus, H., S.64.
776 Wegehenkel, L., 1981, S.120; zweifelnd zur Nachweismöglichkeit Kargados, P., S.194.
777 Vgl. Umweltbundesamt Jahresbericht 1994, S.102 f. und 111.
778 Vgl. Moosmeyer, H.-U., UTR, S.1 ff.; Ellenberg, H., S.89 ff. zu den naturwissenschaftlichen Ursachen.
779 BGH NJW 1988, 478 ff. = BGHZ 102, 350 ff. = UPR 1988, 96 ff.; zur Verfassungsbeschwerde gegen das Urteil vgl. BVerfG NJW 1998, 3264 ff.

gewiesen werden.[780] Bei überregionalen oder globalen Allgemeininteressen, wie beispielsweise der Bewahrung der Artenvielfalt, dem Schutz der Ozonschicht, der Verhinderung des Treibhauseffekts oder auch der Bewahrung der Schöpfung, ist eine Marktlösung über property rights ohnehin ausgeschlossen. Scheidet jedoch eine Sanktion von Rechtsverstößen aus tatsächlichen Gründen aus, fehlt es den property rights an den geschädigten natürlichen Ressourcen an der Exklusivität.

Die Komplexität naturwissenschaftlicher Zusammenhänge, verbunden mit der Begrenztheit der wissenschaftlichen Erkenntnis, läßt folglich eine marktkonforme Lösung der Nutzung von Kollektivgütern der Natur nicht zu.[781]

bb) Property rights an öffentlichen Gütern

Die Schaffung neuer property rights ist bei öffentlichen Gütern grundsätzlich möglich. Dies ergibt sich definitionsgemäß aus der Möglichkeit, Dritte von der Nutzung auszuschließen, und so exklusive Nutzungsrechte der Nutzungsberechtigten zu gewährleisten. Das Problem des Schwarzfahrer- bzw. Trittbrettfahrerverhaltens besteht hier nicht.[782]

Ein Beispiel für ein frei nutzbares, öffentliches Naturgut sind frei zugängliche Grünflächen. Sie können Gegenstand eines property rights werden, wobei, soweit es sich um Waldflächen handelt, § 14 I BWaldG geändert werden müßte. Durch einen Zaun könnten Unberechtigte vom Betreten der Flächen abgehalten werden. Das Betretungsrecht wäre frei handelbar unter den Betretungsinteressierten. Allerdings setzt dies voraus, daß die Kosten für die Gewährleistung der Exklusivität, Erstellen und Erhaltung des Zaunes sowie die Kosten der Rechtszugänglichmachung (Tageskasse o.ä.), durch die Einnahmen aus der Einräumung des Betretungsrechts, gedeckt werden. Dies wiederum wird maßgeblich von der Knappheit an Erholungsflächen abhängen.

Soweit es durch das bloße Betreten durch Berechtigte zu ökologischen Schäden kommt, sind diese jedoch nicht haftungsrechtlich erfaßbar. Hieran zeigt sich, daß auch die Herausbildung neuer property rights auf menschliche Nutzeninteressen ausgerichtet ist und nicht auf die Bewahrung der ökologischen Substanz eines Naturgutes. Dies ist angesichts der auf individuelle menschliche Interessen bezogenen property right-Zuordnung auch unvermeidbar. Die Steuerung von menschlichem Verhalten zur Erreichung von Allokationseffizienz ist über einen Markt nur möglich, soweit es vermögenswerte individuelle Nutzeninteressen an einer Ressource gibt. Es gibt jedoch keinen Markt für größtmögliche Naturbewahrung. Folglich bezieht sich die Marktfähigkeit von Naturgütern, die als öffentliche Güter dem Ausschlußkriterium genügen, regelmäßig auf Nutzeninteressen, die nur mittelbar mit dem Schutz vor ökologischen Schäden einhergehen können. Die anthropozentrische Ausrichtung des property rights-Ansatzes läßt eine systematische Erfassung

---

780 Vgl. Süddeutsche Zeitung vom 08.08.1996, S.8; Hamburger Morgenpost vom 16.07.1996, S.6; Der Spiegel vom 15.07.1996, S.42 (44); Welt am Sonntag vom 07.07.1996, S.27.

781 Ebenso Gschwendtner, H., ZfU 1993, 55 (56).

782 Vgl. Wegehenkel, L., 1981, S.44 m.w.N.; Arnold, V., S.99 ff.; Behrens, P., S.89 und 184; Schäfer, H.-B./ Ott, C., S.524 f., die jedoch den Begriff des öffentlichen Gutes verwenden im Sinne des Begriffs des kollektiven Gutes entsprechend der oben angeführten Definition.

ökologischer Schäden durch neue property rights nicht zu. Beeinträchtigungen der natürlichen Vielfalt oder der Nachhaltigkeit stehen in keinem unmittelbaren Zusammenhang mit individualisierbaren Nutzenverlusten.

Ein individuelles Nutzeninteresse, welches mittelbar zu einer erweiterten Erfassung ökologischer Schäden führen kann, ist allenfalls die Erholungsfunktion der Natur. Diese setzt ein gewisses Maß an bestehenden Arten voraus. Jedoch steigert sich der Erholungswert für den Menschen nicht unbedingt mit der Zunahme an Biodiversität oder nachhaltigen Wirtschaftsweisen in einem Ökosystem. Beispielsweise beinhalten die derzeit bestehenden Waldschäden für die meisten Waldbesucher keine Minderung des Erholungswertes,[783] obwohl sie sich unter anderem nachteilig auf das Artenspektrum im Wald und die Substanz der Bäume auswirken. Mithin haben auch property rights an der Erholungsfunktion von Naturgütern keine systematische Erfassung ökologischer Schäden zur Folge.

Die Zuordnung privater Rechte ist zudem volkswirtschaftlich dann problematisch, wenn nicht sichergestellt werden kann, daß externe Effekte bei der Ressourcennutzung berücksichtigt werden. Externe Effekte sind ökonomisch gesehen die Folge der zu geringen Komplexität von Marktsystemen im Vergleich zur Gesamtheit aller gesellschaftlich relevanten Faktoren.[784] Bei öffentlichen Gütern des Naturhaushaltes besteht das Problem, daß ein Teil der ökologischen Funktionen dieser Güter nicht dem Kriterium der Ausschließbarkeit genügt. Das oben angeführte Beispiel einer umzäunten Grünfläche berücksichtigt etwa die Funktion der Fläche für den Grundwasserhaushalt, das Klima sowie die Luftfilterfunktion nicht.

Die Nichtberücksichtigung von externen Effekten ist auch bei der Nutzung von Gütern des Naturhaushaltes durch den bereits jetzt Nutzungsberechtigten häufig der Fall. Beispielsweise war es für Waldeigentümer lange Zeit ökonomisch attraktiv, Holzwirtschaft durch Nadelholzmonokulturen zu betreiben, was sich regelmäßig nachteilig auf die Regenerationsfähigkeit der Grundwasservorräte und damit die Trinkwasserversorgung auswirkt.[785] Wird jedoch die Berücksichtigung externer Effekte nicht bei der Einräumung von property rights gewährleistet, kann es ebenso zu Fehlallokationen kommen, wie bei einer allen oder vielen Gesellschaftsmitgliedern möglichen, freien Ressourcennutzung.[786] Generell ist festzustellen: je weniger externe Effekte internalisiert werden können, um so größer ist der Öffentlichkeitsgrad eines Gutes[787] und um so weniger können property rights zu einer effizienten Ressourcennutzung beitragen.

Folglich ist die Schaffung neuer property rights an öffentlichen Gütern zur Erfassung weiterer ökologischer Schäden grundsätzlich möglich. Allerdings können property rights wegen des Konflikts zwischen anthropozentrischen Nutzeninteressen und ökologischen Leitbildern nie eine zielgerichtete Erfassung ökologischer Schäden bewirken. Daher besteht etwa das Problem des möglichen Konflikts zwischen den Nutzeninteressen des property right-Inhabers mit den dargestellten öko-

---

783 Vgl. Elsasser, P./ Thoroe, C., S.237; Hampicke, U., S.115.
784 Wegehenkel, L., 1981, S.48; Endres, Al., S.13 ff.
785 Vgl. Arndt, M., Hamburger Abendblatt vom 06.07.1995, S.18.
786 Vgl. Bonus, H., S.57.
787 Bonus, H., S.57.

logischen Leitbildern. Des weiteren müssen die property rights so ausgestaltet sein, daß externe Effekte in die Interessen des Rechtsträgers internalisiert werden. Hieran fehlt es bei öffentlichen Gütern des Naturhaushaltes regelmäßig, da sie vielfältige gesellschaftlich nutzbringende Funktionen erfüllen, die vom Kriterium der Ausschließbarkeit nicht erfaßt werden.

d) Zwischenergebnis

Der property right-Ansatz bietet eine Möglichkeit im Einklang mit dem bestehenden Rechtssystem individuelle Nutzeninteressen dem Haftungsrecht zu unterwerfen, um so eine effizientere Ressourcenverwendung zu erreichen.

Im Hinblick auf ökologische Schäden stellt sich jedoch das Problem, daß individuelle Nutzeninteressen zumeist nicht mit den ökologischen Leitbildern der Biodiversität und der Nachhaltigkeit vereinbar sind. Die systemimmanente anthropozentrische Ausrichtung des property right-Ansatzes wie des Haftungsrechts läßt keine umfassende Erfassung ökologischer Schäden zu. Dies gilt insbesondere für diejenigen Bestandteile des Naturhaushaltes, die als Kollektivgüter frei zugänglich sind, ohne daß der Zugang reguliert bzw. reglementiert werden kann. Es ist nicht möglich, bei Kollektivgütern property rights nach Nutzenzusammenhängen zu bestimmen, da diese zu grobkörnig wären und eine Nutzung durch nicht berechtigte Dritte naturwissenschaftlich nicht nachweisbar ist.

Nur soweit es sich um Bestandteile des Naturhaushaltes handelt, die dem Kriterium der Ausschließbarkeit genügen, kann es bei einer Ressourcenknappheit zu einem tauschbaren property right und damit zu einem Markt für die Ressourcennutzung kommen. Allerdings sind auch hierbei Fehlallokationen zu erwarten, da es nicht möglich ist, alle volkswirtschaftlich relevanten externen Effekte in das neu zu schaffende property right einzubeziehen. Zudem könnte durch die Herausbildung neuer property rights nicht gewährleistet werden, daß die sich aus dem Recht ergebenden Handlungsbefugnisse entsprechend den Zielvorgaben ökologischer Leitbilder genutzt werden. Die mit neuen property rights verbundene Rechtsmacht würde auch eine Nutzung im Widerspruch zu ökologischen Leitbildern zulassen. Somit kann durch die Spezifizierung und Zuordnung neuer property rights die Natur nicht vor der naturschädigenden Wahrnehmung der property rights geschützt werden, da die anthropozentrische Ausrichtung der Rechte bestehen bleibt.

Der unmittelbare Schutz knapper Umweltressourcen kann folglich nur in anderer Weise erfolgen. Hierbei wird es sich regelmäßig um hoheitliche Maßnahmen handeln. Notwendig ist die Steuerung menschlichen Verhaltens im Hinblick auf einen schonenden Umgang mit dem Naturhaushalt und seinen Bestandteilen in ihrer jeweiligen ökologischen Bedeutung. Dies können neue property rights nicht zielgerichtet sondern nur zufällig bewirken.

IV. Ergebnis der haftungsrechtlichen Erfassung ökologischer Schäden

Der Schutz der Natur um ihrer selbst willen oder zumindest als Lebensgrundlage des Menschen ist eine ethische Verpflichtung unserer Gesellschaft. Der Mensch hat auf Grundlage des anthropozentrischen, des biozentrischen ebenso wie auf Grundlage des physiozentrischen Weltbildes eine umfassende Verantwortung für die Natur, aus der die Aufgabe der Bewahrung und des Schutzes der Natur folgt. Dieser Schutz wurde bisher primär vom öffentlichen Recht wahrgenommen, wobei der Vollzug des öffentlichen Umweltrechts nicht zu einem hinreichenden Schutz der Natur geführt hat.

Als Alternative zur Bewirkung eines besseren und effektiveren Umweltschutzes ist daher über eine indirekte, ökonomische Steuerung über den Markt nachzudenken. Diese hätte einen prinzipiellen Kostenvorteil gegenüber einer ordnungsrechtlichen Regulierung, da es keiner Beteiligung des Staates, etwa für die Genehmigung und Überwachung, bedarf. Das Zivilrecht ermöglicht darüber hinaus eine auf die individuellen Verhältnisse bezogene Feinsteuerung des Sorgfalts- und Aktivitätsniveaus, wie sie das öffentliche Recht häufig nicht zu leisten vermag.

Zudem eröffnet das Zivilrecht die Möglichkeit, Umweltschutz nicht gegen sondern mit dem ökonomischen Eigeninteresse des potentiellen Schädigers zu betreiben. Eine weitere Möglichkeit des Zivilrechts liegt in der Internalisierung negativer externer Effekte, das heißt der umfassenden Verlagerung von Nutzenverlusten auf den Verursacher. Die Internalisierung dient dazu, optimale Anreize zur Schadensverhütung zu setzen, und so eine Verschwendung gesellschaftlicher Ressourcen zu verhindern.

Gerade bei ökologischen Schäden handelt es sich häufig um externe Effekte. Diejenigen ökologischen Schäden, die mit individuellen Nutzenverlusten einhergehen, sollten in den Verantwortungsbereich ihres Verursacher überführt werden. Allerdings gibt es auch ökonomisch effiziente ökologische Schäden. Bis zu welcher Grenze ein ökonomisch effizienter ökologischer Schaden vereinbar mit der ethischen Verantwortung des Menschen für den Schutz und die Bewahrung des Natur ist, vermag aber weder das Zivilrecht noch die Ökonomie zu bestimmen. Dennoch bleibt die Aufgabe des Rechts, die Nutzung des Naturhaushaltes so effizient wie möglich zu gestalten, und ökologische Schäden effizient zu vermeiden, zu begrenzen und zu beseitigen.

Kein geeigneter Ansatzpunkt für den Schutz der Natur ist eine Ausweitung der Rechtssubjektivität hin zu einer Rechtssubjektivität der Natur. Diese wäre mit der bestehenden Systematik des Zivilrechts nicht vereinbar, da weder die unbelebte Natur noch Tiere und Pflanzen Träger von Pflichten sein können und mithin die Gestaltung des Miteinanders von Mensch und nicht menschlicher Natur nicht über eine Rechtssubjektivität entsprechend der Konzeption des bürgerlichen Rechts möglich ist. Rechtssubjekte können demnach allein natürliche sowie juristische Personen sein. Dies stellt allerdings weder die Schutzwürdigkeit der Natur noch ihren Eigenwert in Frage.

Für die haftungsrechtliche Erfassung ökologischer Schäden kommt es entscheidend auf die Funktionen des Schadensrechts und des haftungsrechtlichen Rechtsgüterschutzes an.

Die tragenden Grundprinzipien des Schadensrechts sind die Ausgleichs- und die Präventionsfunktion. Dies entspricht ökonomischen wie rechtlichen Erwägungen. Mit der Gleichrangigkeit von Ausgleichs- und Präventionsfunktion ist insbesondere durch richterliche Rechtsfortbildung ein angemessener Schutz der Interessen der potentiell Geschädigten erreichbar. Zudem kann der gesellschaftlichen Funktion des Zivilrechts bei der Regelung des gesellschaftlichen Miteinanders der einzelnen Gesellschaftsmitglieder in einer gesellschaftlich effizienten Weise Rechnung getragen werden.

In bezug auf ökologische Schäden bedeutet dies, daß es Aufgabe des Schadens- und Haftungsrechts ist, sie, soweit dies effizient ist, zu verhindern und gegebenenfalls auszugleichen. Der Schutz der Natur wird bei einer Präventionsfunktion des Schadens- und Haftungsrechts verbessert. Ökologische Schäden sind häufig Allmählichkeitsschäden. Oftmals sind ökologische Schäden auch nicht restituierbar. Geboten ist daher eine Schadensvermeidung von ökologischen Schäden und kein bloßer Schadensausgleich.

Ökologische Schäden, die keinen zivilrechtlichen Schaden beinhalten, fallen nach Maßgabe des zivilrechtlichen Rechtsgüterschutzes jedoch von vornherein aus dem Regelungsbereich des Privatrechts heraus. Die Umweltgüter als solche werden durch das Haftungsrecht nicht unmittelbar geschützt.

Abzulehnen ist der Vorschlag eines vermögensbezogenen Schutzes des Gemeingebrauchs der Umweltgüter. Der Schutz der Natur wäre ein zufälliges Nebenprodukt der Rechtsdurchsetzung, da kein Zusammenhang zwischen der Intensität einer Beeinträchtigung des Naturhaushaltes und dem Ausmaß individueller Nutzenverluste besteht. Zudem würde ein solches Recht der Systematik des Deliktsrechts widersprechen, da es an der sozialtypischen Offenkundigkeit und der Exklusivität eines solchen Rechts fehlt.

Nicht individualrechtlich zuordenbar und damit privatrechtlich nicht erfaßbar sind globale Schäden, wie die Schädigung der Ozonschicht oder Klimaveränderungen sowie Schädigungen der Hohen See, der fließenden Welle sowie der Luft, soweit nicht über eigentumsähnliche Rechte oder über den Interessenschutz nach § 905 BGB eine Erfassung ausnahmsweise gegeben ist.

Weiter scheidet ein Schutz aus, wenn eine haftungsrechtliche Zuordnung zu einem Rechtssubjekt zwar theoretisch möglich jedoch tatsächlich nicht gegeben ist. Dies gilt insbesondere für wilde Tiere, die nach § 960 BGB herrenlos sind. Eine weitere Einschränkung liegt in der Dispositionsfreiheit des Rechtsinhabers mit seinem Recht grundsätzlich so umzugehen, wie er es möchte. Ökologische Schäden an einem Rechtsgut, die durch den Rechtsinhaber verursacht werden, entziehen sich daher ebenfalls dem Haftungsrecht. Beispielsweise kann ein Grundstücksbesitzer durch das Haftungsrecht nicht an der Versiegelung seines Grundstücks gehindert werden.

Soweit es sich um individuell zuordenbare Rechtsobjekte handelt, die tatsächlich einem Rechtssubjekt zugeordnet sind und die Schäden nicht vom Rechtsinhaber verursacht wurden, bestehen insbesondere über das Eigentum weitreichende Möglichkeiten einer haftungsrechtlichen Erfassung ökologischer Schäden. Jede ökologisch relevante Einwirkung auf ein Grundstück (Pflanzen, Boden, stehende Binnengewässer) durch Dritte, die gegen den Willen des Eigentümers erfolgt, stellt eine Eigentumsverletzung dar. Allerdings kann über § 906 BGB eine Duldungspflicht bestehen. Zudem scheidet eine Eigentumsverletzung bei öffentlichen Sachen im Rahmen einer widmungsgemäßen Nutzung aus. Eine weitere Einschränkung kann sich im Rahmen des Schadensausgleichs ergeben, da der individuell Geschädigte in der Ausübung seiner Rechte grundsätzlich frei ist, das heißt auch das Bestehen eines Ausgleichsanspruchs nicht notwendigerweise seine Geltendmachung zur Folge hat.

Durch eigentumsähnliche Rechte besteht zum Teil ebenfalls die Möglichkeit einer haftungsrechtlichen Erfassung ökologischer Schäden. Das Jagd- bzw. das Jagdausübungsrecht schützt vor der Verminderung oder Verdrängung jagdbarer Arten aus dem Jagdbezirk. Ebenso schützt das Fischereirecht in Binnengewässern vor der Verminderung der Artenzahl oder der Häufigkeit einer Art, soweit bestimmte Arten durch landesrechtliche Regelungen als wildlebende, nutzbare Wassertiere dem Fischereirecht unterworfen sind. Demgegenüber bietet der freie Fischfang in Küstengewässern keinen Ansatzpunkt zur Erfassung ökologischer Schäden, da es an einem subjektiven Recht fehlt. Bei Wasserbenutzungsrechten hängt die Erfaßbarkeit ökologischer Schäden wesentlich von der konkreten Ausgestaltung des Rechts ab. Entscheidend ist, ob der ökologische Schaden der Ausübung des Nutzungsrechts unmittelbar entgegensteht.

Eine Erweiterung der haftungsrechtlichen Erfassung ökologischer Schäden über § 823 II BGB scheidet aus. Es fehlt bereits regelmäßig an der Schutzgesetzeigenschaft derjenigen öffentlich-rechtlichen Normen, die dem Schutz der Natur dienen.

Die Möglichkeiten einer Erweiterung des Rechtsgüterschutzes zum Schutze der Natur über die Herausbildung neuer individueller Rechte (property rights) de lege ferenda oder durch richterliche Rechtsfortbildung sind negativ zu beurteilen. Ein solches neues Recht würde zunächst voraussetzen, daß eine bestimmte Ressource dem ökonomischen Kriterium, der Möglichkeit Dritte von der Nutzung auszuschließen, genügt. Hieran fehlt es bei den meisten Naturgütern, insbesondere der Luft. Eine Rechtszuordnung bei Kollektivgütern nach Nutzenzusammenhängen ist nicht möglich, da diese Nutzenzusammenhänge zu weiträumig sind und zudem Nichtberechtigten eine Nutzung nicht nachgewiesen werden kann. Soweit die Ausschließbarkeit Dritter von der Nutzung bei Naturgütern gegeben ist, besteht die Schwierigkeit, daß nicht alle gesellschaftlich relevanten ökologischen Funktionen des betroffenen Gutes hiervon erfaßt und dem Markt zugänglich gemacht werden. Folglich sind nicht alle Nutzenoptionen individualisierbar. Mit dieser Unvollständigkeit geht das Risiko einer Fehlallokation einher, da diese weiteren Nutzenfunktionen nicht bei der Nutzung durch den individuell Berechtigten berücksichtigt werden. Eine Vorverlagerung des Rechtsgüterschutzes durch die Herausbildung neuer property rights bedeutet darüber hinaus eine Einschränkung der allgemeinen Handlungsfreiheit, ohne daß gewährleistet werden kann, daß das neue Recht tatsächlich zu einer Verbesserung der Umweltsituation führt. Mithin ist es nicht möglich, durch neue property rights ökologische Schäden zielgerichtet haftungsrechtlich zu erfassen.

Somit ist nur ein kleiner Teil der ökologischen Schäden vom Haftungsrecht dem Grunde nach erfaßbar. Die sich anschließende Frage der Möglichkeiten des Ausgleichs ökologischer Schäden stellt sich zumeist nur bei Verletzungen des Grundstückseigentums.

C. Möglichkeiten des Ausgleichs ökologischer Schäden

Soweit eine haftungsrechtliche Erfassung ökologischer Schäden möglich ist, das heißt ein individuell zuordenbares Gut vorliegt, welches spezifizierbar ist und ökonomisch dem Kriterium der Ausschließbarkeit genügt, wie beispielsweise ein Grundstück, bedarf der Erörterung, inwiefern ein Schadensausgleich bei ökologischen Schäden tatsächlich und rechtlich erfolgen kann. Hierbei ist zwischen der Schadenskompensation und der Schadensrestitution zu differenzieren. Letztere zielt auf die Wiederherstellung des ursprünglichen Zustandes ab, während erstere auf einen Schadensausgleich in Geld abzielt.

Nach der Regelung des Schadensausgleichs in §§ 249 ff. BGB ist der Restitution der Vorrang vor der Kompensation zu geben.[788] Der Vorrang der Restitution ist Ausdruck des Ausgleichsprinzips, der Präventionswirkung jeder Restitution sowie der Bedeutung des Schadensrechts bei der Bewahrung des Integritätsinteresses des Geschädigten.[789] Nur wenn eine Restitution ausgeschlossen ist, kann es im Rahmen des nach § 253 BGB zulässigen zu einer vollständigen oder teilweisen Schadenskompensation kommen. Dies kann aus tatsächlichen oder aus rechtlichen Gründen der Fall sein:

- bei tatsächlicher Unmöglichkeit der Wiederherstellung, etwa der Zerstörung einer Sache,
- wenn die Wiederherstellung für eine Entschädigung ungenügend wäre, das heißt der Schaden nicht voll ausgeglichen werden kann, oder
- wenn eine Wiederherstellung zwar tatsächlich möglich ist, die hierfür notwendigen Aufwendungen aber unverhältnismäßig wären.[790]

Eine Schadenskompensation hat gegenüber einer Restitution den Nachteil, daß eine monetäre Bewertbarkeit des auszugleichenden Schadens vorausgesetzt wird, da anderenfalls ein Ausgleich des Nutzenverlustes in Geld nach § 253 BGB grundsätzlich ausgeschlossen ist. Soweit ein immaterieller Schaden vorliegt, ist der Ersatzanspruch folglich grundsätzlich auf den Restitutionsanspruch beschränkt.[791] Scheidet dieser aus tatsächlichen oder rechtlichen Gründen aus, muß der Geschädigte seinen Schaden selber tragen, soweit keine Ausnahmeregelung im Sinne von § 253 BGB gegeben ist.

I. Naturalrestitution

Bei der Naturalrestitution bedarf es der Diskussion, inwiefern eine Wiederherstellung des ursprünglichen Zustandes bei einer Beeinträchtigung des Naturhaushaltes überhaupt tatsächlich in Betracht kommt, welchen Beitrag der Schädiger hierzu leisten kann, sowie zu welchem Beitrag der Schädiger rechtlich im Rahmen einer Restitution auch verpflichtet ist.

---

788 BGHZ 92, 85 (90); BGH VersR 1985, 283 (284); Erman-Kuckuk § 249 Rn.9; Larenz, K., S.467; Schmidt-Salzer, J., § 16 Rn.10.
789 Vgl. BGHZ 92, 85 (90); Erman-Kuckuk § 249 Rn.1; Larenz, K., S.467.
790 Vgl. Erman-Kuckuk § 249 Rn.10.
791 Vgl. Lange, H., S.217 und 423; Larenz, K., S.474.

1. Tatsächliche Grenzen der Naturalrestitution

Eine Naturalrestitution kann dem Schädiger nur dann auferlegt werden, wenn diese tatsächlich möglich ist. Wenn eine Sache endgültig zerstört ist und es auch keine vergleichbare andere Sache gibt, die mit einem verhältnismäßigen Aufwand beschafft werden kann, scheidet eine Naturalrestitution aus und der Schädiger muß den materiellen Schaden kompensieren. Eine Beispiel für eine ausgeschlossene Restitution ist das Verbrennen von Tagebüchern von Verstorbenen.

Fraglich ist, ob die haftungsrechtlich erfaßbaren ökologischen Schäden, wie beispielsweise die Verunreinigung des Bodens eines Grundstücks, tatsächlich restituiert werden können. Dies hängt im wesentlichen davon ab, ob es möglich ist, diejenigen Voraussetzungen wieder herzustellen, unter denen das Ökosystem bestanden hat.[792] Hierbei ist neben regenerationsfördernden Maßnahmen des Schädigers auch die natürliche Selbstregeneration des Naturhaushaltes zu beachten. Eine Naturalrestitution des Schädigers ohne das Hinzutreten der Selbstregeneration der Natur scheidet aufgrund der Komplexität ökologischer Systeme regelmäßig aus.

a) Natürliche Regeneration

Die Besonderheit von ökologischen Schäden im Vergleich zu anderen zivilrechtlichen Schäden ist, daß eine vom Schädiger unabhängige Selbstregeneration der Natur eine Wiederherstellung des ursprünglichen Zustandes, der vor der ökologisch schädlichen Handlung bestand, bewirken kann.

Daß eine solche Regeneration bei ökologischen Schäden nicht von vornherein aus tatsächlichen Gründen ausgeschlossen ist, zeigt die Regeneration des Rheines nach dem Sandoz-Unfall am 01.11.1986. Trotz dieser ganz erheblichen Belastung hatte sich der Rhein 1992 vollständig regeneriert und befand sich in einem ökologisch adäquaten Zustand.[793]

Auf die abstrakte Möglichkeit einer Regeneration nach einer Beeinträchtigung des Naturhaushaltes weist auch eine Aufstellung von Kaule hin.[794] Dabei wird festgestellt, daß sogar einige Moorarten in einem bestimmten Zeitraum nach ihrer Zerstörung wieder entstehen können. Allerdings dauert dies zwischen 250 und 10.000 Jahren und liegt damit außerhalb eines jeden planbaren Zeitraumes.

Zudem bedarf es für eine Restitution zum Teil bestimmter Rahmenbedingungen, die in Mitteleuropa oftmals nicht gegeben sind. Werden beispielsweise Pflanzen oder Moore zerstört, die auf nährstoffarme Rahmenbedingungen angewiesen sind, so ist eine Erneuerung des Bestandes aufgrund der flächendeckenden Überdüngung Europas durch Nitratimmissionen regelmäßig nicht möglich.[795] Ebenso scheidet eine Wiederherstellung bei der Zerstörung von subalpinen Wäldern regelmäßig aus, da sich diese unter den gegenwärtigen klimatischen Bedingung lediglich im Schutze der bestehenden Systeme verjüngen können und eine Neuansiedlung

---

792 Ebenso Lytras, T., S.191.
793 Seibt, C., S.188 m.w.N.
794 Kaule, G., ANL, S.16.
795 Vgl. Umweltbundesamt Jahresbericht 1994, S.111; Ellenberg, H., S.508.

allenfalls in außergewöhnlich niederschlagsarmen und warmen Jahren in Betracht kommt.[796]

Folglich hängt die Regenerationsfähigkeit von Ökosystemen nach einer Störung nicht nur von der Störungsintensität ab, sondern des weiteren auch vom ökologischen Faktor Zeit sowie sonstigen Rahmenbedingungen. Bei letzteren handelt es sich um die Witterungsverhältnisse sowie um die jeweils noch vorhandenen ökologischen Ressourcen, wie etwa dem Sauerstoffgehalt eines Gewässers oder dem Kalkgehalt eines Bodens, wobei der Sauerstoffgehalt eines Gewässers natürlichen Schwankungen unterliegt. Zudem kommt es bei der Vernichtung von Arten in ökologischen Systemen darauf an, ob die Art nach der Wiederherstellung der notwendigen Lebensumstände aus einem benachbarten Habitat erneut einwandern kann.[797]

Allerdings sind auch die Selbstregenerationskräfte des Naturhaushaltes begrenzt. Von vornherein ausgeschlossen werden kann eine Regeneration, wenn:

- die Störung von nicht abbaubaren Schadstoffen ausgeht, wie etwa Schwermetallen oder auch bestimmten Kohlenwasserstoffen,
- die abiotischen Ressourcen, mit denen eine Störung abgebaut werden kann, zerstört sind oder
- die Schlüsselorganismen eines Ökosystems vernichtet wurden.[798]

Daher ist festzustellen, die natürliche Regeneration ökologischer Systeme nach einer Störung bzw. bei einem ökologischen Schaden hängt einerseits von der Art des Eingriffs sowie den spezifischen Befindlichkeiten des jeweils betroffenen Systems aber andererseits auch von vielfältigen äußeren Faktoren ab, die nur zum Teil bei Eintritt des Schadens bekannt sind.

Ob und unter welchen Voraussetzungen eine Regeneration im Einzelfall eintritt, kann letztlich nur nach Maßgabe naturwissenschaftlicher Untersuchungen festgestellt werden. Sofern die Möglichkeit einer Regeneration in einem vertretbaren Zeitrahmen tatsächlich gegeben ist, stellt sich die rechtliche Frage, wie sich die Selbstregeneration der Natur auf die Haftung des Schädigers auswirkt.

b) Maßnahmen des Schädigers

Die Selbstregeneration der Natur ist keine Restitution von seiten des Schädigers. Dies ergibt sich bereits aus dem Umstand, daß natürliche Prozesse keinem Verursacher zugerechnet werden können. Daher kann sich der Schädiger nicht darauf berufen, daß in absehbarer Zeit der Ursprungszustand von allein wieder eintritt. Dies widerspräche auch der Präventionsfunktion des Privatrechts, da die Sanktionslosigkeit der Herbeiführung eines Schadens jedem Anreiz zu einer Schadensvermeidung zuwiderläuft. Andererseits ist eine vollständige Schadensbeseitigung eines ökologischen Schadens allein durch Maßnahmen des Schädigers ohne eine Regenerationsphase aufgrund der Komplexität ökologischer Systeme nicht möglich. Mithin

796 Vgl. Ellenberg, H., S.574; Meister, G., S.206.
797 Kaule, G., ANL, S.15.
798 Vgl. Seibt, C., S.187; Remmert, H., S.296 f.

kommt es für die Realisierbarkeit einer Naturalrestitution bei ökologischen Schäden neben den Selbstheilungskräften der Natur auf die Möglichkeiten schadensmindernder Maßnahmen durch den Schädiger an.

Ein solcher schadensmindernder Beitrag kann in erster Linie in regenerationsfördernden Maßnahmen liegen. Hierbei handelt es sich beispielsweise um die Beseitigung von Ablagerungen in einem Flußbett, Kalkungen von Wäldern die einer sauren Deposition ausgesetzt sind oder auch dem Neubesatz von Fischen nach einer Gewässerverunreinigung, die ein Fischsterben zur Folge hatte.

Allerdings können derartige Maßnahmen nicht verhindern, daß es zu einem zwischenzeitlichen Schaden kommt, da es stets eines bestimmten Zeitraumes bedarf, bis die Regenerationsfähigkeit eines Ökosystems den ursprünglichen Zustand wiederhergestellt hat. Dieser Zeitraum kann durch den Schädiger mittels geeigneter Maßnahmen häufig reduziert, aber keinesfalls gänzlich vermieden werden.

Bei der Frage, ob der ursprüngliche Zustand wiederhergestellt wurde, ist im übrigen zu beachten, daß es sich dabei nicht um einen statischen, sondern um einen dynamischen Zustand handelt, da Ökosysteme der ständigen Veränderung unterliegen. Somit hängt die Restitution der Arten nach einer Gewässerverunreinigung nicht davon ab, wann genau dieselbe Anzahl der einzelnen Arten erneut im System gegeben ist, sondern davon, ob erneut eine Artenzahl erreicht wird, die sich im Rahmen der natürlichen Schwankungsbreite des ökologischen Gleichgewichts bewegt.

2. Rechtliche Grenzen der Naturalrestitution

In § 249 S.1 BGB wird die Naturalrestitution definiert als die Wiederherstellung des Zustandes, der bestehen würde, wenn der zum Ersatz verpflichtende Umstand nicht eingetreten wäre. Aus rechtlichen Gründen ist die Naturalrestitution ausgeschlossen, wenn eine Wiederherstellung nur ungenügend erfolgen kann oder wenn der zur Wiederherstellung notwendige Aufwand unverhältnismäßig wäre. Ersteres bemißt sich an der Gleichartigkeit des Zustands vor dem schädigenden Ereignis mit dem Zustand nach erfolgtem Schadensersatz, während sich die Verhältnismäßigkeitsprüfung insbesondere an den Kosten der Wiederherstellung in Relation zum Schaden orientiert.

a) Gleichartigkeit des Zustandes

Für die Möglichkeit einer Naturalrestitution kommt es darauf an, daß von dem schadensersatzpflichtigen Schädiger ein gleichartiger Zustand herbeigeführt werden kann.[799] Welche Anforderungen an die Gleichartigkeit des herzustellenden Zustandes mit dem ursprünglichen Zustand vor dem Schadensereignis zu stellen sind, ist in Rechtsprechung und Lehre umstritten.

---

799 Staudinger-Schiemann § 249 Rn.182; Lange, H., S.217; Schulte, H., JZ 1988, 278 (280); Rehbinder, E., NuR 1988, 105 (106).

Von der Rechtsprechung und Teilen des Schrifttums wird das Kriterium der Gleichartigkeit eher eng aufgefaßt. Notwendig ist danach die Herbeiführung eines wirtschaftlich gleichwertigen Zustandes[800] und damit die Rückgewinnung der vollen Integrität.[801]

Demgegenüber gibt es verschiedene andere Auffassungen, die wesentlich geringere Anforderungen formulieren. Nach einer Ansicht soll bereits die bloße Annäherung an den ursprünglichen Zustand genügen[802]. Eine andere Meinung verlangt eine deutliche Annäherung an den Zustand, der ohne das schädigende Ereignis bestehen würde.[803] Eine dritte Ansicht verlangt zwar keine Gleichwertigkeit in vollem Umfang, aber zumindest eine weitgehende Gleichheit.[804]

Die Möglichkeit, einen Zustand entsprechend den Anforderungen der Rechtsprechung bei ökologischen Schäden durch Maßnahmen des Schädigers herbeizuführen, ist regelmäßig ausgeschlossen.[805] Zur Berücksichtigung des ökologischen Faktors Zeit bedarf es stets einer gewisse Regenerations- bzw. Reorganisationsphase. Die Komplexität ökologischer Systeme steht einer vollständigen Restitution seitens des Schädigers entgegen.

Somit kommt es darauf an, welcher der genannten Ansichten zu folgen ist.

Die zuletzt genannten Lehrmeinungen weisen zur Begründung ihrer weiten Auffassung auf den Umstand hin, daß der Geschädigte seinen immateriellen Schaden anderenfalls selbst tragen müßte.[806] Anders als in der Grundsatzentscheidung des BGH[807] zur Restitution an einem Modellboot handele es sich bei der Restitution ökologischer Schäden nicht um Wiederherstellungsmaßnahmen, die zu einem qualitativ abweichenden Zustand führen würden, sondern um Wiederherstellungsmaßnahmen, die einen gleichwertigen Zustand anstreben aber qualitativ hinter diesem zurückbleiben.[808] Letztere seien als Restitution anzusehen.

Für diese weite Auffassung dessen, was als Naturalrestitution anzusehen ist, spricht die Grundkonzeption des BGB. Das relativ enge Verständnis der Rechtsprechung hat faktisch zu einer Kompensation als Regelfall geführt. Restitutionen sind eher die Ausnahme.[809] Eine solche Umkehrung des Regel-Ausnahmeverhältnisses widerspricht der Intention des Gesetzgebers, der der Restitution grundsätzlich Vorrang vor der Kompensation geben wollte.

Wie rechtlich unbefriedigend eine restriktive Auslegung der Naturalrestitution ist, zeigt auch die fortschreitende Verschiebung der Abgrenzung zwischen materiellen und immateriellen Schäden hin zum materiellen Schaden.[810] Die Kommerzialisierung vieler Lebensbereiche ermöglicht in zunehmendem Maße eine Bewertung

---

800 BGH NJW 1985, 793; BGHZ 125, 56 (60); dem folgend Gerlach, J., S.289.

801 BGHZ 92, 85 (90).

802 Vgl. Klass; JA 1997, 509 (516); Staudinger-Schiemann § 249 Rn.183; Gassner, E., UPR 1987, 370 (372); Rehbinder, E., NuR 1988, 105 (106); Engelhardt, W., S.206 f. m.w.N.

803 Soergel-Mertens § 249 Rn.6, zweifelnd Erman-Kuckuk § 249 Rn.12.

804 Lange, H., S.217; Rehbinder, E., NuR 1988, 105 (106).

805 Vgl. Seibt, C., S.191; Erichsen, S., S.24; Taupitz, J., S.36; Engelhardt, W., S.206.

806 Lange, H., S.217; Engelhardt, W., S.206 f.; Rehbinder, E., NuR 1988, 105 (106).

807 BGHZ 92, 85 ff.

808 Engelhardt, W., S.207.

809 Vgl. Roussos, K., S.144.

810 Vgl. Staudinger-Schiemann § 253 Rn.14 ff.

vieler immaterieller Güter. Auch wenn diese Entwicklung zum Teil kritisiert wird,[811] ist zu bedenken, daß es sich letztlich um die monetäre Bewertung von Gütern handelt, deren Nutzen für den einzelnen gesellschaftlich anerkannt ist. Nach dem funktionalen Schadensbegriff wird daher vorgeschlagen, § 253 BGB eine reine Warn- und Klarstellungsfunktion bei der Schadensbemessung zuzubilligen, die lediglich einen monetären Ausgleich von seelischem Schmerz, verletzten Gefühlen etc. ausschließen soll, und im übrigen den Umfang des Schadensausgleichs über die haftungsbegründende Norm zu begrenzen.[812]

Dem ist insoweit zuzustimmen, als § 253 BGB in der Tat von seiner ursprünglichen Intention dazu diente, rein subjektiv empfundene Schäden in der Persönlichkeitssphäre des Geschädigten von der Schadenskompensation auszunehmen.[813] Um solche Schäden handelt es sich bei ökologischen Schäden nicht, da sie sich auf die Umweltmedien, das Klima, die Tier- und Pflanzenwelt aber nicht auf die rein persönliche Sphäre eines Menschen beziehen.

Eine solche Herangehensweise an § 253 BGB löst allerdings nicht das Bewertungsproblem im Rahmen einer Schadenskompensation bei Fehlen eines realen oder hypothetischen Marktes sowie alternativer objektiver Bewertungsmethoden als Bewertungsgrundlage. Daher erscheint es als sachgerecht, nicht bewertbare ökologische Schäden über eine weite Auslegung der Naturalrestitution soweit wie möglich auszugleichen. Dies entspräche zudem der gesetzlichen Wertung, primär das Integritätsinteresse des Geschädigten wiederherzustellen. Eine Annäherung stellt den Geschädigten besser als er ohne jeden Schadensausgleich stünde und wird damit dem gesetzlich angestrebten Zustand der Rückgewinnung der vollen Integrität weitaus mehr gerecht als gar kein Schadensausgleich. Begrenzt wird ein solcher Ausgleich durch den im Zivilrecht notwendigen Zusammenhang zwischen Schaden und Schadensausgleich. Ersatzmaßnahmen an anderer Stelle, wie dies etwa bei der naturschutzrechtlichen Eingriffsregelung möglich ist,[814] wären mit einem zivilrechtlichen Schadensausgleich folglich nicht vereinbar.[815]

b) Verhältnismäßigkeit der Restitution

Eine weitere Grenze des Anspruchs auf Naturalrestitution besteht nach § 251 II 1 BGB, wenn die für die Schadensrestitution notwendigen Aufwendungen unverhältnismäßig und damit dem Schädiger nicht zuzumuten wären. Dies ist bei materiellen Schäden regelmäßig der Fall, wenn die Kosten der Restitution die Kosten einer Kompensation wesentlich übersteigen.[816] So besteht bei Kraftfahrzeugen eine

---

811 Vgl. Palandt-Heinrichs Vorbem v § 249 Rn.10 m.w.N.
812 Roussos, K., S.147; auch Lange, H., S.424 bezieht immaterielle Schäden auf persönliche Rechtsgüter, kritisch ebenso Magnus, U., S.308 f.
813 Vgl. Lange, H., S.424.
814 Vgl. Seibt, C., S.227; Marticke, H.-U., NuR 1996, 387.
815 Ähnlich Leonhard, M., S.249; a.A. Staudinger-Schiemann § 249 Rn.187; Klass, J., JA 1997, 509, (516).
816 BGHZ 63, 295 (298).

Grenze in Höhe von 130 % des Verkehrswertes des Fahrzeuges als Maximum der dem Schädiger bzw. seiner Versicherung anlastbaren Kosten einer Reparatur.[817]

Bei immateriellen Schäden stehen im Rahmen der Bewertung des Kompensations- und Restitutionsinteresses in § 251 II BGB immaterielle Interessen im Vordergrund, ohne daß schutzwürdige materielle Interessen völlig außer acht bleiben müssen.[818] Allerdings kommt es nicht in erster Linie auf die Kosten der Restitution an, da der Gesetzgeber immaterielle Schäden ebenso einem Restitutionsanspruch unterwerfen wollte wie materielle Schäden. Käme es wesentlich auf die Kosten der Restitution an, wäre ein Schadensausgleich für immaterielle Schäden regelmäßig über § 251 II BGB i.V.m. § 253 BGB ausgeschlossen. Folglich bedarf es bei der Prüfung der Verhältnismäßigkeit der Restitution immaterieller Schäden weiterer Kriterien für die Abwägung zwischen den Interessen von Geschädigtem und Schädiger.[819]

In diesem Zusammenhang wird verschiedentlich bei Beeinträchtigungen des Naturhaushaltes bzw. ökologischen Schäden eine Berücksichtigung der ökologischen Bedeutung der beschädigten Güter im Rahmen von § 251 II BGB befürwortet.[820] Auch der BGH hat beim Schadensausgleich für einen beschädigten Straßenbaum dessen ökologische Funktionen im Rahmen von § 251 II BGB berücksichtigt, jedoch hängt ein Restitutionsanspruch danach weiter von der subjektiven und vernünftigen Wertschätzung des Geschädigten ab.[821]

Für Beeinträchtigungen von Natur und Landschaft modifizieren zudem § 32 VII GentG und § 16 I UmweltHG die Regelung des § 251 II BGB dahingehend, daß Restitutionsaufwendungen nicht deshalb unverhältnismäßig sind, weil sie den Wert der Sache übersteigen. Allerdings können andere Gesichtspunkte im Rahmen von § 251 II BGB zu einem Ausschluß des Restitutionsanspruchs führen.[822]

Zum Teil wird erwogen, § 16 I UmweltHG auf andere Umweltschäden analog anzuwenden, da insoweit eine Gleichartigkeit der Interessenlage unabhängig von der Anspruchsgrundlage bestehe.[823]

Ob hierfür die Voraussetzungen der methodisch zulässigen Analogie gegeben sind, ist jedoch äußerst zweifelhaft. Eine Analogie setzt das Bestehen einer planwidrigen Regelungslücke sowie die Vergleichbarkeit der Interessenlagen voraus. Beim UmweltHG handelt es sich um die Regelung des spezifischen Risikos des Anlagenbetriebs der in Anlage 1 zu § 1 UmweltHG aufgeführten Anlagen. Der risikobezogene Charakter des UmweltHG, zeigt sich auch in der Haftungsbegrenzung des § 15 UmweltHG.[824] Mit der Norm soll das Risiko auch im Sinne der Versicherbarkeit für potentielle Schädiger übersehbar bleiben. An einer solchen Begrenzung fehlt es

---

817 Vgl. Lange, H., S.424; Baumann, P., JuS 1989, 433 (439); Salje, P., § 16 Rn.19.
818 BGHZ 63, 295 (299).
819 Vgl. BGHZ 63, 295 (298).
820 Schulte, H., JZ 1988, 278 (280); Engelhardt, W., S.211; Baumann, P., JuS 1989, 433 (439); Leonhard, M., S.252.
821 BGH NJW 1975, 2061 (2062), zustimmend Kadner, T., S.57.
822 Salje, P., § 16 Rn.22; Klass, J., JA 1997, 509, (518).
823 Salje, P., § 16 Rn.15.
824 Vgl. hierzu kritisch Taupitz, J., Jura 1992, 113 (120).

hingegen bei deliktischen Ansprüche nach §§ 823 ff. BGB. Durch eine Analogie von § 16 UmweltHG könnte sich dies nachteilig für den Schädiger auswirken.

Zudem war die Problematik des fehlenden oder geringen Marktwertes des Naturhaushaltes und seiner Bestandteile bei den Vorarbeiten zum UmweltHG bereits hinlänglich bekannt, was sich etwa in der Rechtsprechung in der besonderen Schadensberechnung bei Baumschäden niedergeschlagen hat.[825] Handelt es sich jedoch um eine Sonderregelung für eine spezifische Gefahr und war das nicht geregelte Rechtsproblem bei der Normierung der Norm, die analog angewendet werden soll, hinlänglich bekannt, so fehlt es bereits an einer planwidrigen Regelungslücke.[826] Eine Übertragung auf andere Formen der Schadensverursachung widerspräche dem Willen des Gesetzgebers. Daher ist eine analoge Anwendung von § 16 I UmweltHG auf andere Bereiche des Umwelthaftungsrechts abzulehnen, auch wenn eine solche Regelung im Sinne eines vorsorgenden Umweltschutzes umweltpolitisch wünschenswert wäre.

Somit ist festzustellen, die Beschädigung der ökologischen Funktionen von schadensrechtlich individualisierbaren Bestandteilen des Naturhaushaltes ist bei der Interessensabwägung nach § 251 II BGB zu berücksichtigen, wobei jedoch die materiellen Interessen des Schädigers ebenfalls Berücksichtigung finden. Letzteres ist aufgrund der Sonderregelungen in § 16 I UmweltHG und § 32 VII GentG lediglich bei Ansprüchen nach § 1 UmweltHG und § 32 I GentG nicht der Fall.[827] Bei der Prüfung, welcher monetäre Aufwand an restitutionsfördernden Maßnahmen dem Schädiger im Rahmen der Verhältnismäßigkeit zugemutet werden kann, ist insbesondere auf die Intensität der prognostizierten Regenerationsförderung bezogen auf die Dauer der Regeneration sowie die ökologischen Funktionen des geschädigten Naturgutes abzustellen.

3. Ergebnis zur Naturalrestitution ökologischer Schäden

Ökologische Schäden sind einer Naturalrestitution durch den Schädiger nur sehr begrenzt zugänglich. Wegen der eingeschränkten Möglichkeiten einer Wiederherstellung des ursprünglichen Zustandes durch den Schädiger und der maßgeblichen Bedeutung der Selbstheilungskräfte der Natur handelt es sich bei der Wiederherstellung von Naturgütern nicht um eine Restitution, wie sie in der Grundkonzeption des Privatrechts angelegt ist. Zudem sind die tatsächlichen Abläufe der Wiederherstellung des Ausgangszustandes mit vielen unbekannten Faktoren versehen. Auch ist es durchaus denkbar, daß der Schädiger keinen fördernden Beitrag zur Beseitigung des von ihm verursachten Schadens leisten kann und die Natur sich im Laufe der Zeit selbst hilft. In diesem Fall ist der vor dem Schadensereignis bestehende Zustand zwar realisierbar, der Schädiger kann jedoch nicht nach § 249 S.2 BGB in

---

825 Vgl. BGH NJW 1975, 2061; Koch, W., NJW 1979, 2601 ff.; Koch, W., VersR 1979, 16 ff.; 1985, 213 ff. und 1990, 573 ff.

826 Ebenso Werner, J., ZRP 1998, 421 (422); Erl, M., S.128.

827 A.A. Hager, G., NJW 1991, 134 (141), der entgegen dem Wortlaut von § 16 I UmweltHG eine Abwägung zwischen den betroffenen ökologischen Interessen und der finanziellen Belastung des Schädigers machen möchte.

Anspruch genommen werden, da durch die Selbstheilungskräfte der Natur keine Kosten entstehen, für die der Schädiger aufkommen müßte und die natürliche Regeneration auch keine Restitutionsmaßnahme des Schädigers ist.

Soweit der Schädiger einen Beitrag zur Schadensrestitution eines immateriellen ökologischen Schadens leisten kann, der zur Folge hat, daß ein Zustand herbeigeführt wird, der dem Zustand vor dem Schadenseintritt näher kommt, als der bestehende Zustand, wird der Restitutionsanspruch nicht durch die Unmöglichkeit einer vollständigen Wiederherstellung ausgeschlossen.

Inwiefern der Schädiger einem solchen Anspruch auf regenerationsfördernde Maßnahmen die Regelung des § 251 II BGB entgegenhalten kann, mit der Folge, daß er keinen Schadensersatz zu leisten braucht, hängt maßgeblich von der ökologischen Bedeutung des geschädigten Naturbestandteiles, der Wirkung der regenerationsfördernden Maßnahmen sowie den materiellen Interessen des Schädigers ab. Letztere spielen lediglich bei Ansprüchen nach § 1 UmweltHG und § 32 I GentG keine Rolle.

II. Schadensersatz in Geld (Kompensation)

1. Vorbemerkung

Sofern eine Restitution von ökologischen Schäden ausscheidet, besteht subsidiär hierzu die Verpflichtung eines Schadensausgleichs in Geld, das heißt einer Kompensation nach § 251 BGB als Äquivalent für die erlittenen wirtschaftlichen Nachteile. Insofern schützt die Kompensation das Interesse des Geschädigten an der Erhaltung seines Vermögens durch den Ersatz des objektiven Wertes des geschädigten Gutes.[828] Eine Schadenskompensation setzt nach ganz herrschender Meinung grundsätzlich voraus, daß es sich um einen materiellen Schaden handelt. Zur Begründung dieser Ansicht wird auf die Regelung des § 253 BGB verwiesen, nach deren Wortlaut ein Schadensersatzanspruch in Geld bei immateriellen Schäden nur besteht, soweit dies ausdrücklich gesetzlich geregelt ist. Hingegen besteht ein Restitutionsanspruch auch bei immateriellen Schäden.

Diese Differenzierung zwischen materiellen und immateriellen Schäden dient dazu, bestimmte rein subjektiv empfundene, ideelle Schäden, deren Höhe sich nicht objektiv bestimmen läßt, von einem Schadensersatz in Geld auszunehmen und so überzogenen Ersatzforderungen dergestalt Einhalt zu gebieten, daß ein Anspruch der Höhe nach gar nicht erst besteht.[829] Zum Teil wird auch argumentiert, daß Schadensersatz bei einem immateriellen Schaden nicht mehr möglich sei, wenn eine Restitution ausscheide, da Geldersatz für immaterielle Schäden keinen Ausgleich darstellen könne.[830]

---

828 Vgl. Wenk, N., S.138.
829 Vgl. Lange, H., S.425 f.; BGHZ 98, 212 (222).
830 So Palandt-Heinrichs § 253 Rn.1 bis einschließlich der 55.Auflage 1996.

2. Schadensbewertung über einen Markt

Das wesentliche Kriterium für das Bestehen eines materiellen oder auch Vermögensschadens ist nach dem in der Rechtsprechung und Lehre herrschenden objektiv-summativen Vermögensbegriff[831] seine objektive Feststellbarkeit in Geld, wobei eine Korrektur anhand wertender, normativer oder wirtschaftlicher Erwägungen möglich ist.[832] Eine monetäre Bewertbarkeit in diesem Sinne ist gegeben, wenn das geschädigte Gut einen Verkehrswert hat, welcher über das außerrechtliche Kriterium des Marktes bestimmt wird.[833] Maßstab der Bewertung sind somit Angebot und Nachfrage, das heißt letztlich das Konsumverhalten der Gesellschaftsmitglieder. Neigungen und Vorlieben des Geschädigten werden nicht berücksichtigt.

Zu fragen ist daher, unter welchen Voraussetzungen bei ökologischen Schäden der Beeinträchtigung der ökologischen Funktion des beeinträchtigten Bestandteils des Naturhaushalts auf einem Markt ein Verkehrswert auch tatsächlich zugeordnet wird. Maßgeblich kommt es dabei auf die ökonomische Nutzung des ökologischen Wertes an. Dies ist aber selten der Fall, wie sich an zwei Beispielen zeigen läßt:

Hätte eine Wiese, die als Lebensraum zahlreichen Tier- und Pflanzenarten dient, einen höheren Wert, das heißt sie wäre zu einem höheren Preis verkäuflich, als eine andere Wiese in vergleichbarer Lage, die etwa wegen des Einsatzes von Herbiziden oder bedingt durch Altlasten diese Funktionen nicht oder nur stark eingeschränkt hat, so wäre die Differenz der Betrag, den die ökologischen Funktionen der Wiese in Geld wert sind. Tatsächlich sind die ökologischen Funktionen der ökologisch wertvolleren Wiese aber keine wertbildenden, sondern eher wertmindernde Faktoren auf einem Markt. Wegen der großen Artenvielfalt auf der ökologisch wertvollen Wiese besteht ein größeres Risiko für behördliche Naturschutzauflagen. Zudem wäre bei der ökologisch wertvollen Wiese eine zukünftige Ausweisung als Bauland, die den Wert des Grundstücks regelmäßig vervielfacht, eher unwahrscheinlich. Somit ist davon auszugehen, daß die ökologisch eher wertlose Wiese einen höheren Marktpreis erzielen wird.[834]

Wer auf einer Freifläche ein Haus baut, versiegelt eine Fläche und zerstört damit regelmäßig einen Lebensraum für Tiere und Pflanzen. Bei der Nutzung der Fläche zum Bau eines Hauses gibt es keine Parallelität zwischen ökologischen Zielen und anthropogenen Nutzeninteressen. Folglich schlägt sich die ökologische Bedeutung dieser Fläche auch nicht in einem Marktpreis nieder und ist damit nicht über einen Markt bewertbar.

Die Beispiele verdeutlichen, daß menschliche Interessen im Regelfall eher im Widerspruch zu ökologischen Zielen stehen. Dies zeigt sich auch in der realen Überbeanspruchung der Natur in den modernen europäischen Industriegesellschaften sowie den von Industriestaaten ausgehenden globalen Umweltrisiken, wie der globalen Erderwärmung und der Schädigung der Ozonschicht. Häufig gibt es ein erhebliches ökonomisches Interesse an der Schädigung der Natur, so daß es für eine

---

831 Vgl. die Ausführungen zum Begriff unter Teil A.III.3.c)aa).
832 Vgl. BGHZ 98, 212 ff.; Palandt-Heinrichs Vorbem v § 249 Rn.14.
833 BGHZ 98, 212 (222).
834 Ähnlich Leonhard, M., S.259.

Vielzahl von Umweltgütern von vornherein keinen Markt an der Nutzung ihres ökologischen Wertes geben kann oder aber der ökonomische Wert einer ökologischen Nutzung von anderweitigen Nutzenbewertungen vollständig überlagert wird.[835]

Die wesentliche Ursache der Bewertungsschwierigkeiten bei ökologischen Schäden mittels eines Marktes liegt darin, daß sich im Preis nur bestimmte spezifische Wertaspekte widerspiegeln. Beispielsweise ergibt sich der Wert eines Regenwurmes aus der Nachfrage von Anglern nach Ködern und nicht aus der ökologischen Bedeutung, die ein Regenwurm für den Boden, indem er lebt, hat. Aber selbst dann, wenn der vom Marktpreis erfaßte Wertaspekt ökologischer Natur ist, bedeutet das nicht, daß dieser Preis alle ökologischen Funktionen als wertbildende Faktoren beinhaltet.[836] Wer etwa einen Wald kauft, um ökologischen Waldbau zu betreiben, wird gegebenenfalls den ökologischen Zustand des Waldes im Preis, den er bereit ist zu zahlen, berücksichtigen, er wird jedoch kaum die Funktionen des Waldes als Wasserfilter und Erosionsschutz bei seinem Angebot einfließen lassen, da es sich um Funktionen handelt, die der Allgemeinheit zugute kommen.

Eine Beeinträchtigung des Naturhaushaltes ist folglich zwar stets ein ökologischer Schaden, jedoch nur in seltenen Fällen auf einem Markt meßbar und daher auch nur ausnahmsweise ein Vermögensschaden. Lediglich im Rahmen des ökologischen Waldbaus oder der ökologischen Landwirtschaft ist anzunehmen, daß sich das ökologische Potential eines Grundstücks positiv auf den Marktpreis auswirkt und somit ein Marktwert für einen Teil der ökologischen Substanz des Grundstücks feststellbar ist. Als weiteres Beispiel kommen besonders seltene, ökonomisch und ökologisch wertvolle Pflanzen in Betracht, die sich werterhöhend auf das Grundstück, auf dem sie stehen, auswirken.[837]

Somit ist festzustellen, eine marktmäßige Bewertung ökologischer Güter ist nur selten möglich und bleibt dabei zumeist unvollständig.

3. Ökonomische Bewertungsmodelle

a) Vorbemerkung

Neben der dargestellten Bewertung über die Ermittlung eines Marktwertes werden in der Ökonomie verschiedene andere Methoden zur monetären Bewertung von Gütern vorgeschlagen. Anders als im Zivilrecht wird in der Ökonomie jeglicher individuelle Nutzenverlust als Schaden angesehen.[838] Aus ökonomischer Sicht bedarf es daher zur Schadensfeststellung der Ermittlung individueller Nutzeninteressen. Die Ersatzfähigkeit des so festgestellten Schadens hängt anschließend allein davon ab, ob der Schaden durch Dritte hinreichend objektiv bewertet werden kann,[839] wobei eine Bewertung entweder durch den Nutzer unmittelbar oder aber

835 Ebenso Appel, V., ZfU 1988, 137 (147).
836 Ähnlich Wenk, N., S.147; Leonhard, M., S.342.
837 Beispiel nach Leonhard, M., S.259.
838 Ott, C./ Schäfer, H.-B., ZIP 1986, 613 (620); vgl. auch die Ausführungen in Teil A.III.3.c)cc) zum wirtschaftlichen Schadensbegriff.
839 Schäfer, H.-B./ Ott, C., S.290 f.

anhand von Marktdaten mittelbar über die Ermittlung bestimmter Aufwendungen als Bewertungsindikatoren erfolgen kann.

Hieran zeigt sich zugleich die anthropozentrische Ausrichtung ökonomischer Bewertungsmodelle. Bewertungsinstanz einer Monetarisierung mittels ökonomischer Theorien ist stets der Mensch.[840] Bezogen auf den Naturhaushalt liegt nur dann ein Schaden vor, wenn ein Eingriff zu einem Zustand führt, den Menschen gegenwärtig oder zukünftig individuell weniger präferieren als den Ausgangszustand vor dem Eingriff. Insofern hat insbesondere der Eigenwert der Natur aus sich selbst heraus nach dieser Sichtweise keinen Wert.[841] Ein solcher besteht erst dann, wenn Menschen ihm einen ökonomischen Wert beimessen.

Bei der Nutzenbewertung ist zwischen konkreten und abstrakten Nutzeninteressen der Individuen zu unterscheiden. An den Gütern des Naturhaushaltes besteht ein konkreter Nutzen, wenn Eigenschaften der Natur in einem direkten Zusammenhang mit einer Nutzung durch den Menschen stehen. Demgegenüber liegt beispielsweise in dem Wissen um den Bestand der Naturgüter ein abstrakter Nutzen.

Besondere Beachtung bei der ökonomischen Bewertung von Umweltgütern bei Fehlen eines Marktes haben der Schadensvermeidungskostenansatz, die Reisekostenmethode, die Hedonische Preisermittlung sowie die Wertermittlung über Befragungsmethoden gefunden.[842]

Die von Ladeur[843] vorgeschlagene Bewertung anhand der getätigten Aufwendungen wird nicht weiter diskutiert, da sie zu einer systematischen Unterbewertung bei Umweltgütern führt.[844] Die vielfältigen aufgrund externer Effekte bestehenden Drittnutzen werden bei Aufwendungen regelmäßig nicht berücksichtigt. Allenfalls aufgrund politischer Prozesse kann es ausnahmsweise zu einer dem tatsächlichen Wert entsprechenden Bewertung kommen. Aus juristischer Sicht spricht gegen eine Bewertung anhand der Aufwendungen zudem, daß letztlich der Geschädigte den Wert des Schadens bestimmt.[845]

b) Bewertung über Schadensvermeidungskosten

Nach dem Schadensvermeidungskostenansatz erfolgt eine indirekte Bewertung anhand der tatsächlich notwendigen Schutzaufwendungen zur Vermeidung des Schadens durch geeignete Gegenmaßnahmen.[846] Dies ist nicht zu verwechseln mit den Kosten der Schadensrestitution, da es um die Verhinderung des Schadenseintritts und nicht um die Wiederherstellung des ursprünglichen Zustandes geht.[847] Es genügt bei dieser Methode auch eine Reduktion der Wahrscheinlichkeit des Scha-

---

840 Leonhard, M., S.338; zur Begründung vgl. Endres, A./ Jarre, J./ Klemmer, P./ Zimmermann, K., S.12 f.
841 Vgl. Gschwendtner, H., ZfU 1993, 55 (56); Leonhard, M., S.339.
842 Vgl. zu weiteren Methoden Endres, A./ Jarre, J./ Klemmer, P./ Zimmermann, K., S.31 ff.
843 Ladeur, K.-H., NJW 1987, 1236 (1240).
844 Vgl. Wenk, N., S.157 f.
845 Vgl. Leonhard, M., S.262 f.
846 Wenk, N., S.164.
847 Vgl. Wenk, N., S.166.

denseintritts, da der Wert der Reduktion hochgerechnet werden kann auf den Wert der Sache, sofern eine lineare Risiko-Nutzenfunktion unterstellt wird.[848]

Beispielsweise könnten viele Tankerunglücke und die daraus resultierenden schweren Auswirkungen auf die Natur verhindert werden, wenn die Tanker doppelwandig wären. Die Schadensvermeidungskosten wären in diesem Fall die Summe, um die ein doppelwandiges Schiff teurer ist als ein einwandiger Tanker gleicher Größe. Ebenso können Schäden, deren Eintrittswahrscheinlichkeit über eine Doppelwand verringert wird, bewertet werden, indem die Schadensvermeidungskosten, das heißt hier die Preisdifferenz zwischen einwandigen und doppelwandigen Tankern, durch das verbleibende Schadensrisiko dividiert werden.[849]

Damit ist diese Methode allerdings auf Schäden beschränkt, die mit privaten Abwehrmaßnahmen überhaupt sinnvoll vermieden werden können. Zudem sind die Schadensvermeidungskosten dann nicht komplementär zum Schaden, wenn mit der Vermeidungsmaßnahme weitere Vorteile einhergehen, die in den Wert des schadensvermeidenden Gutes eingegangen sind, ohne im Zusammenhang mit dem Schaden zu stehen. Dies hätte eine Schadensüberbewertung zur Folge. Es kann aber auch zu einer Unterbewertung kommen, sofern bestimmte Restschäden nicht erfaßt werden.

c) Reisekostenmethode

Die Reise- oder auch Transportkostenmethode ermittelt die Wohlfahrtswirkungen von Umweltgütern über den Zusammenhang zwischen einer bestimmten Umweltqualität und der Nachfrage nach der Nutzung dieser Bestandteile des Naturhaushaltes. Somit werden Umweltgüter über den Aufwand, den Freizeitsuchende in Kauf nehmen, um bestimmte öffentliche Naturgüter nutzen zu können, bewertet.[850] Letztlich hängt der Wert der Natur danach von den Wohlfahrtswirkungen der in dieser enthaltenen Freizeitstätten ab.

Die Reisekostenmethode bezieht sich auf die Kosten der An- und Abreise, die Kosten des Aufenthaltes sowie Opportunitätskosten und die Anzahl der Besucher.[851] Ergänzt wird dies durch Indikatoren, über die die Qualität der Umweltgüter berücksichtigt werden kann. Allerdings ist es bisher nicht gelungen, den ökonomischen Wert der aufgewandten Freizeit in diese Methode zu integrieren.[852]

Zudem ist die Reisekostenmethode aus verschiedenen Gründen zur Bewertung ökologischer Schäden problematisch. So kann allein die Existenz bestimmter Naturgüter für Dritte einen Wert darstellen, auch wenn diese das Gebiet nicht zur Naherholung nutzen.[853] Weiter werden über die Erholungsfunktion hinausgehenden

---

848 Wenk, N., S.167.
849 Wenk, N., S.167.
850 Elsasser, P., S.28; Will, M./ Marticke, H.-U., S.64; Seibt, C., S.200; Leonhard, M., S.343.
851 Appel, V., ZfU 1988, 137 (148); Elsasser, P., S.30.
852 Elsasser, P., S.31 f.
853 Seibt, C., S.201.

Faktoren regelmäßig nicht berücksichtigt, wie z.B. die Filterfunktion des Waldbodens zum Schutze des Grundwassers oder die Luftfilterfunktion von Wäldern.[854]

In der Praxis führt die Reisekostenmethode zu einem hohen Wert von leicht erreichbaren Naturgebieten in der Nähe von Ballungszentren. Andere schwer erreichbare Gebiete haben unabhängig von ihrer ökologischen Bedeutung einen sehr viel niedrigeren Wert. Es gibt allerdings durchaus Gebiete, in denen kein Tourismus stattfindet, die aber von größter ökologischer Bedeutung sind, wie etwa der Regenwald im Amazonasgebiet oder der Prinz-Williams-Sund in Alaska.[855]

Auch sind Reisekosten nicht notwendigerweise Ausdruck einer Wertschätzung, da eine Reise aus anderen Motiven gemacht worden sein kann.[856] Die Naturnutzung wäre in diesem Fall nur ein Nebeneffekt, der nicht dem Reisekostenwert entspricht.

In den meisten Fällen steht die ökologische Erhaltung eines Gebietes sogar in einem gegensätzlichen Verhältnis zur Erholungsfunktion für den Menschen. Die intensive Nutzung einer ökologisch bedeutsamen Fläche für Erholungszwecke führt nach der Reisekostenmethode zu einem hohen Wert, obwohl sich eine solche Nutzung nachteilig auf die Funktion des Gebietes als Lebensraum von Arten auswirkt. Daher wird den Besuchern von Naturschutzgebieten regelmäßig vorgeschrieben, daß die vorgegebenen Wege nicht verlassen werden dürfen, um den Lebensraum von Pflanzen und Tieren nicht zu gefährden.

Der ökonomisch durch die Reisekosten ermittelte Wert eines Naturgutes entspricht somit nicht den von ökologischen Leitbildern gesetzten Präferenzen.

d) Hedonische Preisermittlung

Bei der Hedonischen Preisermittlung werden nicht marktfähige Güter anhand von Marktdatendivergenzen bei komplementären anderen Gütern, insbesondere bei Immobilien, bewertet. Umweltgüter werden dabei als wertbildender Faktor anderer Güter, etwa einem Wohnhaus, die von dem Umweltgut profitieren, erfaßt. Die hohe Umweltqualität eines Grundstücks sowie die Umweltqualität in seiner Umgebung wirken sich werterhöhend aus, mit der Folge, daß eine höhere Miete oder ein höherer Kaufpreis im Vergleich zu anderen Grundstücken, denen diese Umweltqualität nicht zu eigen ist, am Markt erzielt werden kann.[857]

Eine solche Bewertung ist jedoch nur möglich, wenn der Wert des komplementären Gutes in seine verschiedenen wertbildenden Faktoren zerlegt werden kann. Beispielsweise wird der Wert eines Grundstücks von vielfältigen Faktoren beeinflußt, wobei sich Grundstücke regelmäßig in mehreren dieser Faktoren unterscheiden.[858] Solche Faktoren sind etwa die Anbindung an den öffentlichen Nahverkehr, vorhandene Einkaufsmöglichkeiten, die Intensität der Nutzung der anliegenden Straßen oder auch die Entfernung zu sozialen Einrichtungen. Somit ist die Umweltqualität, die als wertbildendes Element isoliert werden muß, nur eine Größe

---

854 Vgl. Erichsen, S., S.217.
855 Leonhard, M., S.344.
856 Vgl. Hampicke, U., S.116; Elsasser, P., S.33; Leonhard, M., S.344.
857 Seibt, C., S.202; Appel, V., ZfU 1988, 137 (149); Leonhard, M., S.345.
858 Seibt, C., S.202.

unter vielen Einflußfaktoren.[859] Um dieses Problem zu lösen, wird der Wert von Grundstücken auf bestimmte Kenngrößen bezogen, die mit den Kenngrößen anderer Grundstücke aus anderen Regionen verglichen werden. Durch die Variation der verschiedenen Faktoren wird der Wert der einzelnen Faktoren ermittelt.

Kritisiert wird an einer solchen Bewertung, daß es für Immobilien keinen vollkommenen Markt im Sinne der ökonomischen Theorie gibt. Seitens des Staates wird, etwa durch das Miethöhegesetz, in den Markt eingegriffen. Zudem bestehen beim Immobilienmarkt aufgrund fehlender Transparenz relativ hohe Transaktionskosten. Weiter wird die Flexibilität der Nachfrager durch den mit einem Umzug verbundenen Aufwand beschränkt, was eine aufwandsbedingte Ortsbindung zur Folge hat.[860] Aus der fehlenden Transparenz und dem mit dem Umzug einhergehenden Aufwand kann ökonomisch irrationales Verhalten resultieren, das heißt, es werden gegebenenfalls Mietpreise bezahlt, die über dem auf dem Markt üblichen Wert liegen. Ebenso kann es durch staatliche Einflußnahme aus Gründen der Verteilungsgerechtigkeit zu einem unter Effizienzgesichtspunkten zu geringen Mietpreis kommen.

Von Marktdaten auf Konsumentenrenten zu schließen, führt zudem tendenziell zu einer Unterschätzung der Zahlungsbereitschaft, da die Berücksichtigung der mit einem Gut verbundenen individuellen Wertschätzungen regelmäßig nicht allumfassend erfolgen kann.[861]

Des weiteren ist der Zusammenhang zwischen Naturgütern als wertbildenden Faktoren und der ökologischen Bedeutung dieser Natur bedingt durch die anthropozentrische Sichtweise der Ökonomie zumindest fragwürdig. So kann eine ökologisch eher unbedeutende Fläche einen hohen Erholungswert haben, der sich werterhöhend auf die anliegenden Grundstücke auswirkt, ohne daß von dem Wert dieses „Naturgenusses" für den Menschen auf eine ökologisch besonders bedeutsame Natur geschlossen werden kann.[862]

e) Befragungsmethoden

Bei der Schadensvermeidungskostenmethode, der Reisekostenmethode und der Hedonischen Preisermittlung handelt es sich um indirekte, verhaltensbezogene Bewertungsmethoden. Daneben bestehen direkte Bewertungsmethoden über Umfragen. Diese sind, anders als die dargestellten indirekten Methoden verhaltensunabhängig. Die Bewertung ist nicht auf beobachtbares Ausweichverhalten infolge einer Schädigung angewiesen. Befragungen sind von ihrem Ansatz her hypothetischer Natur. Jedoch können, anders als bei indirekten Methoden, auch kollektive Wertaspekte bzw. sogenannte „non-user-values", wie etwa der bloße Existenzwert eines Umweltgutes, berücksichtigt werden.[863] Dementsprechend handelt es sich um diejenigen Bewertungsverfahren, welche Untersuchungen über den Wert von Um-

---

859 Vgl. Endres, A./ Jarre, J./ Klemmer, P./ Zimmermann, K., S.36.
860 Vgl. Endres, A./ Jarre, J./ Klemmer, P./ Zimmermann, K., S.36.
861 Endres, A./ Jarre, J./ Klemmer, P./ Zimmermann, K., S.36 f. m.w.N.
862 Hampicke, U., S.115.
863 Elsasser, P., S.18 und 26; Seibt, C., S.204; Will, M./ Marticke, H.-U., S.64.

weltgütern zugrunde gelegt werden, die keinen direkten Nutzen für den Menschen haben. Befragungsmethoden lassen, anders als die zuvor dargestellten indirekten Bewertungsmethoden, eine Ermittlung des Vermächtnis-, Existenz- und Options- sowie des Quasi-Optionswertes zu.[864] Die Feststellung dieser zumindest potentiell vorhandenen monetären Präferenzen ist ökonomisch sinnvoll, um den Wert der Naturgüter umfassend im Hinblick auf eine Wohlfahrtsmaximierung zu erfassen.[865]

Neben diesen Werten können mit Befragungsmethoden weitere nutzungsbezogene Werte ermittelt werden. Bei diesen handelt es sich um den Erholungswert bei Freizeitaktivitäten oder auch Tourismus, den Wert des Verbrauchs von Umweltgütern, wie etwa das Fangen und Verspeisen eines Fisches, sowie der nicht konsumtive Nutzenwert als Wert des ästhetischen Naturgenusses, bei dem kein Bestandteil der Natur verbraucht wird.[866]

Ein weiterer Vorteil von Befragungsmethoden besteht in dem geringeren Aufwand, da es keiner besonderen Marktdatenermittlung und -auswertung bedarf.[867]

Bei den Ansätze der verschiedenen Befragungsmethoden ist zwischen dem „willingness-to-sell"- und dem „willingness-to-pay"-Ansatz zu differenzieren. Die „willingness-to-sell"-Methode befragt die Betroffenen, zu welchem Preis sie bereit wären, freiwillig oder unfreiwillig auf ein Gut zu verzichten.[868] Die „willingness-to-pay"-Methode erfragt demgegenüber die Zahlungsbereitschaft, die im Hinblick auf die Nutzung und Erhaltung eines Gutes besteht.[869] Wegen des Risikos fehlerhafter bzw. unrichtiger Antworten sind diese Befragungen als Bewertungsmethoden allerdings umstritten.[870] So ist es denkbar, daß strategisch geantwortet wird, auch wenn ein solches Verhalten bis jetzt nicht empirisch belegt wurde.[871] Zudem wirkt sich der Kontext aus, in dem die Frage gestellt wird. Je nachdem wie eine Frage formuliert ist, werden unterschiedliche Zahlungsbereitschaften angegeben.[872] Ein weiterer Einflußfaktor ist der jeweilige Informationsstand der Befragten.[873] Letzterer spielt insbesondere bei weit verbreiteten Fehleinschätzungen eine Rolle.

Für die Bewertung ökologischer Schäden kommt es darauf an, wie diejenigen Wertfaktoren definiert werden, die keinen direkten Nutzen für den Menschen haben, da bei einem direkten Nutzen zumeist auch ein Markt für das Umweltgut besteht oder aber die Bewertung losgelöst von der ökologischen Bedeutung des zu bewertenden Naturbestandteiles erfolgt. Ein ökologischer Wert ist jedoch regelmäßig unabhängig vom konkreten Nutzen für den einzelnen.

---

864 Will, M./ Marticke, H.-U., S.64; Hampicke, U., S.118; Erichsen, S., S.219; vgl. etwa Wicke, L., S.64 f.
865 Hampicke, U., S.107.
866 Will, M./ Marticke, H.-U., zwischen S.63 und 64.
867 Seibt, C., S.204.
868 Will, M./ Marticke, H.-U., S.64; Wenk, N., S.183.
869 Will, M./ Marticke, H.-U., S.64; Wenk, N., S.183.
870 Will, M./ Marticke, H.-U. Anhang Band II, S.524; Endres, A./ Staiger, B., WiSt 1994, 218 (222) jeweils m.w.N.; zur Kritik vgl. auch Seibt, C., S.205 ff.; Endres, A./ Jarre, J./ Klemmer, P./ Zimmermann, K., S.38.
871 Vgl. Leonhard, M., S.347; Wenk, N., S.197 m.w.N.
872 Vgl. Seibt, C., S.211 f.; Elsasser, P., S.23.
873 Vgl. Wenk, N., S.192 ff.

Für die Bewertung ökologischer Schäden bedarf es somit der Ermittlung von abstrakten Wertschätzung. Bei diesen handelt es sich um den Options- und den Quasi-Optionswert sowie um den Existenzwert und den Vermächtniswert.

aa) Options- und Quasi-Optionswert

Der Optionswert wird definiert als der Wert, den die abstrakte Zugriffsmöglichkeit auf ein Gut in der Zukunft für den Zugriffsberechtigten hat.[874] Auf eine konkret mögliche oder bestehende Nutzung kommt es nicht an. Es handelt sich letztlich um eine Prämie für risikoaverses Verhalten. Gefragt wird nach dem Wert der Sicherheit des Umstands, ein Umweltgut zu einem bestimmten Zeitpunkt in der Zukunft, zum Beispiel in 10 Jahren, noch in Anspruch nehmen zu können.[875]

Vom Optionswert ist der Quasi-Optionswert zu unterscheiden. Der Quasi-Optionswert ist in einer ungewissen Situation derjenige Wert, den die Erhaltung eines ansonsten irreversibel vernichteten Gutes hat, bis mehr Informationen vorliegen.[876] Folglich geht es um den Wert des Umstands, weitere Informationen über eine Ressource im Laufe der Zeit gewinnen zu können, deren Verwertung jedoch voraussetzt, daß der Bestand der Ressource gewährleistet wird.[877] Ob sich diese Informationen letztlich als wertvoll erweisen werden, ist irrelevant.

bb) Existenz- und Vermächtniswert

Der Existenzwert basiert auf dem Umstand, daß es für einen einzelnen von Wert sein kann, zu wissen, daß ein Gut vorhanden ist, ohne daß er dieses Gut nutzt, das heißt ohne konkreten ökonomischen Vorteil.[878] Dies kann selbst dann gelten, wenn eine Nutzung auf absehbare Zeit objektiv ausgeschlossen ist. Beispielsweise hat das Wissen, daß indische Elefanten noch nicht ausgestorben sind, für viele Menschen einen Wert. Ein weiteres Beispiel ist die Existenz von Menschenrechten. Die Existenz von Menschenrechten hat unabhängig von ihrer Einhaltung für viele Menschen einen Wert. Ebenso kann die Erhaltung der natürlichen Vielfalt oder die Bewahrung nachhaltiger Naturzusammenhänge für den einzelnen einen Wert haben.

Daher ist der Existenzwert als eine abstrakte Erkenntnis unabhängig vom realen oder theoretischen Erleben des Gutes und ermöglicht folglich sogar eine Bewertung des Eigenwertes von Naturgütern,[879] auch wenn die monetäre Bewertung desselben rein anthropozentrisch erfolgt, das heißt es nicht um den Wert der Natur an sich geht, sondern um den Wert für den einzelnen, daß die Natur oder auch nur bestimmte Ökosysteme existieren.

Eng mit dem Existenzwert verbunden ist der Vermächtniswert. Dieser ist, anders als der Existenzwert, ausschließlich auf die Zukunft gerichtet. Es handelt sich beim Vermächtniswert um die Zahlungsbereitschaft des einzelnen dafür, daß ein

---

874 Hampicke, U., S.118; Appel, V., ZfU 1988, 137 (151); ähnlich Leonhard, M., S.335.
875 Appel, V., ZfU 1988, 137 (151); Wenk, N., S.179.
876 Will, M./ Marticke, H.-U., zwischen S.63 und 64.
877 Appel, V., ZfU 1988, 137 (152).
878 Hampicke, U., S.118; Will, M./ Marticke, H.-U, zwischen S.63 und 64; Leonhard, M., S.336 spricht gleichbedeutend vom indirekten Wert.
879 Erichsen, S., S.214.

Gut für zukünftige Generationen zur Verfügung steht, wobei dies nicht im Sinne einer zukünftigen konkreten Nutzungsmöglichkeit zu verstehen ist.[880] Es genügt auch hier die bloße Existenz.

4. Eignung ökonomischer Bewertungsmodelle zur Monetarisierung ökologischer Schäden

Unter einem ökologischen Schaden ist auf der Grundlage ökologischer Ziele jede Veränderung des Naturhaushaltes zu verstehen, die im Widerspruch zu den dargestellten ökologischen Leitbildern steht.[881] Wegen der Notwendigkeit einer Wertungslegitimation wird dabei auf das Leitbild der Hemerobie verzichtet, bei dem eine solche Legitimation nicht ersichtlich ist. Somit wird das Vorliegen eines ökologischen Schadens anhand des Nachhaltigkeits- und des Biodiversitätskonzepts ermittelt.

Zu erörtern ist, ob die dargelegten ökonomischen Bewertungsmethoden geeignet sind, ökologische Schäden in Geld zu bewerten. Hierzu ist es notwendig, daß der Geldwert gerade dem ökologischen Gesichtspunkt einer Umweltveränderung, die im Widerspruch zu den Leitbildern der Biodiversität und Nachhaltigkeit erfolgt, zukommt. Der ökonomische Schaden muß demnach in der Nachteiligkeit der Veränderung unter den Gesichtspunkten der Nachhaltigkeit oder der Biodiversität liegen. Der zu beziffernde Wert des geschädigten Naturgutes muß sich somit aus diesen ökologischen Qualitäten ergeben.

Weitere Nutzenverluste, die Folge der Einwirkung auf den Naturhaushalt sind, bei denen der Nutzen allerdings nicht in einem unmittelbaren Zusammenhang mit dem ökosystemaren Funktionieren des Naturhaushaltes steht, sind nicht Teil des ökologischen Schadens. Wird beispielsweise eine Fläche durch eine starke Belastung des Bodens mit Schadstoffen ökologisch geschädigt, so hat dies gegebenenfalls neben dem ökologischen Schaden auch eine Minderung des Wertes für anderweitige Nutzungen, etwa als Bauland, zur Folge. Dieser Schaden ist jedoch unabhängig von der vormaligen ökologischen Bedeutung des Grundstücks.

Wer seltene Pflanzen züchtet, um ihr genetisches Potential zu erforschen und zu vermarkten, der nutzt den potentiellen ökonomischen Wert der genetischen Vielfalt für die Medizin, die Nahrungsmittelproduktion aber auch industrielle Zwecke.[882] Eine solche Nutzung steht im Einklang mit dem Leitbild der Biodiversität. Der ökonomische Wert ist in diesem Fall abhängig vom ökologischen Wert. Je vielfältiger die Gene sind, um so höher ist nicht nur der ökologische Wert, sondern auch das ökonomische Potential und damit der ökonomische Wert. Allerdings zeigt sich hieran auch die anthropozentrische Ausrichtung der Monetarisierung, da die letztendliche Nutzung, auf der der potentielle ökonomische Wert beruht, unabhängig von der ökologischen Funktion der genetischen Vielfalt ist.

---

880 Hampicke, U., S.118; Elsasser, P., S.26; Will, M./ Marticke, H.-U., zwischen S.63 und 64.
881 Vgl. Teil A.II.5.
882 Vgl. Begon, M./ Harper, J./ Townsend, C., S.664 f.; Wissenschaftlicher Beirat der Bundesregierung Globale Umweltveränderungen, S.172.

Soweit jedoch, wie bei dem Beispiel der Bodenkontaminierung, ein ökologischer Schaden mit einem nicht ökologischen Schaden einhergeht, sind bei der Monetarisierung des ökologischen Schadens die mit einem Schaden einhergehenden, nicht ökologischen Schäden bei der Bewertung abzuschichten.

Zudem ist darauf hinzuweisen, daß die Möglichkeit der Monetarisierung eines ökologischen Schadens unabhängig von der Frage ist, ob es sich um einen, nach geltendem Recht zivilrechtlich erfaßbaren individuellen Schaden in der rechtlich geschützten Sphäre eines einzelnen handelt. Mittels der dargestellten Bewertungsmethoden lassen sich auch Nutzenverluste beziffern, die nicht Gegenstand eines individuellen Rechts sind. Im Folgenden wird daher erörtert, inwiefern ökologische Schäden überhaupt mit den genannten Methoden bewertet werden können, ohne daß es sich stets um Schäden handelt, die der Rechtssphäre eines einzelnen zugeordnet sind oder werden können.

a) Indirekte Wertermittlungsmethoden

Indirekte Wertermittlungsmethoden, das heißt der Schadensvermeidungskostenansatz, die Reisekostenmethode sowie die Hedonische Preisermittlung, stellen auf beobachtbares menschliches Verhalten zur Bewertung von Umweltgütern ab. Dies ist zur Bewertung ökologischer Schäden fragwürdig, da die ökologische Bedeutung einer Fläche, etwa als Lebensraum von seltenen Tier- und Pflanzenarten, sich nicht automatisch in der tatsächlichen Nutzung der Fläche durch den Menschen niederschlägt. Es gibt somit keinen inneren Zusammenhang zwischen dem Wert, den der einzelne einem Ökosystem oder einem anderen Naturbestandteil durch sein tatsächliches Verhalten beimißt und der ökologischen Bedeutung dieses Systems bzw. dieses Bestandteils als Lebensraum bestimmter Arten oder als Faktor in einem nachhaltigen Wirkungsgefüge. Hierfür spricht auch, daß anthropogene Nutzungen regelmäßig nachteilige Auswirkungen auf die hiervon betroffenen Naturgüter haben.

Zudem haben die natürliche Vielfalt sowie nachhaltige Wirkungszusammenhänge auch ohne eine konkrete Nutzung für den einzelnen einen Wert. Diese sogenannten „non-user-values" können über indirekte Wertermittlungsmethoden nicht berücksichtigt werden.

Folglich kann ein ökologischer Schaden, der als solcher anhand ökologischer Zielvorstellungen bestimmt wird, nicht umfassend über tatsächliche, konkrete Nutzungen durch den Menschen monetär bewertet werden.

Eine Ausnahme ist lediglich dann möglich, wenn die ökologischen Funktionen eines Naturgutes für individuelle ökonomische Interessen genutzt werden, wie dies beispielsweise beim ökologischen Landbau der Fall ist. In solchen Fällen besteht aber regelmäßig die Möglichkeit der Bewertung über einen Markt, so daß auf alternative Monetarisierungsmethoden nicht zurückgegriffen werden braucht. Allerdings werden auch in solchen Ausnahmefällen zumeist bestimmte ökologische Funktionen eines Naturgutes nicht berücksichtigt, die zwar eine ökologische Bedeutung haben, die aber nicht für die konkrete Nutzung relevant sind. Beispielsweise ist die

Funktion eines Waldes für die Grundwasserneubildung für den ökonomischen Wert eines Waldes für den ökologischen Waldbau irrelevant.

Indirekte Wertermittlungsmethoden bieten mithin im Regelfall keinen, über eine marktmäßige Bewertung hinausgehenden Ansatzpunkt bei der Bewertung ökologischer Schäden. Ebenso wie der Markt gewährleisten sie keine umfassende Berücksichtigung aller ökologischen Funktionen eines Naturgutes bei der Bewertung.

b) Befragungsmethoden

Zu untersuchen ist, ob über Befragungsmethoden eine monetäre Bewertung ökologischer Schäden möglich ist. Bei den durch Befragungen ermittelbaren Werten ist zwischen konkreten und abstrakten Nutzenwerten zu unterscheiden.

aa) Befragungen nach konkreten Nutzen

Aufgrund des regelmäßig fehlenden Zusammenhangs zwischen dem Nutzen eines Gutes für den Menschen und seiner ökologischen Bedeutung sind Befragungen nach konkreten, nutzungsbezogenen Werten, etwa dem Erholungswert, zur Bewertung ökologischer Schäden nicht geeignet. Eine Ausnahme besteht auch hier bei einer Vereinbarkeit von ökologischen Leitbildern mit individuellen ökonomischen Interessen, wie sie in der ökologischen Land- und Forstwirtschaft gegeben sind, das heißt in den Fällen, in denen auch eine Bewertung über einen Markt oder über indirekte Wertermittlungsmethoden möglich ist.

Im Regelfall besteht jedoch kein Zusammenhang zwischen der Nutzung der Natur für individuelle Interessen und der ökologischen Bedeutung dieser Natur im Sinne von ökologischen Leitbildern. Ein Verlust an Erholungswert eines Biotops kann ebensogut Folge einer Nutzungsbeschränkung aus Biotopschutzgründen wie Folge eines ökologischen Schadens sein. Zugleich muß ein ökologischer Schaden nicht eine Verringerung des Erholungswertes bedeuten. Selbst durch die neuartigen, emittentenfernen Waldschäden, dem sogenannten „Waldsterben", werden viele Menschen nicht in ihrer Erholung beeinträchtigt.[883] Hierzu kommt es erst ab einem bestimmten Schädigungsgrad, bei dem ein ökologischer Schaden jedoch schon lange gegeben ist.

bb) Befragungen nach abstrakten Nutzen

Allerdings können abstrakte Nutzenwerte besser geeignet sein, um ökologische Schäden zu monetarisieren. Dies ist der Fall, wenn ökologische Schäden über den Options-, Quasi-Options-, Existenz- oder den Vermächtniswert des Naturhaushaltes oder eines seiner Teile bewertbar sind.

(1) Optionswert

Zweifelhaft ist die Bewertung eines ökologischen Schadens über den Optionswert. Dieser bezieht sich auf eine zukünftige Nutzungsmöglichkeit durch den Menschen. Eine solche Nutzung ist jedoch nicht notwendigerweise vereinbar mit den Zielvor-

---

883 Vgl. Hampicke, U., S.115; Elsasser, P./ Thoroe, C., S.237.

stellungen der ökologischen Leitbilder Biodiversität und Nachhaltigkeit. Nur ein Optionswert, der sich auf eine Nutzung im Sinne ökologischer Ziele bezieht, kann einen ökologischen Schaden bewerten. Beispielsweise wäre die Option eine Fläche nicht zu versiegeln, um in einigen Jahren die Möglichkeit zu haben, auf dieser einer vom Aussterben bedrohten Art einen Lebensraum bieten zu können, eine Option im Sinne des Leitbildes der Biodiversität. Zumeist wird in die Berechnung eines ökologischen Schadens der Optionswert jedoch nicht einfließen, da Optionen, wie der zuletzt dargestellten, nur in Ausnahmefällen ein Wert beigemessen wird.

Einen Optionswert haben letztlich nur diejenigen zukünftigen Nutzungen der ökologischen Funktionen von Naturgütern, die auch einer indirekten Bewertung anhand menschlichen Verhaltens oder anhand eines Marktes zugänglich sind. Andere ökologische Funktionen beinhalten keine ökonomische Nutzungsmöglichkeit, so daß ihnen im Regelfall auch kein Optionswert beigemessen wird.

(2) Quasi-Optionswert

Der Quasi-Optionswert bezieht sich ebenso wie der Optionswert auf einen später möglichen Nutzen für den Menschen, wobei der ökonomische Wert in der Nutzbarkeit der Ressource bei Vorliegen weiterer Informationen liegt. Nur eine Quasi-Option im Sinne ökologischer Zielvorstellungen kann eine monetäre Bewertung eines ökologischen Schadens beinhalten. Ob dies der Fall ist, läßt sich jedoch gerade nicht feststellen, da der Quasi-Optionswert nur in ungewissen Situationen besteht. Welche Nutzung die Erhaltung der Ressource zur Folge hat, ist jedoch definitionsgemäß nicht absehbar, da dies von weiteren Informationen abhängt. Der Quasi-Optionswert als potentieller Wert der zukünftigen Verfügbarkeit eines Gutes ist daher nicht geeignet, einen ökologischen Schaden zu bewerten.

(3) Existenz- und Vermächtniswert

In Betracht kommen zur Bewertung ökologischer Schäden somit primär der Existenz- und der Vermächtniswert. Im Gegensatz zu den erörterten Bewertungen der Umwelt beziehen sich beide Werte auch auf ethische, moralische oder auch theologische Überzeugungen, wie z.B. die Bewahrung der Schöpfung.

Über den Existenzwert kann das Vorhandensein der Naturgüter bewertet werden, ohne daß es auf eine anthropogene Nutzung ankommt. Somit kann über den Existenzwert ermittelt werden, wieviel dem einzelnen der Fortbestand der natürlichen Vielfalt wert ist. Ebenso könnte nach dem Wert des Bestehens nachhaltiger ökologischer Wirkungszusammenhänge gefragt werden. Beide Fragen können sowohl im Hinblick auf ein bestimmtes Ökosystem oder einen bestimmten Landschaftsraum wie auch ganz allgemein gestellt werden.

Folglich können ökologische Schäden über den Existenzwert bewertet werden als diejenigen Veränderungen des Naturhaushaltes, die entgegen der Leitbilder Biodiversität und Nachhaltigkeit erfolgen. Hierzu müßte nach dem Wert des Fortbestandes von Nachhaltigkeit und Biodiversität im ursprünglichen Zustand gefragt werden und der nach dem Eintritt des ökologischen Schadens bestehende Wert der Nachhaltigkeit und Biodiversität abgezogen werden. Anschließend könnte ermittelt werden, für welche Menschen dieser Wert des geschädigten Ökosystems bestanden hat, um den Kreis der möglichen Anspruchsberechtigten zu bestimmen. Soweit diese durch den ökologischen Schaden in ihren Rechten, etwa dem Eigentum verletzt sind, könnten sie einen Schadensersatzanspruch gegen den Schädiger in Höhe ihres Nutzenverlustes geltend machen. Diese Differenzierung innerhalb der Geschädigten resultiert aus der rechtlichen Beschränkung haftungsrechtlicher Ansprüche auf diejenigen Personen, die in ihren Rechten verletzt sind. Erleidet ein einzelner einen individuellen Nutzenverlust, ohne daß er ein Recht an dem geschädigten Gut hat, wird sein (ökonomischer) Schaden nicht ersetzt.

Neben dem Existenzwert kommt eine Schadensmonetarisierung ökologischer Schäden über den Vermächtniswert in Betracht. Der Vermächtniswert ermöglicht die Monetarisierung der Verantwortung gegenüber künftigen Generationen im Hinblick auf die Bewahrung der natürlichen Lebensgrundlagen. Die Frage nach einem solchen Wert müßte zur Bewertung eines ökologischen Schadens auf den Wert des Bestehens eines Naturbestandteils in der Zukunft bezogen sein.

Daher müßte nach dem Wert des Fortbestandes von Nachhaltigkeit oder Biodiversität für die zukünftigen Generationen gefragt werden. Beispielsweise könnte danach gefragt werden, wieviel es dem einzelnen Wert ist, daß es auch in 25 Jahren noch Laubmischwälder, Heuschrecken oder griechische Landschildkröten gibt. Ebenso könnte nach dem Fortbestand nachhaltiger Wirkungszusammenhänge in einem Ökosystem gefragt werden. Somit ermöglicht auch der Vermächtniswert eine Bewertung ökologischer Schäden. Voraussetzung eines Schadensersatzanspruchs ist jedoch auch hier eine Rechts- oder Rechtsgutsverletzung.

Ein weiteres Problem liegt in der Frage nach den Kriterien, über die die Befragten den Wert von Nachhaltigkeit und Biodiversität für sich bestimmen sollen. Beispielsweise setzen Befragungen nach dem Existenz- oder Vermächtniswert der Biodiversität eines Naturguts einen entsprechenden Kenntnisstand über das Naturgut voraus. Zudem lehnen es etwa ein Viertel der Befragten ab, die Frage nach der individuellen Zahlungsbereitschaft für Naturgüter zu beantworten.[884] Mit welcher Bewertung dies im Rahmen einer ökonomischen Bewertung zu berücksichtigen ist, ist auch unter Ökonomen noch nicht entschieden.[885] Aber auch soweit eine Zahlungsbereitschaft angegeben wird, ist festzustellen, daß sich die angegebenen Werte unterscheiden, je nachdem, ob die Befragten als Konsumenten von Natur oder als Bürger gefragt werden.[886] Als Bürger wird den Naturgütern regelmäßig ein höherer Wert beigemessen.

c) Zwischenergebnis

Eine Monetarisierung ökologischer Schäden über verhaltensbezogene Bewertungsverfahren scheidet aus, soweit nicht ökologische Funktionen von Naturgütern für bestimmte Zwecke konkret ökonomisch genutzt werden. Im Rahmen von Befra-

---

884 Vgl. Kosz, M., ZfU 1997, 531 (536) m.w.N.
885 Vgl. Kosz, M., ZfU 1997, 531 (537).
886 Kosz, M., ZfU 1997, 531 (538) m.w.N.; vgl. auch Scherhorn, G., S.210.

gungsmethoden ist eine Monetarisierung ökologischer Schäden möglich über die Ermittlung des Existenz- und des Vermächtniswertes einer nachhaltigen und vielfältigen Natur bzw. eines Naturbestandteiles. Hingegen sind der Quasi-Optionswert nicht und der Optionswert nur in bestimmten Ausnahmefällen geeignet, einen ökologischen Schaden zu bewerten. Die Ausnahmen beim Optionswert entsprechen denen einer marktmäßigen Bewertung bzw. einer Bewertung über verhaltensbezogene, indirekte Wertermittlungsmethoden.

Für die Bemessung eines ökologischen Schadens über den Existenz- und Vermächtniswert kann beispielsweise bei der drohenden Vertreibung eines seltenen Vogels nach dem Wert des gegenwärtigen und zukünftigen Vorhandenseins dieses Vogels in einem Gebiet gefragt werden. Somit kann über die Ermittlung des Existenz- und des Vermächtniswertes eines Naturgutes eine Monetarisierung ökologischer Schäden erfolgen.

Es darf allerdings nicht übersehen werden, daß ein so monetarisierter ökologischer Schaden nur in den seltensten Fällen auch ein zivilrechtlich erfaßbarer Schaden ist. Hierzu muß das ökologisch geschädigte Naturgut Bestandteil der Rechtssphäre eines einzelnen sein, was etwa bei wilden Tieren bereits an § 960 BGB scheitert, so daß die Abnahme der Vielfalt der Tierarten auf einem Grundstück wegen der fehlenden Zuordnung zu einem Rechtsträger regelmäßig nicht zivilrechtlich ausgeglichen werden kann. Ein Schutz dieser Naturgüter ist folglich nur über öffentlich-rechtliche Regulierungen möglich. Hingegen ist eine irreversible Zerstörung von Pflanzen, soweit sie einen ökonomischen Wert haben, sowohl ein monetarisierbarer ökologischer Schaden als auch ein zivilrechtlich erfaßbarer Schaden des Grundstückseigentümers.[887] Die Bewertung des ökologischen Schadens hängt dabei von dem Existenz- und dem Vermächtniswert der zuvor bestehenden Pflanzenarten ab.

Bei der Übernahme der über Befragungsmethoden erzielten Bewertungsergebnisse in das Haftungsrecht ist jedoch zu berücksichtigen, daß Bewertungen je nach Fragestellung und der Bewertung von verweigerten Antworten nicht unerhebliche Unterschiede aufweisen können.

5. Ethische Legitimität einer Monetarisierung der Natur durch den Menschen

Angesichts der dargelegten Möglichkeit einer teilweisen Monetarisierung ökologischer Schäden stellt sich die Frage, ob eine solche Monetarisierung überhaupt ethisch vertretbar ist. Es geht somit darum, ob es für den Menschen legitim sein kann, seine natürliche Mitwelt, die ebenso Teil der Schöpfung ist wie er selbst und deren Bewahrung in seiner ethischen Verantwortung[888] steht, in Geld zu bewerten. Beispielsweise lehnt es ein Teil der Bevölkerung ab, Naturgütern einen Geldwert beizumessen.[889]

---

887 Vgl. § 94 I BGB zur zivilrechtlichen Zuordnung von Pflanzen zu einem Grundstück.
888 Vgl. Jonas, H., S.172 ff.; Gassner, E., NuR 1987, 97 (98 f.); Birnbacher, D., „Natur", S.103 ff.
889 Vgl. Kosz, M., ZfU 1997, 531 (536) m.w.N.

a) Ökonomische Rechtfertigung

Aus ökonomischer Sicht wird darauf hingewiesen, daß der Verzicht auf eine Monetarisierung zur Folge hätte, daß die Möglichkeiten einer rechtlichen Schadensbewältigung deutlich erschwert werden und zwar insbesondere dann, wenn eine Schadensrestitution aus tatsächlichen Gründen ausscheidet.[890] Daneben wird darauf hingewiesen, daß diejenigen, die die Natur schädigen, dies regelmäßig auf der Grundlage eines betriebswirtschaftlichen Kalküls tun, in welchem moralische Werte ohne Geldwert keine Berücksichtigung finden.

Nicht zuletzt gehe mit der Ablehnung einer Monetarisierung zudem das Risiko einer moralisch begründeten Überbewertung einher. Dies wäre fragwürdig, weil Menschen heterogene Zielsetzungen verfolgen und es eines rationalen Umgangs bei der Abwägung zwischen diesen Zielen bedarf. Die Intransparenz des Wertes der Natur bei Ablehnung einer Monetarisierung sei dieser Ratio abträglich.[891] Des weiteren sei darauf hinzuweisen, daß eine Monetarisierung der Natur schon jetzt häufig zu ihrer Erhaltung beigetragen habe, da auf der Basis eines ökonomischen Kalküls festgestellt wurde, daß eine Erhaltung der Natur kostengünstiger sei als ihr Ersatz durch andere Mittel. So würden Indien und Indonesien keine Frösche mehr exportieren, da der Einnahmeverlust durch eine Kostensenkung bei der Insektizidbeschaffung mehr als kompensiert wurde.[892]

b) Stellungnahme

Die anthropozentrische Sichtweise, die jeder ökonomischen Bewertung im Sinne der dargestellten Bewertungsmethoden immanent ist, läßt keine adäquate Erfassung des Eigenwertes der Natur im Sinne nicht anthropozentrischer Weltbilder zu. Dieser reduziert sich bei einer anthropozentrischen Sichtweise vielmehr im wesentlichen auf den Existenzwert und den Vermächtniswert, den Naturgüter gegenwärtig und in der Zukunft haben.

Allen Weltbildern, das heißt sowohl dem anthropozentrischen, dem biozentrischen wie auch dem physiozentrischen Weltbild, ist jedoch gemein, daß eine Verantwortung des Menschen für die Bewahrung der Natur anerkannt wird und sei es nur aus Verantwortung gegenüber den zukünftigen Generationen.[893] Es muß daher bezweifelt werden, ob der Mensch, dem diese Verantwortung für die Bewahrung der Natur zukommt, ein geeignetes Organ zur Bewertung dieser Verantwortung sein kann. Es wäre ein Widerspruch in sich, wenn der Verantwortliche bestimmt, wieviel ihm seine Verantwortung wert ist. Die Verantwortung besteht unabhängig von diesem ökonomischen Wertempfinden. Zwar ist die Verantwortung für die Bewahrung der Natur nicht grenzenlos, sie ist jedoch in erster Linie abhängig von dem, was der Mensch zu leisten vermag[894] und nicht davon, wie der Mensch den Wert seiner Verantwortung wahrnimmt. Des weiteren ist auf das Risiko einer mo-

---

890 Seibt, C., S.195.
891 Seibt, C., S.194.
892 Beispiel nach Seibt, C., S.194 f.
893 Vgl. Hampicke, U., S.94; Feinberg, J., S.158; Hofmann, H., JZ 1988, 265 (278).
894 Vgl. Hampicke, U., S.92; Meyer-Abich, K., „Frieden", S.191.

ralischen Entwertung der Natur hinzuweisen, welche mit der Zuordnung eines Geldwertes zu Naturgütern verbunden ist.

Auch Ökonomen räumen ein, daß eine Monetarisierung nicht auf eine objektive Ermittlung von Werten angelegt ist, sondern lediglich die in einer Gesellschaft vorhandenen Wertungen verdeutlicht.[895] Somit verändern sich ökonomische Bewertungen auch mit dem Wandel des Bewußtseins in einer Gesellschaft und sind insofern auch ein Gradmesser für diesen Bewußtseinsstand.[896] Das bewertende Individuum ist in seinen Bewertungsmotiven und seinen Nichtmotiven vielmehr völlig frei und ungebunden.[897] Die Notwendigkeit eines umfassenden Schutzes der Natur unabhängig von derartigen Bewertungen folgt insbesondere aus der Irreversibilität vieler Naturzerstörungen. Eine einmal ausgestorbene Art ist nicht restituierbar.

Eine Monetarisierung des Naturhaushaltes kann daher zweckmäßig sein, um externe Nutzenverluste zu internalisieren oder um auf die Werthaftigkeit der Natur hinzuweisen, wie es beispielsweise die Untersuchung von Wicke getan hat.[898] Sie ist jedoch weder eine notwendige Grundlage für umweltpolitische Entscheidungen,[899] noch eine geeignete Legitimation für Eingriffe in die Natur, da sie den Schutz des Naturhaushaltes im Sinne einer Wahrnehmung der Verantwortung des Menschen für die Natur bzw. seine Mitwelt nicht hinreichend sicherstellt.

6. Ergebnis zur Kompensation ökologischer Schäden

Eine Kompensation ökologischer Schäden ist insbesondere dann möglich, wenn ein individuelles Nutzeninteresse eines einzelnen, an der Natur Berechtigten, an den ökologischen Funktionen des ihm rechtlich zugeordneten Naturbestandteiles besteht. Zum Teil sind hier auch Bewertungen über einen Markt möglich, wobei diese im Regelfall nur einen Teil des ökologischen Wertes des Naturhaushaltes erfassen. Soweit eine marktmäßige Bewertung ausscheidet kann über alternative, ökonomische Bewertungsmodelle durch Befragungen ein Geldwert ermittelt werden. Indirekte Wertermittlungsmethoden anhand feststellbarer Verhaltensweisen sind zur Bewertung ökologischer Schäden, die nicht über einen Markt bewertet werden können, ungeeignet, da der ökologische Wert der Natur in diesen Fällen ökonomisch nur ein abstrakter Wert unabhängig von konkreten Nutzungen ist.

In Betracht kommt daher in erster Linie eine Ermittlung des Existenz- und des Vermächtniswertes bestimmter ökologischer Zustände im Sinne der Leitbilder Biodiversität und Nachhaltigkeit.

Jedoch gilt sowohl für eine marktbezogene Bewertung wie für eine Monetarisierung ökologischer Schäden über Befragungsmethoden, daß sie nicht den ökologischen Wert des Naturgutes umfassend bewerten können. Dies liegt einerseits an der unvermeidbaren Unvollständigkeit einer solchen Bewertung im Hinblick auf die

---

895 Endres, A./ Jarre, J./ Klemmer, P./ Zimmermann, K., S.41.
896 Endres, A./ Jarre, J./ Klemmer, P./ Zimmermann, K., S.41.
897 Endres, A./ Jarre, J./ Klemmer, P./ Zimmermann, K., S.43.
898 Vgl. Wicke, L., S.60 ff.
899 Vgl. Endres, A./ Jarre, J./ Klemmer, P./ Zimmermann, K., S.42.

Erfassung der Gesamtheit aller ökologischen Funktionen des geschädigten Naturgutes und andererseits an der Unmöglichkeit einer abschließenden Bewertung der Natur durch den Menschen. Jede Monetarisierung ist notwendigerweise Ausdruck bestehender gesellschaftlicher Wertschätzungen und damit unabhängig von der Verantwortung des Menschen für die Bewahrung der natürlichen Lebensgrundlagen und der Verantwortung für den Schutz der Natur bzw. der natürlichen Mitwelt.

Eine Kompensation ökologischer Schäden kann lediglich einen Teil der mit ökologischen Schäden verbundenen individuellen Nutzenverluste ausgleichen, nämlich nur soweit ein individuelles Recht verletzt wurde. Weiter kann eine Kompensation über die Sensibilisierung für ökologische Belange einen Beitrag zum Schutz der Natur leisten.

Eine umfassende Bewertung ökologischer Schäden, die die ökologische Bedeutung der geschädigten Naturgüter berücksichtigt, ist ökonomisch nicht möglich und kann daher auch nicht Bestandteil des auf den Ausgleich individueller Nutzenverluste ausgerichteten Privatrechts sein.

Zusammenfassung

I. Begriffsbestimmung des ökologischen Schadens

1. Phänomenologische Begriffsbestimmung

Der Begriff des ökologischen Schadens ist seit der zweiten Hälfte der 80er Jahre in juristischen Texten eine gängige Bezeichnung, über deren Inhalt ein stillschweigendes Einverständnis unter den Verwendern zu bestehen scheint. Spätestens mit der Einführung des UmweltHG ist der ökologische Schaden ein fester Bestandteil der Rechtssprache geworden, ohne daß die genaue rechtliche und insbesondere haftungsrechtliche Relevanz des Begriffs bisher abschließend geklärt ist.

Einvernehmen liegt vor hinsichtlich der möglichen Objekte ökologischer Schäden. Es handelt sich um Veränderungen des Naturhaushaltes, d.h. Veränderungen an Wasser, Boden, Luft, Klima, der Tier- und Pflanzenwelt sowie ihrer jeweiligen Wechselwirkungen. Die derzeit bestehende Unklarheit, welche Veränderungen des Naturhaushaltes ökologische Schäden sind, läßt sich allein anhand ökologisch ausgerichteter Kriterien lösen.

Eine Bewertung von Veränderungen anhand sozialer Konsense scheidet aus, soweit über soziale Konsense nicht nur Wertungskriterien festgelegt werden. Dies liegt an der tatsächlichen Unmöglichkeit einer Bewertung jeder Veränderung im Naturhaushalt anhand sozialer Konsense, der unzureichenden Verläßlichkeit derartiger Bewertungen sowie an der nicht sicher gestellten ökologischen Ausrichtung der Bewertung.

Ebensowenig möglich ist eine Bewertung anhand der Beeinflussungsintensität eines Eingriffs in den Naturhaushalt. Die Folgen einer Störung hängen nicht nur von der Intensität des Eingriffs, sondern auch von den spezifischen Eigenheiten des betroffenen Ökosystems sowie den klimatischen Rahmenbedingungen ab und können mithin nicht ex ante prognostiziert werden. Zudem bedarf es nicht nur bei reversiblen sondern selbst bei irreversiblen Eingriffen in den Naturhaushalt einer Negativbewertung anhand bestimmter Wertungskriterien. Allein das Bestehen einer wesentlichen Veränderung sagt noch nichts darüber aus, ob der ursprüngliche Zustand dem herbeigeführten Zustand ökologisch vorzuziehen ist. Viele Ökosysteme, wie etwa die meisten Heidelandschaften oder auch Knickhecken, sind erst Folge menschlicher Eingriffe und können nicht von vornherein negativ im Sinne eines ökologischen Schadens beurteilt werden.

Einen geeigneten Bewertungsansatz bieten die ökologischen Leitbilder der Hemerobie, der Nachhaltigkeit sowie der Biodiversität. Diese beinhalten ökologisch ausgerichtete Kriterien anhand derer Veränderungen bewertet werden können. Wegen der ihnen immanenten subjektiven Wertungen bedarf es jedoch stets einer Wertungslegitimation, um eine verallgemeinerungsfähige Bewertung vornehmen zu können. Eine solche Wertungslegitimation liegt hinsichtlich der Leitbilder Biodiversität und Nachhaltigkeit vor, da sie als Bestandteil verbindlicher rechtlicher Regelungen Gegenstand parlamentarischer und damit nach Art.38 I 2, 20 I GG auch gesellschaftlicher Mehrheitsentscheidungen waren. Das Hemerobiekonzept scheidet hingegen als Wertungskriterium aus, da es als Wertung keiner gesellschaftlichen Legitimation unterliegt und somit eine rein subjektive Wertung darstellt.

2. *Rechtliche Einordnung des Begriffs ökologischer Schaden*

Bei der rechtlichen Einordnung ökologischer Schäden ist zunächst festzustellen, daß der Begriff des ökologischen Schadens unabhängig vom Begriff des Schadens im zivilrechtlichen Sinne ist. Eine rechtliche Präzisierung des Begriffs des ökologischen Schadens anhand von rechtlichen Schadenskategorien, wie Allgemeingutschäden, immateriellen Schäden oder auch zivilrechtlich nicht erfaßbaren Schäden, ist nicht möglich. Eine strukturelle Schadenskategorie des ökologischen Schadens im allgemeinen Haftungsrecht, vergleichbar den Sach-, Personen- oder Vermögensschäden ist bei einem solchen gegenständlichen und naturwissenschaftlich geprägten Begriff nicht möglich. Die ökologische Komponente eines Schadens allein löst weder einen Ersatzanspruch aus, noch steht sie einem solchen entgegen.

Es handelt sich daher bei dem ökologischen Schaden und dem zivilrechtlichen Schaden um verschiedene Begriffe, die jedoch eine gemeinsame Schnittmenge haben. Diese Schnittmenge beinhaltet diejenigen ökologischen Schäden, die zivilrechtlich erfaßt werden können, wobei es sich sowohl um materielle wie um immaterielle Schäden handelt. Auch wenn es sich zumeist nicht um Vermögensschäden handelt, so kann doch nicht ausgeschlossen werden, daß ökologische Schäden in der rechtlich geschützten Sphäre eines einzelnen einen Geldwert haben und somit materielle Schäden sind. Neben den zivilrechtlich erfaßbaren ökologischen Schäden gibt es weitere ökologische Schäden, die zivilrechtlich nicht erfaßt werden. Dies kann zum einen daran liegen, daß sie nicht mit individuellen Nutzenverlusten einhergehen oder zum anderen, daß es sich um Nutzenverluste infolge der Einwirkung auf frei zugängliche Allgemeingüter handelt, an denen keine individuellen Rechte bestehen.

II. *Der Ausgleich ökologischer Schäden als Aufgabe des Rechts*

Ziel einer haftungsrechtlichen Erfassung ökologischer Schäden ist in erster Linie die Bewahrung der Natur infolge der ethischen Verantwortung des Menschen für den Schutz der nichtmenschlichen Natur. Aus dem daneben bestehenden allgemeinen Ziel einer wohlfahrtsmaximierenden Nutzung gesellschaftlicher Ressourcen folgt, daß die Auswahl der Mittel zum Schutz der Natur sich am Effizienzkriterium messen lassen müssen.

Das gegenwärtige Umweltrecht ist vom öffentlichen Recht geprägt. Privatrechtliche Regulierungen haben demgegenüber den Vorteil, daß sie zu einem geringeren Ressourcenverbrauch führen, da sie keiner behördlichen Entscheidungsprozesse bedürfen und zudem regelmäßig besser auf den Einzelfall bezogen werden können, und so zu einer Feinsteuerung beitragen. Zudem würde bei einer haftungsrechtlichen Regulierung ökologischer Schäden das wirtschaftliche Eigeninteresse der potentiellen Schädiger an die Stelle eines gegen die zuständigen Behörden gerichteten Interesses auf möglichst wenig Umweltauflagen treten. Voraussetzung hierfür ist jedoch die Internalisierung individueller Umweltinteressen, bzw. externer Kosten, in die Rechtssphäre des einzelnen.

Die Natur selbst kommt als Rechtssubjekt nicht in Betracht, da das Privatrecht der Regulierung des gesellschaftlichen Miteinanders der einzelnen Gesellschaftsmitglieder dient. Folglich handelt es sich um ein verhaltenssteuerndes Rechtssystem, welches individuelle Freiräume festlegt und durch andere individuelle Freiräume begrenzt. Der Schutz der Natur ist jedoch keine Frage von Freiräumen für die Natur, sondern Resultat einer Beschränkung der Freiräume aller Rechtssubjekte beim Umgang mit der Natur. Mithin handelt es sich beim Privatrecht um ein anthropozentrisches Rechtssystem, daß von seiner Konzeption her schon nicht geeignet ist, ein Miteinander von Mensch und nichtmenschlicher Natur zu regulieren.

III. Ökologische Schäden als Teil des Haftungsrechts

Welchen Beitrag das Privatrecht zum Schutz der Natur unter diesen Voraussetzungen zu leisten vermag, hängt nicht zuletzt von den Zielen des Schadensrechts ab. Primäres Ziel des Schadensrechts ist neben dem Ausgleich erlittener Schäden die Vermeidung von Schäden, sofern die Vermeidung ressourcenaufwendiger ist als der Schadensausgleich. Eine solche Präventionsfunktion steht regelmäßig nicht im Widerspruch zur Ausgleichsfunktion, insbesondere hat sie keine Straf- oder Bußfunktion. Durch sie wird es dem Richter im Rahmen der Rechtsfortbildung möglich, ökologische Belange bei seiner Entscheidung stärker zu berücksichtigen, als dies bisher der Fall ist. Die besondere Bedeutung einer schadensvermeidenden Herangehensweise liegt bei ökologischen Schäden in den Umständen, daß es sich häufig um Allmählichkeitsschäden mit kaum nachweisbaren Kausalzusammenhängen handelt, die zudem häufig schwer bewertbar und zum Teil irreversibel sind. Ökologische Schäden, die keinen zivilrechtlichen Schaden beinhalten, fallen jedoch von vornherein aus dem Regelungsbereich des Privatrechts heraus.

Keine Möglichkeit einer weitergehenden Erfassung ökologischer Schäden ist ein vermögensmäßiger Schutz des Gemeingebrauchs der Umweltgüter ohne Ausschlußfunktion über ein neues sonstiges Recht in § 823 I BGB. Ein solches Recht stünde im Widerspruch zur gesetzlichen Systematik des § 823 I BGB, insbesondere der Anforderung an die sozialtypische Offenkundigkeit der dort geschützten Rechte, und wäre zudem nicht durch einen unzureichenden zivilrechtlichen Schutz geboten, wie dies bei den bisherigen Erweiterung der sonstigen Rechte um das allgemeine Persönlichkeitsrecht und das Recht am eingerichteten und ausgeübten Gewerbebetrieb der Fall war. Weiter muß bezweifelt werden, daß ein solches Recht überhaupt zu einem verbesserten Schutz der Natur führen würde.

IV. Ökologische Schäden als Verletzung individueller Rechte

Für die Erfassung ökologischer Schäden kommen in erster Linie das Eigentumsrecht sowie die auf die Naturgüter bezogenen Aneignungs- und Nutzungsrechte in Betracht.

Jede ökologisch relevante Einwirkung auf Grundstücke (Pflanzen, Boden, stehende Binnengewässer) durch Dritte, die gegen den Willen des Eigentümers erfolgt, stellt eine Eigentumsverletzung dar. Jedoch kann über § 906 BGB eine Duldungspflicht bestehen. Ökologische Schäden an einem Rechtsgut, die durch den Rechtsinhaber verursacht werden, entziehen sich allerdings dem Haftungsrecht. Zudem scheidet eine Eigentumsverletzung bei öffentlichen Sachen im Rahmen einer widmungsgemäßen Nutzung aus. Eine weitere Einschränkung besteht im Hinblick auf den Schadensausgleich, da der individuell Geschädigte in der Ausübung seiner Rechte grundsätzlich frei ist, das heißt auch das Bestehen eines Ausgleichsanspruchs nicht notwendigerweise seine Geltendmachung zur Folge hat. Nicht über das Eigentum erfaßbar sind globale ökologische Schäden, wie die Schädigung der Ozonschicht oder Klimaveränderungen sowie Schädigungen der Hohen See, der fließenden Welle sowie der Luft soweit nicht über eigentumsähnliche Rechte oder über den Interessenschutz von Grundstückseigentümern nach § 905 BGB eine Erfassung ausnahmsweise gegeben ist.

Weiter scheidet ein Schutz aus, wenn eine haftungsrechtliche Zuordnung zu einem Rechtssubjekt zwar theoretisch möglich jedoch tatsächlich nicht gegeben ist. Dies gilt insbesondere für wilde Tiere, die nach § 960 BGB herrenlos sind.

Durch eigentumsähnliche Rechte besteht in geringem Maße ebenfalls die Möglichkeit einer haftungsrechtlichen Erfassung ökologischer Schäden. Das Jagd- und das Jagdausübungsrecht schützen vor der Verminderung oder Verdrängung jagdbarer Arten aus dem Jagdbezirk. Ebenso schützt das Fischereirecht in Binnengewässern vor der Verminderung der Artenzahl oder der Häufigkeit einer Art, soweit bestimmte Arten durch landesrechtliche Regelungen als wildlebende, nutzbare Wassertiere dem Fischereirecht unterworfen sind. Der Artenbestand und die hierzu notwendigen Lebensräume werden jeweils als notwendige Voraussetzung einer Rechtsausübung geschützt. Bei Wasserbenutzungsrechten hängt die Erfaßbarkeit ökologischer Schäden wesentlich von der konkreten Ausgestaltung des Rechts ab. Entscheidend ist, ob der ökologische Schaden der Ausübung des Nutzungsrechts unmittelbar entgegensteht.

Eine Erweiterung der haftungsrechtlichen Erfassung ökologischer Schäden über die genannten absoluten Rechte hinaus durch § 823 II BGB scheidet aus. Es fehlt bereits regelmäßig an der Schutzgesetzeigenschaft derjenigen öffentlich-rechtlichen Normen, die dem Schutz der Natur dienen.

Ebenso ist eine weitergehende haftungsrechtliche Erfassung ökologischer Schäden über neue property rights nicht zielgerichtet möglich. Eine Rechtszuordnung bei Kollektivgütern nach Nutzenzusammenhängen scheidet aus, da diese Nutzenzusammenhänge zu weiträumig sind und zudem Nichtberechtigten eine Nutzung nicht nachgewiesen werden kann. Des weiteren besteht das Problem, daß nicht alle relevanten Funktionen ökologischer Güter über individuelle Rechte erfaßt werden können. Dies gilt auch, wenn es sich um öffentliche Güter handelt, die dem Kriterium der Ausschließbarkeit genügen. Eine Vorverlagerung des Rechtsgüterschutzes durch die Herausbildung neuer property rights bedeutet zudem eine Einschränkung der allgemeinen Handlungsfreiheit, ohne daß gewährleistet werden kann, daß die neuen Rechte tatsächlich zu einer Verbesserung der Umweltsituation führen, da die

Dispositionsfreiheit des Berechtigten über das Naturgut auch die Möglichkeit einer ökologischen Schädigung beinhaltet.

V. Kompensation und Restitution ökologischer Schäden

Der Schadensausgleich ist bei ökologischen Schäden mit erheblichen Schwierigkeiten verbunden. Dies gilt sowohl für die Restitution ökologischer Schäden wie auch für ihre Kompensation.

1. Restitution

Ökologische Schäden sind einer Naturalrestitution durch den Schädiger nur sehr begrenzt zugänglich. Wegen der eingeschränkten Möglichkeiten einer Wiederherstellung des ursprünglichen Zustandes durch den Schädiger und der maßgeblichen Bedeutung der Selbstheilungskräfte der Natur handelt es sich nicht um eine Restitution, wie sie in der Grundkonzeption des Privatrechts angelegt ist. In einem nicht vernachlässigbaren Ausmaß an Fällen wird der Schädiger keinen fördernden Beitrag zur Beseitigung des von ihm verursachten Schadens leisten können und die Natur sich im Laufe der Zeit von selber regenerieren. Dann ist der vor dem Schadensereignis bestehende Zustand zwar realisierbar, der Schädiger kann jedoch nicht nach § 249 S.2 BGB in Anspruch genommen werden, da durch die Selbstheilungskräfte der Natur keine Kosten entstehen, für die der Schädiger aufkommen müßte und die natürliche Regeneration auch keine Restitutionsmaßnahme des Schädigers ist.

Soweit der Schädiger einen Beitrag zur Schadensrestitution eines individualisierbaren ökologischen Schadens leisten kann, der zur Folge hat, daß ein Zustand herbeigeführt wird, der dem Zustand vor dem Schadenseintritt näher kommt, als der bestehende Zustand, wird der Restitutionsanspruch nicht durch die Unmöglichkeit einer vollständigen Wiederherstellung ausgeschlossen.

Inwiefern der Schädiger einem solchen Anspruch die Regelung des § 251 II BGB entgegenhalten kann, mit der Folge, daß er keinen Schadensersatz zu leisten braucht, hängt - außer bei Ansprüchen nach § 1 UmweltHG und § 32 I GentG - maßgeblich von der Abwägung der ökologischen Bedeutung des geschädigten Naturbestandteiles und der Wirkung der regenerationsfördernden Maßnahmen auf der einen sowie den materiellen Interessen des Schädigers auf der anderen Seite ab.

2. Kompensation

Soweit eine Restitution aus rechtlichen oder tatsächlichen Gründen ausscheidet, stellt sich die Frage nach den Möglichkeiten einer Kompensation ökologischer Schäden. Eine Kompensation ökologischer Schäden kommt insbesondere dann in Betracht, wenn ein individuelles Nutzeninteresse eines einzelnen, an der Natur Berechtigten, an den ökologischen Funktionen des ihm rechtlich zugeordneten Naturbestandteiles besteht. Zum Teil sind hier Bewertungen über einen Markt möglich, wobei regelmäßig nur ein Teil der ökologischen Funktionen erfaßt wird.

Soweit eine marktmäßige Bewertung ausscheidet, kann über alternative ökonomische Bewertungsmodelle durch Befragungen ein Geldwert ermittelt werden. Indirekte Wertermittlungsmethoden anhand feststellbarer Verhaltensweisen sind zur Bewertung ökologischer Schäden, die nicht über einen Markt bewertet werden können, ungeeignet, da der ökologische Wert der Natur in diesen Fällen ökonomisch nur ein abstrakter Wert unabhängig von konkreten Nutzungen ist.

Die Monetarisierung ökologischer Schäden außerhalb von Marktbeziehungen kann in erster Linie über die Ermittlung des Existenz- und des Vermächtniswertes bestimmter ökologischer Zustände erfolgen. Dabei ist jedoch zu berücksichtigen, daß es sich bei ökonomischen Bewertungen niemals um eine dauerhafte und umfassende Bewertung der Natur handelt. Jede Monetarisierung ist notwendigerweise Ausdruck bestehender gesellschaftlicher Wertschätzungen und damit unabhängig von der Verantwortung des Menschen für die Bewahrung der natürlichen Lebensgrundlagen und der Verantwortung für den Schutz der Natur bzw. der natürlichen Mitwelt.

Eine umfassende Bewertung ökologischer Schäden, die die ökologische Bedeutung der geschädigten Naturgüter berücksichtigt, ist ökonomisch nicht möglich und kann daher auch nicht Bestandteil des auf den Ausgleich individueller Nutzenverluste ausgerichteten Privatrechts sein. Ein anthropozentrisch ausgerichtetes Rechtssystem, wie es das Privatrecht durch seine gesellschaftliche Funktion zur Regelung der Verhältnisse zwischen einzelnen Menschen von vornherein sein muß, bietet keinen Ansatzpunkt für einen planmäßigen und zielgerichteten Schutz der nichtmenschlichen Natur unter ökologischen Gesichtspunkten.

Literaturverzeichnis

Adams, Michael, Ökonomische Analyse der Gefährdungs- und Verschuldenshaftung, 1985

Appel, Volker, Ökonomische Konzepte zur Bewertung von Umweltqualität, ZfU 1988, 137 ff.

Arbeitsgruppe Umwelthaftungs- und Umweltstrafrecht der Bundesministerien für Umwelt, Naturschutz und Reaktorsicherheit sowie für Justiz, Bericht Umwelthaftungsrecht, Stand 30.09.1988 (zit.: AG Umwelthaftungsrecht)

Arndt, Markus, Buchen statt Kiefern - die Zukunft der Heide, Hamburger Abendblatt vom 06.07.1995, S.18

Arnold, Volker, Theorie der Kollektivgüter, 1992

Arzt, Clemens/ Jürgens, Ulrich, Haftung bei Öltankerunfällen?, KJ 1993, 146 ff.

Avenarius, Martin, Der Freiflug des Falken - mobilia non habent sequelam, NJW 1993, 2589 f.

Balensiefen, Gotthold, Umwelthaftung, 1994

Ballerstedt, Kurt, Über Zivilrechtsdogmatik, in: Festschrift für Werner Flume zum 70.Geburtstag, hrsg.v. Jakobs, Horst Heinrich/ Picker, Eduard/ Knobbe-Keuk, Brigitte/ Wilhelm, Jan, Band I, 1978, S.257 ff.

Bar, Christian von, Zur Dogmatik des zivilrechtlichen Ausgleichs von Umweltschäden, Karlsruher Forum 1987, Beiheft zu VersR 1989, S.4 ff. (zit.: v.Bar, C., KF)

Baumann, Peter, Die Haftung für Umweltschäden aus zivilrechtlicher Sicht, JuS 1989, 433 ff.

Bechmann, Arnim/ Johnson, Barbara, Ein systematisches Verfahren zur Landschaftsbildbewertung, Landschaft + Stadt 1980 (Band 12), 55 ff.

Beck, Ludwig, Zur Bedeutung der Bodentiere für den Stoffkreislauf in Wäldern, Biologie in unserer Zeit (BiuZ) 1993, 286 ff.

Beckmann, Martin, Produktverantwortung, UPR 1996, 41 ff.

Begon, Michael/ Harper, John/ Townsend, Colin, Ökologie, 1991

Behrens, Peter, Die ökonomischen Grundlagen des Rechts, 1986

Bennauer, Ute, Ökologieorientierte Produktentwicklung, 1994

Bernsdorff, Nobert, Positivierung des Umweltschutzes im Grundgesetz (Art.20a GG), NuR 1997, 328 ff.

Beule, Dieter, Wiedergutmachung ökologischer Schäden nach dem Gesetzesantrag des Landes Nordrhein-Westfalen, Akademie für Naturschutz und Landschaftspflege 1/87, S.20 ff. (zit.: Beule, D., ANL)

Bick, Hartmut/ Hansmeyer, Karl-Heinrich/ Olschowy, Gerhard/ Schmoock, Peter, Angewandte Ökologie - Mensch und Umwelt, Band I und II 1984 (zit.: Bick, H./ Hansmeyer, K.-H./ Olschowy, G./ Schmoock, P., Band)

Binswanger, Mathias, Sustainable Development: Utopie in einer wachsenden Wirtschaft?, ZfU 1995, 1 ff.

Birnbacher, Dieter, Verantwortung für zukünftige Generationen, 1988 (zit.: Birnbacher, D., „Generationen")

Birnbacher, Dieter, Sind wir für die Natur verantwortlich?, in: Ökologie und Ethik, hrsg. v. Birnbacher, Dieter, 1980, S.103 ff. (zit.: Birnbacher, D., „Natur")

Bistritzki, Walter, Voraussetzungen für die Qualifikation einer Norm als Schutzgesetz i.S. von § 823 II BGB, 1981

Boecken, Winfried, Deliktischer Eigentumsschutz gegen reine Nutzungsbeeinträchtigungen, 1995

Bolesch, Cornelia, Wasserfenchel bremst Containerschiffe, Süddeutsche Zeitung vom 15.10.1997, S.6

Bonus, Holger, Öffentliche Güter und der Öffentlichkeitsgrad von Gütern, Zeitschrift für die gesamte Staatswissenschaft (ZgS) 136 (1980), 50 ff.

Bonus, Holger, Emissionsrechte als Mittel der Privatisierung öffentlicher Ressourcen aus der Umwelt, in: Marktwirtschaft und Umwelt, hrsg.v. Wegehenkel, Lothar, 1981, S.54 ff.

Bornkamm, Reinhard, Prinzipielle Überlegungen zu einer ökologisch begründeten Rekultivierung, Aktuelle Reihe der Technischen Universität Cottbus TUC-UW 6/94, S.32 ff. (zit.: Bornkamm, R., TUC)

Bornkamm, Reinhard, Hemerobie und Landschaftsplanung, Landschaft + Stadt 1980 (Band 12), 49 ff.

Bosselmann, Klaus, Im Namen der Natur, 1992

Brenner, Andreas, Ökologie-Ethik, 1996

Breuer, Rüdiger, Ausbau des Individualschutzes gegen Umweltbelastungen als Aufgabe des öffentlichen Rechts, DVBl 1986, 849 ff.

Brinker, Jürgen, Die Dogmatik zum Vermögensschadenersatz, 1982

Brox, Hans, Allgemeiner Teil des Bürgerlichen Gesetzbuches, 23. Auflage 1999

Brüggemeier, Gert, Umwelthaftungsrecht - ein Beitrag zum Recht der „Risikogesellschaft"?, KJ 1989, 209 ff.

Brüggemeier, Gert, Deliktsrecht, 1986 (zit.: Brüggemeier, G., Rn.)

Brüggemeier, Gert, Unternehmenshaftung für „Umweltschäden" im deutschen und nach EG-Recht, in: Festschrift für Günther Jahr zum 70.Geburtstag, hrsg.v.

Martinek, Michael/ Schmidt, Jürgen/ Wadle, Elmar, 1993, S.223 ff. (zit.: Brüggemeier, G., S.)

Bundesminister für Umwelt, Naturschutz und Reaktorsicherheit, Rhein-Bericht, erschienen als Umweltbrief Nr.34 vom 12.02.1987 (zit.: Bundesminister „Rhein-Bericht")

Bundesminister für Umwelt, Naturschutz und Reaktorsicherheit (Hrsg.), Bericht der Bundesregierung über die Konferenz der Vereinten Nationen für Umwelt und Entwicklung im Juni 1992 in Rio de Janeiro (zit.: Bundesminister „Bericht der B.Reg.")

Calabresi, Guido, The Costs of Accidents, 3.Auflage 1972

Canaris, Claus-Wilhelm, Schutzgesetze - Verkehrspflichten - Schutzpflichten, in: Festschrift für Karl Larenz zum 80.Geburtstag, hrsg.v. Canaris, Claus-Wilhelm, 1983, S.27 ff.

Cansier, Dieter, Ökonomische Indikatoren für eine nachhaltige Umweltnutzung, in: Nachhaltige Entwicklung, hrsg.v. Kastenholz, Hans/ Erdmann, Karl-Heinz/ Wolff, Manfred, 1996, S.61 ff.

Coing, Helmut, Vom Sinngehalt des Rechts, in: Die ontologische Begründung des Rechts, hrsg.v. Kaufmann, Arthur, 1965, S.33 ff.

Cooter, Robert/ Ulen, Thomas, Law and Economics, 2.Auflage 1997

Cosack, Tilman, Die Gefährdungshaftung im Vordringen, VersR 1992, 1439 ff.

Czychowski, Manfred, WHG, 7.Auflage 1998

Da Silva Matos, Isabel/ Hofmann, Michael, Wasser und Nachhaltigkeit, Zeitschrift für angewandte Umweltforschung (ZAU) 1997, 230 ff.

Daecke, Sigurd, Anthropozentrik oder Eigenwert der Natur?, in: Ökologische Theologie, hrsg.v. Altner, Günter 1989, S.277 ff.

Damm, Reinhard, Gentechnikhaftungsrecht, ZRP 1989, 463 ff.

Degener, Udo, Recht auf ungestörte Jagdausübung, AgrarR 1978, 328 ff.

Deutsch, Erwin, Haftungsrecht, Band I, 1976 (zit.: Deutsch, E., „Haftungsrecht")

Deutsch, Erwin, Umwelthaftung: Theorie und Grundsätze, JZ 1991, 1097 ff.

Deutsch, Erwin, Unerlaubte Handlungen, Schadensersatz und Schmerzensgeld, 3.Auflage 1995 (zit.: Deutsch, E., „Unerlaubte Handlungen")

Deutscher Bundestag, Entwurf eines Umwelthaftungsgesetzes - UmweltHG, Gesetzesentwurf der Bundesregierung, Drs.11/7104 des Deutschen Bundestages vom 10.05.1990

Diederichsen, Uwe, Ausbau des Individualschutzes gegen Umweltbelastungen als Aufgabe des bürgerlichen und des öffentlichen Rechts, Referat auf dem 56.DJT, 1986, Band II, L 48 ff. (zit.: Diederichsen, U., DJT)

Diederichsen, Uwe, Stand und Entwicklungstendenzen des Umwelthaftungsrechts - Gefährdungshaftung und Umweltschutz -, UTR Band 5, 1988, S.189 ff. (zit.: Diederichsen, U., UTR)

Eidenmüller, Horst, Effizienz als Rechtsprinzip, 1995

Ekschmitt, Klemens/ Mathes, Karin/ Breckling, Broder, Theorie in der Ökologie: Möglichkeiten der Operationalisierung des juristischen Begriffs 'Naturhaushalt' in der Ökologie, Verhandlungen der Gesellschaft für Ökologie, Band 23, 1994, S.417 ff.

Ellenberg, Heinz, Vegetation Mitteleuropas mit den Alpen, 5.Auflage 1996

Ellenberg, Hermann/ Kreft, Stefan/ Nettels, Tobias, Veränderungen des Artenspektrums, in: Ausgleichswürdige Summations- und Distanzschäden am Beispiel der neuartigen Waldschäden, von Ott, Claus/ Paschke, Marian, Texte 89/97 des Umweltbundesamtes, 1997, S.161 ff.

Elsasser, Peter, Der Erholungswert des Waldes, 1996

Elsasser, Peter/ Thoroe, Carsten, Mögliche Auswirkungen von Summations- und Distanzschäden auf den monetären Wert nicht vermarkteter Leistungen des Waldes, in: Ausgleichswürdige Summations- und Distanzschäden am Beispiel der neuartigen Waldschäden, von Ott, Claus/ Paschke, Marian, Texte 89/97 des Umweltbundesamtes, 1997, S.227 ff.

Elsner, Wolfram, Ökonomische Institutionenanalyse, 1986

Emmert-Straubinger, Elisabeth, Spannungsfeld Wald und Jagd, in: Ökologische Waldwirtschaft, hrsg.v. Hatzfeld, Graf Hermann, 1994, S.157 ff.

Endres, Alfred, Umweltökonomie, 1994

Endres, Alfred/ Jarre, Jan/ Klemmer, Paul/ Zimmermann, Klaus, Der Nutzen des Umweltschutzes, Berichte des Umweltbundesamtes 12/91, 1991

Endres, Alfred/ Staiger, Brigitte, Umweltökonomie, Wirtschaftswissenschaftliches Studium (WiSt) 1994, 218 ff.

Endres, Andreas, Normen des Umweltrechts als Schutzgesetze im Sinne des § 823 II BGB, Diss. Augsburg 1993

Engelhardt, Wolfgang, Die deliktische Haftung für Umweltschäden, Diss. Hamburg 1992

Enneccerus, Ludwig/ Lehmann, Heinrich, Recht der Schuldverhältnisse, Band I, 15.Auflage 1958

Enquete-Kommission Schutz der Erdatmosphäre des Deutschen Bundestages (Hrsg.), Schutz der grünen Erde, dritter Bericht der Enquetekommission Schutz der Erdatmosphäre 1994 (zit.: Enquete-Kommission, „Schutz")

Enquete-Kommission Schutz der Erdatmosphäre des Deutschen Bundestages (Hrsg.), Mehr Zukunft für die Erde, Schlußbericht der Enquetekommission Schutz der Erdatmosphäre 1995 (zit.: Enquete-Kommission, „Zukunft")

Erbguth, Wilfried/ Schink, Alexander, UVPG, 2.Auflage 1996

Erichsen, Sven, Der ökologische Schaden im internationalen Umwelthaftungsrecht, 1993

Erl, Michael, Einführung in das Umwelthaftungsrecht, 1998

Erman, Walter, BGB, Band 1 und 2, 9.Auflage 1993 (zit.: Erman-Bearbeiter)

Esser, Josef/ Schmidt, Eike, Schuldrecht, Band I, Teilband 1, 8.Auflage 1995 (zit.: Esser, J./ Schmidt, E., I 1)

Esser, Josef/ Schmidt, Eike, Schuldrecht, Band I, Teilband 2, 8.Auflage 2000 (zit.: Esser, J./ Schmidt, E., I 2)

Esser, Josef/ Weyers, Hans-Leo, Schuldrecht, Band II, Teilband 2, 8.Auflage 2000 (zit.: Esser, J./ Weyers, H.-L., II 2)

Fabricius, Fritz, Zur Dogmatik des sonstigen Rechts in § 823 Abs.I BGB, AcP 160 (1961), 273 ff.

Fechner, Erich, Rechtsphilosophie, 2.Auflage 1962

Feess, Eberhard/ Steger, Ulrich, Umweltschutz durch Haftung und Auditing aus ökonomischer Sicht, in: Umweltrisiken und Umweltprivatrecht im deutschen und europäischen Recht, hrsg.v. Nicklisch, Fritz, 1995, S.175 ff.

Feess-Dörr, Eberhard/ Prätorius, Gerhard/ Steger, Ulrich, Umwelthaftungsrecht, 2.Auflage 1992

Feinberg, Joel, Die Rechte der Tiere und der zukünftigen Generationen, in: Ökologie und Ethik, hrsg.v. Birnbacher, Dieter, 1980, S.140 ff.

Feldhaus, Gerhard, Entwicklung des Immissionsschutzrechts, NVwZ 1995, 963 ff.

Fikentscher, Wolfgang, Schuldrecht, 9.Auflage 1997

Fikentscher, Wolfgang, Methoden des Rechts, Band IV 1977 (zit.: Fikentscher, W., „Methoden")

Fikentscher, Wolfgang, Zum Stand der Werte-Diskussion in der heutigen deutschen Jurisprudenz und eine juristische Theorie der Meta-Werte, in: Wert- und Präferenzprobleme in den Sozialwissenschaften, hrsg.v. Tietz, Reinhard, 1981, S.43 ff. (zit.:Fikentscher, W., „Werte")

Fischer, Hans Albrecht, Subjekt und Vermögen, in: Festschrift für Eduard Rosenthal, hrsg.v. der Juristischen Fakultät der Universität Jena, 1923, S.1 ff.

Foders, Federico, Allokations- und Verteilungswirkungen alternativer Regelungen von internationalen Gemeinnutzungsressourcen, in: Ansprüche, Eigentums- und Verfügungsrechte, hrsg.v. Neumann, Manfred, 1984, S.621 ff.

Forkel, Hans, Immissionsschutzrecht und Persönlichkeitsrecht, 1968

Frey, Bruno/ Schneider, Friedrich, Warum wird die Umweltökonomik kaum angewendet?, ZfU 1997, 153 ff.

Friehe, Heinz-Josef, Der Ersatz ökologischer Schäden nach dem Konventionsentwurf des Europarats zur Umwelthaftung, NuR 1992, 453 ff.

Gäfgen, Gérard, Entwicklung und Stand der Theorie der Property Rights: Eine kritische Bestandsaufnahme, in: Ansprüche, Eigentums- und Verfügungsrechte, hrsg.v. Neumann, Manfred, 1984, S.43 ff.

Ganten, Reinhard/ Lemke, Michael, Haftungsprobleme im Umweltbereich, UPR 1989, 1 ff.

Gassner, Erich, Der Ersatz ökologischer Schäden nach dem geltenden Recht, UPR 1987, 370 ff.

Gassner, Erich, Die Pflicht zur Vermeidung, Minimierung und Wiedergutmachung ökologischer Schäden nach § 8 BNatSchG, Akademie für Naturschutz und Landschaftspflege 1/87, S.44 ff. (zit.: Gassner, E., ANL)

Gassner, Erich, Ethische Aspekte des Tier- und Naturschutzrechts, NuR 1987, 97 ff.

Gassner, Erich, Zur Bewertung der Auswirkungen von UVP-Projekten auf die Umwelt, UPR 1996, 429 ff.

Geddert-Steinacher, Tatjana, Staatsziel Umweltschutz: Instrumentelle oder symbolische Gesetzgebung?, in: Ökologische Ethik und Rechtstheorie, hrsg.v. Nida-Rümelin, Julian/ Pfordten, Dietmar v.d., 1995, S.31 ff.

Gerlach, Johannes, Privatrecht und Umweltschutz im System des Umwelthaftungsrechts, 1989

Godt, Christine, Haftung für ökologische Schäden, 1997

Grießhammer, Rainer/ Hey, Christian/ Hennicke, Peter/ Kalberlah, Fritz, Ozonloch und Treibhauseffekt, 1989

Großfeld, Bernhard, Zivilrecht als Gestaltungsaufgabe, 1977

Großmann, Philipp, Auswirkungen von Umweltbelastungen und umweltpolitischen Maßnahmen auf die Property-Rights-Struktur, 1986

Gschwendtner, Helmut, Umwelt als Kollektivgut, ZfU 1993, 55 ff.

Haber, Wolfgang, Ökologische Grundlagen des Umweltschutzes, 1993

Häberle, Peter, Vielfalt der Property Rights und der verfassungsrechtliche Eigentumsbegriff, in: Ansprüche, Eigentums- und Verfügungsrechte, hrsg.v. Neumann, Manfred, 1984, S.63 ff.

Hagen, Horst, Die Drittschadensliquidation im Wandel der Rechtsdogmatik, 1971

Hager, Günter, Fortentwicklung des Umwelthaftungsrechts - Zugleich eine Besprechung des Gesetzentwurfs der Bundesregierung, in: Fortentwicklung des Umwelthaftungsrechts. Der Gesetzentwurf der Bundesregierung, hrsg.v. Hager, Günter/ Teichler, Maximilian, 1990, S.1 ff.

Hager, Günter, Umweltschäden - ein Prüfstein für die Wandlungs- und Leistungsfähigkeit des Deliktsrechts, NJW 1986, 1961 ff.

Hager, Günter, Das neue Umwelthaftungsgesetz, NJW 1991, 134 ff.

Hammer, Wilhelm, Eigentum an Wildtieren, NuR 1992, 62 ff.

Hampicke, Ulrich, Naturschutz-Ökonomie, 1991

Harders, Enno, Der Begriff der Seewasserstraße und Anlandungen in der Ostsee, Jura 1991, 63 ff.

Heister, Johannes/ Klepper, Gernot/ Stähler, Frank, Strategien globaler Umweltpolitik - die UNECD-Konferenz aus ökonomischer Sicht -, Zeitschrift für angewandte Umweltforschung (ZAU) 1992, 455 ff.

Henseler, Paul, Grundfragen einer Umweltgefährdungshaftung, UTR Band 5, 1988, S.205 ff. (zit.: Henseler, P., UTR)

Herbst, Christian, Risikoregulierung durch Umwelthaftung und Versicherung, 1996

Hermann, Elke, Natureinflüsse und Nachbarrecht (§§ 1004, 906 BGB) - drei Entscheidungen, NJW 1997, 153 ff.

Hesse, Günter, Zur Erklärung der Änderung von Handlungsrechten mit Hilfe ökonomischer Theorie, in: Property Rights und ökonomische Theorie, hrsg.v. Schüller, Alfred, 1983

Hillmer, Angelika, Bleibt der Naturschutz auf der Strecke?, Hamburger Abendblatt vom 25.01.1996, S.8

Hoffmann, Michael, Verfassungsrechtliche Anforderungen an Rechtsverordnungen zur Produktverantwortung nach dem Kreislaufwirtschafts- und Abfallgesetz, DVBl 1996, 347 ff.

Hofmann, Hasso, Natur und Naturschutz im Spiegel des Verfassungsrechts, JZ 1988, 265 ff.

Hohloch, Gerhard, Entschädigungsfonds auf dem Gebiet des Umwelthaftungsrechts, 1994

Hohloch, Gerhard, Anmerkung zu BGHZ 92, 85 ff., JR 1985, 195 ff.

Honsell, Thomas, Der Verstoß gegen Schutzgesetze im Sinne des § 823 Abs.2 BGB, JA 1983, 101 ff.

Hoppe, Werner (Hrsg.), UVPG, 1995 (zit.: Hoppe-Bearbeiter)

Hübner, Ulrich, Haftungsprobleme der technischen Kontrolle, NJW 1988, 441 ff.

Hutter, Michael, Die Gestaltung von Property Rights als Mittel gesellschaftlich-wirtschaftlicher Allokation, 1979

Jagusch, Heinrich/ Hentschel, Peter, Straßenverkehrsrecht, 35.Auflage 1999

Japp, Klaus, Die Idee ökologischer Prävention als moderner Mythos: Das Beispiel der Umweltgefährdungshaftung, KritV 1997, 80 ff.

Jaquet, Robert, Sänger in Gefahr, Süddeutsche Zeitung vom 18./19.10.1997, S.16

Jarass, Hans, BImSchG, 4.Auflage 1999

Jax, Kurt, Über die Leblosigkeit ökologischer Systeme, in: NaturStücke, hrsg.v. Ingensiep, Hans Werner/ Hoppe-Sailer, Richard, 1996, S.209 ff.

Jax, Kurt/ Bröring, Udo, Ökologische Leitbilder in der Naturschutzdiskussion, Aktuelle Reihe der Technischen Universität Cottbus TUC-UW 6/94, S.63 ff. (zit.: Jax, K./ Bröring, U., TUC)

Jonas, Hans, Prinzip der Verantwortung, 1979 (zitiert nach Ausgabe Suhrkamp 1984)

Kadner, Thomas, Der Ersatz ökologischer Schäden, 1995

Kargados, Panagiotis, Zur Beweislast bei der Haftung für Umweltschäden, in: Festschrift für Gottfried Baumgärtel, hrsg.v. Prütting, Hanns, 1990, S.187 ff.

Karl, Helmut, Mehr Umweltschutz durch zivilrechtliche Umwelthaftung? - Überblick und Anmerkungen zu jüngsten Trends im Umwelthaftungsrecht -, Zeitschrift für angewandte Umweltforschung (ZAU) 1993, 35 ff.

Kaufmann, Arthur/ Hassemer, Winfried (Hrsg.), Einführung in die Rechtsphilosophie und Rechtstheorie der Gegenwart, 6.Auflage 1994 (zit.: Kaufmann/ Hassemer-Bearbeiter)

Kaule, Giselherr, Faktische Möglichkeiten der Wiedergutmachung ökologischer Schäden, Akademie für Naturschutz und Landschaftspflege 1/87, S.15 ff. (zit.: Kaule, G., ANL)

Kaulmann, Thomas, Property Rights und Unternehmenstheorie, 1987

Ketteler, Gerd, Grundzüge des neuen Umwelthaftungsgesetzes, AnwBl 1992, 3 ff.

Ketteler, Gerd, Die Bedeutung des Privatrechts für den Umweltschutz, VR 1993, 5 ff.

Keuk, Brigitte, Vermögensschaden und Interesse, 1972

Klass, Jürgen, Haftungsumfang bei ökologischen Schäden, JA 1997, 509 ff.

Klass, Jürgen, Zum Stand der Umwelthaftung in Deutschland, UPR 1997, 134 ff.

Klingmüller, Ernst, Zur Versicherbarkeit ökologischer Schäden, Akademie für Naturschutz und Landschaftspflege 1/87, S.49 ff. (zit.: Klingmüller, E., ANL)

Kloepfer, Michael, Umweltschutz als Aufgabe des Zivilrechts - aus öffentlich-rechtlicher Sicht, NuR 1990, 337 ff.

Kloepfer, Michael, Umweltrisiken und Haftungsregeln - rechtspolitische Aspekte, ZfU 1988, 243 ff.

Kloepfer, Michael, Instrumente des staatlichen Umweltschutzes in der Bundesrepublik Deutschland, UTR Band 3, 1987, S.3 ff. (zit.: Kloepfer, M., UTR)

Knebel, Jürgen, Ausmaß und Bedeutung ökologischer Schäden, Schadensszenarien, Akademie für Naturschutz und Landschaftspflege 1/87, S.5 ff. (zit.: Knebel, J., ANL)

Knebel, Jürgen, Überlegungen zur Fortentwicklung des Umwelthaftungsrechts, UTR Band 5, 1988, S.261 ff. (zit.: Knebel, J., UTR)

Knopp, Günter-Michael, Wiedergutmachung ökologischer Schäden nach § 22 WHG, ZfW 1988, 261 ff. (= Akademie für Naturschutz und Landschaftspflege 1/87, S.38 ff.)

Koch, Bernhard, Die Sachhaftung, 1992

Koch, Hans-Joachim, Die naturschutzrechtliche Eingriffsregelung in der Bauleitplanung und im Baugenehmigungsverfahren, 1992

Koch, Werner, Schadensersatz und Entschädigung für Gehölze und Gartenanlagen , NJW 1979, 2601 ff.

Koch, Werner, Schadensersatz für Teilbeschädigung von Bäumen, VersR 1979, 16 ff.

Koch, Werner, Der Schadensersatz bei Zerstörung von Straßenbäumen, VersR 1985, 213 ff.

Koch, Werner, Das Sachwertverfahren für Bäume in der Rechtssprechung, VersR 1990, 573 ff.

Koller, Ingo, Probleme des Haftungsausschlusses in Allgemeinen Geschäftsbedingungen, VersR 1980, 1 ff.

Kolodziejcok, Karl-Günther/ Recken, Josef, Naturschutz, Landschaftspflege und die einschlägigen Regelungen des Jagd- und Forstrechts, Band 1, Stand Juni 1999

Köndgen, Johannes, Überlegungen zur Fortentwicklung des Umwelthaftpflichtrechts, UPR 1983, 345 ff.

Körner, Marita, Zur Aufgabe des Haftungsrechts – Bedeutungsgewinn präventiver und punitiver Elemente, NJW 2000, 241 ff.

Kosz, Michael, Probleme der monetären Bewertung von Biodiversität, ZfU 1997, 531 ff.

Kötz, Hein, Deliktsrecht, 8.Auflage 1998

Kötz, Hein/ Schäfer, Hans-Bernd, Schadensverhütung durch ökonomische Anreize, AcP 189 (1989), 501 ff.

Kratochwil, Anselm/ Schwabe, Angelika, Biozönologisch-landschaftsökologische Bestandsaufnahme und Bewertung bei der Umweltverträglichkeitsstudie (UVS) unter Berücksichtigung von Tiergemeinschaften, Pflanzengesellschaften und Vegetationskomplexen, in: Forschung, Straßenbau und Verkehrstechnik, Heft 636, 1993, S.63 ff.

Krug, Andreas, Was ist schuld am Waldsterben?, Natur und Umwelt 4/94, 1994, S.27

Kübler, Friedrich, Über die praktischen Aufgaben zeitgemäßer Privatrechtstheorie, 1975

Kühl, Ulfried, Arbeitsbericht über die abgeschlossenen und laufenden Tätigkeiten der Landesanstalten/ -ämter für Naturschutz und Landschaftspflege (1988): Baden-Württemberg, Natur und Landschaft (NuL) 1989, 212 ff.

Küng, Hans, Das eine Ethos in der Welt - Ethische Begründung einer nachhaltigen Entwicklung, in: Nachhaltige Entwicklung, hrsg.v. Kastenholz, Hans/ Erdmann, Karl-Heinz/ Wolff, Manfred, 1996, S.235 ff.

Kuscherus, Ulrich, Die naturschutzrechtliche Eingriffsregelung, NVwZ 1996, 235 ff.

Kuttler, Wilhelm (Hrsg.), Handbuch für Ökologie, 1993 (zit.: Kuttler-Bearbeiter)

Ladeur, Karl-Heinz, Schadensersatzansprüche des Bundes für die durch den Sandoz-Unfall entstandenen „ökologischen Schäden"?, NJW 1987, 1236 ff.

Landes, William/ Posner, Richard, The economic Structure of Tort Law, 1987

Landmann, Robert von/ Rohmer, Gustav, Umweltrecht, Stand Oktober 1999 (zit.: Landmann/ Rohmer-Bearbeiter)

Landsberg, Gerd/ Lülling, Wilhelm, Umwelthaftungsrecht, 1991

Landsberg, Gerd/ Lülling, Wilhelm, Das neue Umwelthaftungsgesetz, DB 1990, 2205 ff.

Lang, Gerhard, Quartäre Vegetationsgeschichte Europas, 1994

Lange, Hermann, Schadensersatz, 2.Auflage 1990

Larenz, Karl, Lehrbuch des Schuldrechts, Band I, 14.Auflage 1987

Larenz, Karl/ Wolf, Manfred, Allgemeiner Teil des deutschen Bürgerlichen Rechts, 8.Auflage 1997

Lehmann, Michael, Umwelthaftungsrecht: Ein Beitrag zur Internalisierung von negativen externen Effekten, in: Ökologie und Recht, hrsg.v. Schulz, Lorenz, 1991, S.81 ff. (zit.: Lehmann, M., „Umwelthaftungsrecht")

Lehmann, Michael, Bürgerliches Recht und Handelsrecht - eine juristische und ökonomische Analyse, 1983 (zit.: Lehmann, M., „Analyse")

Lehnes, Patrick, Zur Problematik von Bewertungen und Werturteilen auf ökologischer Grundlage, Verhandlungen der Gesellschaft für Ökologie, Band 23, 1994, S. 421 ff.

Leimbacher, Jörg, Die Rechte der Natur, 1988

Leisner, Walter, Jagdrecht und Eigentum, NuR 1981, 11 ff.

Leisner, Walter, Waldsterben, 1983

Leonhard, Marc, Der ökologische Schaden, 1996

Lersner, Heinrich von, Gibt es Eigenrechte der Natur?, NVwZ 1988, 988 ff.

Lersner, Heinrich von, Zum Rechtsbegriff der Natur, NuR 1999, 61 ff.

Lersner, Heinrich von, Bemerkungen zu Eigenrechten der Natur, UTR Band 12, 1990, S.55 ff. (zit.: v.Lersner, H., UTR)

Lersner, Heinrich von, Die Begriffe Natur und Umwelt, in: Jahrbuch Ökologie 1998, hrsg.v. Altner, Günter/ Mettler-von Meibom, Barbara/ Simonis, Udo/ von Weizsäcker, Ernst Ulrich, 1997, S.265 ff. (zit.: v.Lersner, H., „Jahrbuch")

Lorz, Albert, Bundesjagdgesetz, 2.Auflage 1991

Lorz, Albert, Handlung und Gegenstand der Fischerei, RdL 1980, 199 ff.

Lorz, Albert, Das deutsche Fischereirecht, NuR 1984, 41 ff.

Loske, Reinhard, Klimapolitik, 1996

Lummert, Rüdiger/ Thiem, Volker, Rechte des Bürgers zur Verhütung und zum Ersatz von Umweltschäden, Berichte des Umweltbundesamtes 3/1980, 1980

Lytras, Theodor, Zivilrechtliche Haftung für Umweltschäden, 1995

Magnus, Ulrich, Schaden und Ersatz, 1987

Marburger, Peter, Grundsatzfragen des Haftungsrechts unter dem Einfluß der gesetzlichen Regelung zur Produzenten- und zur Umwelthaftung, AcP 192 (1992), 1 ff.

Marburger, Peter, Die Regeln der Technik im Recht, 1979 (zit.: Marburger, P., „Regeln der Technik")

Marburger, Peter, Ausbau des Individualschutzes gegen Umweltbelastungen als Aufgabe des bürgerlichen und des öffentlichen Rechts, Gutachten C auf dem 56.DJT, 1986 (zit.: Marburger, P., DJT)

Marburger, Peter, Zur zivilrechtlichen Haftung für Waldschäden, UTR Band 2, 1987, S.109 ff. (zit.: Marburger, P., UTR)

Marticke, Hans-Ulrich, Zur Methodik einer naturschutzrechtlichen Ausgleichsabgabe, NuR 1996, 387 ff.

Marton, Géza, Versuch eines einheitlichen Systems der zivilrechtlichen Haftung, AcP 162 (1963), 1 ff.

Maxeiner, Dirk, Die Launen der Sonne, Die Zeit vom 25.07.1997, S.38

Mayer-Maly, Theo, Das Eigentumsverständnis der Gegenwart und der Rechtsgeschichte, in: Festschrift für Heinz Hübner, hrsg.v. Baumgärtel, Gottfried/ Klingmüller, Ernst/ Becker, Hans-Jürgen/ Wacke, Andreas, 1984, S.145 ff.

Medicus, Dieter, Normativer Schaden, JuS 1979, 233 ff.

Medicus, Dieter, Umweltschutz als Aufgabe des Zivilrechts, UTR Band 11, 1990, S.5 ff. (= NuR 1990, 145 ff.) (zit.: Medicus, D., UTR)

Medicus, Dieter, Zivilrecht und Umweltschutz, JZ 1986, 778 ff.

Meier-Hayoz, Arthur, Vom Wesen des Eigentums, in: Revolution der Technik - Evolution des Rechts. Festgabe für Karl Oftinger, hrsg.v. Keller, Max, 1969, S.171 ff.

Meimberg, Rudolf, Zum rationellen Gehalt gesellschaftlicher Leitbilder und Zielvorstellungen, 1979

Meister, Georg, Naturgemäße Waldwirtschaft im Gebirgswald, in: Ökologische Waldwirtschaft, hrsg.v. Hatzfeld, Graf Hermann, 1994, S.204 ff.

Mertens, Hans-Joachim, Der Begriff des Vermögensschadens im bürgerlichen Recht, 1967

Meyer, Thomas, Verjährung und Verursacherprinzip, 1999

Meyer-Abich, Adolf, Naturphilosophie auf neuen Wegen, 1948

Meyer-Abich, Jann, Der Schutzzweck der Eigentumsgarantie, 1980

Meyer-Abich, Klaus, Mit-Wissenschaft: Erkenntnisideal einer Wissenschaft für die Zukunft, in: Vom Baum der Erkenntnis zum Baum des Lebens, hrsg.v. Meyer-Abich, Klaus, 1997, S.19 ff. (zit.: Meyer-Abich, K., „Erkenntnis")

Meyer-Abich, Klaus, Praktische Naturphilosophie, 1997 (zit.: Meyer-Abich, K., „Naturphilosophie")

Meyer-Abich, Klaus, Mit-Eigentum und Würde der Natur im Zeitalter der Wirtschaft, in: Reformperspektiven im Umweltrecht, hrsg.v. Roßnagel, Alexander/ Neuser, Uwe, 1996, S.19 ff. (zit.: Meyer-Abich, K., „Mit-Eigentum")

Meyer-Abich, Klaus, Naturwissenschaftliche Begründung einer holistischen Ethik, in: Ökologische Ethik und Rechtstheorie, hrsg.v. Nida-Rümelin, Julian/ Pfordten, Dietmar v.d., 1995, S.159 ff. (zit.: Meyer-Abich, K., „Ethik")

Meyer-Abich, Klaus, Eigenwert der natürlichen Mitwelt und Rechtsgemeinschaft der Natur, in: Ökologische Theologie, hrsg.v. Altner, Günter 1989, S.254 ff. (zit.: Meyer-Abich, K., „Eigenwert")

Meyer-Abich, Klaus, Wissenschaft für die Zukunft, 1988 (zit.: K. Meyer-Abich „Zukunft")

Meyer-Abich, Klaus, Wege zum Frieden mit der Natur, 1984 (zit.: Meyer-Abich, K., „Frieden")

Meyer-Abich, Matthias, Der Schutz der Natur – eine Aufgabe des Zivilrechts?, ZRP 1999, 428 ff.

Meyer-Abich, Matthias, Ökologische Schäden, in: Ausgleichswürdige Summations- und Distanzschäden am Beispiel der neuartigen Waldschäden, von Ott, Claus/ Paschke, Marian, Texte 89/97 des Umweltbundesamtes, 1997, S.23 ff.

Meyer-Ravenstein, Dietrich, Die Jagdberechtigungen, Diss. Göttingen 1986

Meyer-Teschendorf, Klaus, Verfassungsmäßiger Schutz der natürlichen Lebensgrundlagen, ZRP 1994, 73 ff.

Mohr, Hans, Die Erforschung der neuartigen Waldschäden, Biologie in unserer Zeit (BiuZ) 1986, 83 ff.

Mohr, Hans, Wieviel Erde braucht der Mensch? Untersuchungen zur globalen und regionalen Tragekapazität, in: Nachhaltige Entwicklung, hrsg.v. Kastenholz, Hans/ Erdmann, Karl-Heinz/ Wolff, Manfred, 1996, S.45 ff.

Möllers, Thomas M.J., Rechtsgüterschutz im Umwelt- und Haftungsrecht, 1996

Moosmeyer, Hans-Ulrich, Waldschäden aus naturwissenschaftlicher Sicht, UTR Band 2, 1987, S.1 ff. (zit.: Moosmeyer, H.-U., UTR)

Mugdan, Benno, Die gesamten Materialien zum Bürgerlichen Gesetzbuch für das Deutsche Reich, Band II, 1899

Müller, Michael/ Hennicke, Peter, Wohlstand durch Vermeiden, 1994

Münchener Kommentar, BGB, Band 1, 3.Auflage 1993; Band 2, 3.Auflage 1994; Band 5, 3.Auflage 1997; Band 6, 3.Auflage 1997 (zit.: MünchKomm-Bearbeiter)

Murswiek, Dietrich, Privater Nutzen und Gemeinwohl im Umweltrecht, DVBl 1994, 77 ff.

Nawrath, Axel, Die Haftung für Schäden durch Umweltchemikalien, 1982

Neuner, Robert, Interesse und Vermögensschaden, AcP 133 (1931), 277 ff.

Niklisch, Fritz, Umweltschutz und Haftungsrisiken, VersR 1991, 1093 ff.

Olbrich, Volker, Wildnis - ein neues Leitbild!?, NuR 1997, 393 f.

Olzen, Dirk, Die geschichtliche Entwicklung des zivilrechtlichen Eigentumsbegriffs, JuS 1984, 328 ff.

Ott, Claus/ Paschke, Marian, Ausgleichswürdige Summations- und Distanzschäden am Beispiel der neuartigen Waldschäden, Texte 89/97 des Umweltbundesamtes, 1997

Ott, Claus/ Schäfer, Hans-Bernd, Begründung und Bemessung des Schadensersatzes wegen entgangener Sachnutzung, ZIP 1986, 613 ff.

Ott, Claus/ Schäfer, Hans-Bernd, Unternehmenspublizität, Umweltschadensbilanz und Haftung für Umweltschäden, in: Ökonomische Analyse des Unternehmensrechts, hrsg.v. Ott, Claus/ Schäfer, Hans-Bernd, 1993, S.217 ff.

Palandt, Otto, BGB, 59.Auflage 2000 (zit.: Palandt-Bearbeiter)

Papier, Hans-Jürgen, Öffentliche Sachen, Jura 1979, 93 ff.

Pappermann, Ernst, Grundfälle zum öffentlichen Sachenrecht, JuS 1979, 794 ff.

Paschke, Marian, Kommentar zum Umwelthaftungsgesetz, 1993

Paschke, Marian, Eckwerte zivilrechtlicher Umwelthaftung, UTR Band 12, 1990, S.281 ff. (zit.: Paschke, M., UTR)

Peine, Franz-Joseph, Die Bodenschutzkonzeption der Bundesregierung, UPR 1997, 53 ff.

Petersen, Frank, Schutz und Vorsorge, 1993

Petersen, Jens, Beweislast bei Gesundheitsbeeinträchtigungen durch Emissionen und nachbarliche Duldungspflicht, NJW 1998, 2099 f.

Pethig, Rüdiger, Öffentliche Güter, Verfügungsrechte und Ausschließungskosten, in: Ansprüche, Eigentums- und Verfügungsrechte, hrsg.v. Neumann, Manfred, 1984, S.539 ff.

Petitpierre, Daniel, Zivilrechtliche Haftpflicht für Umweltschädigungen nach schweizerischem Recht, 1993

Plachter, Harald, Naturschutz, 1991

Posner, Richard, Economic Analysis of Law, 4.Auflage 1992

Prien, Jochen, Naturalrestitution als Schadensersatz bei deliktischen Verletzungen der Ehre, 1985

Quentin, Andreas, Kausalität und deliktische Haftungsbegründung, 1994

Radbruch, Gustav, Der Mensch im Recht, 1957 (zit.: Radbruch, G., „Mensch")

Radbruch, Gustav, Rechtsidee und Rechtsstoff, in: Die ontologische Begründung des Rechts, hrsg.v. Kaufmann, Arthur, 1965, S.5 ff. (zit.: Radbruch, G., „Rechtsidee")

Radkau, Joachim, Beweist die Geschichte die Ausweglosigkeit von Umweltpolitik?, in: Nachhaltige Entwicklung, hrsg.v. Kastenholz, Hans/ Erdmann, Karl-Heinz/ Wolff, Manfred, 1996, S.23 ff.

Raschke-Kessler, Hilmar/ Hamm, Rainer/ Grüter, Karl, Aktuelle Rechtsfragen und Rechtsprechung zum Umwelthaftungsrecht der Unternehmen, 2.Auflage 1990

Rechnungshof der Freien und Hansestadt Hamburg, Jahresbericht 1995, 1996

Recken, Josef, Jagdrecht - Recht zur Ausübung des Jagdrechts, AgrarR 1977, 250 ff.

Rehbinder, Eckard, Das Vollzugsdefizit im Umweltrecht und das Umwelthaftungsrecht, Leipziger Juristische Vorträge Heft 12, 1996, S.11 ff.

Rehbinder, Eckard, Ersatz ökologischer Schäden - Begriff, Anspruchsberechtigung und Umfang des Ersatzes unter Berücksichtigung rechtsvergleichender Erfahrungen, NuR 1988, 105 ff. (= Akademie für Naturschutz und Landschaftspflege 1/87, S.25 ff.)

Rehbinder, Eckard, Fortentwicklung des Umwelthaftpflichtrechts in der Bundesrepublik Deutschland, NuR 1989, 149 ff.

Remmert, Hermann, Ökologie, 5.Auflage 1992

Rest, Alfred, Der Sandoz-Unfall und die Rheinverseuchung, UPR 1987, 363 ff.

Rest, Alfred, Luftverschmutzung und Haftung in Europa, 1986

RGRK,BGB, Band I, 12.Auflage 1982; Band II, Teil 1, 12. Auflage 1976; Band II, Teil 5, 12. Auflage 1989 (zit.: RGRK-Bearbeiter)

Riedl, Ulrich, Handlungskonzepte statt Leitbilder?, Aktuelle Reihe der Technischen Universität Cottbus TUC-UW 6/94, S.26 ff. (zit.: Riedl, U., TUC)

Ripl, Wilhelm, Ökologischer Wirkungsgrad als Leitbild, Aktuelle Reihe der Technischen Universität Cottbus TUC-UW 6/94, S.14 ff. (zit.: Ripl, W., TUC)

Ritter, Ernst-Hasso, Umweltpolitik und Rechtsentwicklung, NVwZ 1987, 929 ff.

Rosenbach, Arnim, Eigentumsverletzungen durch Umweltveränderungen, 1997

Roth, Günter, Materiellrechtliche und prozessuale Aspekte eines privatrechtlichen Umweltschutzes, NJW 1972, 921 ff.

Roussos, Kleanthis, Schaden und Folgeschaden, 1992

Sachverständigenrat für Umweltfragen, Dauerhaft-umweltgerechte Entwicklung - Leitbegriff für die Umweltpolitik der Zukunft -, Zeitschrift für angewandte Umweltforschung (ZAU) 1994, 170 ff.

Saladin, Peter/ Zeuger, Christoph Andreas, Rechte künftiger Generationen, 1988

Salje, Peter, Die Entscheidungspraxis zum UmweltHG, VersR 1998, 797 ff.

Salje, Peter, Umwelthaftungsgesetz, 1993

Schaaf, Wolfgang, Elementbilanz eines stark geschädigten Fichtenökosystems und deren Beeinflussung durch neuartige basische Magnesiumdünger, Bayreuther Bodenkundliche Berichte, Band 23, 1992

Schäfer, Barbara, Die Europäische Gemeinschaft und die Rahmenkonvention über Klimaänderungen, NuR 1995, 504 ff.

Schäfer, Hans-Bernd/ Ott, Claus, Lehrbuch der ökonomischen Analyse des Zivilrechts, 3.Auflage 2000

Schäfer, Lothar, Das Bacon-Projekt. Von der Erkenntnis, Nutzung und Schonung der Natur, 1993

Scheier, Michael/ Klowait, Jürgen, Haftungsfragen im Zusammenhang mit dem Betrieb von Untertagedeponien - Die Haftung des Deponiebetreibers -, ZfW 1993, 129 ff.

Scherhorn, Gerhard, Das Ganze der Güter, in: Vom Baum der Erkenntnis zum Baum des Lebens, hrsg.v. Meyer-Abich, Klaus, 1997, S.162 ff.

Scherzberg, Arno, Freedom of information - deutsch gewendet: Das neue Umweltinformationsgesetz, DVBl 1994, 733 ff.

Schieman, Gottfried, Argumente und Prinzipien bei der Fortbildung des Schadensrechts, 1981

Schink, Alexander, Beeinträchtigung der Umwelt in Deutschland durch landwirtschaftliche Produktion, UPR 1999, 8 ff.

Schirmer, Helmut, Die Haftung im Umweltschutz, ZVersWiss 1990, 137 ff.

Schlitt, Michael, Haben Tiere Rechte?, ARSP 78 (1992), 225 ff.

Schmidt, Holger, Die Umwelthaftung der Organmitglieder von Kapitalgesellschaften, 1996

Schmidt, Jürgen, Prävention als Zielbestimmung im Zivilrecht, KritV 1986, 83 ff.

Schmidt, Karsten, Deliktsschutz durch Verwaltungshandeln, in: Festschrift für Albrecht Zeuner, hrsg.v. Bettermann, Karl August/ Löwisch, Manfred/ Otto, Hansjörg/ Schmidt, Karsten, 1994, S.259 ff.

Schmidt, Reiner/ Müller, Helmut, Einführung in das Umweltrecht, 5.Auflage 1999

Schmidt-Salzer, Joachim, Kommentar zum Umwelthaftungsrecht, 1992

Schröder, Meinhard, Instrumente zur Bekämpfung der neuartigen Waldschäden nach deutschem und europäischem Gemeinschaftsrecht, UPR 1989, 49 ff.

Schulte, Hans, Zivilrechtsdogmatische Probleme im Hinblick auf den Ersatz ökologischer Schäden, JZ 1988, 278 ff. (= Akademie für Naturschutz und Landschaftspflege 1/87, S.55 ff.)

Schulte, Hans, Ausgleich ökologischer Schäden und Duldungspflichten geschädigter Grundeigentümer, 1990

Schulz-Schaeffer, Rudolf, Das subjektive Recht im Gebiet der unerlaubten Handlungen, 1915

Seibt, Christoph, Zivilrechtlicher Ausgleich ökologischer Schäden, 1994

Sellner, Dieter, Zum Vorsorgegrundsatz im Bundes-Immissionsschutzgesetz, NJW 1980, 1255 ff.

Selmer, Peter, Privates Umwelthaftungsrecht und öffentliches Gefahrenabwehrrecht, 1991

Senat der Freien und Hansestadt Hamburg, Elbe-Entlastungskonzept, Mitteilung des Senats an die Bürgerschaft, Bürgerschaftsdrucksache 15/1775 vom 06.09.1994 (zit.: Senat der FHH, Bürgerschaftsdrucksache 15/1775)

Senat der Freien und Hansestadt Hamburg, Unterzeichnung der Aalborg-Charta durch die Freie und Hansestadt Hamburg, Mitteilung des Senats an die Bürgerschaft, Bürgerschaftsdrucksache 15/4746 vom 16.01.1996 (zit.: Senat der FHH, Bürgerschaftsdrucksache 15/4746)

Senat der Freien und Hansestadt Hamburg, Kommunale Agenda 21 Hamburg. Sachstandsbericht, Mitteilung des Senats an die Bürgerschaft, Bürgerschaftsdrucksache 15/7281 vom 08.04.1997 (zit.: Senat der FHH, Bürgerschaftsdrucksache 15/7281)

Sening, Christoph, Eigenwert und Eigenrechte der Natur?, NuR 1989, 325 ff.

Shavell, Steven, Economic Analysis of Accident Law, 1987

Siebert, Horst, Praktische Schwierigkeiten bei der Steuerung der Umweltnutzung über Preise, in: Marktwirtschaft und Umwelt, hrsg.v. Wegehenkel, Lothar, 1981, S.28 ff.

Sitter-Liver, Beat, Würde der Kreatur: Grundlegung, Bedeutung und Funktion eines neuen Verfassungsprinzips, in: Ökologische Ethik und Rechtstheorie, hrsg.v. Nida-Rümelin, Julian/ Pfordten, Dietmar v.d., 1995, S.355 ff.

Soergel, Hans Theodor, BGB, Band 1, 12.Auflage 1987; Band 2, 12.Auflage 1990; Band 5/2, 12.Auflage 1999; Band 6, 12.Auflage 1990 (zit.: Soergel-Bearbeiter)

Staudinger, Julius von, BGB, §§ 243 – 254, 12.Auflage 1983; §§ 249 - 254, 13.Auflage 1998; §§ 823 - 825, 13.Auflage 1999; §§ 21 - 103, 13.Auflage 1995; §§ 903 - 924, 13.Auflage 1996; §§ 925 - 984, 13.Auflage 1995; EGBGB, Art. 1, 2, 50 - 218, 13.Auflage 1998 (zit.: Staudinger-Bearbeiter)

Steiger, Heinhard, Entwicklungen des Rechts der natürlichen Lebenswelt, NuR 1995, 437 ff.

Steiner, Gert, Schadensverhütung als Alternative zum Schadensersatz, 1983

Stoyke, Cord/ Waibel, Hermann, Die Entwicklung der Flächennutzung und des Betriebsmitteleinsatzes im Pflanzenbau unter dem Einfluß der EU-Agrarreform - Umwelteinwirkungen und umweltpolitischer Handlungsbedarf, ZfU 1997, 289 ff.

Straubinger, Franz, Naturgemäßer Waldbau, in: Ökologische Waldwirtschaft, hrsg.v. Hatzfeld, Graf Hermann, 1994, S.107 ff.

Streit, Bruno, Umweltlexikon, 1993 (zit.: Streit, B., Schlagwort)

Suter, Heinz, Wertpluralismus und Recht, 1979

Taupitz, Jochen, Das Umwelthaftungsgesetz als Zwischenschritt auf dem Weg zu einem effektiven Umwelthaftungsrecht, Jura 1992, 113 ff.

Taupitz, Jochen, Umweltschutz durch zivilrechtliche Haftung, in: Umweltrisiken und Umweltprivatrecht im deutschen und europäischen Recht, hrsg.v. Nicklisch, Fritz, 1995, S.21 ff.

Tettinger, Peter J., Wasserversorgung und bergbehördliche Betriebsplanzulassung, ZfW 1991, 1 ff.

Thomasius, Harald, Grundlagen eines ökologisch orientierten Waldbaus, in: Ökologische Waldwirtschaft, hrsg.v. Hatzfeld, Graf Hermann, 1994, S.77 ff.

Tischler, Wolfgang, Einführung in die Ökologie, 4.Auflage 1993

Trommer, Gerhard, Didaktisch differenzierte Leitbilder - ein Drei-Umwelten-Modell zum pädagogischen Umgang mit Natur und Landschaft, Aktuelle Reihe der Technischen Universität Cottbus TUC-UW 6/94, S.57 ff. (zit.: Trommer, G., TUC)

Ulrich, Bernd, Bilanzen von Waldökosystemen untersucht, Leserbrief, Süddeutsche Zeitung vom 24.10.1996, S.11

Umweltbundesamt, Jahresbericht 1989, 1990; Jahresbericht 1991, 1992; Jahresbericht 1993, 1994; Jahresbericht 1994, 1995

Van Neste, Frederik, Zakenrecht, Buch 1, Beginselen van Belgisch Privaatrecht V, 2.Auflage 1990

Versen, Hartmut, Die zivilrechtliche Haftung für Umweltschäden, 1994

Vogel, Rüdiger, Deliktischer Zivilrechtsschutz bei summierten Immissionen unter besonderer Berücksichtigung der Kausalitätsproblematik, Diss. Hannover 1992

Vogt, Ursula, Handlungshaftung im Umweltrecht, Diss. Frankfurt/Main 1996

Waechter, Kay, Umweltschutz als Staatsziel, NuR 1996, 321 ff.

Wagner, Gerhard, Die Aufgaben des Haftungsrechts - eine Untersuchung am Beispiel der Umwelthaftungsrecht-Reform, JZ 1991, 175 ff.

Wagner, Gerhard, Umweltschutz mit zivilrechtlichen Mitteln, NuR 1992, 201 ff.

Wagner, Gerhard, Kollektives Umwelthaftungsrecht auf genossenschaftlicher Grundlage, 1990

Wagner, Helmut, Effizienz des Ordnungsrechts für den Umweltschutz?, in: Umweltrisiken und Umweltprivatrecht im deutschen und europäischen Recht, hrsg.v. Nicklisch, Fritz, 1995, S.173 f.

Walz, Rainer, Marktbezogener Umweltschutz und privatrechtlicher Immissionsschutz, in: Funktionswandel der Privat-rechtsinstitutionen. Festschrift für Ludwig Raiser zum 70.Geburtstag, hrsg.v. Baur, Fritz/ Esser, Josef/ Kübler, Friedrich/ Steindorff, Ernst, 1974, S.185 ff.

Wegehenkel, Lothar, Gleichgewicht, Transaktionskosten und Evolution, 1981 (zit.: Wegehenkel, L., 1981)

Wegehenkel, Lothar, Transaktionskosten, Wirtschaftssystem und Unternehmertum, 1980 (zit.: Wegehenkel, L., 1980)

Weidner, Helmut, Umweltschäden und Zivilrecht: Beispiele aus der Bundesrepublik Deutschland und Japan, Kriminalsoziologische Bibliographie, Jg.14 1987, Heft 55, S.51 ff.

Weigert, Hubert, Naturschutz und naturgemäße Waldwirtschaft, in: Ökologische Waldwirtschaft, hrsg.v. Hatzfeld, Graf Hermann, 1994, S.142 ff.

Weinberger, Ota, Die Rolle des Konsenses in der Wissenschaft, im Recht und in der Politik, Rechtstheorie, Beiheft 2, 1981, S.147 ff.

Weltkommission für Umwelt und Entwicklung, Unsere gemeinsame Zukunft, hrsg.v. Hauff, Volker, 1987

Wenk, Nobert, Naturalrestitution und Kompensation bei Umweltschäden, 1994

Werner, Julia, Sachschäden mit Umweltbeeinträchtigung und ihre Naturalrestitution, ZRP 1998, 421 ff.

Weyers, Hans-Leo,Unfallschäden, 1971

Wicke, Lutz, Umweltpolitik 2000 - Ein umweltpolitischer Befreiungsschlag durch einen Pakt für Umwelteffizienz, ZfU 1997, 393 ff.

Wicke, Lutz, Umweltökonomie, 4.Auflage 1993

Wiebecke, Ferdinand, Umwelthaftung und Umwelthaftungsrecht, 1990

Wiedmann, Gerhard, Das Fischereirecht bei Gewässerveränderungen, Diss. Tübingen 1967

Wiegleb, Gerhard,Einführung in die Thematik des Workshops Ökolo-gische Leitbilder, Aktuelle Reihe der Technischen Universität Cottbus TUC-UW 6/94, S.7 ff. (zit.: Wiegleb, G., TUC)

Wiese, Götz Tobias, Umweltwahrscheinlichkeitshaftung, 1997

Will, Michael/ Marticke, Hans-Ulrich, Verantwortlichkeit für ökologische Schäden, 1992

Winter, Stephan, Fondslösungen im Umweltrecht, 1993

Wissenschaftlicher Beirat der Bundesregierung Globale Umweltveränderungen, Wege zur Lösung globaler Umweltprobleme, Jahresgutachten 1995

Wolf, Ernst, Grundfragen des Schadensbegriffs und der Methode der Schadenserkenntnis, in: Festschrift für Schiedermair, hrsg.v. Lüke, Gerhard/ Jauernig, Othmar, 1976, S.545 ff.

Wolf, Manfred, Privatisierung oder Sozialisierung von Umweltgütern, UTR Band 12, 1990, S.243 ff. (zit.: Wolf, M., UTR)

Wolf, Ursula, Brauchen wir eine ökologische Ethik?, prokla 69 (1987), 148 ff.

Zeuner, Albert, Schadensbegriff und Ersatz von Vermögensschäden, AcP 163 (1964), 380 ff.

Zierl, Hubert, Leitbild Nachhaltigkeit, Aktuelle Reihe der Technischen Universität Cottbus TUC-UW 6/94, S.37 ff. (zit.: Zierl, H., TUC)

Zuber, Markus, Ökologie der Borkenkäfer, Biologie in unserer Zeit (BiuZ) 1994, 144 ff.

Zwölfer, Helmut/ Völkl, Wolfgang, Artenvielfalt und Evolution, Biologie in unserer Zeit (BiuZ) 1993, 308 ff.

Herausgegeben von Prof. Dr. Wolfgang Hoffmann-Riem,
Prof. Dr. Hans-Joachim Koch und Prof. Dr. Ulrich Ramsauer

FORUM UMWELTRECHT

Schriftenreihe der Forschungsstelle Umweltrecht der Universität Hamburg

 NOMOS Verlagsgesellschaft
76520 Baden-Baden

Herausgegeben von Prof. Dr. Wolfgang Hoffmann-Riem,
Prof. Dr. Hans-Joachim Koch und Prof. Dr. Ulrich Ramsauer

FORUM UMWELTRECHT

Schriftenreihe der Forschungsstelle Umweltrecht der Universität Hamburg

 **NOMOS Verlagsgesellschaft
76520 Baden-Baden**